史記會注考證校補

（日）水澤利忠 著
楊海峥 整理

壹

上海古籍出版社

圖書在版編目(CIP)數據

史記會注考證校補/（日）水澤利忠著；楊海峥整理. —上海：上海古籍出版社，2024.4
ISBN 978-7-5732-0967-2

Ⅰ.①史… Ⅱ.①水… ②楊… Ⅲ.①《史記》—研究 Ⅳ.①K204.2

中國國家版本館 CIP 數據核字(2024)第 008460 號

史記會注考證校補

（全六册）

（日）水澤利忠　著

楊海峥　整理

上海古籍出版社出版發行

（上海市閔行區號景路 159 弄 1-5 號 A 座 5F　郵政編碼 201101）

（1）網址：www.guji.com.cn

（2）E-mail：guji1@guji.com.cn

（3）易文網網址：www.ewen.co

啓東市人民印刷有限公司印刷

開本 850×1168　1/32　印張 127.625　插頁 39　字數 2,484,000

2024 年 4 月第 1 版　2024 年 4 月第 1 次印刷

ISBN 978-7-5732-0967-2

K·3516　定價：628.00 元

國家社科基金資助項目
北京大學中國古文獻研究中心資助項目
國家古籍整理出版專項經費資助項目

圖一　古鈔本　五帝本紀第一　清原家點本　宮內廳書陵部藏

史記

五帝本紀

黄帝者少典之子姓公孫名曰軒轅生而
神靈弱而能言幼而徇齊長而敦敏成而
聰明軒轅之時神農氏世衰諸侯相侵伐
暴虐百姓而神農氏弗能征於是軒轅乃

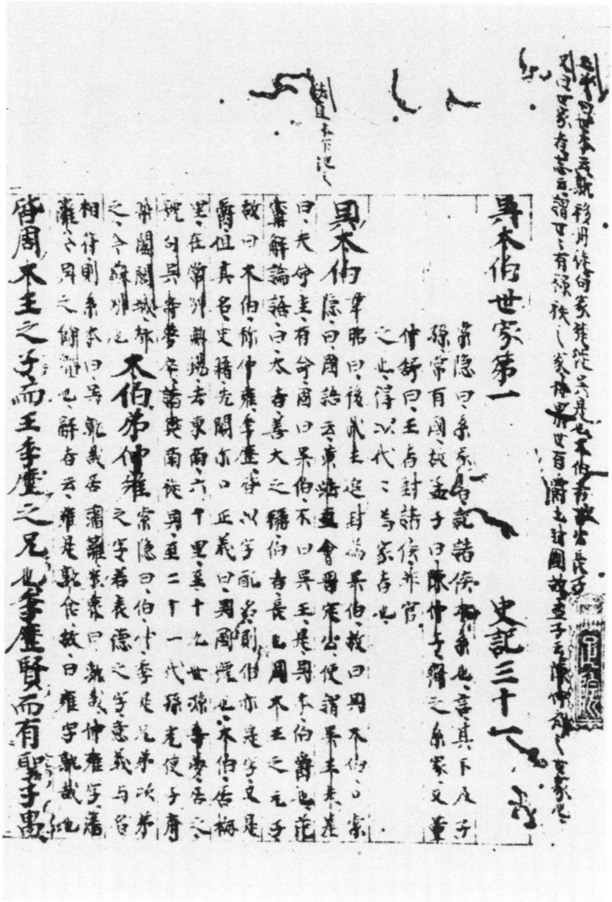

圖二　史記古本校記

梅仙和尚自筆元至元二十五年（一二八八）彭寅翁刊集解索隱正義三注合刻本

建仁寺兩足院藏

圖三　史記古本校記

日本慶長（一五九六至一六一四）古活字傳嵯峨本八行有界本

成簣堂文庫舊藏主婦之友社御茶水圖書館藏

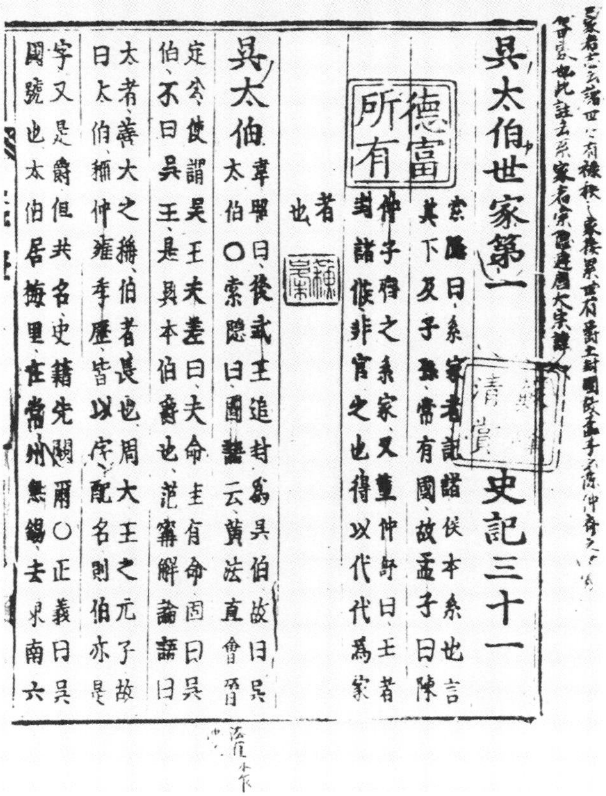

吳太伯世家第一　史記三十一

索隱曰系家者記諸侯本系也言其下及子孫常有國故孟子曰陳仲子齊之系家又董仲舒曰王者封諸侯非官之也得以代代爲家者也

吳太伯　韋昭曰後武王追封爲吳伯故曰吳太伯〇索隱曰國語云黄池之會晉定公使謂吳王夫差曰夫命圭有命固曰吳伯不曰吳王是吳本伯爵也范寧解論語曰太者善大之稱伯者長也周大王之元子故曰太伯稱仲雍季歷皆以字配名則伯亦是字又是爵但其名史籍先闕爾〇正義曰吳國號也太伯居梅里在常州無錫東南六

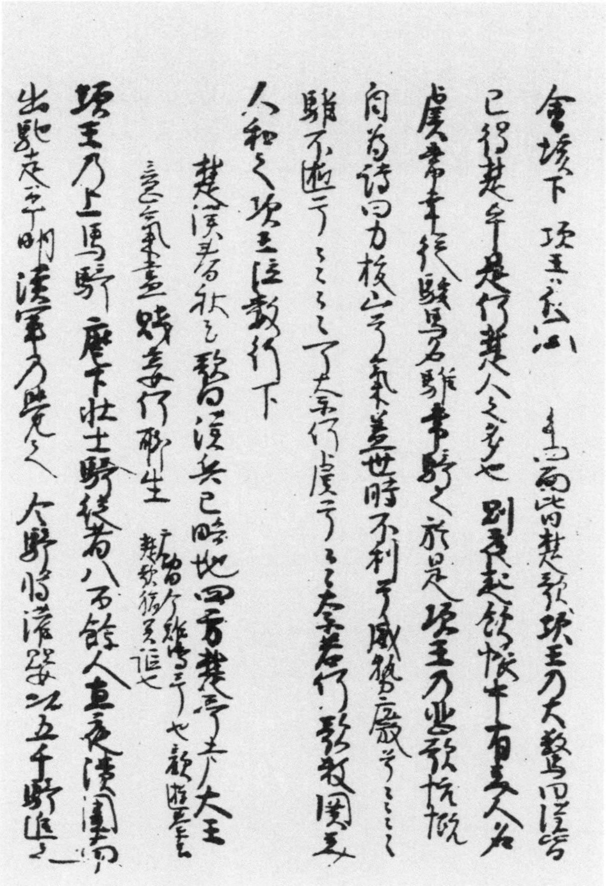

圖四　史記抄　英房史記抄　正平二年（一三四七）筆　項羽本紀第七

力拔山兮云云　大槻文彦舊藏龍谷大學圖書館藏

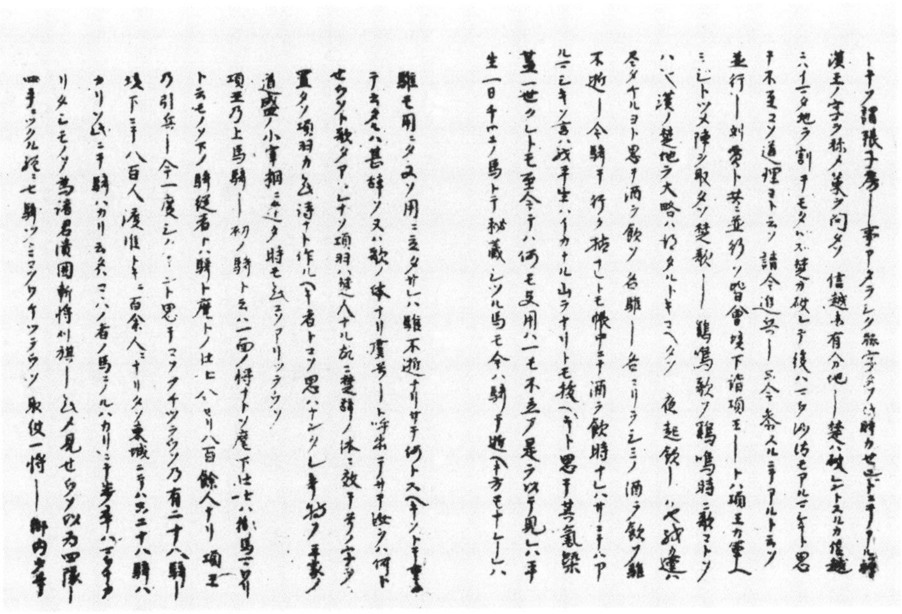

圖五　史記抄　桃源史記抄　項羽本紀第七

力拔山兮云云　内閣文庫藏

圖六　史記抄　幻雲史記抄　伯夷列傳第一（一）

米澤市立圖書館藏

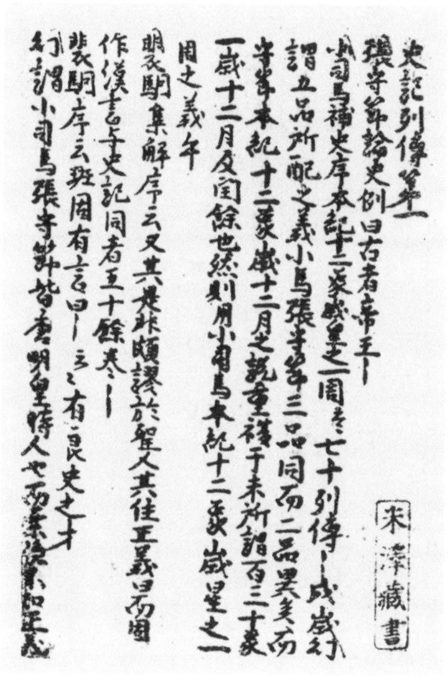

史記抄　幻雲史記抄　伯夷列傳第一（二）

米澤市立圖書館藏

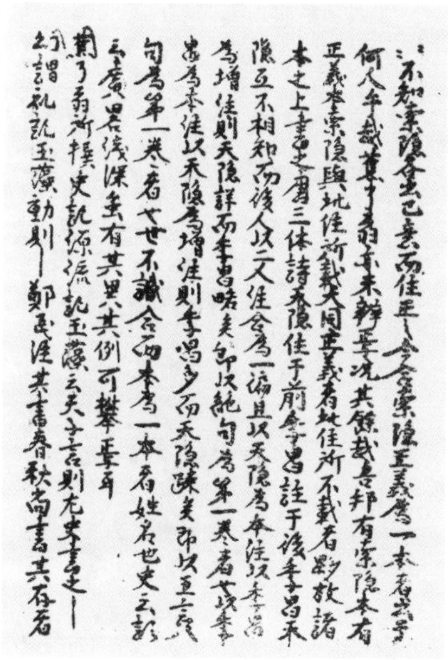

圖七

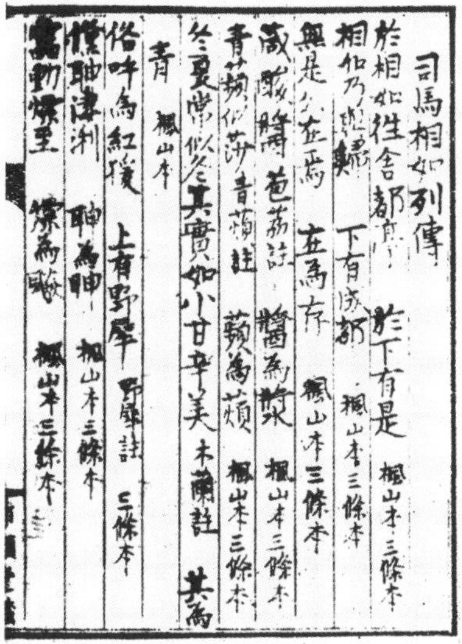

史記校勘記

博士家本史記異字（天朝傳本史記說）

尊經閣文庫藏

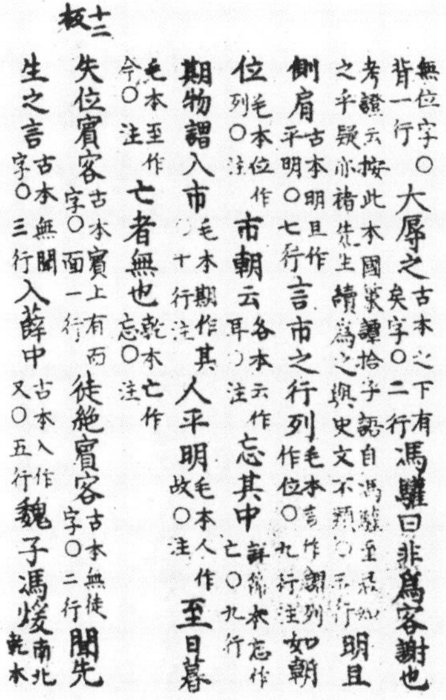

史記校勘記

大島贄川（一七六二至一八三八）桃年

編著史記考異

金澤市立圖書館藏

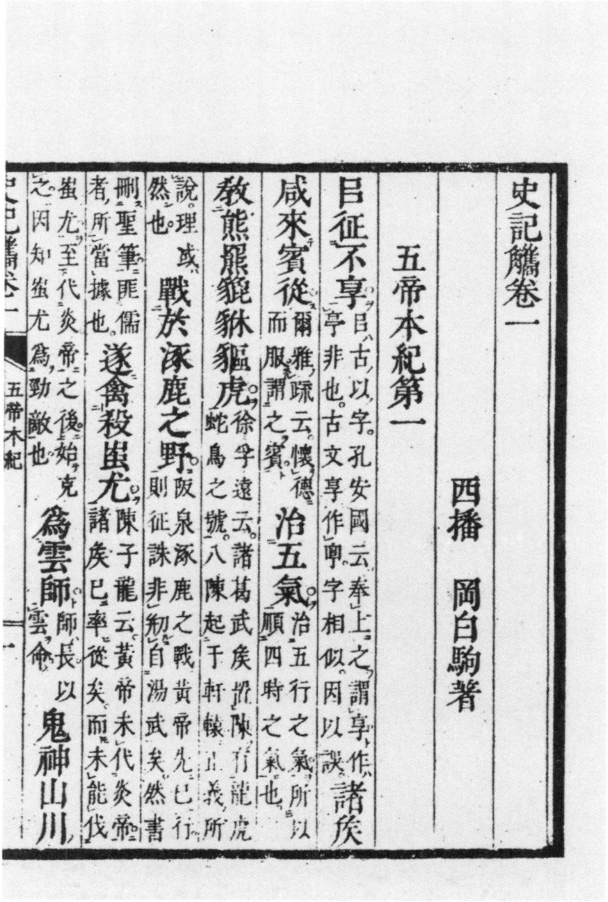

圖八　岡白駒著史記觿

史記觿卷一

西播　岡白駒著

五帝本紀第一

㠯征不享㠯古以字。孔安國云奉上之謂享。作亨非也。古文享作亯字相似。因以誤。諸侯咸來賓從爾雅疏云懷德而服謂之賓。治五氣治五行之氣所以順四時之氣也。教熊羆貔貅貙虎徐孚遠云。諸葛武侯握陳有龍虎蛇鳥之號。八陳起于軒轅。正義所說理。或然也。戰於涿鹿之野阪泉涿鹿之戰。黃帝先已行。則征誅非創自湯武矣。然書删聖筆。匪儒者所當據也。遂禽殺蚩尤陳子龍云。黃帝未代炎帝。諸侯已率從矣。而未能伐蚩尤。至代炎帝之後。始克之。因知蚩尤為勁敵也。為雲師師長雲命。以鬼神山川

史記觿卷一　五帝本紀　一

史記雕題卷之一

五帝本紀

司馬貞索隱曰云々自本其事至緣緣有
紀為後代綱紀也　正義云々合五帝
坐星者称帝云〻在正不在私曰帝云
々紀者理也統理衆事云々按春秋
至云史記也柯維騏曰云々々
自伏羲配木至顓頊配水皆當削
柯維騏曰窃謂不如太
史公之說為有徵耳

凡帝紀稱本者對諸侯明本統也本幹也謂宗
也詩云本支百世○紀是綱目之紀謂相比次
有倫理也○秦博士之議蓋古來傳誦之言似

圖九　中井履軒（一七三二至一八一七）筆史記雕題　東北大學圖書館藏

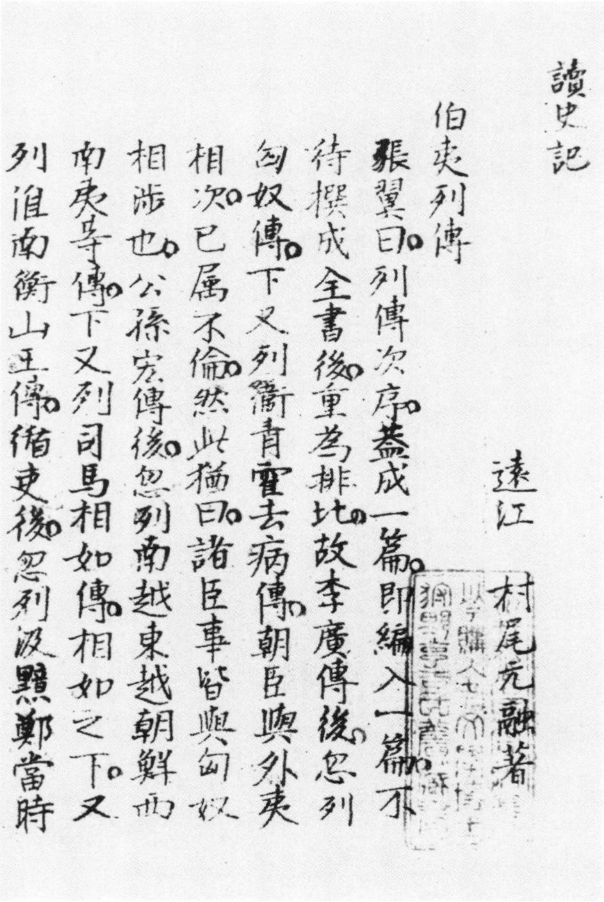

圖十　村尾元融（一八〇五至一八五二）筆讀史記　東北大學圖書館藏

讀史記

遠江　村尾元融著

伯夷列傳

張翼曰。列傳次序。蓋成一篇。即編入一篇。不待撰成全書後。重為排比。故李廣傳後。忽列匈奴傳。下又列衛青霍去病傳。朝臣與外夷相次。已屬不倫。然此猶曰。諸臣事皆與匈奴相涉也。公孫宏傳後。忽列南越東越朝鮮西南夷等傳。下又列司馬相如傳。相如之下。又列淮南衡山王傳。循吏後。忽列汲黯鄭當時

圖十一　瀧川資言史記會注考證初稿書入鳳文館校刊史記評林本

毗叛命予大罰殛之無有攸赦作湯征伊尹名阿衡

阿衡欲干湯而無由乃爲有莘

臣負鼎俎以滋味說湯致于王道或曰伊尹處士湯使人聘

五反然後肯往從湯言素王及九主之事

湯舉任以國政伊尹去湯適夏既醜有夏復歸于亳

入自北門遇女鳩女房作女鳩女房

野張網四面祝曰自天下四方皆入吾網湯曰嘻盡之矣

卷三　殷本紀　二　鳳文館藏

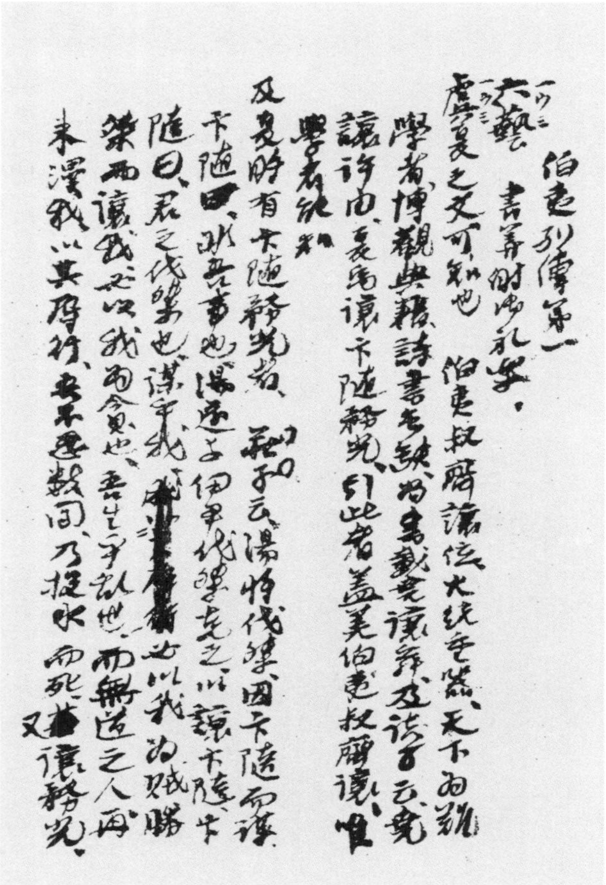

圖十二　瀧川資言自筆史記正義佚存

太史公曰余登萁山其上蓋有許由冢云
子序列古之仁聖賢人如吴太伯、夷之倫詳
矣以所聞由光義至高其文辭不少概見何哉
孔子曰伯夷叔齊不念舊惡怨是用希求仁而
得仁又何怨乎余悲伯夷之意睹軼詩可異焉
其傳曰伯夷叔齊孤竹君之子也父欲立叔齊

圖十三　巴黎國立博物館藏殘伯夷列傳　敦煌出土本　依敦煌秘籍留真新編

圖十四　宋板史記　孔子世家之北宋原刊書葉

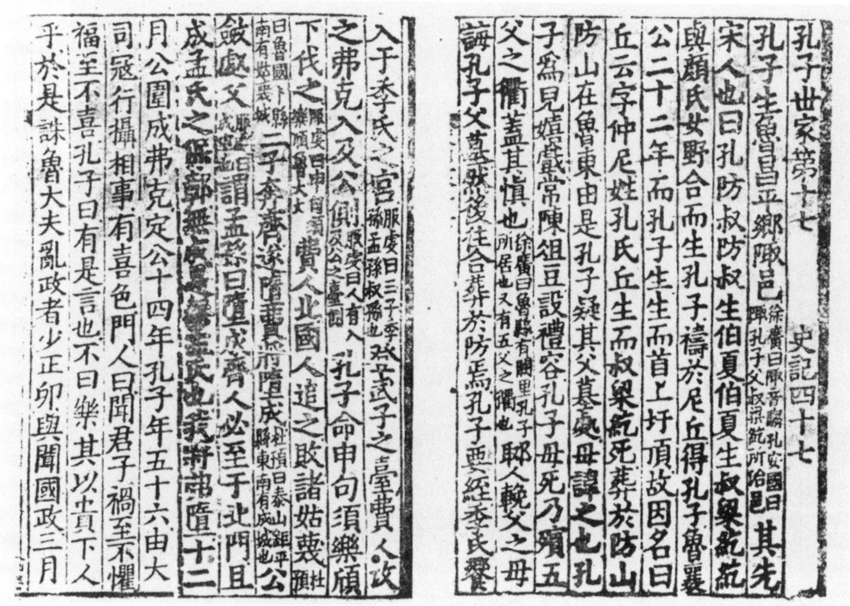

孔子世家第十七　史記四十七

孔子生魯昌平鄉陬邑（徐廣曰陬音騶 孔安國曰陬孔子父叔梁紇所治邑）其先宋人也曰孔防叔防叔生伯夏伯夏生叔梁紇紇與顏氏女野合而生孔子禱於尼丘得孔子魯襄公二十二年而孔子生生而首上圩頂故因名曰丘云字仲尼姓孔氏丘生而叔梁紇死葬於防山防山在魯東由是孔子疑其父墓處母諱之也孔子為兒嬉戲常陳俎豆設禮容孔子母死乃殯五父之衢蓋其慎也（徐廣曰魯縣有闕里孔子所居也又有五父之衢也）郰人輓父之母誨孔子父墓然後往合葬於防焉孔子要絰季氏饗

入于季氏之宮（服虔曰三子季孫孟孫叔孫也）武子之臺費人攻之弗克入及公側（服虔曰入有入及公之臺側）孔子命申句須樂頎下伐之（服虔曰申句須樂頎魯大夫）費人北國人追之敗諸姑蔑（杜預曰魯國卞縣南有姑蔑城）二子奔齊遂墮費將墮成（杜預曰泰山鉅平縣東南有成城也）公斂處父（服虔曰成宰也）謂孟孫曰墮成齊人必至于北門且成孟氏之保鄣無成是無孟氏也我將弗墮十二月公圍成弗克定公十四年孔子年五十六由大司寇行攝相事有喜色門人曰聞君子禍至不懼福至不喜孔子曰有是言也不曰樂其以貴下人乎於是誅魯大夫亂政者少正卯與聞國政三月

圖十五　宋板史記　伯夷列傳之北宋原刊書葉

不稱焉賈子曰貪夫徇財烈士徇名夸者死權衆
庶馮生同明相照同類相求雲從龍風從虎（王肅曰龍舉而景雲屬虎嘯而谷風興張揖曰猶言龍從雲虎從風也）聖人作而萬物覩（馬融曰作起也）伯夷
叔齊雖賢得夫子而名益彰顏淵雖篤學附驥尾
而行益顯巖穴之士趨舍有時若此類名堙滅而
不稱悲夫閭巷之人欲砥行立名者非附青雲之
士惡能施於後世哉

伯夷列傳第一

宋板史記　莊子韓非列傳之北宋政和補刊書葉

莊子韓非列傳第三　史記六十三

莊子者蒙人也（地理志蒙縣屬梁國）名周周嘗爲蒙漆園吏與
梁惠王齊宣王同時其學無所不闚然其要本歸
於老子之言故其著書十餘萬言大抵率寓言也
作漁父盜跖胠篋以詆訿孔子之徒以明老子之
術畏累虛亢桑子之屬皆空語無事實然善屬書
離辭指事類情用剽剝儒墨雖當世宿學不能自
解免也其言洸洋自恣以適己故自王公大人不
能器之楚威王聞莊周賢使使厚幣迎之許以爲
相莊周笑謂楚使者曰千金重利卿相尊位也子

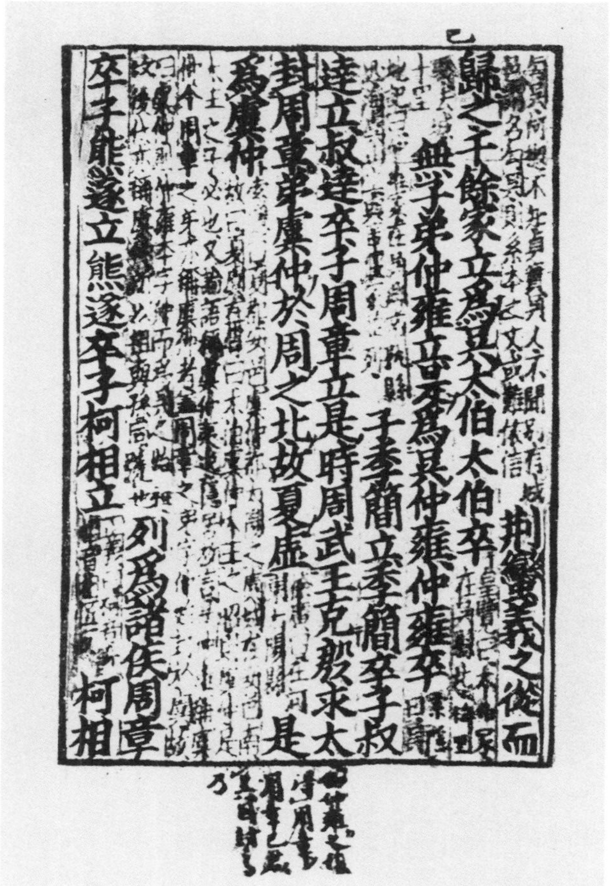

圖十六　宋板史記　上杉氏藏南宋黃善夫刊本　吳太伯世家第一

前言

水澤利忠（一九一八至二〇一三）是日本著名的漢學家，生前歷任日本東京教育大學兼職講師，巢鴨高等學校專職講師，國立群馬工業高等專門學校名譽教授，群馬縣立女子大學名譽教授，文教大學文學部教授。先生一生致力於史記研究，撰有鄒誕生史記音佚文拾遺、劉伯莊史記音義佚文拾遺、陸善經史記注佚文拾遺、新編史記考異、關於史記古鈔孝景本紀、史記古文考等論著，但他一生中傾注心血最多、影響最大的還是史記會注考證校補（以下簡稱校補）。

據青木五郎緬懷水澤利忠博士一文介紹，水澤先生與史記結緣，是他從東京文理科大學畢業後，作爲特別研究生參加竹田復博士主辦的史記研究會開始的。水澤先生遍訪日本各地的圖書館、文庫、寺廟，尋找史記的相關資料，並根據這些資料完成了史記會注考證校補。水澤先生認爲瀧川資言史記會注考證雖列出了衆多史記寫本、刻本作爲其校勘依據，但瀧川對這些資料多未目驗，而是直接鈔自前代日本學者的校記，特别是大島贄川、大島桃年父子的博士家本史記異字和史記考異。因此，校補以瀧川的史記會注考證爲底本，以水澤先生親眼所見的史記古鈔本、刻本以及前人對史記的校記爲依據，補充了大量考證中所未見的史記資料，對史記正文及「三家注」做了全面細緻的校勘，對考證所輯録的正義佚文一一注明出處，增補了正義的佚文，又從日本傳存的古鈔本史記中，輯拾已佚失的史記古注。

一九五七年（昭和三十二年），校補第一、二册出版。一九六二年（昭和三十七年），水澤利忠發表了史記文獻學研究的論文，被東京教育大學（原東京文理科大學）授予文學博士學位。在這篇長達三十九萬字的論著中，他對日本所藏史記古寫本和刻本有詳細的解説，並對宋代以來及至現代的各種史記版本多有説明，可謂是史記文獻學研究的集大成之作。史記文獻學研究全文收録在校補的分篇校勘和補遺之後，作爲校補全書的終結，一九七〇年（昭和四十五年），史記會注考證校補全九册由日本史記會注考證校補刊行會出齊。

正如水澤利忠在自序中所云：「余始校諸本，以乾隆武英殿本爲底本，新編史記考異是也。後識南宋慶元黄善夫刊本佳而改之，因而補正史記會注考證正文並三注之缺誤，又有增補史記會注考證所輯之正義佚文。」水澤利忠不僅吸收了清張文虎校刊史記集解索隱正義札記的成果，還利用了張文虎未能見到的南宋黄善夫本，以及在我國藏書目録中未有著録的南宋紹興十年刊行的大字集解本和日本古鈔本及日本古本校記，這些都是國内無法見到的本子。廣核衆本，精於校勘，可以説是校補最突出的成就。水澤先生在校補中將校讎資料分爲甲、乙、丙、丁四種類型：

甲是保存着史記古老形態的史記古鈔本殘卷：其中包括中國六朝鈔本兩種：高山寺藏羅振玉影印張丞相列傳第三十六（簡稱高山）；高山寺藏羅振玉影印酈生陸賈列傳第三十七（簡稱高山）。中國唐代鈔本六種：求古樓、高山寺舊藏東洋文庫藏天養鈔本夏本紀第二（簡稱天養）；高山寺藏羅振玉影印殷本紀第三（簡稱高山）；高山寺藏周本紀第四（簡稱高山）；高山寺舊藏東洋文庫藏天養鈔本秦本紀第五（簡稱天養）；神田文庫藏羅振玉影印河渠書第七（簡稱神田）；宫内廳書陵部藏高祖本紀第八（簡稱秘閣)。另有平安時代及鐮倉時代日人鈔本殘卷六種：宮内廳書陵部藏清原家點本五帝本紀第一(簡稱清原)；宮内廳書陵部藏范雎蔡澤列傳第十九(簡稱秘閣)；毛利家藏延久鈔本吕后本紀第九(簡稱毛利)；東北大學圖書館藏延久鈔本孝文本紀第十(簡稱延久)；野村氏久原文庫舊藏大東急記念文庫藏延久鈔本孝景本紀第十一(簡稱延久)；山岸德平氏藏大治鈔本孝景本紀第十一(簡稱大治)。

乙是各種史記古本，包括史記的古寫本及注釋校勘之作。首先是瀧川寫作考證及輯佚正義佚文時所用的四種日本古本史記鈔：英房史記鈔(簡稱英房)十二卷，南北朝時藤原英房所著，水澤利忠推斷此書鈔寫日期是正平二年(一三四七)。此書對之後的桃源史記鈔、幻雲史記鈔兩書產生了很大的影響，同時也是日本人用漢文完成史記注釋的開端。桃源史記鈔(簡稱桃)十九卷，桃源瑞仙著。僧瑞仙，號桃源，室町時期京都相國寺的名僧。此書用日文記録禪林諸先哲以及博士家對史記的解説，是日本現存最早的國字解。桃源史記鈔引古本(簡稱桃古)，水澤利忠除參考桃源史記鈔以外，還參考了該書所引的一些古本史記資料，因此他在校補的校讎資料一覽裏將桃古與這另外三種史記鈔列在一起。幻雲史記鈔(簡稱幻)，室町時代僧壽桂著。僧壽桂，字月舟，又名幻雲，曾對南化本史記(南宋黄善夫本史記在日本被稱爲「南化本」，因此書原爲京都相國寺住持南化和尚所藏而得名)作過較詳細的注釋，幻雲史記鈔全部用漢文寫成，在吸收桃源史記説的基礎上，收録大量史記正義佚文。

其次是一些古本史記校記。所謂「校記」即前代日本學者在各種史記版本上所作的批注，水澤利忠在參考日藏史記古本時注意到這些批注。他在校讎資料一覽裏將這些批注歸爲「史記校記」一類，而帶有批注的史記古本則歸到後面的「史記板本」類，因此「校記」的全稱與後面所列的史記版本名有重複之處，但所指不同。「校記」指的是該版本上的「批注」，「史記板本」指的是該版本原書本身，讀者需注意加以區分。如前代學者在南宋黄善夫本史記上所作的批注就被稱爲南化校記，全稱「幻雲（月舟壽桂）、南化玄興、直江兼續舊藏上杉隆憲藏南宋慶元本欄外校記」；在元板彭寅翁本史記上所作的批注，即所謂元板彭寅翁本史記校記，包括：楓山文庫舊藏宫内廳書陵部藏本（簡稱楓）；狩谷棭齋舊藏宫内廳書陵部藏本（簡稱棭）；三條西實隆公自筆宫内廳書陵部藏本（簡稱三）；伊佐早謙舊藏慶應大學圖書館藏本（簡稱謙）；梅仙和尚自筆建仁寺兩足院藏本（簡稱梅）；崇蘭館舊藏天理大學圖書館藏本（簡稱崇）。日本慶長古活字傳嵯峨本，八行有界本校記，包括：狩野亨吉舊藏東北大學圖書館藏本（簡稱狩）；東洋文庫藏本（簡稱岩）；成簣堂文庫舊藏主婦之友御茶水圖書館藏本（簡稱成）；尾陽文庫舊藏天理大學圖書館藏本（簡稱尾）；森立之舊藏大東急文庫藏本（簡稱森）；日本慶長古活字傳嵯峨本，八行無界本校記，包括：和學講談所舊藏内閣文庫藏本（簡稱閣）；成簣堂文庫舊藏主婦之友社御茶水圖書館藏本（簡稱簣）；高木家舊藏天理大學圖書館藏本（簡稱高）；日本慶長古活字傳嵯峨本，九行無界本校記，包括：狩野亨吉舊藏東北大學圖書館藏本（簡稱野）；東洋文庫藏本（簡稱崎）；青州文庫舊藏東京大學圖書館藏本（簡稱東）；榊原文庫舊藏東京大學圖書館藏本（簡稱榊）。

史記古本部分還包括了各種「引古本校勘記」，這些校勘記屬於前人對史記進行專門校勘的成果，包括：尊經閣文庫藏博士家本史記異字（簡稱博異）；博士家本史記異字引中彭本（簡稱中彭）；博士家本史記異字引中韓本（簡稱中韓）；金澤市立圖書館藏本（大島贄川、大島桃年編著）史記考異（簡稱考異）。

丙是宋代以來的各種史記刻本。主要分爲集解、索隱單刻本，二家注合刻本，三家注合刻本三類。

如史記集解單刻本包括：仁壽本二十五史所收北宋仁宗景祐監本配南宋重刊北宋監本（簡稱景）；竹添井井、内藤湖南舊藏武田長兵衛藏傳北宋本（簡稱井）；劉氏嘉業堂景印宋蜀大字本（簡稱蜀）；飛鳥井家、龜谷成軒、内藤湖南舊藏武田長兵衛藏南宋紹興庚申刊本（簡稱紹）；毛晉刻十七史本（簡稱毛）。史記索隱單刻本包括：毛晉刻單索隱本（簡稱索）。集解、索隱二家注合刻本包括：黄蕘圃舊藏静嘉堂文庫藏淳熙耿秉刊本（簡稱耿）；陶氏景印百衲本史記所收第四種南宋乾道中蔡夢弼刊本（簡稱蔡）；静嘉堂文庫藏中統二年刊本（簡稱中統）；游明大昇校本（簡稱游）。集解、索隱、正義三家注合刻本包括：幻雲、南化玄興、直江兼續舊藏上杉隆憲藏南宋慶元黄善夫刊本（簡稱慶）；至元二十五年彭寅翁刊本（宫内廳書陵部、慶應大學、天理大學、大谷大學各附屬圖書館藏，簡稱彭）；王延喆翻宋慶元本（簡稱王）；嘉靖四年柯維熊翻宋慶元本（簡稱柯）；嘉靖十三年秦藩翻宋慶元本（簡稱秦藩）；萬曆四年李光縉增補凌稚隆評林本（簡稱凌）；萬曆二十四年刊馮夢禎校南監本（簡稱南）；萬曆二十六年劉應秋校北雍板二十一史所收北監本（簡稱北）；乾隆四年武英殿刊本（簡稱殿）；同治九年張文虎刊金陵書局本（簡稱金陵）；民國二十五年顧頡剛、徐文珊點校史記白文本（簡稱顧）。還有日本刊本及其他諸本如：慶長古活字本（傳嵯峨本）（簡稱嵯）；延寶二年史記評林八尾再版本、明治十三年三版本（簡稱凌和）；群書治要（簡稱治要）；宋鄭樵通志（簡稱通志）；宋板吕東萊史記詳節（簡稱詳節）。

丁是中日學者已有的史記校勘成果：如乾隆四年武英殿本史記考證（簡稱殿考）；同治壬申金陵書局刊張文虎校刊史記集解索隱正義札記（簡稱札記）；清梁玉繩史記志疑（簡稱志疑）；清錢大昕二十二史考異（簡稱考異）；清趙翼二十二史劄記（簡稱劄記）；清王鳴盛十七史商榷（簡稱商榷）；瞿方梅

史記三家注補正（簡稱瞿補）；張梱史讀考異，文瀾學報二卷一號（簡稱張考）；大島贄川史記考異（簡稱贄異）；秋谷史記校正（簡稱秋谷）。

具體版本資料可參見卷首校讎資料一覽。此外，還有猿投神社藏史記古鈔本、安部本等列於史記會注考證校補補遺而不見於校讎資料一覽的本子。

廣校衆本，使校補成爲了目前保存史記異文最多的史記校勘著作。但正如水澤先生的學生青木五郎所言，「校記多羅列異同，辨是非者少」。校補對這些異文大都只是羅列，並未進行細緻的考訂，如五帝本紀：「名曰軒轅。」校補：「詳節無『曰』字。」校補在這裏僅列出了詳節無史記正文中的「曰」字。又如五帝本紀：「登丸山。」集解：「丸山在郎邪朱虚縣。」校補：「『郎』，殿『琅』。『郎』，彭『即』，梅校記『郎』。」校補僅羅列出了殿、彭、梅各本中的異文，未對集解中的「郎」以及各本異文作出按斷。夏本紀：「名曰文命。」索隱：「蓋古者帝王之號。」校補：「北、索、金陵同，各本『者』字作『質』。」校補在這裏同樣只説明了北、金陵與索同爲「者」字，而其他諸本皆爲「質」字，並未論斷各本是非。仲尼弟子列傳：「澹臺滅明。」正義：「不可以威劫。」校補：「『劫』，慶、彭『卻』。南化、楓、三、梅校記『劫』。」校補僅列異同，未加按斷。有時校補在保留異文的基礎上，也做了一些簡單的判斷，如五帝本紀：「登熊湘。」正義：「在岳州巴陵縣南十八里也。」校補：「『岩』，『十』、『八』互倒。按：誤。」校補還經常指出瀧本的訛誤，殷本紀：「自天下四方。」考證：「古鈔、南本『天下』作『上下』。」校補：「按高山寺藏古鈔本『天下』二字不作『上下』，瀧本考證非。」

歷代關於史記的考釋專著衆多，零散的考訂校釋更是數量巨大。最早爲史記作注的是後漢延篤史記音義，唐司馬貞史記索隱後序云：「後漢延篤乃有音義一卷，又別有章隱五卷，不記作者何人，近代鮮有二家之本。」隋書經籍志考證云：「裴駰集解引有史記音隱，『章』乃『音』字之訛。小司馬未見二書，自是亡於隋代。」可見該書早已亡佚，現在只能從裴駰的史記集解中窺見一二。晉代中散大夫徐廣作史記音義，南朝劉宋裴駰廣采先儒百家之説，集録經史諸注，斷以己意，在史記音義的基礎上擴充爲史記集解八十卷。隨着史記集解的流行，徐廣的史記音義逐漸失傳。南齊時鄒誕生有史記音義三卷（新舊唐志作「史記音」），原書久佚，今本索隱引此書約有一百餘條。到了唐代，出現了衆多史記注釋之作，唐貞觀中，劉伯莊著有史記音義二十卷，原書已佚，索隱、正義多引其文。唐陸善經的著述在中國的書目中有著録的只有新唐志：「陸善經，孟子注七卷。」及崇文總目：「孟子七卷，陸善經注。善經，唐人。」但在日本古鈔本、古版本的校勘記及史記鈔中，常有「陸云」、「善經曰」、「陸善經曰」、「決云」、「決疑」等史記注釋，水澤利忠從中輯出陸善經佚文一百餘條。唐司馬貞史記索隱序認爲裴駰史記集解「雖粗見微意，而未窮討論」。於是在此基礎上拾漏補缺，成史記索隱三十卷。之後，張守節又廣擷衆本，不僅爲史記原文作注，還爲集解和索隱作注，成史記正義三十卷。史記索隱和史記正義與南朝宋裴駰的史記集解合稱爲「史記三家注」，是我們今天能見到比較重要的史記注本，也是中古時代的學者對史記研究的一個總結。

最初，三家注都是脱離史記正文而單行的注本，北宋時出現了將三家注散附於史記正文之下的三家注合刻本。因司馬貞史記索隱與張守節史記正義有許多重複之處，而在宋代史記索隱的影響遠大於史記正義，所以宋代在合刻三家注時，常對正義進行刪節，且刪節數量很大。隨着三家注合刻本的風行，單本正義亦逐漸湮没以致失傳，明代起已經很難見到正義的全貌，輯佚正義亦隨之出現。如清代學者顧炎武日知録、梁玉繩史記志疑、錢泰吉甘泉鄉人稿、張文虎校刊史記集解索隱正義札記等。日本學者瀧川龜太郎從日本所藏史記刻本和鈔本中輯出正義佚文一千四百一十八條，輯爲史記正義佚存二卷，後又將所輯正義插入考證相關文字之下。

對正義佚文的輯佚是考證的一大貢獻，同時也是其爲人詬病的所在。儘管瀧川在史記會注考證總論「史記正義佚存」中對此有詳細説明，中日兩國學者仍對考證所輯正義佚文多有詰難。這主要是因爲史記正義流傳甚廣，各版本之間常有文字相異之處，這些異文旁多有各家批注，瀧川卻常將這些批注誤認爲是正義的佚文。而校補不僅指出了考證所誤輯的正義佚文，又在考證的基礎上追補了二百二十七條正義佚文，且對所輯佚文均注明出處。如孝文本紀「太尉乃跪上天子璽符」，瀧川輯正義：「上，時掌反。」校補：「胡注曰：『上，時掌翻。』瀧川本以爲正義，非。」又如，秦始皇本紀：「暴虐恣行。」瀧川輯正義：「行，平聲。」校補疑「行平聲」爲「後人據彭、韓、嵯本校記歟？」

水澤利忠始終對正義佚文秉持着實事求是的態度，多聞闕疑。他注意到了博士家本史記異字和南化本所録的佚文大多没有「正義曰」的現象，如齊太公世家：「三十五年，夏，會諸侯於葵丘。」瀧川根據大島贄川史記考異輯正義：「左傳云，僖九年齊桓公會諸侯於葵丘，即此也。」校補：「此正義，瀧川本據大島贄川史記考異補，贄川據南化本，然南化本不冠『正義曰』三字，蓋非正義。」且校補所補佚文均有出處，彌補了考證不注明正義出處的不足，體現了水澤利忠對正義佚文的審慎態度。如五帝本紀：「幼而徇齊。」校補從椵、崇、梅、狩、簀、岩、高、閣、中彭、中韓、瀧諸本補正義佚文：「幼謂七歲已下時也。」夏本紀：「通九道。」校補從椵、梅、狩、瀧諸本補正義佚文：「通達九州之道路也。」諸如此類二百餘條，不勝校舉。

水澤利忠還參考了日本傳存的各種古鈔本，輯拾佚失古注。如南齊時鄒誕生作音義三卷，司馬貞史記索隱中引用鄒誕生音義所列史記異文只有九處，而水澤利忠校補輯出鄒誕生注中的史記異文數量卻有二十三條。唐代劉伯莊作史記音義二十卷，原書已佚，但有一部分還留存在後來的注釋中。水澤利忠校補據日本所藏史記古鈔本的批注，輯拾劉伯莊的注文一百九十條，其中有關文字異同者三十條。池田英雄史記學50年："水澤氏又從稀見之古板本中輯拾佚失古注著以下三編：鄒誕生史記音佚文拾遺（拾録約一百八十條）"、"劉伯莊史記音義佚文拾遺（拾録約一百九十條）"、"陸善經史記注佚文拾遺（拾録約一百餘條）。"一九九四年二月，日本汲古書院發行了水澤利忠編的史記正義的研究，介紹了最近六十年來日本輯録"正義佚文"的全過程，並全面介紹了日本殘存正義的古鈔本、古版本的流傳、學術價值以及各本之間的聯繫，對學者全面瞭解正義佚文的情況極有幫助。誠如王利器在爲張衍田史記正義佚文輯校所作的序中言：瀧川資言、水澤利忠"二氏信正義之功臣，而爲研究史記者之益友也"。又言："史記會注考證初出，國人頗有疑之者，今得水澤利忠爲之一一詳其出處，並補所未逮，元元本本，庶幾可以執悠悠之口矣。"

校補全書之末是題爲史記文獻學研究的長文，可以看作一部史記文獻學研究的專著。水澤利忠在此文中對自己作校補的初衷及著作過程做了詳細的説明和總結，對史記的版本源流特別是日本所藏史記古鈔本、刻本源流及各本的具體情況做了十分細緻和全面的梳理，爲研究史記版本源流和校勘史記提供了不可或缺的重要文獻依據。

在史記文獻學研究的序論中，水澤利忠詳細闡述了自己對史記文獻學進行研究的目的和方法。他認爲對古代典籍進行深入研究的重要前提，還是要盡可能找到最好的版本以及全面搜集到前代學者的相關注釋，在此基礎上纔能對典籍有更準確的把握和解讀。而瀧川的史記會注考證正是具備了以上所説的兩個必要條件，既充分利用了日本所藏的史記古鈔本和刻本，又彙集了中日兩國學者研究史記的重要成果，是現代以來最突出的史記考證和注釋的成果。正因爲考證具有極高的學術價值和成就，水澤利忠要在此基礎上對考證所涉及的史記善本進行全面的介紹和分析，描述現存史記古鈔本的性質和形態，補充瀧川未見的史記版本和資料，從而對史記的版本源流及中日所藏史記版本之間的關係和異同進行進一步的梳理和考訂，以補考證之不足。在此文中，水澤利忠對日本藏史記古鈔本殘卷十四種進行了逐一考訂，並列出這些古鈔本的共同特性；又將古鈔本分爲敦煌出土群、石山寺所藏群、大江家國鈔本群、高山寺所藏群、書陵部所藏群幾類，逐一詳細介紹了這幾類古鈔本的特點、來源、鈔寫時代、款式以及所收注釋情況，並逐字詳校與今本在文字上差異，以此爲據糾正梁玉繩、張文虎、王念孫等人在史記校勘方面的錯誤。此外還詳細介紹了日本史記古板本標記資料，包括博士家本史記異字中所引用的南化本、楓山本、三條本資料，以及瀧川發現大量正義佚文的幻雲史記鈔的情況，並對中日兩國所藏史記的版本系統和源流做了全面的梳理和詳盡的描述。

在史記文獻學研究中，水澤利忠梳理了張守節及其史記正義的基本情況，總結了歷代學者特別是清代學者錢大昕、錢泰吉、張文虎等對正義佚文的輯佚和研究，並對瀧川所輯佚的正義佚文的來源、可靠性、其中的錯誤以及中日學者如魯實先、賀次君、程金造對瀧川輯佚正義的批評進行了分析，並論證了今後對正義研究的重點。水澤利忠認爲，隨着正義佚文的輯出，人們能更清楚地接近正義的原貌，從而爲索隱和正義對裴駰史記集解「疏」的吸收問題，以及正義對顔師古漢書注成果的利用等問題提供了更充分的證據。而輯佚出的正義佚文多與索隱重複，也更加證明了前代刊刻史記及三家注時，爲避免重複而刪削正義的事實。

校補的工作量如此之大，當然也存在一些問題。譬如校補對同源版本，不分主次，一一收録的做法頗爲學界所詬病。關於這一點，作者在自序中雖有申辯：「抑推定同源之板本，一見似甚易，而實不然。一一校之，始知其爲同源；又雖同源之板本，不保無刻者以意改者。於是，余不敢顧尨雜，以同源之板本，姑比較、博採諸本之異同，以俟學者採擇焉。」但仍不免有繁瑣之嫌。例如從校記來看，明南監本和北監本有許多兩者相合而與諸本不同的異文，也有各自獨有的異文。但兩個本子中的異文的訛誤大部分都是相同的，足見兩本之間的密切聯繫，張玉春先生的研究也證明了南監本和北監本都源於嘉靖九年監本。當然，校補也並不是對考證中的所有内容都進行了校訂補充，如孝文本紀「歲以有年」，考證引正義：「言豐年也。」校補未載此文。又如孝武本紀「上初至雍，郊見五畤」，考證於原有正義中補曰：「或曰以雍州雍縣南。孟康云『時者，神靈上帝也。』」校補亦不載此文。

校補出版至今已有六十多年，當年的印刷數量有限，今日能見到此書的原本已極爲不易。一九七二年，臺灣廣文書局將校補影印出版，一九八六年上海古籍出版社將校補各篇分附於史記會注考證各卷之後，縮版影印成史記會注考證附校補，分上下兩册出版，但略去了水澤利忠所撰的史記文獻學研究。爲方便讀者更好地利用史記會注考證校補，此次我們將校補各篇全部加以標點，並將史記文獻學研究譯爲中文，希望能爲讀者提供一個更完整也更方便利用的校補版本。其中錯訛疏漏之處，敬祈讀者批評指正。

校補的整理標點始於二〇〇六年，後由於版權問題没能與史記會注考證整理本一起出版。當初參加點校整理的北京大學中文系李欣、陳思、韋胤宗三位同學也都已離開校園，在各自的工作崗位上繼續努力着。二〇二一年再次準備出版此書時，北大中文系在讀博士宋現、胡玉花同學參與了相關工作。史記文獻學研究的翻譯是由日本近畿大學的原田信老師承擔的，原田信老師反復修訂譯文，精益求精，努力爲讀者呈現出精審可靠的譯本。感謝東京大學的林子微博士審閲原田老師的譯文，並提出很好的修改意見。感謝上海古籍出版社的喬穎叢老師和其他各位編輯老師反復審定書稿，爲此書出版付出的心血。

楊海峥

目録

序

竹田復

觀夫吾國古代以迄，典籍舶自中國者，幾若汗牛充棟，其寄與我文運振興者，固不俟言也。而史記一書，詳敘史實，開創體例，不獨爲彼邦正史之祖，且中國之文化源流亦盡羅於是書，有志於中國古代文化研究者不可或闕之書也。而其文章縱放跌宕，且文簡而事詳，更行文筆勢貫穿馳騁，可謂司馬遷生命之流露，是其所以不朽矣。至其論贊之得體，文評之精湛，亦可垂範於後世，宜乎吾國人士持誦而不已也。余曩者承乏東京文理科大學教席，每欲企史記之綜合研究，乃嘗集研究室諸生，開史記講讀之會。時特別研究生水澤利忠君亦與焉。君夙攻究春秋左氏傳及史記二書，是以君專任史記文獻學之研究，從事史記本文及集解、索隱、正義三注之校勘。迨後東京大學三上次男教授京都大學人文科學研究所所長貝塚茂樹教授等，各以研究史記爲中心，而組織古代史研究組。而是時，我文理科大學亦分任此綜合研究之一部，因之受文部省研究助成資。當是時也，水澤君奮而埋首於校對補正，承先進之教導，專注於採訪文獻資料，博搜旁引，孜孜不倦，遂至見大成。後並將其研究成果迭次發表於中國學會大會及學術雜誌，旋於昭和卅年三月，受有東京文理科大學閉學紀念賞焉。先是，君以乾隆刊經史館本（殿本）爲校勘底本，後因宋刻黄善夫本之佳而改用之。時余説君以并瀧川博士所著史記會注考證爲合本，以顯其明確，並誌先人爲學之功，而君亦快諾之。並承東京大學東洋研究所所長仁井田陞教授以版本惠與，於是史記會注考證及校補得而問世。後更經學術會議刊行助成，審議會資助刊行，如斯完成將有日矣。嗚呼！君追尋斯學於千載之後，補正闕遺於三餘之間，其專心致志，鑽研學術之功，裨益學界，殊非淺鮮。吾故曰：經君嘔心之作，非獨史記一書得以益彰，諸注家之注因之益顯，而其便於後世爲學者，固無待言。君其諸先學之同道，太史公之知己也歟！

昭和卅二年三月　文學博士竹田復

自序

史記刻本自宋元迄今不下數十家，而先人皆苦乏善本。幸哉！我國存史記古鈔本、古板本多。舉一例言之：室町末葉五山僧月舟壽桂，幻雲，一五三三寂。舊藏南宋慶元刻黄善夫本，今米澤上杉氏藏，其書老莊之傳在伯夷傳前。張氏元濟曰：「三注俱全者，宋刻有黄善夫本。此本未見我國著録，日本澀江全善、森立之經籍訪古志載之，余爲涵芬樓在京師收得半部。」校史隨筆。後上海商務印書館請上杉氏以補其闕，景印行之，今日通行百衲本二十四史中之史記即是也。徐氏文珊曰：「日本方面收藏古本史記甚多，鈔本、刊本都有。如能與彼邦人士合作，自是大快事。」國立北平研究院史學研究會刊白文史記序。

近時研究史記之書極多，而注釋校勘并兼者如瀧川資言所撰史記會注考證則蓋尠。此書博勘諸家舊説，其所校遡及宋元古板本、我國永正（一五〇四—一五二〇）之三條西實隆公自筆本等史記古本校記，又捃摭唐張守節正義佚文於慶長（一五九六—一六一四）之古活字本史記校記、桃源抄及幻雲抄等而輯之。顧氏頡剛亦曰：「日本瀧川龜太郎史記會注考證問世，他山之石，可以攻玉，尤使予等奮發自勵。」同上。頃日北京文學古籍刊行社景印該書，亦不無故矣。獨憾其書雖博勘諸本，而其所主在金陵書局本。段氏玉裁曰：「凡校書有二難：一，底本之是非；一，立説之是非。必先定其底本，而後可斷其立説之是非。校勘之難，不在一字一句不誤之難，而在審定底本之難也。」校讎學。金陵書局本主據嘉興錢泰吉校本。錢氏彙校諸本三十餘年，校訂頗勤，點劃小異必詳記之，然間有臆改之説，未能免晚出駁雜之訾，非得段氏之意者也。

余始校諸本，以乾隆武英殿本爲底本，新編史記攷異止太史公自序。東京教育大學漢文學會會報第十四號。是也。後識南宋慶元黄善夫刊本佳而改之，因而補正史記會注考證正文并三注之缺誤，又有增補史記會注考證所輯之正義佚文。

唐張守節史記正義宋刻以來浸多刊落，四庫全書提要已詳論之，臚列明監本失載正義數十條，資言捃摭東北大學所藏慶長古活字本校記、米澤市立圖書館藏桃源抄、幻雲抄、尊經閣藏博士家本史記異字等諸本所存佚文千百數十條，分載於史記會注考證各條下，以爲略復張氏之舊，網羅之功可謂偉矣。徐氏文珊亦曰：「今檢日本史記會注考證本，知彼據唐寫本史記正義幻雲抄、桃源抄二種補出正義文一千餘條，大是快事。今即一一爲之校輯補入本書，雖不敢遽謂爲全文，然較之舊本，則已不可同日而語了。」然而觀新出正義，其佚文實不止此。頃者，余幸得目覩上杉氏所藏南宋黄善夫本校記等二十數種，乃獲資言所未見佚文凡二百數十條，且會注考證所採正義佚文，皆不注明其所依，是爲可憾。今一一明所據，以便學者。

余曩刺取本紀正義佚文八十餘條，與資言所既採正義百數十條合爲一篇，詳示據何書，名曰史記本紀正義拾佚，中國文化研究會會報第五期第一誌。今亦獲正義佚文與資言所既採録者分揭各條下，且明示其據。

我國有博士家傳來古鈔本，所謂史記古本是也。史記會注考證亦用之，然資言採蒐資料，其範圍極狹，若加賀藩儒大島贄川、桃年編史記攷異不識其存否，可惜。贄川攷異以淩稚隆萬曆四年刊史記評林爲底本，以宋元古版本及史記注釋書等二十數種校勘之。贄川既先資言採録正義佚文於古本史記校記，余遂一檢此書，脱漏不尠。然其所採之書，今日不得睹者多，是可珍也。

尊經閣文庫存金澤前田家舊藏博士家本史記異字，天朝傳本史記説。此書以楓山本、三條本、南化本、中彭本、中韓本等史記古本校記校勘。資言考證亦引此書，然余就實檢之，訛脱多，非經校訂不得遽資校勘。

余之校補尨雜，似架屋於先人之屋上，有先人既校而余再校者，是非徒示博旁。夫先人所譔之書不必無誤謬脱漏，其誤謬則後人可得而正，其脱漏則後人可得而補；若後人不補正之謬漏，則其誤脱何時歸正邪？贄川攷異，博士家本史記異字，中國張氏札記所校亦誤脱不尠，洵不勝掃落葉之嘆也。

魯氏實先以爲，校勘但求正訛，不應多列同源之板本以作校語，是徒眩人耳目，示己博聞。阮氏之讎經，張氏之校史，皆有此失。魯實先致瀧川龜太郎博士書。此言似是，然余亦有所見。抑推定同源之板本，一見似甚易，而實不然，一一校之，始知其爲同源；又雖同源之板本，不保無刻者以意改者。於是，余不敢顧尨雜，以同源之板本，姑比校，博採諸本之異同，以俟學者採擇焉。

我校讎略畢，我師竹田復博士慫慂上梓之，使與史記會注考證並刊，其意蓋在光照先賢之遺業而裨補史記之研究。即借史記會注考證紙型於東京大學東洋文化研究所，又得文部省研究成果刊行助成金以付剞劂，而依大石光之助、大河原栄之助兩氏庇蔭不尠。

覆刊史記會注考證之業已過半，今又史記會注考證校補刻成焉，一言以叙成書之原委云爾。

昭和卅二年三月，水澤利忠。

凡例

一、本書以瀧川資言著史記會注考證爲底本，用目覩史記古鈔本、板本并先人之史記校記，比校史記正文及三注，故名曰史記會注考證校補。

一、史記正文每一句以（　）記號標示之，其句讀者姑依史記會注考證。

一、史記正文每句下略號數字者示其句所在之板本與葉行之數目。板本則以「瀧」標示史記會注考證本，以「慶」示南宋慶元黄善夫本，以「殿」示乾隆四年刊武英殿本，以「凌」示萬曆四年刊凌稚隆輯校李光縉增補史記評林本。日本寛永十三年八尾助左衛門刊本版式同。其下之數目則示葉及行之數目。

一、〇印下記諸本異同。清原、景、札記等者諸本之略號，而略號之例者依書前所記之校讎資料略號。攷異範例大約如左：

（一）「玉　高山　白」者，即高山寺藏古鈔本「玉」字作「白」之意。

（二）「金陵　同」者，即清金陵書局本與史記會注考證同之意。但此時下云各本者，猶云他諸本。

（三）「高山　夏女其曰」者，即高山寺藏古鈔本「女」上有「夏」字之意。

（四）「海　嵯　波，高　校記海」者，即傳嵯峨本（日本慶長古活字本）「海」字作「波」，而高木家舊藏天理大學藏傳嵯峨本校記作「海」字之意。

（五）「嵯無國字，高校補國」者，即慶長古活字傳嵯峨本無「國」字，而高木家舊藏天理大學藏傳嵯峨本校記補「國」字之意。

一、三注歧異之例效正文而劉宋裴駰集解以「集」標示之，唐司馬貞索隱以「索」、唐張守節正義以「正」、瀧川資言考證以「考」示之。

一、正義之爲佚文者以＊印標示之，下記其所據，而瀧川資言史記會注考證既所録者以瀧表之。

校讎資料一覽

甲　史記古鈔本

1. 宮内廳書陵部藏清原家點本五帝本紀第一……清原
2. 求古樓、高山寺舊藏東洋文庫藏天養（一一四四—一一四五）鈔本夏本紀第二……天養
3. 高山寺藏羅振玉景印殷本紀第三……高山
4. 高山寺藏周本紀第四……高山
5. 高山寺舊藏東洋文庫藏天養（一一四四—一一四五）鈔本秦本紀第五……天養
6. 宮内廳書陵部藏高祖本紀第八……秘閣
7. 毛利家藏延久（一〇六九—一〇七四）鈔本吕后本紀第九……毛利
8. 東北大學圖書館藏延久（一〇六九—一〇七四）鈔本孝文本紀第十……延久
9. 野村氏久原文庫舊藏大東急記念文庫藏延久（一〇六九—一〇七四）鈔本孝景本紀第十一……延久
10. 山岸德平氏藏大治（一一二六—一一三一）鈔本孝景本紀第十一……大治
11. 神田文庫藏羅振玉景印河渠書第七……神田
12. 宮内廳書陵部藏范睢蔡澤列傳第十九……秘閣

13. 高山寺藏羅振玉景印張丞相列傳第三十六……高山
14. 高山寺藏羅振玉景印酈生陸賈列傳第三十七……高山
15. 燉煌祕籍留真新編所收殘燕召公世家第四……燉煌
16. 同所收殘管蔡世家第五……燉煌
17. 同所收殘伯夷列傳第一……燉煌

乙　史記古本

一、史記抄

1. 英房史記抄（正平二年，一三四七）……英房
2. 桃源史記抄……桃
3. 桃源史記抄引古本……桃古
4. 幻雲史記抄……幻

二、宋板史記校記

幻雲、月舟壽桂。南化玄興、直江兼續舊藏上杉隆憲藏南宋慶元（一一九五—一二〇〇）本欄外校記又稱南化本……南化

三、元板彭寅翁本史記校記

1. 楓山文庫舊藏宮内廳書陵部藏本……楓
2. 狩谷棭齋舊藏宮内廳書陵部藏本……棭

2. 東洋文庫藏本……崎

3. 青州文庫舊藏東京大學圖書館藏本……東

4. 榊原文庫舊藏東京大學圖書館藏本……榊

五、引古本校勘記

1. 尊經閣文庫藏博士家本史記異字（天朝傳本史記説）……博異

2. 博士家本史記異字引中彭本……中彭

3. 博士家本史記異字引中韓本……中韓

4. 金澤市立圖書館藏本大島贊川桃年編著史記攷異……贊異

丙　史記板本

一、宋板史記

1. 仁壽本二十五史所收北宋仁宗景祐（一〇三四—一〇三八）監本配南宋重刊北宋監本史記集解……景

陶氏景印百衲本史記所收第二種北宋大字集解同右。……衲

張文虎校刊史記集解索隱正義札記稱宋本亦同。

2. 竹添井々、内藤湖南舊藏武田長兵衛藏傳北宋史記集解……井

陶氏景印百衲本史記所收第一種北宋小字集解同右。

北京文學古籍刊行社景印北京圖書館藏南宋紹興初杭州刻本史記集解亦同。

張文虎校刊史記集解索隱正義札記稱北宋本亦同。

3. 劉氏嘉業堂景印宋蜀大字集解本……蜀

4. 飛鳥井家、龜谷成軒、内藤湖南舊藏武田長兵衛藏南宋紹興庚申（一一四〇）刊集解本……紹

5. 黃堯圃舊藏静嘉堂文庫藏淳熙（一一七四—一一八九）耿秉刊集解索隱合刻本……耿

陶氏景印百衲本史記所收第三種南宋集解索隱無述贊本同右。

張文虎校刊史記集解索隱正義札記稱南宋本亦同。

6. 幻雲、南化玄興、直江兼續舊藏上杉隆憲藏南宋慶元（一一九五—一二〇〇）黃善夫刊集解索隱正義三注合刻本……慶

上海商務印書館民國二十五年（一九三六）景刊黃善夫本、民國十九年（一九三〇）至二十六年（一九三七）刊百衲本二十四史本同右。

四部叢刊所收亦同。

7. 陶氏景印百衲本史記所收第四種南宋乾道（一一六五—一一七三）中蔡夢弼刊集解索隱有述贊本……蔡

8. 北京文學古籍刊行社景印北京圖書館藏南宋本所收蜀刻本……蜀刻

二、元板史記

1. 静嘉堂文庫藏中統二年（一二六一）刊集解索隱合刻本……中統

2. 至元二十五年(一二八八)彭寅翁刊三注合刻本,宫内廳書陵部、慶應大學、天理大學、大谷大學各附屬圖書館藏……彭
彭寅翁本史記寫本。
宫内廳書陵部藏三條西實隆公自筆本。
建仁寺兩足院所藏梅仙和尚自筆本。

三、明板史記
1. 毛晉刻十七史史記集解本……毛
2. 毛晉刻單索隱本……索
3. 王延喆翻宋慶元三注合刻本……王
4. 嘉靖四年(一五二五)柯維熊翻宋慶元三注合刻本……柯
5. 嘉靖十三年(一五三四)秦藩翻宋慶元三注合刻本……秦藩
6. 萬曆四年(一五七六)李光縉增補凌稚隆評林三注合刻本……凌
7. 游明大昇校集解索隱合刻本……游
8. 萬曆二十四年(一五九六)刊馮夢禎校三注合刻南監本……南
9. 萬曆二十六年(一五九八)劉應秋校北雍板二十一史所收三注合刻北監本……北

四、清板史記
1. 乾隆四年(一七三九)武英殿刊本或稱官本,經史館本贊川史記攷異稱乾本……殿

2. 同治九年（一八七〇）張文虎刊金陵書局本……金陵

五、民國板史記

民國二十五年（一九三六）國立北平研究院總辦事處出版課排印顧頡剛、徐文珊點校史記白文……顧

六、朝鮮刊本據大島贄川史記攷異……韓

七、日本刊本及其他諸本

1. 慶長古活字本（傳嵯峨本）……嵯

2. 延寶二年（一六七四）史記評林八尾再版本、明治十三年（一八八〇）三版本……凌和

3. 群書治要……治要

4. 宋鄭樵通志……通志

5. 宋板吕東萊史記詳節……詳節

丁　校勘記其他諸本

1. 乾隆四年（一七三九）武英殿本史記考證……殿考

2. 同治壬申（一八七二）金陵書局刊張文虎校刊史記集解索隱正義札記……札記

3. 清梁玉繩史記志疑……志疑

4. 清錢大昕二十二史攷異……攷異

5. 清趙翼二十二史劄記……劄記

史記會注考證目録

〔史記會注考證目録〕

〔史記索隱序〕司馬貞

〔史記索隱後序〕司馬貞

〔三皇本紀〕司馬貞

〔史記正義序〕張守節

〔史記正義論例〕張守節

〔史記集解序裴駰〕　瀧一・二，慶一右一，殿一右一，凌一右一。○慶無此七行五十六字，而有九行：一曰史記目録；一曰集解，宋中郎外兵曹參軍裴駰；一曰補史唐朝散大夫國子博士弘文館學士；一曰河内司馬貞；一曰索隱唐朝散大夫國子博士弘文館學士；一曰河内司馬貞；一曰正義，唐諸王侍讀宣義郎守右清道率；一曰府長史張守節。凌無此七行五十六字而有十七行：一曰史記評林目録；一曰漢太史令龍門司馬遷著；一曰宋中郎外兵曹參軍裴駰集解；一曰唐朝散大夫國子博士弘文館學士河内司馬貞索隱；

一曰唐諸王侍讀宣議郎守右清道率府長史張守節正義；一曰帝紀十二卷；一曰索隱曰「紀帝王之事，故法天之歲，是太歲皆十二年一周天也」；一曰年表十卷；一曰索隱曰「法天之剛柔十日以紀時也」；一曰八書八卷；一曰索隱曰「法時有節以成歲也」；一曰世家三十卷；一曰索隱曰「法三十日而成月，故曰三十輻共一轂，亦其意也」；一曰列傳七十卷；一曰索隱曰「七十卷，法人臣七十而致仕也」；一曰以上共一百三十篇；一曰索隱曰「百三十篇，象閏餘成歲也」。[南]無此七行五十六字，而有五行：一曰史記補目録，一曰唐弘文館學士河内司馬貞著，一曰三皇本紀，一曰史記目録，一曰漢太史令龍門司馬遷著。[殿]無此七行五十六字而有七行：一曰史記目録；一曰漢太史令司馬遷撰；一曰本紀一十二；一曰年表一十；一曰八書八；一曰世家三十；一曰列傳七十。共一百三十卷。[殿考]監本作「本紀卷一十二，年表卷一十，八書卷八，世家卷三十，列傳卷七十」。按十表中有世表，有月表，今曰「年表卷一十」，其謬可知也。「卷一十二」、「卷一十」，則是第十二卷、第十卷也。「八書卷八」更不可通。蓋坊肆書賈之所爲，而傳謬至今者。且司馬遷報任安書云「爲十表，本紀十二，書八章，世家三十，列傳七十」云云，更爲确據。今但依古本改正。[金陵]無此七行五十六字，而有六行：一曰史記目録，一曰十二本紀，一曰十表，一曰八書，一曰三十世家，一曰七十列傳。

〔五帝本紀第一史記一〕　瀧一・九，慶一左一，殿一右九，凌一左九。○[慶]此行前有一行曰帝紀。「五帝本紀第一」六字作「第一卷」三字。此行後有二行：一曰三皇，司馬貞補史；一曰五帝。下倣之。【凌】此行前有一行，曰第一卷。無「史記一」三字。此行後有二行：一曰黃帝，帝顓頊，帝嚳；一曰帝堯，帝舜。下倣之。【南】此行前有一行，曰本紀一十二卷。「五帝本紀第一」六字作「第一卷」三字。此行後有一行，曰五帝。下倣之。【殿】此行前有二行：一曰本紀，一曰史記卷一。「五帝」二字、「史記一」三字並無。此行後有一行，曰五帝。下倣之。【金陵】「五帝本紀第一」六字與「史記一」三字錯置。下倣之。

〔孝景本紀第十一〕瀧二·九，慶二左八，殿三右二，凌三右二。○【凌】下有「缺褚少孫補」五字注。

〔孝武本紀第十二〕瀧二·一○，慶二左九，殿三右六，凌三右四。○【凌】下有「缺褚少孫取封禪書補」九字注。

〔漢興以來將相名臣年表第十〕瀧三·一○，慶四右二，殿四左六，凌四右四。○【凌】下有「缺褚少孫補」五字注。

〔禮書第一〕瀧四·一，慶四右五，殿四左一○，凌四右六。○【凌】下有「缺取荀子禮論補」七字注。

〔樂書第二〕瀧四·二，慶四右八，殿五右三，凌四右八。○【凌】下有「缺取樂記補」五字注。

〔律書第三〕瀧四·三，慶四右一○，殿五右五，凌四右一○。○【凌】下有「缺褚少孫補」五字注。

〔曆書第四〕　瀧四・四，慶四左二，殿五右九，凌四左二。○凌下有「缺褚少孫補」五字注。

〔三王世家第三十〕　瀧七・八，慶八右九，殿一〇左二，凌八左七。○凌下有「缺褚少孫補」五字注。

〔傳靳蒯成列傳第三十八〕　瀧一一・六，慶一三右一〇，殿一七右一，凌一三左八。○凌下有「缺褚少孫補」五字注。

〔龜策列傳第六十八〕　瀧一四・六，慶一七左八，殿二二左三，凌一八左二。○凌下有「缺褚少孫補」五字注。

○慶南目録末有五行：一曰帝紀一十二卷，一曰年表一十卷，一曰八書八卷，一曰世家三十卷，一曰列傳七十卷。殿目録末有二行：一曰附司馬貞補史記，一曰三皇本紀。

史記索隱序

〔史記索隱序〕瀧一・一，慶一右一，殿五右一，淩一右一。○札記錢氏警石云所見汲古閣單本索隱皆缺此序，案疑毛氏因已見所刊集解本而删之。

〔雖鼃見微意而未窮討論〕瀧二・三，慶二右一，殿五左四，淩一左六。○鼃，慶南殿王柯秦藩粗。殿考「討」，監本訛作「計」，今改正。

〔異音微義〕瀧二・七，慶二右六，殿五左七，淩二右一。○音，慶彭殿王柯秦藩詳節旨。殿考「旨」，監本訛作「音」，今改正。

〔又重爲述贊〕瀧三・一，慶二左四，殿六右二，淩二右六。○淩殿無「重」字。

史記索隱後序

〔史記索隱後序〕　瀧一・一，慶一右一，殿七右一，凌三右一。○金陵無此六字。南無「史記」二字。游脱「後」字。

〔夫太史公紀事〕　瀧一・二，慶一右二，殿七右二，凌三右三。○游游本無夫字。太史公之紀事。紀，殿記。

〔或旁搜異聞〕　瀧一・三，慶一右三，殿七右三，凌三右四。○旁，慶南凌殿訪。

〔故事覈而文微〕　瀧一・四，慶一右四，殿七右四，凌三右五。○微，慶中統游南詳節徵。詳節徵下有「徵可信也」四字注。

〔彪既後遷而述〕　瀧一・五，慶一右六，殿七右五，凌三右六。○彪，南表。後，慶南凌殿依。

〔且又兼采衆賢〕　瀧一・五，慶一右六，殿七右六，凌三右七。○索金陵「且又」二字作「是」字。

〔故其旨富〕　瀧一・六，慶一右七，殿七右六，凌三右八。○富，中統游當。

〔是以近代諸儒共所鑽仰〕　瀧一・六，慶一右七，殿七右七，凌三右九。〇所，索 金陵 行。

〔或得之於名山壞宅〕　瀧一・九，慶一右一〇，殿七右九，凌三左二。〇宅，索 金陵 壁。殿考「壞」，監本訛作壤，今改正。

〔又別有音隱五卷〕　瀧二・一，慶一左三，殿七左一，凌三左五。〇音，索 金陵 章。

〔宋中散大夫徐廣作音義十三卷〕　瀧二・二，慶一左四，殿七左二，凌三左七。〇金陵 同。各本「十三」作「一十」。札記 案，中統、游本及合刻各本並録補史記序及三皇本紀，此在索隱之外，今删。

〔唯記諸家本異同〕　瀧二・三，慶一左五，殿七左三，凌三左六。〇慶 南 凌 殿 無「家」字。

〔遂采鄒徐二説〕　瀧二・一〇，慶二右二，殿七左九，凌四右四。〇采，中統 游 合。

〔遂作音義二十卷音乃周備〕　瀧二・一〇，慶二右三，殿七右一〇，凌四右五。〇二，南 凌 殿 三。乃，南 及。殿考「乃」，監本訛作「及」，今改正。

〔因憤發而補史記遂兼注之〕　瀧三・五，慶二右八，殿八右四，凌四左一。〇中統 游 無「史記遂兼」四字。

〔乃自惟曰千載古史良難紬繹於是更撰音義重作述贊〕　瀧三・五，慶二右九，殿八右五，凌四左二。〇各本「惟」字作「唯」。按：瀧本以意改。慶 南「史」、「良」互倒。紬，慶 中統游南更，索間。慶索南金陵「繹於是」三字作「然因退」。各本「述」、「贊」互倒，瀧本以意改。殿考監本訛作「乃自惟曰千載古良史難更然因退撰音義重作讚述」，今改正。

〔遵北轅於司南也〕　瀧三・七，慶二右一〇，殿八右六，凌四左三。○遵，殿導。中統游無「也」字。

〔凡爲三十卷〕　瀧三・七，慶二左一，殿八右七，凌四左三。○中統游無「爲」字。

補史記序

○按：瀧本、金陵本並缺補史記序，今以凌稚隆史記評林爲底本準瀧川初稿本。

〔司馬貞〕　慶一右二，殿一右二，凌五右二。○慶 中統 彭 游 南 王 柯 索 小司馬氏。「貞」字作「氏」。

〔筆削乃成於一家〕　慶一右八，殿一右七，凌五右七。○索「乃」下有「一多咸字」四字注。

〔觀其本紀十二〕　慶一左四，殿一右一〇，凌五左二。○慶 中統 彭 游 南 王 柯 索 殿「觀其」二字作「莫不」。

〔三十世家〕　慶一左六，殿一左二，凌五左四。○世，索系。下同。

〔盛德不闕〕　慶二右一〇，殿一左一〇，凌六右四。○闕，索忝。

〔記非周悉〕　慶三右五，殿二右一〇，凌六左六。○記，索既。

〔具修于後〕　慶三右七，殿二左一，凌六左七。○具，索且。于，索干。

〔唯略出音訓〕　慶三右七，殿二左二，凌六左八。○唯，詳節雖。

〔斯未可謂通學也今輒按今古〕　慶三左三，殿二左五，凌七右二。○索斯未可謂通其學也今輒採按今古。殿 詳節「今」、「古」互倒。

〔兼自見愚管重爲之注〕 慶三左四，殿二左六，凌七右三。○索無「見」字。重，索伸。

〔既補史舊〕 慶三左六，殿二左八，凌七右五。○索「史」、「舊」互倒。

三皇本紀

〔三皇本紀〕 瀧一・一，慶一右一，殿一右一，凌一右一。○[柯]無此四字。[北]「三皇本紀」四字作「史記卷一上三皇本紀第一上」十二字。[詳節]「三皇本紀」四字作「小司馬索隱補三皇紀」九字。[慶][彭][王][韓][嵯]三皇本紀補史記。[南]三皇本紀史記補。[凌][殿]此句前有「補史記」三字。

〔小司馬氏撰〕 瀧一・一，慶一右一，殿一右二，凌一右二。○[南][殿]此五字作「唐國子博士弘文館南本無「館」字。學士河内殿本無「河内」二字。司馬貞補」十六字。[凌]此五字作「唐司馬補」。

索 小司馬氏云 ○[南][凌][索][殿]無此五字。[詳節]此五字作「司馬貞自詳曰」六字。

索 太史公作史記 ○[凌]按太史公作史記。

索 又帝系皆叙自黃帝已下 ○系，[中統][游]出，[慶][南][王][凌]世。

〔蛇身人首〕 瀧一・六，慶一右八，殿一右九，凌一左九。

索 按伏犧風姓 ○犧，[游][南]羲。下同。

索　出帝王世紀　○世，[索]代。

索　成紀亦地名　○[索]其成紀亦地名。

〔故曰宓犧氏〕　瀧一・一〇，慶一左三，殿一左四，淩二右五。

索　按事出漢書歷志　○歷，[索]曆。

〔作三十五弦之瑟〕　瀧二・二，慶一左五，殿一左六，淩二右七。○三，[中統][游][南][詳節]二。弦，[索][詳節]絃。下同。

〔注春令〕　瀧二・二，慶一左五，殿一左六，淩二右七。○注，[詳節]主。

〔故易稱帝出乎震〕　瀧二・三，慶一左六，殿一左六，淩二右八。○乎，[索]于。

索　象日之明　○象，[索]像。

〔立一百一十一年崩〕　瀧二・三，慶一左七，殿一左八，淩二右九。○[索]同。各本無「一百」。

索　冢在山陽高平之西也　○山，[中統][游]南。

〔惟作笙簧〕　瀧二・七，慶二右一，殿二右一，淩二左二。

索　按禮明堂位及系本皆云女媧作笙簧　○[索]同。各本「系」字作「世」，無「笙」字。

〔金木輪環〕　瀧二・八，慶二右三，殿二右三，淩二左四。○環，[彭][韓][嵯]還。

〔故頻木王也〕　瀧二・九，慶二右四，殿二右四，淩二左五。○頻，[索]類。

〔神農氏作〕　瀧三・三，慶二右九，殿二右八，淩二左一〇。

索　今依之爲說也　○[索]無「爲說也」三字。

〔有媧氏之女〕　瀧三・五，慶二左一，殿二右一〇，凌三右三。〇媧，索蟜。

〔因以爲姓〕　瀧三・六，慶二左二，殿二左一，凌三右四。

索　是昆弟而同母氏乎　〇索同是昆弟——。是，中統游皆。乎，索也。

索　皇甫謐以爲少典有媧氏諸侯國號　〇索——爲少典氏有女媧氏——。氏，南凌代。

索　所以同是有媧氏之女也　慶彭南北索韓嵯無「以」字。彭北韓嵯無「之」字。

〔遂重八卦爲六十四爻〕　瀧四・一，慶二左九，殿二左八，凌三左一。〇中統游——爲六十四卦爻。

〔後居曲阜〕　瀧四・一，慶二左一〇，殿二左八，凌三左二。

〔神農本起烈山〕　瀧四・二，慶三右一，殿二左九，凌三左三。〇烈，索列。下同。

索　按今淮陽有神農井　〇索按今淮南陽有神農井。

〔是也〕　瀧四・四，慶三右二，殿三右一，凌三左五。

索　亦曰有烈山　〇索無「山」字。山，殿氏。

〔神農納奔水氏之女曰聽詙爲妃生帝魁魁生帝承承生帝明明生帝直直生帝氂氂生帝哀哀生帝克〕　瀧四・四，慶三右三，殿三右一，凌三左五。〇索同。各本無「魁魁」至「氂氂生帝」二十字。

〔而軒轅氏興焉〕　瀧四・六，慶三右五，殿三右三，凌三左七。

索　況譙皇二氏皆前聞君子　○索——前氏傳前聞君子。中統 游 南 北 王 凌 嵯「況譙皇」三字作「祝誰望」。

〔或分掌四岳〕　瀧四・九，慶三右八，殿三右六，凌三左一○。○索同。各本無「掌」字。

〔三皇謂天皇〕　瀧五・一，慶三左一，殿三右八，凌四右三。○索無「謂」字。

〔澹泊無所施爲〕　瀧五・三，慶三左三，殿三右一○，凌四右五。○索澹泊自無所施爲。

〔立各一萬八千歲〕　瀧五・四，慶三左五，殿三左一，凌四右六。

索　蓋天地初立　○蓋，凌按。

〔亦各萬八千歲〕　瀧五・六，慶三左七，殿三左四，凌四右九。○各，索合。南 韓 嵯 亦各一萬八千歲。

〔出谷口〕　瀧五・七，慶三左八，殿三左四，凌四右一○。○谷，索呑。

〔栢皇氏〕　瀧五・九，慶四右一，殿三左八，凌四左三。○栢，索柏。

〔卷須氏〕　瀧五・一○，慶四右二，殿三左八，凌四左四。○卷，詳節朱。

〔斯蓋三皇已來有天下者之號〕　瀧六・一，慶四右四，殿三左一○，凌四左六。○下，索地。

〔不可備論〕　瀧六・七，慶四左一，殿四右六，凌五右二。○索無「論」字。

〔故春秋緯稱自開闢至於獲麟〕　瀧六・七，慶四左一，殿四右七，凌五右三。○緯，中統 游所。於，凌于。

〔凡世七萬六百年〕　瀧六・八，慶四左三，殿四右八，淩五右七。〇中統、游無「世」字。

〔八曰回提紀〕　瀧六・一〇，慶四左五，殿四右一〇，淩五右七。〇回，索因。

〔蓋流訖當黄帝時〕　瀧七・一，慶四左六，殿四左一，淩五右七。〇索無「蓋流訖」三字。

史記正義序

〔旁搜史子〕　瀧一・五，慶一右八，殿九右五，凌八右六。○詳節「史」、「子」互倒。

〔下既天漢〕　瀧一・六，慶一右八，殿九右六，凌八右六。○既，慶彭中統游王殿詳節暨。

〔忠臣孝子之誠備矣〕　瀧一・七，慶一左二，殿九右八，凌八右九。○誠，南誠。

史記正義論例

〔史記正義論例〕　瀧一・一，慶一右一，殿一右一，凌一五右一。○慶　中統　彭　游　王　柯——論例謚法解。南　殿——論例謚法解列國分野。金陵無「論例」二字。

〔諸王侍讀宣議郎守右清道率府長史張守節上〕　瀧一・二，慶一右二，殿一右二，凌一五右二。○殿唐諸王侍讀無「宣議郎守右清道」七字。率府長史——。議，慶　彭　王　柯義。

〔以記王侯將相〕　瀧二・三，慶一左六，殿一左四，凌一五左三。○記，南　殿　託。

〔裴氏亦引之爲注也〕　瀧三・四，慶二右九，殿二右六，凌一六右四。○慶　中統　彭　游　王　柯　金陵無「也」字。

〔此之般流〕　瀧三・九，慶二右三，殿二右一〇，凌一六右七。○札記　婁機班馬字類序引作「如此之流」。按：瀧本考證「流」訛作「類」。

〔又字體乖日久〕　瀧四・三，慶二左八，殿二左四，凌一六左一。○札記　字類序：「乖誤日久。」

〔辭亂從舌〕　瀧四・六，慶三右一，殿一一左七，凌一六左四。○金陵同。各本無「亂」字。

札記亂，依字類序補。

〔美下爲火哀下爲衣〕　瀧四・七，慶三右三，殿二左八，凌一六左五。○金陵同。各本「火」字作「大」。攷異按，説文美「从羊从大」，漢隸或有誤从火者，此文「大」字必「火」之訛也。「哀」字，説文所無。易「哀多益寡」，唐石經作「褒」。「褒」之爲「哀」，亦隸體之變，此字宜在衣部。而字節訶爲訛字，何耶？

〔離邊作禹〕　瀧四・八，慶三右五，殿二左九，凌一六左六。○離，南籬。

〔寵字爲竉錫字爲錫以支代文〕　瀧四・一〇，慶三右五，殿二左一〇，凌一六左九。○寵，金陵竉。各本無「爲竉錫字」四字。札記「爲竉錫字」四字，依經典釋文條例補。按：瀧本寵竉訛。札記釋文條例「以支代文」作「用支代文」。

正　章移反　○移，南王凌殿侈。

〔將无混无〕　瀧四・一〇，慶三右六，殿三右一，凌一六左九。○金陵同。各本「无」字作「無」。札記原誤「無」，依釋文條例改。彼作「將无混无」。

〔河北江南〕　瀧六・四，慶三左九，殿三左二，凌一七右九。○北，凌比。

〔或滯於重濁〕　瀧六・五，慶三左一〇，殿三左三，凌一七右九。○金陵同。各本「滯」字作「帶」。札記各本訛「帶」，依釋文條例改。

〔稱爲好惡〕　瀧六・八，慶四右二，殿三左四，凌一七左一。

正　並去聲　○凌無「並」字。

〔當體則爲名譽〕　瀧六・八，慶四右二，殿三左五，凌一七左一。○慶彭中統游王無「爲」字。

〔論情則曰毀譽〕　瀧六・八，慶四右二，殿三左五，凌一七左一。○各本「論情」二字作「情乖」。札記釋文條例「情乖」作「論情」。

〔解閒〕　瀧七・五，慶四右四，殿三左七，凌一七左三。

正　自散也　○散，南解。

〔惟維遺唯〕　瀧七・七，慶四右七，殿三左九，凌一七左五。

正　並音以隹反　○隹，慶殿位，凌住，中統彭游南王隹。

〔吏〕　瀧八・三，慶四左四，殿四右六，凌一八右一。

正　力置反　○置，南至。

〔字牸〕　瀧八・三，慶四左五，殿四右六，凌一八右一。

正　並疾置反　○疾，慶南王殿侯，中統彭游候。

〔亟〕　瀧八・五，慶四左六，殿五右七，凌一八右二。

正　去吏反　○吏，中統彭游末。

〔從〕　瀧九・七，慶五右九，殿四左一〇，凌一八左三。

正　又但容反　○但，南徂。

〔數〕瀧九・八，慶五右一〇，殿五右一，凌一八左三。

正　歷數術數也　〇歷，【慶】【南】【凌】【殿】曆。術，【慶】【王】【凌】述。

〔辟〕瀧九・九，慶五左二，殿五右三，凌一八左五。

正　又疋豉反　〇【南】無「又」字。

〔射〕瀧一〇・一，慶五左三，殿五右五，凌一八左七。

正　又成亦反　〇成，【金陵】神。【札記】射也。當有脱誤。「神」，原訛「成」，今正。

〔復〕瀧一〇・一，慶五左四，殿五右六，凌一八左八。

正　除役也　〇【金陵】同。除，【慶】【南】【王】【殿】徐。【慶】【南】【王】【凌】【殿】除役之也。【札記】原訛衍作「徐役之也」。案集韵復漢法、除其賦役也，通作「復」，今删正。

〔氾〕瀧一〇・二，慶五左六，殿五右七，凌一八左九。

正　又音凡　〇凡，【王】【凌】【金陵】几。

正　楚人呼土爲氾橋　〇土，【金陵】上。按：「上」，「土」訛。

〔恐〕瀧一〇・四，慶五左八，殿五右九，凌一九右一。

正　又丘拱反　〇丘，【慶】【中統】【彭】【游】【王】【殿】兵，【南】共。

〔斷〕瀧一〇・五，慶五左九，殿五右一〇，凌一九右二。

正　又段緩反　〇段，【南】斷。

〔解〕瀧一〇・五，慶五左九，殿五右九，凌一九右三。

正 又核買反 ○中統彭游無「又」字。

正 怠墮也 ○墮，慶南王金陵憜，凌惰。

〔幾〕瀧一〇・六，慶五左一〇，殿五左一，凌一九右三。

正 又音記 ○記，中統彭游冀。

〔卒〕瀧一〇・六，慶六右一，殿五左二，凌一九右四。

正 即鍰也 ○鍰，慶南王凌殿歛。札記「鍰」原訛「歛」，依周本紀集解改。

正 將帥也 ○帥，南率。

〔王〕瀧一〇・八，慶六右三，殿五左四，凌一九右六。

正 于方反人主也 ○凌無此注。

〔長〕瀧一〇・八，慶六右三，殿五左四，凌一九右六。○中統彭游王無「長」字。

正 直良反久也又張丈反長上也 ○彭無此注。游王無「直良反久也」五字。「又張丈反長上也」七字錯入「王」字下。南直良反久也脩也又——。札記王本僅存下七字，又錯入「王」字下依凌本補正。

〔藉〕瀧一〇・八，慶六右四，殿五左五，凌一九右六。

正 又租夜反 ○租，南徂。

〔培〕瀧一〇・八，慶六右四，殿五左五，凌一九右六。

正 又蒲口反冢也 ○金陵同。各本「口」字作「内」而「冢」字作「板」。札記各本「口」訛「内」，

「家」訛「板」。依玉篇及集韵四十五厚改。

〔難〕　瀧一〇・九，慶六右五，殿五左六，淩一九右七。

正　艱也乃旦反　○南「艱」字作「難」，「乃」上有「又」字。

〔謚法解〕　瀧一一・二，慶六右八，殿五左九，淩二〇右一。○淩史記正義謚法解。札記王本游本接論例不換板，今從之。此篇原本蓋上下兩排，傳刻錯亂，惟游本尚存舊式。王本兩行相間，猶可考尋。今參餘姚盧氏鍾山札記訂本，移正其末。三十餘謚，善惡襍糅，無從訂改，略依游本。

〔民無能名曰神〕　瀧一一・一〇，慶六左三，殿六右四，淩二〇右七。○慶中統彭游王無「曰」字，下同。

〔小心畏忌曰僖　諫争不威曰德　質淵受諫曰釐　剛彊直理曰武〕　瀧一三・八，慶八右一〇，殿八右一，淩二一右七。○淩此二十四字作「剛彊直理曰武，小心畏忌曰僖，質淵受諫曰釐，練争不威曰德」。慶南王殿「小心畏忌曰僖」六字與「剛彊直理曰武」六字錯置。

〔温柔賢善曰懿〕　瀧一四・一，慶八左六，殿八右七，淩二一右九。

正　性純淑　○性，南生。

〔克定禍亂曰武〕　瀧一四・二，慶八左七，殿八右八，淩二一右一〇。

正　以兵征故能定　○征，慶南王殿淩往。札記原訛「往」，依逸周書改。

〔温柔好樂曰康〕　瀧一四・七，慶九右七，殿八左八，凌二一左五。

正　好豐年勤民事　○札記「柔」，逸周書作「年」。盧據注改「豐年」。

〔協時肇享曰孝〕　瀧一四・八，慶九右一〇，殿九右一，凌二一左六。○金陵同。各本「享」字作「厚」。札記原訛「厚」，依逸周書改。

〔資輔共就曰齊〕　瀧一四・一〇，慶九左四，殿九右五，凌二一左八。○南金陵同。各本「共」、「就」互倒。○札記「共」、「就」原倒，依逸周書乙。

〔昭德有勞曰昭〕　瀧一五・三，慶九左九，殿九右一〇，凌二二右一。

正　能勞謙　○金陵同。各本「謙」字作「謹」。札記原訛「謹」，依逸周書改。

〔聖聞周達曰昭〕　瀧一五・四，慶一〇右一，殿九左二，凌二二右二。

正　聖聖通合　○王下「聖」字作「聞」。札記逸周書作「聖聞通洽」也，疑此誤。

〔追補前過曰剛　布義行剛曰景〕　瀧一五・九，慶一〇左三，殿一〇右四，凌二二右八。○金陵同。各本「追補前過曰剛」六字與「布義行剛曰景」六字錯置。

正　勤善以補過　○勤，南勸。

〔彊義執正曰威〕　瀧一六・二，慶一〇左九，殿一〇右一〇，凌二二左一。○執，慶中統彭游王訊。

正　問正言無邪　○札記游本「執」作「訊」。案逸周書作「彊毅信正」，注亦作「信正」。疑本「信」

字，聲近訛爲「訊」，後又改注「信」爲「問」耳。

〔大慮行節曰考〕 瀧一六・四，慶一一右三，殿一〇左四，凌二三左三。○札記原訛「孝」，盧據公羊疏改。案篇末「考成也」與此注「成其節」合，今從之。

〔始建國都曰元〕 瀧一六・九，慶一一右一〇，殿一一右一，凌二三左六。

正 何以始之 ○何，慶中統彭游可。始，游使。

〔主義行德曰元〕 瀧一六・一〇，慶一一左二，殿一一右三，凌二三左七。

正 以義爲主行德政 ○政，慶中統彭游故。

〔行見中外曰愨〕 兵甲亟作曰莊 瀧一七・一，慶一一左七，殿一一右八，凌二三左一〇。○金陵同。各本「行見中外曰愨」六字與「兵甲亟作曰莊」六字錯置。

正 表裏如一 ○王金陵同。各本無「如一」二字。札記二字依逸周書補。

〔執義揚善曰懷〕 瀧一七・六，慶一二右七，殿一一左八，凌二三右五。○金陵同。各本「懷」字作「德」。札記原訛「德」，依逸周書改。

〔夙夜警戒曰敬〕 瀧一七・一〇，慶一二左四，殿一二右三，凌二三右七。

正 敬身思戒 ○金陵同。各本「思」字作「急」。札記「思」原訛「急」，依逸周書改。

〔秉德尊業曰烈〕 瀧一七・一〇，慶一二左四，殿一二右五，凌二三右八。王「烈」下有「遵代業不隳改」六字注。札記「尊」，逸周書作「遵」。注曰「遵世業不惰」。

〔外内貞復曰白〕　瀧一八・三，慶一二左一○，殿一二左一，凌二三左一。

正　正而復終始一　○南 凌 殿「終」、「始」互倒。

〔短折不成曰殤〕　瀧一八・八，慶一三右八，殿一二左一○，凌二三左六。

正　有知而夭殤　○殤，南傷。

〔名實不爽曰質　貞心大度曰匡〕　瀧二○・二，慶一四左九，殿一四右一○，凌二四左一。○金陵同。各本「名實不爽曰質」六字與「貞心大度曰匡」六字錯置。

正　不爽言相應　○爽，慶 中統 彭 游傷。

正　心正而用察少　○察，中統 彭 游祭。

〔滿志多窮曰惑〕　瀧二○・六，慶一五右七，殿一四左八，凌二四左五。

正　自足者必不惑　○惑，王足。札記 逸周書「惑」作「感」，注作必不足慮云。感，古憾字。不足與憾義正合。案王本注中「惑」字作「感」。

〔逆天虐民曰抗　好廉自克曰節〕　瀧二一・三，慶一六右一，殿一五左二，凌二五右二。○金陵同。各本「逆天虐民曰抗」六字與「好廉自克曰節」六字錯置。

正　背尊大而逆之　○中統 游無「之」字。

正　自勝其情欲　○情，慶 中統 彭 游清。

〔愛民在刑曰克〕　瀧二一・六，慶一六右四，殿一五左五，凌二五右三。

正　道之以政齊之以法　○法，中統 游 殿刑。

〔惠無内德爲平〕　瀧二一・九，慶一六右八，殿一五左九，凌二五右六。○無，游而。

〔餘皆象也〕　瀧二一・一〇，慶一六右九，殿一五左一〇，凌二五右七。

正　以其所爲謚象其事行　○凌無此注。

〔遵循也〕　瀧二二・一，慶一六右一〇，殿一六右一，凌二五右七。○金陵同。各本「遵」字作「尊」。循，慶南陵殿脩。

〔式法也〕　瀧二二・三，慶一六左三，殿一六右三，凌二五右一〇。○王金陵同。各本「式」字作「武」。札記「式」原訛「武」，依逸周書改。

〔載事也彌久也〕　瀧二二・四，慶一六左四，殿一六右四，凌二五右一〇。○金陵同。各本無兩「也」字，而「久」字作「文」。札記原脱二「也」字，「久」訛「文」，依逸周書補改。此下原連以前「周書」云云二十三字並大書，殊不分明。今依後「分野題例」改細書別行。

〔列國分野〕　瀧二二・七，殿一六右六，凌二六右一。○南殿同。凌史記正義列國分野。慶中統彭游金陵無「列國分野」四字。

〔本秦京師爲内史〕　瀧二二・八，慶一六左六，殿一六右六，凌二六右三。

正　左内史名馮翊　○札記當依百官表作「更名右馮翊」。

正　治内史右地　○各本無「右地」二字。札記依表，下脱「右地」二字。

〔襄城〕　瀧二四・一，慶一七左一，殿一七右一，凌二六左六。○札記凌脱「襄」字。按：凌本有「襄」字，札記誤歟。

〔陽城〕瀧二四·二，慶一七左三，殿一七右三，凌二六左八。○金陵同。各本「陽」、「城」互倒。札記漢志倒誤。

史記集解序

〔史記集解序〕　瀧一·一，慶一右一，殿一右二，慶一〇右一。〇紹大字史記集解序。序，凌叙。

〔裴駰〕　瀧一·二，慶一右二，殿一右二，凌一〇右二。〇凌宋中郎外兵曹參軍裴駰。

索　駰字龍駒　〇慶彭南王司馬貞索隱曰：駰字龍駒。凌裴駰字龍駒。

索　河東聞喜人　〇索金陵無「聞喜」二字。

索　宋中郎外兵曹參軍　〇索金陵無「曹」字。

索　父松之字世期　〇索金陵無「字世期」三字。

索　太中太夫注三國志宋書父子同傳　〇中統游索金陵無「注三國志宋書父子同傳」十字。

正　孔子作易序卦　〇金陵同。各本無「序」字。

正　子夏作詩序序之義其來尚矣　〇慶南殿不重「序」字。柯凌無「序之義」三字。

〔班固有言曰〕　瀧一·七，慶一右六，殿一右五，凌一〇右七。

索　固撰漢書　〇撰，柯凌王作。

索　案固字孟堅　〇凌案班固字孟堅。

索　租稱廣川太守　○札記案漢書叙傳：稱爲廣平相。後漢書班彪傳作廣平太守。蓋西漢末以國相行太守事也。單本「廣川太守」，傳寫之誤。各本作「潁川太守」，則更。

〔司馬遷〕　瀧一・八，慶一右九，殿一右六，凌一〇右一〇。

正　字子長　○凌司馬遷字子長。

正　撰史記百三十篇　○凌撰史記一百三十篇。

〔據左氏國語〕　瀧一・八，慶一右一〇，殿一右八，凌一〇左一。

索　上起周穆王　○柯王凌上起于周之穆王。

〔采世本戰國策〕　瀧一・一〇，慶一左二，殿一右九，凌一〇左三。

索　亦曰國事　○亦，南一。

索　劉向撰爲三十三篇　○慶柯秦藩凌中統「三十三」作「三十」，游作「二十三」。

〔接其後事〕　瀧二・二，慶一左五，殿一左二，凌一〇左八。○接，索按。

〔至於采經摭傳〕　瀧二・三，慶一左八，殿一左四，凌一〇左八。○采，蜀採。

〔或有抵捂〕　瀧二・四，慶一〇左九，殿一左五，凌一〇左九。

索　今屋梁上斜柱曰柱捂　○索金陵同。各本無「曰柱捂」三字。

索　是也直觸橫觸皆曰抵　○慶南凌殿無「直觸橫觸皆曰抵」七字。

〔又其是非頗謬於聖人〕　瀧二・七，慶二右四，殿一左八，凌一一右四。○謬，殿繆。注同。

索　今太史公乃先黃老崇勢利　○乃，詳節則。

正　何更非剥史記　○剥，殿駁。

〔則崇埶利而羞貧賤〕　瀧三・四，慶二左六，殿二右八，凌一一左七。○索金陵同。慶無「而羞貧賤」四字。各本「貧」、「賤」互倒。

〔然自劉向楊雄博極羣書〕　瀧三・七，慶二左七，殿二右一〇，凌一一左八。○楊，慶南毛殿索詳節揚。

〔辯而不華〕　瀧三・八，慶二左一〇，殿二左一，凌一一左九。○辯，殿辨。

索　則俚亦野也俗也不俚　○慶南凌殿無「俗也不俚」四字。

〔世稱其當〕　瀧三・一〇，慶三右三，殿二左三，凌一二右三。

正　駰音因　○因，南姻。

〔雖時有紕繆〕　瀧三・一〇，慶三右四，殿二左四，凌一二右三。

索　音匹之反　○匹，索疋。

〔總其大較〕　瀧四・二，慶三右七，殿二左六，凌一二右六。

正　較猶明也　○金陵同。各本無「猶」字。

〔信命世之宏才也〕　瀧四・二，慶三右七，殿二左六，凌一二右七。

索　五百年之間　○慶中統彭游索五百年生一賢之慶、彭、南、索各本「之」字作「其」。間。

索　物來能名有正一世者於聖人之間也　○索金陵同。各本無「有正」至「間也」十一字。

〔考較此書〕　瀧四・三，慶三右八，殿二左八，凌一二右八。○較，景井紹毛索詳節校。

〔莫辯其實〕 瀧四・四，慶三右九，殿二左八，凌一二右九。○辯，[王][凌]辨。

〔是非相貿〕 瀧四・五，慶三左一，殿二左九，凌一二左一。○貿，[景][慶][毛][王][索]貨。

〔爲作音義〕 瀧四・六，慶三左四，殿三右一，凌一二左三。○[慶][中統][彭][游][王][柯]無「作」字。

〔而殊恨省略〕 瀧四・七，慶三左六，殿三右三，凌一二左五。

索 言絕恨其所撰大省略也 ○大，[慶][南][王][殿]太。

〔聊以愚管〕 瀧四・九，慶三左七，殿三右四，凌一二左六。

索 案東方朔云 ○[詳節]案東方朔傳曰。「云」字作「曰」。

索 今云愚管者是駰謙言已愚陋管見 ○已，[索]也。

〔删其游辭〕 瀧五・三，慶四右三，殿三右八，凌一三右二。○辭，[王][凌]詞。

〔則數家兼列〕 瀧五・四，慶四右四，殿三右九，凌一三右九。

正 數家之説不同 ○[金陵]同。各本「數」上有「兼列」二字。[札記]「兼列」合刻混入注中，今删。

〔莫知氏姓〕 瀧五・四，慶四右六，殿三右一〇，凌一三右五。○[王][凌]「氏」、「姓」互倒。

索 據何法盛晉書于瓚以穆帝時爲大將軍誅死 ○何，[凌]向。[慶][王][凌][殿]無「晉」字。[王][凌]無「以」字。

索 必知是傅瓚者 ○傅，[凌]傳。

〔有所裨補〕 瀧五・九，慶四左三，殿三左六，凌一三左二。

正　又音頻移反　○移，王柯凌異。札記柯、凌作「頻異反」，誤。

〔譬嘒星之繼朝陽〕　瀧五・一○，慶四左五，殿三左七，凌一三左三。

索　出在東方　○在，慶南凌自。

索　音火慧反　○慧，殿彗。

〔飛塵之集華嶽〕　瀧六・二，慶四左八，殿三左一○，凌一三左六。

正　西嶽華山　○嶽，慶南岳。下同。

正　斐氏自喻才藻輕小　○才，慶南殿材。

正　音胡化反　○胡，慶王凌故。

〔未詳則闕弗敢臆説〕　瀧六・三，慶五右一，殿四右二，凌一三左八。

正　則闕而不論　○不，殿弗。

正　不敢以胸臆之中而妄解説也　○中，殿見。解，殿爲。

〔聞見異辭〕　瀧六・五，慶五右二，殿四右三，凌一四右一。

正　其辭所以各異也　○辭，王凌詞。

〔依違不悉辯也〕　瀧六・六，慶五右四，殿四右四，凌一四右二。

索　裴氏言今或依違不敢復更辯明之也　○慶彭中統游南殿索無「敢」字。王凌無「更」字。

索　周公綏之也　○王凌周公綏之是也。

〔子産之博物〕　瀧六・八，慶五右七，殿四右七，凌一四右五。

索　及内官不及同姓則能生疾　○殿——姓及則能生疾。

〔妄言末學〕　瀧六・九，慶五右九，殿四右九，凌一四右七。○殿考「末」，監本訛作「未」，今改正。按明監本訛字甚多，而小注尤甚。今改正者以萬計。惟大字本文訛者則著之，小注不能詳也。其無別本可考，明知其訛，不敢臆改者，則著其説以存疑。

〔豈足以闕諸畜德〕　瀧六・九，慶五左一，殿四右九，凌一四右八。○畜，毛蓄。

〔庶賢無所用心而已〕　瀧六・九，慶五左一，殿四右一〇，凌一四右八。

索　愈於論語不有博弈者乎之人耳　○王凌愈於論語所謂不有——。

史記會注考證校補卷一

五帝本紀第一

〔五帝本紀第一〕 瀧一・七，慶一右一，殿一右六，凌一右二。○[蜀]五帝本紀卷第一。[中統][游]五帝本紀第一卷。

〔史記一〕 瀧一・八，慶一右一，殿一右一，凌一右二。○記，[蜀]紀，[凌]無此三字。

集 凡是徐氏義稱徐姓名以別之 ○[金陵]同，[詳節]凡是徐氏音義即稱徐廣無「名」字。以別之。各本「凡」上有「裴駰曰」三字。

索 紀者記也 ○[金陵]同，各本「紀」上有「司馬貞索隱曰」六字。

索 言爲後代綱紀也 ○代，[詳節]人。

正 德配天地 ○地，[南]帝。

正 故曰五帝本紀第一 ○[南]無「五帝」二字。

正 禮云 ○[慶][彭][凌]又曰禮云。

正 正義云 ○[殿]無此注。

〔黃帝者〕 瀧三・七，慶一右一〇，殿一左五，凌二左二。

索 亦號軒轅氏皇甫謐云居軒轅丘 ○[金陵]同，各本無「亦號軒轅氏皇甫謐云」九字。各本「居」字作「都」。

正 禪亭亭亭在牟陰 ○[慶][彭][凌]不重「亭亭」二字。

〔少典之子〕 瀧四・一，慶一左六，殿二右一，凌二左九。

索 生黃帝炎帝然則炎帝亦少典之子 ○各本「生」上有「而」字，衍。張文虎依國語刪。[慶][中統][游][南][北][柯][秦藩][殿]無「黃帝」二字。[彭]「黃帝」二字作「炎帝」。[彭][韓][嵯]無「然則」二字。[楓][三][岩][閣]校補「然則」。

索 雖則相承如帝王代紀 ○[索][金陵]同，各本「相」字、「如」字並無。

索 大業娶少典氏而生柏翳 ○柏，[慶][中統][彭][凌][游][殿]栢。

索 黃帝即少典氏後代之子孫 ○即，[殿]者。

索 賈逵亦謂然故左傳高陽氏有才子八人 ○[索][金陵]同，各本無「謂然」二字，「故」字作「以」。

索 是其人所著古史考之説也 ○[索]無「人」字。

索 是其所作帝王代紀也 ○[索][金陵]同，各本「代」字作「世」。

〔名曰軒轅〕 瀧四・五，慶二右二，殿二右八，凌三右六。○[詳節]無「曰」字。[南化][楓][棭][三][梅][狩][野][閣][中彭][中韓]「轅」下有「鄒曰作軒冕之服故曰軒轅」十一字注。

索 居軒轅之丘 ○居，中統 游都。

索 長居姬水 ○水，嵯 木，尾 校記「水」。

索 因改姓姬 ○改，索 爲。南 索「姓」、「姬」互倒。

〔弱而能言〕 瀧四・八，慶二右四，殿二左一，凌三右九。

索 其子未七旬曰弱 ○未，嵯 末。按：末，未訛。旬，岩 歲。

〔幼而徇齊〕 瀧四・一〇，慶二右五，殿二左一，凌三右一〇。○南化 梅 狩 高「齊」下有「徇音俊齊自稽反」七字注。

集 無不徇通矣 ○景「徇通」二字作「徇齊」。

集 言聖德幼而疾速也 ○疾，中統 游 齊。

索 斯文未明 ○明，索 金陵 是。

索 謂聖德齊肅也 ○索 金陵 同，各本「謂」上有「齊」字，無「也」字。

索 故墨子亦云 ○彭 韓 嵯 無「亦」字，梅校補「亦」。

＊正 幼謂七歲已下時也 棭 崇 梅 狩 簣 岩 高 閣 中彭 中韓 瀧。

〔軒轅之時〕 瀧五・六，慶二左二，殿二左九，凌三左八。○詳節 無「軒轅之」三字。

〔神農氏世衰〕 瀧五・六，慶二左二，殿二左九，凌三左八。

索 謂神農氏後代子孫道德衰薄 ○彭 無「氏」字。

索 非指炎帝之身 ○身，中統 游 時。

索 即班固所謂參盧 ○盧，慶彭秦藩韓嵯虛，中統游靈。

正 遊華陽 ○華，嵯莘，閣校記「華」。

正 曰神農生於厲鄉 ○鄉，嵯鄒，高校記「鄉」。

〔而神農氏弗能征〕 瀧五・一〇，慶二左七，殿三右四，凌四右五。○征，南化楓梀三狩中彭中韓正。

〔吕征不享〕 瀧五・一〇，慶二左八，殿三右五，凌四右五。○南化楓三狩「享」下有「享兩反」四字注。

索 本或作亭亭訓直 ○南北殿一本或作亭亭訓直。游本或作亭亭無「訓」字。直也。

〔諸侯咸來賓從〕 瀧六・二，慶二左九，殿三右六，凌四右六。○咸，桃梀梅中彭中韓或。

〔莫能伐〕 瀧六・三，慶二左一〇，殿三右六，凌四右七。

索 並入大戴記今此注見用兵篇也 ○索金陵同，各本「記」字作「禮」，「注」字作「文」。

正 銅頭鐵額 ○殿金陵同，各本無「頭」字。札記「頭」字吴增，與殿本合。

正 食沙石子 ○金陵同，各本無「石子」二字。札記二字吴增。

正 造立兵仗刀戟大弩 ○金陵同，各本「立」字作「五」。札記原作「五」，吴改。

正 誅殺無道不慈仁 ○金陵同，各本無「不慈仁」三字。札記三字吴增。

正 萬民欲令黃帝行天子事 ○金陵同，各本「欲令」二字作「欽命」。札記原訛「欽命」，吴改。

正　天遺玄女　○遺，嵯遺，尾校記「遺」。

正　下授黄帝兵信神符　○金陵同，各本無「信神」二字。札記二字吴增。

正　制伏蚩尤　○金陵同，各本無「制」字。札記「制」字吴補。

正　帝因使之主兵以制八方蚩尤没　○金陵同，各本無此注。札記吴增。

正　黄帝遂畫蚩尤形像以威天下天下咸謂蚩尤不死　○金陵同，各本不重「天下」二字。札記「天下」吴增。

正　八方萬邦　○金陵同，各本無「萬邦」二字。札記二字吴增。

正　皆爲弭服　○金陵同，各本「弭服」二字作「殄滅」。札記原作「殄滅」，吴改。以上吴校本並與太平御覽七十九引龍魚河圖合。

〔炎帝欲侵陵諸侯〕　瀧六・八，慶三右六，殿三左三，凌四左五。○陵，棭梅狩中彭中韓凌。

〔蓺五種〕　瀧六・一〇，慶三右八，殿三左五，凌四左七。○蓺，慶中統彭游索南殿藝，札記索隱本作「藝」，蓋後人所改。

集　駰案　○景井蜀紹慶中統彭游南殿無此注。

索　藝種也　○索金陵同，殿蓺音藝，藝種也。各本「藝」上有「藝音蓺」三字。

索　荏菽戎菽也　○殿金陵同，各本無「菽」字。

索　鄭氏曰　○氏，游玄。

〔以與炎帝戰於阪泉之野〕　瀧七・五，慶三左五，殿四右一，凌五右四。○於，詳節子。

正　在嬀州懷戎縣東五十六里　○南北無「五十六里」四字。

正　晉太康地理志云　○理，慶北秦藩殿金陵里。

〔三戰然後得其志〕　瀧七・八，慶三左七，殿四右四，凌五右七。○英房南化楓棭三梅狩閣中彭中韓治要三戰然後得行其志。詳節無「其」字。

〔於是黃帝乃徵師諸侯〕　瀧八・六，慶三左九，殿四右六，凌五右九。○南無「黃帝」二字。

〔遂禽殺蚩尤〕　瀧八・八，慶四左一，殿四右八，凌五左一。○札記治要引作「乃殺蚩尤」。

集　皇覽曰　○凌駰案皇覽曰。

集　高七丈　○丈，嵯文，高校記「丈」。

集　肩髀冢在山陽郡鉅野縣重聚。

＊正　髀，白采棭、狩、高、中彭、中韓本「采」作「米」。反。棭崇梅狩野簣高中彭中韓瀧。

集　黃帝殺之　○南無此注。

索　黃帝使應龍殺蚩尤于凶黎之谷　○黎，中統游梨。

〔而諸侯咸尊軒轅爲天子〕　瀧九・一，慶四右五，殿四左二，凌五左五。○詳節無「而」字。

〔平者去之〕　瀧九・二，慶四右六，殿四左三，凌五左七。

正　平服者即去也　○也，殿金陵之。

〔未嘗寧居〕　瀧九・三，慶四右八，殿四左五，凌五左九。

集 蓋當音詖　○金陵同，各本「音」字作「爲」。

索 披音如字謂披山林草木而行以通道也徐廣音詖恐稍紆也　○詳節此注作「披山謂披其草萊」七字。紆，彭南北殿韓嵯迂，梅校記「紆」。

〔登丸山〕　瀧九・四，慶四右九，殿四左六，凌五左一〇。

集 駰案地理志曰　○理，中統游里。

集 丸山在郎邪朱虛縣　○郎，殿琅。郎，彭即，梅校記「郎」。

索 注丸一作凡　○金陵同，各本無此注。

索 凡音扶嚴反　○凡，梅凌丸。中統游無「音」字。

正 守節案地志　○案，慶彭秦藩韓嵯括。南化楓棭三梅高閣「志」下有「守節二字未詳疑可有按字」十一字。

正 或凡或丸也　○梅南金陵同，各本此五字作「或丸或凡也」。

〔及岱宗〕　瀧九・六，慶四左二，殿四左九，凌六右三。

正 在兖州博城縣西北三十里也　○南北無「三十里也」四字。

〔登雞頭〕　瀧九・八，慶四左三，殿四左一〇，凌六右四。

正 在肅州福禄縣東南六十里　○殿金陵同，各本「福」、「禄」互倒。札記二字原倒，依趙世家改。南無「六十里」三字。

正 笄頭山一名崆峒山　○頭，凌頂。

正 在原州平高縣西百里　○金陵同，各本「高」字作「陽」。札記原訛「陽」，汪改，與元和郡縣志合。

正 鄜元云　○元，嵯无，高校記「元」。

正 廣成子學道崆峒山　○彭韓嵯廣成子學道於崆峒山。

〔登熊湘〕　瀧一〇・二，慶四左七，殿五右四，凌六右九。

集 封禪書曰　○凌殿駰案封禪書曰。

正 熊耳山在商州上洛縣西十里　○金陵同，各本無「上」字。札記「上」字四庫全書考證增。縣，南北陽。南北無「十里」二字。

正 在岳州巴陵縣南十八里也　○南北無「十八里也」四字。岩「十」、「八」互倒。按：誤。

〔北逐葷粥〕　瀧一〇・四，慶四左八，殿五右七，凌六左一。○葷，南化狩梅高煇。

集 匈奴傳曰　○凌駰案匈奴傳曰。

索 亦曰熏粥　○熏，慶彭凌薰。

〔合符釜山〕　瀧一〇・五，慶四左一〇，殿五右八，凌六左三。○南化梅狩高「山」下有「音輔」二字注。

索 有釜山山出瑞雲　○索不重「山」字。

正 釜山在嬀州懷戎縣北三里　○南北無「三里」二字。

〔官名皆以雲命爲雲師〕　瀧一〇・八，慶五右五，殿五左三，凌六左九。

*集 因以名師與官命名也。〇與，梜中彭中韓爲。各本無「命名也」三字。按：「命名也」三字，正義佚文誤入。

*正 命名也 楓梜梅崇狩野岩閣中彭中韓。

〔監于萬國〕 瀧一〇•一〇，慶五右七，殿五左五，淩七右一。〇于，詳節其。

〔與爲多焉〕 瀧一二•一，慶五右八，殿五左六，淩七右二。

集 多一作朋。〇朋，紹明。按：明，朋訛。

索 自古以來帝皇之中〇皇，北殿王。

*正 與猶比也 崇梜梅狩野岩高閣中彭中韓瀧。

〔迎日推筴〕 瀧一二•三，慶五右一〇，殿五左七，淩七右四。〇淩金陵同，各本「筴」字作「策」。

集 策數也迎數之也〇彭韓嵯策者數也迎者數之也。

索 封禪書曰黃帝得寶鼎神策下云於是推策迎日〇彭按封禪書曰昔黃帝——神策故下文云於是迎日推策也。韓嵯——神策故下文云於是迎日推策也。中統游——神策下文云於是迎日推策。南化封禪書曰昔黃帝——神策故下文云於是——。

索 則神策者神蓍也黃帝得蓍以推算歷數〇彭韓嵯則是神策者乃神蓍也黃帝得神蓍遂因以算歷數。中統游則是神策者神蓍也黃帝得神蓍遂因以算曆數。南化——黃帝得神蓍遂因以——。

索　於是逆知節氣日辰之將來　○中統彭游韓嵯於是乃逆知節氣與日辰之將來而推之。游本無此三字。

正　迎逆也　○彭韓嵯迎者逆也。

正　命大撓造甲子命容成造曆　○慶凌「大」上「容」上「命」字並無。殿金陵「容」上無「命」字。曆，殿歷，金陵厤。

〔舉風后力牧常先大鴻以治民〕　瀧一一・五，慶五左三，殿五左一〇，凌七右七。

集　黃帝相也大鴻見封禪書　○慶彭凌無「大鴻見封禪書」六字。

正　舉任用四人皆帝臣也　○任，凌住。南北無此九字。

正　天下豈有姓力名牧者哉　○凌金陵同，各本「哉」字作「也」。

正　風后兵法十五篇　○各本「五」作「三」。瀧本五、三訛。

正　圖二卷　○金陵同，各本「二」作「三」。札記「二」原訛「三」，依漢志改。

正　鬼臾區號大鴻黃帝大臣也　○大，金陵太。按：太，大訛。

〔死生之說〕　瀧一一・二，慶五左一〇，殿六右九，凌七左六。

正　民之生死　○殿「生」、「死」互倒。

〔時播百穀草木〕　瀧一一・六，慶六右四，殿六左三，凌八右一。

正　言順四時之所宜　○宜，慶凌置。

***正**　草作卉　棭梅崇狩岩簣中彭中韓。

〔勞勤心力耳目〕 瀧一三・二，慶六右一〇，殿六左八，凌八右七。○中統游「勞」、「勤」互倒。

〔故號黃帝〕 瀧一三・五，慶六左四，殿七右一，凌八左二。

索 即黃龍地螾見 ○地，索蛇。

〔其得姓者十四人〕 瀧一四・八，慶六左五，殿七右二，凌八左四。

索 姬酉祁己滕葴任荀僖姞嬛依是也 ○嬛，金陵儇。

索 是則十四人爲十二姓 ○是，慶彭索韓嵯上，岩校記「是」。閣本作「此」。

索 既理在不疑 ○疑，北宜。

正 其吉反 ○殿音其吉反。

〔黃帝居軒轅之丘〕 瀧一五・七，慶七右一，殿七右七，凌八左九。

集 故謂之軒轅 ○轅，嵯轘。

〔而娶於西陵氏之女〕 瀧一五・八，慶七右一，殿七右八，凌九右一。○索金陵同，各本無「氏」字。陵，中統游林。札記襍志云下脱「氏」字。案：中統舊刻、游本並作「西林」。南化楓棭三梅狩野閣中彭校補「氏」。

〔其後皆有天下〕 瀧一五・一〇，慶七右五，殿七左二，凌九右六。

索 案黃帝立四妃 ○黃，殿皇。

索 元妃西陵氏女 ○氏，嵯氏，高校記「氏」。閣本作「次」。

索 曰累祖 ○累，[中統][南][凌][游][殿]嫘。

索 次妃彤魚氏女 ○次，[嵯]決，[高]校記「次」。

索 班在三人之下 ○人，[游]妃。

索 太史公乃據大戴禮以累祖生昌意及玄囂 ○[殿]駰案太史公——。乃，[慶][彭][南][北]曰，[中統][游][索]無「乃」字。累，[南][凌][殿]嫘。

〔其一曰玄囂〕 瀧一六・二，慶七右六，殿七左三，凌九右七。○[南化]「囂」下有「囂許喬反」四字注。

〔是爲青陽〕 瀧一六・三，慶七右六，殿七左三，凌九右七。

索 玄囂青陽即少昊也 ○即，[北]皆。

〔青陽降居江水〕 瀧一六・六，慶七右一〇，殿七左七，凌九左一。

正 在豫州新息縣西南八十里 ○息，[嵯]思。息，[慶][彭][南][凌][殿]恩。

〔其二曰昌意降居若水〕 瀧一六・七，慶七左一，殿七左八，凌九左二。○[南化][楓][棭][三][梅][狩][野][高][閣][中][彭]重「昌意」二字。

索 言帝子爲諸侯降居江水 ○[札記]下當有「若水」二字。

索 又東北至朱提縣爲盧江水 ○盧，[北][殿]瀘。

〔曰昌僕〕 瀧一六・八，慶七左三，殿八右一，凌九左五。○[南化][楓][三][梅][狩][野][閣]「僕」下有「僕鄒作蹼」三、梅本作「樸」。四字注。

〔高陽有聖悳焉〕瀧一六・一〇，慶七左五，殿八右二，凌九左六。

正 黄帝之子昌意 ◯各本「之」字作「爲」。按：瀧本以意改。

正 有德文也 ◯文，南化 彭 韓 嵯大。

〔黄帝崩〕瀧一七・一，慶七左六，殿八右四，凌九左七。

集 年百一十一歳 ◯詳節下「一」作「二」。

索 宰我問孔子曰 ◯問，凌間。按：間，問訛。

索 榮伊言黄帝三百年 ◯年，彭 韓 嵯歳。

正 軒轅自擇亡日 ◯彭 韓 嵯「軒轅」二字作「黄帝」。

〔葬橋山〕瀧一七・四，慶七左九，殿八右七，凌一〇右一。

集 皇覽曰黄帝冢在上郡橋山 ◯凌 殿駰案皇覽曰——。黄，紹 慶 秦藩皇，南化校記「黄」。

索 橋山在上郡陽周縣 ◯金陵同，各本「陽周」二字作「同陽」。

正 案陽周隋改爲羅川 ◯凌 金陵同，各本「羅」字作「罷」。

〔是爲帝顓頊也〕瀧一七・六，慶八右二，殿八右一〇，凌一〇右四。◯南化「也」下有「顓音專頊許録反」七字注。

〔而昌意之子也〕瀧一七・七，慶八右四，殿八左二，凌一〇右六。

索 宋衷云 ◯衷，殿忠。

〔静淵以有謀〕瀧一七・九，慶一〇右七，殿八左三，凌一〇右三。◯札記汪云後漢書馮衍傳引作「沈深而有謀」。

〔養材以任地〕　瀧一七・九，慶八右五，殿八左三，凌一〇右七。

索　言能養材物以任地　〇材，游財。

〔依鬼神以制義〕　瀧一八・一，慶八右七，殿八左四，凌一〇右九。〇制，清原　凌　殿　剬。札記　制，凌本依正義作「剬」。剬、制音義絶不通，蓋形近而訛。辨見高郵王氏史記襍志。各本並作「制」。殿考　剬，監本作「制」。正義曰：「剬，古『制』字。」則本文應作「剬」明矣，今改正。

〔絜誠以祭祀〕　瀧一八・三，慶八右九，殿八左七，凌一〇左二。〇絜，清原　蜀　殿　潔。

〔南至于交阯〕　瀧一八・三，慶八右一〇，殿八左八，凌一〇左三。〇紹　毛　殿　同，各本「阯」作「趾」。

〔西至于流沙〕　瀧一八・三，慶八右一〇，殿八左八，凌一三左三。〇至，南化　楓　三　野　高　閣　中彭　治要　濟。札記　襍志云本作「西濟」，正義「濟，渡也」。治要引作「濟」。

集　地理志曰　〇凌　駰案地理志曰。

正　居延海南甘州張掖縣東北千六十四里是　〇札記　李將軍傳正義「南」作「在」，無「千」字。案：郡縣志甘州張掖縣，居延海在縣東北一千六百里。疑此「十四」二字即「百」字之訛。

〔東至于蟠木〕　瀧一八・四，慶一八左一，殿八左九，凌一〇左四。

集 「東北有門」至「投虎食也」五十一字 ○景 井 蜀 紹 中統 游 毛無此注。札記 册府元龜十八引無此五十一字，蓋合刻依續漢志注增。

集 一名神茶 ○金陵同，各本無此注。

〔大小之神〕 瀧一八・七，慶八左四，殿九右二，凌一〇左七。○紹 中統 毛 游 金陵同，各本「大」、「小」互倒。南化 楓 三 梅 狩 校記「大小」。

正 謂丘陵墳衍 ○丘，殿邱。

〔莫不砥屬〕 瀧一八・八，慶八左五，殿九右二，凌一〇左八。

*正 砥磨石也取其平也 棭 梅 崇 狩 中彭。

〔曰窮蟬〕 瀧一八・九，慶八左六，殿九右四，凌一〇左九。

索 一云窮係謚也 ○中統 游「窮」、「係」互倒。

〔顓頊崩〕 瀧一八・一〇，慶八左七，殿九右四，凌一〇左一〇。

集 年九十八 ○八，詳節五。

〔是爲帝嚳〕 瀧一九・一，慶八左九，殿九右七，凌一一右三。○南化 楓 三 梅 狩 尾「嚳」下有「嚳作佶梅本此下有「嚳」字。音國」五字注。

〔帝嚳高辛者〕 瀧一九・二，慶八左一〇，殿九右八，凌一一右四。

集 少昊以前天下之號象其德 ○金陵同，各本「以」字作「之」。札記 以，各本並作「之」，惟舊刻作「以」，與夏本紀集解及漢書古今人表注合。

集　天下之號因其名　○下，游字。

集　顓頊與嚳　○顓，嵯瑞，閣校記顓同。

索　帝嚳名夋也　○夋，閣岌。札記岌，索隱作「叟」，初學記引世紀同，蓋形近訛爲「岌」。楓棭

〔嚳〕三字狩尾也下有「夋七倫反」四字注。

正　佶母無聞焉　○佶，凌嚳。

*__正__　炎帝作耒耜（贊本作「禾耜」）以利百姓教民種五穀故號神農黃帝制輿服宮室等故號軒轅（岩本無「轅」）。氏少昊象日（岩、贊本無「日」）。月（贊本作「用」）之始能師太昊之道故號少昊氏（瀧本無上五字）。此謂像其德也　崇棭梅狩岩中彭中韓瀧。

〔蟜極父曰玄囂〕　瀧一九・五，慶九右三，殿九左一，凌一一右七。○玄，嵯亥。

〔皆不得在位〕　瀧一九・六，慶九右四，殿九左二，凌一一右九。○南化楓棭三謙狩高尾中彭中韓皆不得在帝位。

〔自言其名〕　瀧一九・七，慶九右六，殿九左三，凌一一右一〇。

正　其母生見其神異　○札記易疏引世紀作「其母不見生而神異」，御覽八十引世紀同，此疑誤。

〔普施利物〕　瀧一九・八，慶九右七，殿九左五，凌一一左三。○南化楓棭三梅狩高中彭中韓無「物」字。

〔脩身天下服〕　瀧一九・一〇，慶九右九，殿九左六，凌一一左三。○各本「天」上有「而」字。按：瀧本誤脫「而」字。

〔歷日月而迎送之〕　瀧二〇・一，慶九右一〇，殿九左七，凌一一左四。〇殿金陵治要同，各本「歷」字作「曆」。棭梅狩野閣中彭中韓校記「歷」。

〔其德嶷嶷〕　瀧二〇・三，慶九右二，殿九左一〇，凌一一左七。〇梅狩高中彭中韓「嶷」下有「嶷語力反」四字注。

索　嶷作俟　〇俟，嵯俟，閣校記「俟」。

〔其服也士〕　瀧二〇・四，慶九左三，殿一〇右一，凌一一左八。

***正**　服士之祭服緇衣纁裳也　野岩閣中彭中韓瀧。

〔帝嚳溉執中而徧天下〕　瀧二〇・五，慶九左四，殿一〇右一，凌一一左九。

集　徧字一作尹　〇尹，紹伊。按：伊，尹訛。

正　言帝佶治民若水之溉灌　〇彭韓嵯蓋言帝佶（彭本作「嚳」）。治民若水之溉灌。佶，彭凌王殿嚳。

〔莫不從服〕　瀧二〇・一〇，慶九左六，殿一〇右三，凌一二右一。〇南化楓三「服」下有「服助」二字注。

正　以上大戴文也　〇彭韓嵯殿以上大戴禮文也。

〔帝嚳娶陳鋒氏女〕　瀧二〇・一〇，慶九左七，殿一〇右四，凌一二右二。〇鋒，南化楓棭三梅狩野高中彭中韓閣酆。

正　又作豐　〇又，嵯反，高校記「又」。

正　元妃有郃氏女曰姜嫄　○郃，彭秦藩韓嵯台。

正　次妃娵訾氏女曰常儀　○儀，彭秦藩韓嵯義。

〔生放勳〕　瀧二一・二，慶九左九，殿一〇右六，凌一二右四。

正　上代之功　○上，嵯小。

〔娶娵訾氏女生摯〕　瀧二一・三，慶九左一〇，殿一〇右七，凌一二右五。○南化楓棭三梅狩中彭又娶娵訾氏女生摯。中彭中韓「訾」下有「娵音朱訾音之」六字注。南化楓棭三梅中彭中韓「摯」下有「摯音士」「摯音士」三字棭、梅本作「摯六士」，楓、三本作「六士」。三字注。

索　女名常宜也　○宜，南北殿儀。

〔帝摯立不善崩〕　瀧二一・五，慶一〇右二，殿一〇右九，凌一二右八。○索無「崩」字。

札記　索隱本無「崩」字，據注及正義蓋後人妄增。

正　封異母弟放勛爲唐侯摯在位九年政微弱　○彭韓嵯「摯」字、「政微弱」三字並無。楓三校補「政微弱」。三岩校補「執」。

正　今定州唐縣也　○也，嵯之，岩校記「也」。

〔帝堯者〕　瀧二一・一〇，慶一〇右六，殿一〇左四，凌一二左三。○紹無「帝」字。札記宋本無「帝」字。英房南化三高閣無「者」字。

集　謚法曰　○凌殿駰案謚法曰。

〔放勳〕　瀧二二・二，慶一〇右一〇，殿一〇左七，凌一二左七。

集　年百一十八　〇【紹】【毛】【金陵】同，各本無「一」字。【札記】「百」上毛本衍「一」字，各本無。

〔其仁如天〕　瀧二二・四，慶一〇左一，殿一〇左八，凌一二左八。

索　如天之函養也　〇【索】【金陵】同，各本「函」字作「涵」。

*** 正**　郭璞注爾雅云仁覆憫下謂之旻天也　【棭】【梅】【崇】【狩】【岩】【中彭】【中韓】【瀧】。

〔就之如日〕　瀧二二・五，慶一〇左二，殿一〇左九，凌一二左九。

索　人咸就之　〇各本「就」上有「依」字。按：瀧本誤脱「依」字。

〔望之如雲〕　瀧二二・六，慶一〇左三，殿一〇左一〇，凌一二左一〇。

索　言德化廣大而浸潤生人　〇言，【游】也。

〔富而不驕〕　瀧二二・七，慶一〇左四，殿一一右一，凌一三右一。

*** 正**　凌上慢下謂之爲驕言堯有天下之富而不驕人也　【岩】【中彭】【中韓】【瀧】。

〔黄收純衣〕　瀧二二・八，慶一〇左四，殿一一右二，凌一三右二。

集　純一作絞　〇絞，【金陵】紂。

〔能明馴德以親九族〕　瀧二二・九，慶一〇左六，殿一一右三，凌一三右三。〇【南化】【楓】【三】「德」下有「車音居馴音郡」六字注。【梅】【高】「德」下有「車音居馴音郡書作俊」九字注。

索　史記馴字　〇【索】無「史記」二字。【札記】單本無二字，合刻增。

〔便章百姓〕　瀧二三・一，慶一〇左八，殿一一右五，凌一三右六。〇便，【英房】【南化】【楓】

椵三梅狩野閣中彭使。

集　下云便程東作　○下，蜀不。

集　騆案尚書並作平字　○彭韓嵯無「騆案」二字，楓三校補「騆案」。

索　此文蓋讀平爲浦耕反　○浦，彭韓蜀蒲。

〔合和萬國〕　瀧二三・三，慶一一右一，殿一一右八，凌一三右九。

＊正　合作叶　梅崇狩中彭中韓。

〔敬順昊天〕　瀧二三・八，慶一一右三，殿一一右一〇，凌一三左一〇。○昊，南化皓。

正　釋天云　○天，南北王文。天，秦藩大。

〔數法日月星辰〕　瀧二三・九，慶一一右四，殿一一左二，凌一三左三。

索　尚書作歷象日月　○索金陵同，各本「歷」字作「曆」。

〔曰暘谷〕　瀧二四・八，慶一一右八，殿一一左六，凌一三左八。○南化梅狩高「谷」下有「暘音陽又音湯」六字注。

集　尚書作嵎夷　○殿騆案尚書作嵎夷。

索　舊本作湯谷今並依尚書字　○索金陵同，各本「舊」上有「史記」二字。依，北作。

索　則湯谷亦有他證明矣　○他，彭游秦藩凌韓嵯池岩校記「他」。

索　一作柳谷　○各本「谷」字作「柳」。按：瀧本谷、柳訛。

索　太史公博採經記而爲此史　○此，彭秦藩比，椵校記「此」。

正 嵎夷既略 ○嵎，慶彭秦藩韓嵯隅。

正 案嵎夷青州也 ○青，嵯書。

正 若周禮春官卿 ○殿金陵同，各本無「卿」字。

〔便程東作〕 瀧二五・三，慶一一左一〇，凌一四右三。○便，南化謙棭梅狩野簣岩高使。棭梅高此下有「正義作便」四字注。

索 辯秩東作 ○辯，彭韓嵯辨。

〔以殷中春〕 瀧二五・五，慶一一左五，殿一二右三，凌一四右六。○中，井紹仲。

〔鳥獸字微〕 瀧二五・七，慶一一左七，殿一二右五，凌一四右八。○棭梅「微」下有「牡牛獸育子曰牸堯典作孳尾」十三字注。

集 丁壯就功 ○功，彭巧，棭梅校記「功」。

集 言其民老壯分析也 ○民，蜀氏。

集 字說云 ○各本「說」下有「文」字。按：瀧本依札記脫「文」字。札記段氏尚書撰異云衍「文」字。

〔申命羲叔居南交〕 瀧二五・八，慶一一左八，殿一二右六，凌一四右九。

索 然南方地有名交阯者 ○阯，彭南北韓嵯殿趾。下同。

索 名地南交 ○地，彭游韓也。

正 羲叔主南方官 ○殿羲叔主南方之官。

〔便程南爲敬致〕 瀧二五・一〇，慶一二右一，殿一二右九，凌一四左三。○金陵同，各本

「爲」字作「訛」。札記依撰異改。嘉定錢氏史記攷異，錢唐梁氏史記志疑説同。便，南化楓棭三謙梅狩高閣中彭中韓使。

集 爲化也　○爲，井紹慶中統毛凌游南訛。

集 平序南方化育之事　○各本「南」上有「分」字。按：瀧本誤脱「分」字。

索 爲依字讀　○爲，彭凌訛。

索 夏言南爲　○爲，中統彭索凌游訛。

索 雖則訓化　○則，楓三高別。

正 爲音于僞反　○爲，彭南秦藩凌殿訛。

〔以正中夏〕　瀧二六・三，慶一二右四，殿一二左二，凌一四左六。

集 以正中夏之氣節　○各本無「氣」字。按：瀧本以意加「氣」字。札記書傳「節」上有「氣」字。仲春引有。

集 馬融王肅謂日長晝漏六十刻　○晝，紹畫。

〔申命和仲居西土〕　瀧二六・六，慶一二右九，殿一二左五，凌一四左九。

正 若周禮秋官卿也　○卿，彭韓嵯職，梅高校記「卿」。

〔敬道日入〕　瀧二六・七，慶一二右九，殿一二左七，凌一五右一。○敬，彭嵯破，楓棭三梅狩校記「敬」。

〔便程西成〕　瀧二六・七，慶一二右九，殿一二左八，凌一五右二。○便，南化謙梅狩野高閣使。

〔以正中秋〕 瀧二六・九，慶一二右一〇，殿一二左八，凌一五右二。

集 以正三秋也 ○三，彭二，梅校記「三」。

〔其民夷易鳥獸毛毨〕 瀧二六・九，慶一二左一，殿一二左一〇，凌一五右四。○南化 棭 三 狩 野 簣 高 中彭 中韓 無「易」字。南化 楓 三 梅 狩 高「毛毨」二字作「毴洗」。

集 毛更生曰毨理 ○毨，蜀 毛 金陵 整。札記 與書傳合，「曰」字衍，它本作「毨理」，非。

〔曰幽都〕 瀧二七・一，慶一二左三，殿一三右一，凌一五右六。

集 都謂所聚也 ○紹「謂」、「所」互倒。

正 案北方幽州陰聚之地 ○地，慶 秦藩 凌 也。

〔便在伏物〕 瀧二七・三，慶一二・四，殿一三右三，凌一五右七。○便，英房 南化 謙 棭 梅 狩 野 中彭 中韓 使。

索 北方者伏方也 ○索 此北方者伏方也。

〔日短星昴〕 瀧二七・四，慶一二左六，殿一三右四，凌一五右九。○南化 梅 狩「昴」下有「昴音卯」三字注。

〔以正中冬〕 瀧二七・五，慶一二左五，殿一三右五，凌一五右九。

集 亦以七星並見以正冬節也 ○游——正三冬無「節」字。也。

集 四十五刻失之 ○慶 彭 南 凌「失之」二字作「非」字。景 毛 凌 游 殿 無「失之」二字。

札記「失之」二字依宋本補，舊刻同，多「矣」字。

〔鳥獸氄毛〕　瀧二七・六，慶一二左七，殿一三右六，凌一五左一。

＊正　冬時其民因鳥獸生氄毳（狩、岩本無「毳」）。細毛之時當服精（狩本無「精」）。綿絮褚衣温之服以禦冬寒也褚音竹吕反　棭　崇　梅　狩　岩　中彭　中韓　瀧。

〔以閏月正四時〕　瀧二七・七，慶一二左九，殿一三右八，凌一五左二。

索　日一日行一度　○南無上「一」字。

索　則四時皆反以此四時不正　○彭　韓　嵯無「皆反以此四時」六字。閣校補此六字。

〔誰可順此事〕　瀧二八・六，慶一三右四，殿一三左三，凌一五左九。○順，嵯須，岩校記「順」。

〔嗣子丹朱開明〕　瀧二八・七，慶一三右五，殿一三左四，凌一五左一〇。

正　開明也　○明，南朗。

正　丹水故城　○金陵同，各本「水」字作「朱」。札記「水」原訛「朱」，考證改，下同。

〔讙兜曰〕　瀧二九・一，慶一三右九，殿一三左九，凌一六右五。○梅「曰」下有「讙音盍」三字注。

〔可用〕　瀧二九・二，慶一三右一〇，殿一三左九，凌一六右五。

正　兜音斗侯反　○斗，王　秦藩　殿升。按：升，斗訛。

〔似恭漫天〕　瀧二九・三，慶一三左一，殿一三左一〇，凌一六右七。○漫，清原　南化　楓三梅閣慢。漫，嵯浸。

〔不可〕　瀧二九・三，慶一三左一，殿一三左一〇，凌一六右七。

正　漫音莫干反　〇干，秦藩凌殿金陵于。按：于，干訛。

〔嗟四嶽〕　瀧二九・四，慶一三左三，殿一四右一，凌一六右八。

集　四嶽四時官　〇官，嵯宮，岩校記「官」。按：嵯本訛。

〔湯湯洪水滔天〕　瀧二九・五，慶一三左四，殿一四右三，凌一六右九。〇南化楓三謙狩野尾閣「湯湯」二字作「蕩蕩」。按：據此今本湯湯，蕩蕩訛。洪，南化鴻。

〔浩浩懷山襄陵〕　瀧二九・六，慶一三左四，殿一四右三，凌一六右一〇。〇椷梅中彭中韓「浩浩」二字作「蕩蕩」。

〔有能使治者〕　瀧二九・六，慶一三左六，殿一四右六，凌一六左三。〇南化梅狩高無「者」字。

正　湯湯廣平之貌　〇凌金陵同，各本「湯湯」二字作「蕩蕩」，下同。按：張文虎曰：史文及集解無「蕩蕩」字，疑今本有脱誤。據上記南化、楓、三本等諸本校記，史文「湯湯」作「蕩蕩」，故注文亦當作「蕩蕩」。

正　言水奔突有所滌除　〇突，秦藩究，南化校記「突」。

正　包裹之義　〇裹，嵯裹，岩校記「裹」。

〔鯀負命毀族〕　瀧二九・九，慶一三左七，殿一四右六，凌一六左三。

正　負音佩依字通　〇札記佩、負義不通，疑作「倍」，倍與背同義。

正　負違也　○違，嵯達，閣校記「違」。

正　貪人敗類也　○貪，嵯貧，高校記「貪」。

〔試不可用而已〕　瀧二九・一〇，慶一三左九，殿一四右八，凌一六左五。○札記舊刻無「用」字，審經文及傳無者是。

正　异已已退也　○慶殿异已也退也。札記今書傳作「异，已也。已，退也」。以孔疏證之，宜從此。

〔堯於是聽嶽用鯀〕　瀧三〇・二，慶一三左一〇，殿一四右九，凌一六左六。○南化梅高堯於是聽四嶽用鯀。

〔九載功用不成〕　瀧三〇・二，慶一三左一〇，殿一四右九，凌一六左六。○殿同，各本「載」字作「歲」。殿考「載」監本作「歲」。正義詳釋「載」字義，則本文不得作「歲」也，今改正。

正　爾雅釋天云　○天，南北殿文。

正　夏曰祀　○楓三夏曰歲商曰祀。

正　示不相襲也　○金陵同，各本無「示」字，楓三校補「示」。札記「示」字吴增，與書疏合。

正　取歲星行一次也　○彭無「歲」字，楓三校補「歲」。

正　取禾穀一熟也　○金陵同，各本「禾」字作「年」，楓三岩校記「禾」。札記「禾」原訛「年」，吴校改。案：爾雅郭注「取禾一熟」，書疏引孫炎曰「年取米穀一熟也」，與郭義同，「米」亦「禾」

之訛。

正 取萬物終更始也 ○金陵同，各本「終更始」三字作「始更終」。札記吳校乙與爾雅注、書疏合。

正 載者年之別名 ○載，嵯戴，高校記「載」。

〔女能庸命〕 瀧三〇・六，慶一四右三，殿一四左二，凌一六左一〇。○各本「女」字作「汝」。瀧本據陳仁錫説「汝」改「女」。

〔踐朕位〕 瀧三〇・六，慶一四右三，殿一四左三，凌一六左一〇。

集 有能順事用天命者 ○順，嵯須，岩校記「順」。

集 入處我位 ○入，南北令。

〔鄙悳忝帝位〕 瀧三〇・九，慶一四右五，殿一四左四，凌一七右二。

正 鄙俚無德 ○俚，殿里。

〔衆皆言於堯曰〕 瀧三〇・一〇，慶一四右七，殿一四左六，凌一七右四。○慶彭王柯秦藩嵯無「言」字，南化楓棭三謙狩野簀高閣中彭中韓校補「言」。

〔有矜在民閒曰虞舜〕 瀧三〇・一〇，慶一四右七，殿一四左六，凌一七右四。○棭梅「舜」下有「矜尚書作鰥」五字注。

正 矜古頑反 ○彭韓嵯矜音古頑反。

〔烝烝治不至姦〕 瀧三一・二，慶一四右九，殿一四左八，凌一七右六。

集 孔安國曰不至於姦惡 ○慶彭南凌無此注。

〔於是堯妻之二女〕　瀧三一・五，慶二四左一，殿一四左一〇，凌一七右八。

正　娥皇女英也　〇娥，柯 秦藩 蛾。

〔觀其德於二女〕　瀧三一・六，慶一四左二，殿一五右一，凌一七右九。〇南化 楓 三 梅 狩 觀其自爲於二女。

〔如婦禮〕　瀧三一・七，慶一四左八，殿一五右七，凌一七左六。

集　舜所居嬀水之汭　〇柯 秦藩 無「嬀」字。

索　嬀水在河東虞鄉縣歷山西　〇金陵 同，各本無「鄉」字。札記「鄉」字吴增，與書疏合。嬀，中統 游 訛。虞，閣 唐。

正　二水異原合流　〇南 北 殿 金陵 同，各本「原」字作「泉」。札記 各本訛「泉」，依水經河水注改。

正　故蒲坂城　〇坂，彭 嵯 板，椷 梅 校記「坂」。

正　城外有舜宅及二妃壇　〇凌 金陵 同，各本「及」字作「入」，岩 校記「及」。

〔堯善之乃使舜愼和五典〕　瀧三二・一，慶一四左八，殿一五右七，凌一七左六。〇南 堯善無「之」字。乃及使舜——。

〔諸侯遠方賓客皆敬〕　瀧三二・三，慶一四左一〇，殿一五右九，凌一七左八。

集　四方之門　〇蜀 四方之宮門。

集　諸侯羣臣朝者　〇諸，嵯 語，高 校記「諸」。

〔舜行不迷〕　瀧三二・四，慶一五右一，殿一五左一，凌一七左一〇。

索　尚書云納于大麓　〇于，秦藩十。按：十，于訛。

〔舜讓於德不懌〕　瀧三二・九，慶一五右五，殿一五左三，凌一八右三。

索　俗本作澤誤爾亦當爲懌　〇南北殿無此注。

〔舜受終於文祖〕　瀧三三・一，慶一五右七，殿一五左六，凌一八右六。

正　堯正建丑　〇金陵同，各本無「堯正」二字，「丑」字作「朔」。札記吳校增改與書疏合。

正　此時未改　〇未，嵯末，按：末，未訛。岩校記「未」。

〔堯大祖也〕　瀧三三・二，慶一五右八，殿一五左六，凌一八右七。〇大，毛太。按：太，大訛。

索　黄曰神斗　〇神，慶游索閣祖。斗，慶索計。札記單本訛「祖計」，王、柯、凌本與正義合。御覽五百三十三引帝命驗同。

索　唐虞謂之五府夏謂世室殷謂重屋周謂明堂皆祀五帝之所也　〇殿無此注。

正　帝者承天立五府以尊天重象也　〇金陵同，各本無「五」字。札記「五」字吳增。案御覽引亦無。

正　黄曰神斗注云　〇南北殿無此注。札記謷云正義亦當引帝命驗全文，合刻者以與索隱複而删之，「黄曰」四字則删之未盡者。

正　唐虞謂之天府夏謂之世室　〇天，王柯秦藩殿五。札記依索隱當作「五府」，然御覽引注云「帝者承天立五帝之府，是爲天府」，則亦可通，今仍其舊。

正　殷謂之重屋　○屋，慶南北王柯秦藩室。

正　玄矩者黑帝汁光紀　○金陵同，各本無「汁」字。札記「汁」字考證補。

〔舜乃在璿璣玉衡以齊七政〕　瀧三三・九，慶一五左五，殿一六左四，凌一八左五。○在，南化明。

正　赤玉也　○赤，凌亦。赤，殿閣美。

正　並縣璣以象天　○並，殿蓋。札記「並」疑誤，書疏作「蓋」。

正　圓周二丈五尺而强也　○金陵同，各本「二丈五尺」四字作「二尺五寸」。札記原作「二尺五寸」，吳校改與書疏合。

*正　蔡邕天文志言天體者有三家岩本無「三家」二字。一曰週㭼、梅、岩本作「周」。髀二曰宣岩本「宣」上有「家」。夜三曰渾天也尚書大傳云狩本作「曰」。七政布位日月時之主五星時之紀故以此爲七日月有薄食五星有掊㭼、梅、岩、高本作「錯」。聚七者明各本無「明」，據狩本補。得失在於人君之政故謂之政易繫辭云天垂象見「狩」作「具」。吉凶聖人象之日月五星有吉凶之象因其變動爲占七者自異政故曰七政也按五星名㭼、岩本作「者」。木曰歲星火曰熒惑星土曰鎮星金曰太白星水曰辰星也　崇㭼梅狩岩高中彭中韓瀧。

〔遂類于上帝〕　瀧三四・五，慶一五左一〇，殿一六右九，凌一九右一。○金陵同，各本「于」作「於」。

集 禮祭上帝于圜丘 ○毛 金陵同，各本「于」字作「於」，而「圜」字作「圓」。

〔禋于六宗〕 瀧三四・七，慶一六右二，殿一六左一，凌一九右三。

集 愚謂鄭説爲長 ○紹愚請謂鄭説爲長。

正 周語云精意以享曰禋也 ○精，秦藩精。

正 禋絜敬之祭也 ○絜，殿潔。

正 五緯星也 ○金陵同，各本「緯」、「星」互倒。札記緯、星原倒，吴校乙與書疏合。

正 埋少牢於大昭 ○埋，凌理。大，南北太。

正 幽禜 ○禜，嵯禜。禜，柯秦藩宗。

正 禮比大社 ○比，凌立。比，王柯秦藩北。

〔望于山川〕 瀧三五・二，慶一六右六，殿一六左六，凌一九右九。○于，景井蜀游毛於。

集 徐廣曰名山大川 ○中統游金陵同，各本無此注。游此七字在「辯于群神」下。

〔辯于羣神〕 瀧三五・三，慶一六右六，殿一六左七，凌一九右九。○南金陵同，各本「于」字作「於」。神，紹臣。

集 辯音班騆案鄭玄曰 ○中統游無「辯音班騆」四字。

集 羣神若丘陵墳衍 ○若，中統游謂。

〔揖五瑞〕 瀧三五・四，慶一六右八，殿一六左七，凌一九右一〇。○揖，蜀中統游殿輯。下同。

〔擇吉月日〕　瀧三五・四，慶一六右八，殿一六左七，凌一九左一。〇[南化][楓][三][梅]無「月」字。

〔班瑞〕　瀧三五・五，慶一六右九，殿一六左八，凌一九左一。

正　孔文祥云　〇祥，[凌]詳。

正　其璧今猶有在也　〇[韓]無「在也」二字。

〔至於岱宗祡〕　瀧三五・八，慶一六左三，殿一七右二，凌一九左六。〇[毛][金陵]同，各本「祡」字作「柴」。

正　恐其壅遏上命　〇[殿][金陵]同，各本「壅」字作「擁」。

正　故巡行問人疾苦也　〇疾，[殿]病。

正　故爲五嶽之長也　〇嶽，[慶][彭][王][柯][秦藩][南][北][殿][韓][嵯]岳。

〔望秩於山川〕　瀧三五・一〇，慶一六左六，殿一七右五，凌一九左九。〇於，[南]于。

正　言秩者五嶽視三公　〇[彭][韓][嵯]按言秩者五嶽視三公。

〔正日〕　瀧三六・二，慶一六左七，殿一七右七，凌二〇右一。

正　因巡狩合正之　〇之，[岩]同。

〔同律度量衡〕　瀧三六・三，慶一六左九，殿一七右九，凌二〇右三。

集　律音律度　〇[景][井][蜀][紹]律音同律度。[慶][彭][韓][嵯]律音同陰律度。[凌][殿]律同音律度。

正 漢津歷志云 ○殿金陵同，各本無「歷」字。

正 本起黃鍾之管長 ○殿無「管」字。

正 一黍爲一分 ○殿一黍之起積千二百黍之廣度之九十分一爲一分。

正 十分爲一寸 ○殿無「一」字。

正 合龠爲合 ○殿金陵同，各本上「合」字作「十」。札記殿本與漢志合。各本「合」誤「十」。

正 所以稱物輕重也 ○稱，彭秤。

正 本起於黃鍾之重 ○慶彭南凌金陵無「重」字。

正 二十四銖爲兩 ○二，王柯秦藩嵯一，岩校記「二」。

〔脩五禮〕 瀧三六・九，慶一七右七，殿一七左七，凌二〇左二。

正 以凶禮哀邦國之憂 ○哀，嵯衰，岩校記「哀」。

〔三帛〕 瀧三七・一，慶一七右一〇，殿一七左一〇，凌二〇左五。

集 高陽氏後用赤繒高辛氏後用黑繒 ○紹無「赤繒高辛氏後用」七字。

正 故高陽氏又天統 ○又，殿爲。

〔一死〕 瀧三七・四，慶一七左四，殿一八右五，凌二〇左一〇。

正 案不可生爲贄 ○殿按雉不可生爲贄。

〔爲摯〕 瀧三七・五，慶一七左四，殿一八右五，凌二一七右一。

集 摯二生 ○摯，慶彭凌贄。

正　贊執也鄭玄云贊之言至　○北殿上「贊」字作「摯」。南兩「贊」字作「摯」。

正　所以自致也　○岩所以執自致也。

正　孤執皮帛　○殿金陵同，各本無「孤執」二字。札記二字考證據國語注增。

正　庶人執鶩　○札記「鶩」字各本訛「鹿」，考證據國語注改。

〔如五器卒乃復〕　瀧三七・六，慶一七左七，殿一八右七，凌二一右三。

集　三帛已下不還也　○已，紹毛以。

〔徧告以言〕　瀧三八・一，慶一七左一〇，殿一八左一，凌二一右八。

正　言遍告天子治理之言也　○遍，北殿徧。

〔肇十有二州〕　瀧三八・二，慶一八右二，殿一八左三，凌二一右九。○英房「十」、「有」互倒。

〔決川〕　瀧三八・三，慶一八右二，殿一八左三，凌二一右一〇。

集　於是爲十二州也　○是，嵯旻，岩校記「是」。紹無「爲」字。

〔象以典刑〕　瀧三八・六，慶一八右三，殿一八左四，凌二一左一。○楓三象木以典刑。

〔流宥五刑〕　瀧三八・七，慶一八右五，殿一八左五，凌二一左二。

集　三曰蠢愚　○凌金陵同，各本「蠢」字作「惷」。

正　二曰過失　○失，嵯天，高校記「失」。

〔扑作教刑〕　瀧三八・九，慶一八右七，殿一八左八，凌二一左五。○南化棭梅狩高

「刑」下有「張氏曰鞭作官刑所以治在官之賤者扑作教刑所以在學之少者在官在學皆士也」三十三字注。

集　扑檟楚也　○檟，井紹擯。

〔金作贖刑〕　瀧三八・九，慶一八右七，殿一八左九，凌二一左六。○作，南化楓三爲。

〔眚烖過赦〕　瀧三八・一〇，慶一八右八，殿一八左九，凌二一左六。

集　眚烖爲人作患害者也　○菁，凌眚。游「爲人作」三字作「謂過失」。

〔惟刑之静哉〕　瀧三九・五，慶一八右一〇，殿一九右一，凌二一左八。

索　鄖謚聲近　○聲，中統游相。

〔堯曰不可〕　瀧四〇・七，慶一八左二，殿一九右四，凌二二右一。○南化梜梅狩野高中彭中韓無「曰」字。

〔請流共工於幽陵〕　瀧四一・三，慶一八左九，殿一九左一，凌二二左九。

正　故老傳云　○故，岩古。老，嵯左。

正　西北荒有人焉　○楓三西北荒中有人焉。

〔以變北狄〕　瀧四一・五，慶一九右一，殿一九左三，凌二二左一。

集　變一作燮　○金陵同，各本「燮」作「爕」，岩校記「燮」。

〔放驩兜於崇山〕　瀧四一・六，慶一九右三，殿一九左四，凌二二左三。○驩，景井蜀紹毛讙。

〔以變南蠻〕 瀧四一・六，慶一九右四，殿二三左五，凌一九左六。

正 兩手足扶翼而行 ○兩，慶 彭 北 王 秦藩 而，南化 校記「兩」。札記「扶翼」二字，今本神異經作「杖翼」，御覽七百九十引同。

正 不畏風雨禽獸 ○金陵 同，各本無「禽」字，岩 校補「禽」。殿考「禽」字增，與神異經合。雨，嵯 兩。按：兩，雨訛。

正 名曰驩兜也 ○金陵 同，各本「驩」字作「讙」。

〔以變西戎〕 瀧四一・八，慶一九右七，殿一九左九，凌二三左八。

正 三危山有三峯 ○金陵 同，各本無下「三」字。札記「三」字考證增，與後漢書西羌傳注合。

正 在沙州敦煌縣東南三十里 ○敦，南 凌 墩，彭 殿 韓 嵯 燉。

正 又山海經大荒北經云 ○各本「大」上有「云」字。按：瀧本誤脱「云」字。

〔以變東夷〕 瀧四一・九，慶一九右九，殿二〇右一，凌二三左一〇。

正 自解水土知通塞 ○土，彭 王，楓 三 棭 梅 校記「土」。

正 皆曰云是鯀也 ○王 柯 秦藩 無「云」字。札記「曰」、「云」二字當衍其一。

〔令舜攝行天子之政〕 瀧四二・四，慶一九左一，殿二〇右二，凌二三右二。○天，蜀 夫。

〔堯辟位凡二十八年而崩〕 瀧四二・五，慶一九左二，殿二〇右三，凌二三右二。

集 堯冢在濟陰城陽 ○南 北「陰」、「城」互倒。南 北 無「陽」字。城，王 成。

集 丘壠皆小 ○金陵 同，各本此四字作「丘壠山」三字。札記「皆小」二字原誤「山」，考證據漢書劉向傳改。

集 穀林即城陽　○游「城」、「陽」互倒。

正 凡年百一十七歲　○彭韓嵯無「年」字，岩校補「年」字。七，南六。

正 郭緣生述征記云　○殿金陵同，各本無「緣」字。

正 雷澤縣本漢城陽縣也　○城，慶彭南凌郕。

〔四方莫舉樂以思堯〕　瀧四二・一〇，慶一九左六，殿二〇右七，凌二三右七。

正 尚書三載四海遏密八音是也　○彭韓嵯尚書云三載四海遏密八音。無「是也」二字。梅校補「是也」。南化尚書云三載四海遏密八音是也。

〔堯知子丹朱之不肖不足授天下〕　瀧四三・一，慶一九左八，殿二〇右一〇，凌二三右一〇。○知，北之。知，嵯如，高校記「知」。授，嵯援，高校記「授」。

索 鄭曰　○各本「鄭」下有「玄」字。按：瀧本誤脱「玄」字。

索 言不如父也　○各本「父」作「人」。按：瀧本父，人訛。

〔於是乃權授舜〕　瀧四三・二，慶一九左八，殿二〇右一〇，凌二三右一〇。○授，嵯援，高校記「授」。

索 父子繼立常道也　○游「繼立」二字作「相傳」。

〔授舜則天下得其利〕　瀧四三・三，慶一九左九，殿二〇左一，凌二三左一。○楓三無「授」字。南化梅狩無「授舜」二字。

〔舜讓辟丹朱於南河之南〕　瀧四三・六，慶二〇右二，殿二〇左四，凌二三左四。○紹詳節「南」、「河」互倒。

正　即舜讓避丹朱於南河之南處也　○慶彭凌「南」、「河」互倒。

〔獄訟者〕　瀧四三・八，慶二〇右六，殿二〇左八，凌二三左九。○南化梅狩「獄」、「訟」互倒。

〔而後之中國踐天子位焉〕　瀧四三・一〇，慶二〇右八，殿二〇左九，凌二三左一〇。○南化楓三梅狩簣高「焉」下有「江簣本無「江」字。家點夫字不讀」七字注。而，南然。

*正　堯崩以下孟子岩本脱「子」字。文也　梅崇岩椷狩瀧。

〔是爲帝舜〕　瀧四四・二，慶二〇右九，殿二〇左一〇，凌二四右一。○帝，英房虞。

〔虞舜者〕　瀧四四・二，慶二〇右一〇，殿二一右一，凌二四右三。○南化梅狩無「者」字。

集　謚法曰　○凌殿駰案謚法曰。

正　酈元注水經云　○彭韓嵯無「注」字，梅校補「注」。

正　案二所未詳也　○南「二」説所未詳也。

〔名曰重華〕　瀧四四・六，慶二〇左四，殿二一右六，凌二四右八。

正　言其光文重合於堯　○金陵同，各本「文」作「又」。札記原訛，又依書傳改。

正　瞽叟姓嬀　○叟，彭南殿瞍。札記堯典疏、御覽百三十五、元龜二十七引史文並作「瞍」，今作「叟」，疑非。又書傳「配字曰瞍，瞍無目之稱」，今正義引並作「叟」，皆誤也。

〔顓頊父曰昌意〕　瀧四五・三，慶二〇左一〇，殿二一左二，凌二四左五。○南化 三 梅 狩 閣 高 野 中彭 中統 重「昌意」二字。

〔匪有解〕　瀧四五・八，慶二一右五，殿二一左六，凌二四左一〇。○毛 金陵 同，各本「解」字作「懈」。詳節 匪有懈詳節本作「懈」。怠。

〔舜冀州之人也〕　瀧四五・九，慶二一右五，殿二一左六，凌二五左一〇。

正　城北有歷山　○凌 金陵 同，各本重「城」字。

〔舜耕歷山〕　瀧四六・二，慶二一右八，殿二一左八，凌二五右二。

正　凡十一名　○一，慶 彭 王 柯 秦藩 嵯 二，岩 校記「二」。

〔漁雷澤〕　瀧四六・三，慶二一左一，殿二二右二，凌二五右六。

集　今屬濟陰　○屬，紹 蜀。

正　龍首人頰　○南 殿 同，金陵「龍首人頰」四字作「龍身人頭」。各本「頰」字作「類」，岩 校記「頰」。札記 原誤「龍首人類」，依海内北經改。淮南子墬形訓亦作「人頭」。

〔陶河濱〕　瀧四六・四，慶二一左二，殿二二右三，凌二五右八。

正　或耕或陶所在則可　○金陵 同，各本無「或耕」二字。札記「或耕」二字吳補，與水經河水注合。殿考「或陶」上脱「或耕」二字，語見水經注。言無地不可耕且陶也。

正　何必定陶方得爲陶也舜之陶也斯或一焉　○金陵 同，各本「爲」下有「舜陶之」三字。札記 原脱上「也」字，「舜」字錯在「爲」下，考證據河水注改。

〔作什器於壽丘〕　瀧四六・八，慶二一左四，殿二三右五，凌二五右一〇。

索　故以十爲數　○十，[游]什。

正　故謂生生之具爲什器　○謂，[慶][彭][凌]爲。

〔就時於負夏〕　瀧四六・九，慶二一左七，殿二三右八，凌二五左三。

索　就時猶逐時　○時，[游]於。

〔皆欲殺舜舜順適不失子道〕　瀧四七・一，慶二一左八，殿二三右一〇，凌二五左五。○[紹]不重「舜」字。

〔兄弟孝慈〕　瀧四七・一，慶二一左九，殿二三右一〇，凌二五左六。○[札記]志疑云：與上下文不接，疑衍。

〔即求嘗在側〕　瀧四七・二，慶二一左一〇，殿二三左一，凌二五左六。○嘗，[南化][楓][三][狩][中彭][中韓][景][井][蜀][紹][毛]常。

〔舜居嬀汭〕　瀧四七・五，慶二二右三，殿二三左三，凌二五左九。○各本「嬀」字作「媯」。

按：瀧本嬀，媯訛。

〔堯二女不敢以貴驕〕　瀧四七・五，凌二二右三，殿二三左四，凌二五左一〇。○[南化][謙][狩][高][中彭][中韓]——貴驕華。

〔甚有婦道〕 瀧四七・六，慶二三右五，殿二三左五，淩二六右一。

正 音苦果反 ○苦，慶彭南淩殿古。

〔歷山之人皆讓畔〕 瀧四七・九，慶二三右六，殿二三左六，淩二六右二。

正 韓非子歷山之農相侵略 ○金陵同，各本「非」字、「山」字並無，而「之」字作「云」。殿考据韓非子改。

〔雷澤上人皆讓居〕 瀧四七・一〇，慶二三右七，殿二三左七，淩二六右四。○上，詳節之。南化楓三謙狩野高閣雷澤上之人皆讓居。

〔河濱器皆不苦窳〕 瀧四七・一〇，慶二三右七，殿二三左七，淩二六右四。

集 史記音隱曰 ○淩駰案史記索「音」字作「索」。隱曰。北無「史記」二字。音，紹慶南北毛王韓索。隱，殿義。南化楓三有「音訛索」三字注。

〔一年而所居成聚〕 瀧四八・二，慶二三右九，殿二三左八，淩二六右五。

正 謂村落也 ○慶彭淩聚謂村落也。

〔使舜上塗廩〕 瀧四八・八，慶二三左二，殿二三右二，淩二六右九。○英房南化楓三梅狩中彭中韓無「塗」字。

〔得不死〕 瀧四八・九，慶二三左三，殿二三右三，淩二六右一〇。

正 鵲汝衣裳 ○鵲，南化楓三野高閣中彭中韓借。

正 舜既登得免去也 ○各本「得」上有「廩」字。按：瀧本誤脫「廩」字。

〔後瞽叟又使舜穿井舜穿井〕　瀧四九・一，慶二二左六，殿二三右五，凌二六左三。○紹不重「舜穿井」三字。

〔爲匿空旁出〕　瀧四九・一，慶二二左七，殿二三右五，凌二六左三。

正　舜井在嬀州懷戎縣西外城中　○彭韓嵯無「外」字。

〔於是曰〕　瀧四九・六，慶二三右二，殿二三左一，凌二六左九。○曰，南化楓三梅尾中彭曰。

〔象鄂不懌〕　瀧四九・七，慶二三右四，殿二三左三，凌二七右二。○鄂，殿愕。英房南化楓棭三謙狩野高閣中彭中韓象鄂然不懌。

〔爾其庶矣〕　瀧四九・八，慶二三右五，殿二三左四，凌二七右三。

索　○舊瀧本「索隱」誤作「集解」，今改。

索　女其于予治　○女，中統游索汝。

索　蓋欲令象其共理臣庶也　○各本「共」下有「我」字。按：瀧本誤脱「我」字。殿金陵同，各本無「其」字。

〔謂之八愷〕　瀧五〇・四，慶二三右八，殿二三左七，凌二七右六。○愷，南化凱。

索　史克對魯宣公曰　○索金陵同，各本「魯宣公」三字作「季文子」。

索　倉舒隤敳　○倉，殿蒼。敳，游殿敳。

索　尨降　○尨，凌龐。

〔世謂之八元〕　瀧五〇・五，慶二三右九，殿二三左八，凌二七右七。

索　○舊瀧本「索隱」誤作「集解」，今改。

〔至於堯〕　瀧五〇・七，慶二三左二，殿二三左一〇，凌二七右一〇。

索　○舊瀧本「索隱」誤作「集解」，今改。

〔使主后土〕　瀧五〇・八，慶二三左三，殿二四右一，凌二七左一。

集　地官　○閣金陵同，各本「官」字作「也」。札記「官」原誤也，吴改，與左傳注合。

〔使布五教于四方〕　瀧五〇・一〇，慶二三左六，殿二四右三，凌二七左四。○札記舊刻「使」作「以」。

索　索隱　○索，嵯案，岩校記「索」。

〔父義母慈兄友弟恭子孝〕　瀧五〇・一〇，慶二三右七，殿二四右四，凌二七左五。○恭，椸三梅狩中彭中韓敬。

〔天下謂之渾沌〕　瀧五一・五，慶二三左九，殿二四右七，凌二七左七。

正　有人知性　○金陵同，各本「性」字作「往」。

正　有腹無五藏　○南殿金陵同，各本「藏」字作「臟」。腹，岩腸。

正　有腸直而不旋　○金陵同，各本「而不旋」三字作「短」字。札記原作「有腹直短」四字，吴改增，與神異經合。腸，慶彭南北柯凌腹。腸，殿頸。

正　而往抵觸之　○抵，凌牴。金陵同，各本「觸」字作「角」，而無「之」字。札記吴改增，與神異經合。

正　則往依憑之　○金陵同，各本「則往」二字作「而行」。札記吴改，與神異經合。

正　北海之帝爲忽　○金陵同，各本無「北海之帝爲」五字。殿考依莊子補。

正　儵忽乃相遇於渾沌之地　○金陵同，各本「乃」字作「時」。

〔毀信惡忠崇飾惡言〕　瀧五一·九，慶二一四右四，殿二一四左三，凌二一八右四。○南化楓棭三梅狩中彭中韓無此八字。

〔不可教訓不知話言〕　瀧五二·二，慶二一四右一〇，殿二一四左六，凌二一八右八。○南化楓棭三梅狩尾中彭中韓無此八字。

〔天下謂之檮杌〕　瀧五二·三，慶二一四右九，殿二一四左七，凌二一八右九。

正　豬口牙　○豬，秦藩偖。札記左傳疏引無「口」字。今神異經有，御覽九百十引作「口有豬牙」。

〔縉雲氏有不才子〕　瀧五二·六，慶二一四左二，殿二一四左一〇，凌二一八左三。

集　任縉雲之官也　○金陵同，各本「任」字作「在」。

正　○舊瀧本「正義」誤作「考證」，今改。

正　字書云縉赤繒也　○金陵同，各本無「字」。赤，嵯亦。殿考春秋疏云：字書云：赤，繒也。此明脱「字」字。

〔貪于飲食冒于貨賄天下謂之饕餮〕　瀧五二·七，慶二一四左六，殿二一五右三，凌二一八左四。

○南殿金陵同，南化楓棭三梅狩簣中彭中韓無此十四字。各本「于」字作「於」。

正　頭上戴冢　○金陵同，各本「頭」、「上」互倒。札記原倒，吴乙，與神異經合。

正　强者奪老弱者畏羣而擊單　○金陵同，各本「奪老弱者」四字、「擊」字並無。札記四字吴增，與神異經合。「擊」字吴增，與神異經合。

〔比之三凶〕　瀧五二・九，慶二四左七，殿二五右四，凌二八左八。

正　此「以上四處」至「恐本錯脱耳」三十七字　○殿無此注。

〔舜賓於四門〕　瀧五二・一〇，慶二四左七，殿二五右五，凌二八左八。○清原無「於」字。

正　以賓禮衆賢也　○金陵同，各本無「禮」字，而「賢」下有「之」字，殿本無「之」字。岩校補「禮」。札記吴校補「禮」字，「賢」下删「之」字，與左傳注合。

〔以御螭魅〕　瀧五三・一，慶二四左九，殿二五右六，凌二八左一〇。○御，游治要禦。

正　故流放四凶以禦之也　○禦，南北王殿御。

〔烈風雷雨不迷〕　瀧五三・六，慶二五右一，殿二五右九，凌二九右三。○南化楓棭三梅狩中彭無此六字。

〔而堯使攝政〕　瀧五三・八，慶二五右三，殿二五右一〇，凌二九右四。○南化楓三梅狩高而堯使舜攝政。

〔倕益彭祖〕　瀧五三・一〇，慶二五右五，殿二五左二，凌二九右六。○凌金陵同，各本

「倕」字作「垂」。

正 内言之官也　○札記句上脱「龍」，又錯在「倕」下，吴徑改「内言」爲「其工」，非。

〔未有分職〕　瀧五四・三，慶二五右八，殿二五左五，凌二九右一〇。

正 又如字　○殿金陵同，各本無「又」字。

〔命十二牧〕　瀧五四・五，慶二五右九，殿二五左七，凌二九左一。○命，南化三梅狩高中彭中韓令。

〔嗟然〕　瀧五四・九，慶二五左四，殿二五左一〇，凌二九左五。○清原凌「嗟」、「然」互倒。

〔黎民始飢〕　瀧五五・一，慶二五左六，殿二六右二，凌二九左七。

集 今文尚書作祖飢　○文，蜀又。

〔播時百穀〕　瀧五五・二，慶二五左七，殿二六右三，凌二九左八。○南化楓三梅狩野「穀」下有「鄒時是音如字或作蒔音侍」十一字注。

正 播時謂順四時而種百穀　○種，彭韓嵯播，梅校記「種」。穀，彭谷。

〔五品不馴〕　瀧五五・三，慶二五左八，殿二六右四，凌二九左一〇。

正 馴音訓　○訓，嵯馴，尾校記「訓」。

〔汝作士〕　瀧五五・五，慶二六右一，殿二六右七，凌三〇右三。

正 案若大理卿也 ○若，彭南北柯凌言。

〔五服三就〕 瀧五五・六，慶二六右三，殿二六右八，凌三〇右三。

正 言得輕重之中正也 ○金陵同，凌無「言」字。各本無「得」字，岩校補「得」字。札記「言」字「得」字依書傳補。

正 婦三幽閉也 ○各本「三」字作「人」。按：瀧本三，人訛。

〔維明能信〕 瀧五五・九，慶二六右五，殿二六左一，凌三〇右七。

集 能使信服之 ○使，井便。

〔誰能馴予上下草木鳥獸〕 瀧五六・一，慶二六右七，殿二六左三，凌三〇右一〇。○誰，蜀惟。

〔讓于諸臣朱虎〕 瀧五六・六，慶二六右一〇，殿二六左六，凌三〇左三。○虎，英房席。

正 朱虎熊羆二臣名 ○金陵同，各本「名」字作「也」，岩校記「名」。札記「名」字吴校改，與書傳合。二，王云。二，凌一。按：一，二訛。

〔直哉維靜絜〕 瀧五七・一，慶二六左六，殿二七右三，凌三〇左九。○蜀紹殿金陵同，各本「絜」字作「潔」。

〔以夔爲典樂教稺子〕 瀧五七・三，慶二六左八，殿二七右三，凌三一右三。

集 稺胄聲相近 ○金陵同，各本「稺」上有「孔安國曰」四字。札記句上原衍「孔安國曰」，依撰異刪。

正　胄長也　○殿金陵同，各本「也」字作「子」，岩校記「也」。

正　以歌詩蹈之舞之　○殿金陵同，各本「以」字作「也」。

正　教長國子中和祇庸孝友　○友，嵯反，高校記「友」。

〔剛而毋虐簡而毋傲〕　瀧五七・五，慶二六左一〇，殿二七右六，凌三一右四。○毋，英房慶彭南北柯凌殿韓嵯無，南化梅狩校記「毋」。

〔歌長言〕　瀧五七・五，慶二七右一，殿二七右七，凌三一右五。○長，蜀永。

集　○舊瀧本「集解」誤作「索隱」。

索　歌所以長言詩之意也　○歌，景井蜀紹游毛謌。札記舊刻、游、毛本「歌」作「謌」。

正　詩言志以導其心　○殿金陵同，各本「導」字作「蹈」，岩校記「導」。

〔聲依永〕　瀧五七・七，慶二七右二，慶二七右八，凌三一右六。○永，英房狩高景井蜀紹彭毛嵯詠。依，彭作。

〔律和聲〕　瀧五七・七，慶二七右三，殿二七右七，凌三一右六。

〔毋相奪倫〕　瀧五七・八，慶二七右四，殿二七右一〇，凌三一右八。○毋，英房無。

正　謂六律六呂　○謂，殿爲。

〔百獸率舞〕　瀧五七・一〇，慶二七右六，殿二七左二，凌三一右一〇。

集　率舞　○舞，蜀稱。

正　不音福尤反　○殿金陵嵯同，各本「不」字作「下」，高校記「下」。札記殿本「不」。瞽云：

此集解服不氏音也。案：各本作「下」，疑正義單本出「服不」二字，而注云「下音福尤反」，後人刪其所出字而散隸史文，遂不可通，此合刻之弊也。

正 服不服之獸也。 ○殿金陵同，各本無上「服」字。 札記殿本有上「服」字，與周禮注合。

〔振驚朕衆〕 瀧五八・二，慶二七右九，殿二七左五，凌三一左四。

正 言己畏忌有利口讒説之人 ○凌殿金陵同，各本無「己」字。

〔命汝爲納言〕 瀧五八・四，慶二七左二，殿二七左八，凌三一左七。 ○南化楓三「命汝」二字作「納言」。

〔惟信〕 瀧五八・五，慶二七左三，殿二七左九，凌三一左七。

正 受上言宣於下必信也 ○嵯受上言宣於下必以信也。

〔惟時相天事〕 瀧五八・六，慶二七左六，殿二八右二，凌三二右一。

集 皆格于文祖時所勅命也 ○時，楓三特。

〔分北三苗〕 瀧五八・九，慶二七左七，殿二八右三，凌三二右三。 ○南化楓三狩「苗」下有「鄒步代反」四字注。 梅「苗」下有「北如字又音背鄒步代反」十字注。

〔百工致功〕 瀧五九・四，慶二七左一〇，殿二八右六，凌三二右六。 ○柯秦藩重「百」字。

正 工師若今大匠卿也 ○殿金陵同，各本「師」字作「匠」。

〔決九河〕 瀧五九・七，慶二八右四，殿二八右一〇，凌三二右一〇。 ○河，南化楓梭三梅狩岩中彭川。

〔北發〕　瀧五九・九，慶二八右六，殿二八左一，淩三二左一。

索　○舊瀧本「索隱」誤作「正義」，今改。

〔渠廋〕　瀧五九・九，慶二八右六，殿二八左一，淩三二左二。○廋，[南化][梅][狩]搜。

〔氐羌〕　瀧五九・一〇，慶二八右七，殿二八左一，淩三二左二。

索　○舊瀧本「索隱」誤作「正義」，今改。

〔長鳥夷〕　瀧五九・一〇，慶二八右八，殿二八左二，淩三二左三。

索　故先以撫字總之　○撫，[淩]無。總，[慶][王][柯][秦藩]揔。

索　鄒氏劉氏云　○[彭][韓][嵯]無「劉氏」二字。

〔於是禹乃興九招之樂〕　瀧六〇・七，慶二八左四，殿二八左九，淩三二左一〇。○招，[楓][棭][三][狩][中彭]韶。

〔年六十一代堯踐帝位〕　瀧六一・一，慶二八左七，殿二九右二，淩三三右三。○[楓][三][高]舜年六十一代堯踐帝位。

集　或言蒲阪　○阪，[井][蜀][紹]坂。

集　或言平陽　○平，[蜀]乎。

正　今嬀州城是也　○[嵯]無「是」字，[岩]校補「是」。

〔載天子旗〕　瀧六一・八，慶二九右二，殿二九右七，淩三三右九。○[詳節]載天子旌旗。

〔封弟象爲諸侯〕　瀧六一・一〇，慶二九右三，殿二九右八，淩三三右一〇。

正 鼻亭神在營道縣北六十里 ○各本無「營」字。札記「營」字依陽湖孫氏輯括地志補。

正 王隱晉書云泉陵縣北部東五里 ○金陵——云本泉陵縣——。慶彭凌殿——云此大泉陵縣——。殿考「此大泉」三字疑是「零陵」二字之誤。札記「本」字原誤作「此大」二字，依水經湘水注改。

〔舜乃豫薦禹於天〕 瀧六二・四，慶二一九右七，殿二一九左二，凌三三左五。○楓三無「乃」字。

〔十七年而崩〕 瀧六二・四，慶二一九右八，殿二一九左三，凌三三左六。○楓三重「崩」字。

〔禹亦乃讓舜子〕 瀧六二・五，慶二一九右八，殿二一九左三，凌三三左六。○南化楓三紹無「乃」字。

〔如舜讓堯子〕 瀧六二・五，慶二一九右九，殿二一九左四，凌三三左六。

正 禹居洛州 ○州，楓三狩川。

〔皆有疆土〕 瀧六二・七，慶二一九左一，殿二一九左六，凌三三左九。

索 封堯子朱於丹淵爲諸侯 ○南無「堯」字。

索 商均封虞 ○彭韓嵯商均封於虞。

索 在梁國今虞城縣也 ○在，南今。南無「今」字。

〔以客見天子〕 瀧六二・九，慶二一九左三，殿二一九左八，凌三四右一。○詳節以客禮見天子。

〔以章明德〕　瀧六三・一，慶二九左五，殿二九左九，凌三四右二。

集　西祁己滕葴任荀釐姞儇衣是也　○金陵同，儇，游睘。各本「儇」字作「嬛」。任，蜀住。衣，殿依。

正　釐音力其反姞音其吉反儇音在宣反　札記十五字原錯在黄帝紀「其得姓者十四人」下。案：史文無「釐姞儇」三字，此爲集解作音，宜在此，今移正。「釐」原作「僖」，僖無力其反，集解本作「釐」也。「儇」亦誤从「女」，並正。

〔姓子氏〕　瀧六四・七，慶二九左一〇，殿三〇右五，凌三四右八。

索　亦以其母吞乙子而生　○乙，彭南凌殿嵯岩鳦。

〔姓姬氏〕　瀧六四・七，慶三〇右一，殿三〇右六，凌三四右九。

集　鄭玄駮許慎五經異義曰　○井蜀紹游毛鄭玄曰駮許慎五經異義曰。

集　胙之土而命之氏　○胙，蜀胙。

〔太史公曰〕　瀧六五・一，慶三〇右五，殿三〇右一〇，凌三四左四。

正　虞憙云　○憙，殿喜。

〔學者多稱五帝尚矣〕　瀧六五・一〇，慶三〇右七，殿三〇左二，凌三四左六。

索　○舊瀧本「索隱」誤作「集解」，今改。

索　言久遠也　○岩重「言」字。

〔而百家言黄帝〕　瀧六六・一，慶三〇右八，殿三〇左三，凌三四左七。○南化楓棭三謙梅狩高中彭重「言」字。

〔薦紳先生難言之〕　瀧六六・一，慶三〇右九，殿三〇左四，凌三四左八。

集　即縉紳也　〇縉，井紹毛搢。

〔孔子所傳宰予問五帝德及帝繫姓〕　瀧六六・二，慶三〇右一〇，殿三〇左四，凌三四左九。

正　繫音奚計反　〇殿金陵同，各本此下有「五帝德及」至「不傳學」四十字。按：合刻時下索隱文衍入。

〔余嘗西至空桐〕　瀧六六・四，慶三〇左三，殿三〇左七，凌三五右三。〇彭金陵同，各本「桐」字作「峒」。注同。

正　黃帝問道於廣成子處　〇成，慶北王柯城。

〔至長老皆各往往稱黃帝堯舜之處〕　瀧六六・六，慶三〇左三，殿三〇左九，凌三五右五。〇南化三梅狩無「至」字。

〔風教固殊焉〕　瀧六六・六，慶三〇左六，殿三〇左一〇，凌三五右六。〇固，南化楓棭三謙梅狩野中彭國。

〔其發明五帝德帝繫姓章矣〕　瀧六七・一，慶三〇左七，殿三一右一，凌三五右八。〇詳節無下「帝」字。

索　太史公言己以春秋國語古書博加考驗　〇博，凌搏。按：搏，博訛。

〔顧弟弗深考〕　瀧六七・二，慶三〇左九，殿三一右二，凌三五右九。○弟，[游]第。注同。

集　史記漢書　○[井][蜀][紹][毛][金陵]同，各本「記」字作「説」，[岩]校記「記」。

正　不虛甚章著矣　○甚，[嵯]其，[岩]校記「甚」。

〔擇其言尤雅者〕　瀧六七・八，慶三一右五，殿三一右九，凌三五左六。○[南化][楓][三][梅][狩]「雅者」二字作「多雅」。

〔故著爲本紀書首〕　瀧六七・八，慶三一右六，殿三一右九，凌三五左九。

索　既代炎曆　○曆，[索]歷。

索　靜深有謀　○靜，[詳節]靖。

索　小大遠近　○[索]「小」、「大」互倒。

索　其號放勳　○號，[索]名。

索　明敭仄陋　○仄，[索]側。

索　能讓天下賢哉二君　○[彭]無此注。

右述贊之體深所不安何者夫叙事美功合有首末（凌本末，末訛。）懲惡勸善是稱褒貶觀太史公贊論之中或國有數君（嵯本作「吾」。）或士（凌本土，士訛。）兼百行不能備論終始自可略申梗概遂乃頗取一事偏引一奇即爲一篇之贊將爲龜鏡（詳節本作「鑑」。）誠所不取斯亦明月之珠不能無纇矣今並重爲一百三十篇之贊云

據慶元本○[彭][金陵][瀧]無此百五字，[慶][中統][南][北][柯][凌][游][殿]有此百五字。

史記會注考證校補卷二

夏本紀第二

〔名曰文命〕 瀧二・二，慶一右三，殿一右八，凌一右四。

索 太史公皆以放勳重華文命爲堯舜禹之名未必爲得 ○慶 中統 彭 游 南 北 殿「堯舜禹之四字」、「未必爲得」四字並無。

索 蓋古者帝王之號 ○北 索 金陵 同，各本「者」字作「質」。

索 鯀取有辛氏女 ○辛，北 殿 莘。

索 宋衷云 ○衷，殿 忠。

正 胷坼而生禹 ○坼，凌 折。 生，嵯 坐，高 校記「生」。

正 禹本汶山郡廣柔縣人也 ○金陵 同，各本「汶」字作「汝」。

正 茂州汶川縣石紐山 ○州，慶 凌 洲。

〔禹之父曰鯀〕 瀧二・七，慶一右九，殿一左四，凌一左二。 ○鯀，天養 鮌。下同。

索　漢書律歷志則云　○[中統][游]西漢無「書」字。律曆志。　歷，[慶][中統][游][凌]曆。

索　顓頊五代而生鯀　○[楓][三]顓頊五代而生鯀鯀生禹。

〔禹之曾大父昌意〕　瀧二・一〇，慶一左三，殿一左八，凌一左六。○大，[天養]太。

〔鴻水滔天〕　瀧三・四，慶一左四，殿一左一〇，凌一左七。○鴻，[詳節][治要]洪。

〔下民其憂〕　瀧三・四，慶一左六，殿二右一，凌一左八。

索　一作洪鴻大也　○[北]「洪」、「鴻」互倒。

〔等之未有賢於鯀者〕　瀧三・六，慶一左七，殿二右二，凌一左一〇。○[天養]無「者」字。

〔於是堯聽四嶽〕　瀧三・七，慶一左八，殿二右三，凌二右一。○[南化][楓][狩][中彭][中韓]於是帝堯聽四嶽。

〔巡狩行視鯀之治水無狀〕　瀧三・八，慶一左一〇，殿二右一，凌二右三。○無，[天養][南化][狩][野][嵯]毋。

〔乃殛鯀於羽山以死〕　瀧三・九，慶二右一，殿二右六，凌二右四。

正　鯀之羽山　○鯀，[慶]鮌。

正　化爲黃熊　○熊，[南][北]能。下同。　熊，[嵯]點。按：點，熊訛。

正　下三點爲三足也　○點，[嵯]默，[高]校記「點」。

正　束皙發蒙紀云　○紀，[殿]記。

正　鼈三足曰熊　○三，[南][北]二。　曰，[南][北]四。

〔有能成美堯之事者〕 瀧四・一，慶二右四，殿二右八，凌二右七。○事，天養 南化 棭 狩 岩 中彭 功。

〔可成美堯之功〕 瀧四・二，慶二右五，殿二右九，凌二右八。○功，天養 南化 棭 狩 岩 中彭 事。

〔聲爲律〕 瀧四・五，慶二右八，殿二左二，凌二左一。

索 言禹聲音應鍾律 ○鍾，南 鐘。

〔身爲度〕 瀧四・五，慶一右九，殿二左三，凌二左二。

*****正** 言出教命皆合衆心是稱以出也出一作士（棭、狩本無上四字。） 按稱者衣服也禹服緇衣纁裳士之祭服也孝經鈎命決云禹吾無間然矣菲飲食而致孝乎鬼神惡衣服而致美乎黻冕是也其義亦通不及出字之義也（高本無「也」字。） 崇 棭 梅 高 狩 瀧。

〔稱以出〕 瀧四・六，慶二右九，殿二左三，凌二左二。

集 徐廣曰一作士 ○嵯「徐」、「廣」互倒。 士，紹 土。 按：土，士訛。

索 上文聲與身爲律度 ○凌 金陵 同，各本無「文」字。

〔命諸侯百姓〕 瀧四・一〇，慶二左一，殿二左五，凌二左四。○百，彭 下，南化 楓 棭 三 校記「百」。

〔行山表木〕 瀧四・一〇，慶二左二，殿二左六，凌二左五。

集 傳字作敷 ○天養 井 蜀 紹 毛 無「字」。

索　尚書作敷土隨山刊木今案大戴禮作傅土　○慶凌殿無「尚書」至「今案」十一字。敷，索尃。

索　若尚書作敷敷分也　○慶凌殿無此注。

索　與孔注書意異　○慶中統游凌殿此六字作「尚（中統、游本無「尚」字。）書作隨山刊木」七字。

〔定高山大川〕　瀧五・一，慶二左四，殿二左七，凌二左七。○川，嵯州，高閣校記「川」。

集　駰案尚書大傳曰　○彭南北無「駰案」二字。

集　五嶽四瀆之屬　○天養無「之屬」二字。

〔禹傷先人父鯀功之不成受誅〕　瀧五・三，慶二左五，殿二左八，凌二左八。○天養「功」、「之」互倒。

〔致孝于鬼神〕　瀧五・五，慶二左七，殿二左一〇，凌二左一〇。○于，天養於。

集　祭祀豐絜　○絜，凌殿潔。

〔致費於溝減〕　瀧五・五，慶二左七，殿二左一〇，凌二左一〇。○減，治要洫。注同。

集　方里爲井　○方，天養万。按：万，方訛。

集　溝廣深四尺　○紹溝有城廣深四尺。蜀「溝」、「廣」間二字空格。

集　十里爲成　○井無「成」字。

集　成間有減　○成，天養南化楓井城。

集　減廣深八尺　○天養減廣深八尺矣。

〔泥行乘橇〕　瀧五・七，慶二左九，殿三右三，凌三右三。

集 橇音茅蕝之蕝謂以板置其泥上 ○橇，天養毳。天養「之蕝」二字、「謂」字、「其」字並無。札記「其」字疑衍，漢書溝洫志注、御覽八十二引並無。

集 以通行路也 ○詳節以通行路也一音通倫反。

正 按橇形如船而短小 ○船，慶彭舡，嵯般。

正 今杭州温州海邊有之也

*正 擿天歷反今乘船猶云擿舡（椨、梅、狩本作「舡」。）也椨梅狩高瀧。

〔山行乘檋〕 瀧五・九，慶二左一〇，殿三右四，凌三右五。

集 檋一作橋 ○天養無此注。

集 不蹉跌也 ○天養不知跌跌（「蹉跌」作「跌跌」。）也。

集 又音紀録反 ○天養無此注。

〔右規矩〕 瀧六・二，慶三右三，殿三右六，凌三右七。

索 所運用堪爲人之準繩 ○堪，中統游皆。

索 所舉動必應規矩也 ○中統游所舉動亦必應規矩也。

〔通九道〕 瀧六・五，慶三右四，殿三右七，凌三右八。

*正 通達九州之道路也 椨梅狩高瀧。

〔度九山〕 瀧六・五，慶三右四，殿三右八，凌三右八。

*正 釋名曰山者産也按洪（椨、梅本作「理」。）水已去九州之山川（狩、椨本無「川」。）所生物産視地所宜商而度

之以致貢賦也崇棭梅狩高瀧。

〔令益予衆庶稻可種卑溼〕瀧六・六，慶三右五，殿三右八，凌三右八。〇溼，慶中統凌游濕。予，嵯子，高校記「予」。

〔命后稷予衆庶難得之食〕瀧六・七，慶三右五，殿三右八，凌三右九。〇命，天養南化楓三狩高令。

〔相地宜所有以貢〕瀧六・九，慶三右六，殿三右一〇，凌三右一〇。〇南化楓三高相地宜所有以可貢。

〔冀州既載〕瀧六・一〇，慶三右九，殿三右一〇，凌三左一。

集 堯所都也　〇南北殿冀州堯所都也。

正 西河之東　〇西，慶凌殿南。

〔壺口治梁及岐〕瀧七・一，慶三左一，殿三左四，凌三左六。

集 壺口山　〇蜀紹慶中統凌游無「山」字。

集 在河東北屈縣之東南　〇慶中統凌游殿無「縣之東南」四字。

集 梁山　〇天養井蜀紹無「山」字。

集 岐山在右扶風美陽　〇井蜀紹無「山」字。美，閣羑。

正 在慈州吉昌縣西南五十里　〇金陵同，各本「昌」字作「常」。札記各本誤「常」，吴校改。警云後壺口雷首正義作「吉昌」。

正 在同州韓城縣東南十九里　○同，彭人。在，嵯人。

正 岐山在岐州岐山縣東北十里　○金陵同，各本無「在」字。殿考「岐山」下脱一「在」字。札記「在」字依陽湖孫氏輯括地志增。

〔至于嶽陽〕　瀧七・五，慶三左二，殿三左五，淩三左七。

索 即冀州之鎮霍太山也　○鎮，彭慎，楓三校記「鎮」。南無「太」字。

索 凡如此例不引書者皆地理志文也　○南北無此注。例，彭殿類。

正 霍太山　○南金陵同，各本無「太」字。

正 在沁州沁原縣西七八十里　○南「八」、「十」互倒。

〔覃懷致功〕　瀧七・七，慶三左四，殿三左七，淩三左九。

集 懷縣屬河内　○南無「縣」字。

〔至於衡漳〕　瀧七・八，慶三左六，殿三左九，淩四右一。

索 東北至阜城縣入河　○入，嵯八，高校記「入」。

索 東至鄴入清漳也　○入，閣合。

正 在懷州武陟縣　○陟，閣涉。

*__正__ 衡音横　梜梅狩瀧。

〔大陸既爲〕　瀧八・一，慶三右一〇，殿四右三，淩四右六。

集 衛水在靈壽　○在，中統游出。

索 東入虖沱　○虖，中統 淩 游 殿 滹。沱，慶 毛 索 金陵 池。

索 郭璞云大陸今鉅鹿北廣河澤是已爲亦作也　○金陵同，各本無此注。

＊**正** 水去大陸以成澤　棭 梅 崇 狩 高 瀧。

〔鳥夷皮服〕 瀧八・三，慶四右二，殿四右五，淩四右八。○鳥，紹 島。鳥，英房 蜀 島。

集 東北之民搏食鳥獸者　○殿同，各本「搏」字作「賦」。鳥，天養 禽。

集 服其皮　○天養 服其皮明。

集 明水害除　○天養 明水害除者。

〔夾右碣石入于海〕 瀧八・六，慶四右七，殿四右一〇，淩四左一〇。○右，索 石。

索 在遼西臨渝縣南水中　○索 金陵同，各本「渝」字作「逾」。

索 當是北平之碣石　○索 金陵同，各本「是」字作「非」。

〔濟河維沇州〕 瀧九・五，慶四右八，殿四左三，淩四左六。○沇，南化 楓 棭 三 梅 狩 中彭 中統 游 兖。

集 在兩水之閒　○天養 井 蜀 金陵 在此兩水之閒。

〔九河既道〕 瀧九・七，慶四右九，殿四左三，淩四左六。

集 徒駭太史馬頰覆釜胡蘇簡絜鉤盤鬲津　○頰，紹 頬。

〔雍沮會同〕 瀧九・七，慶四左一，殿四左五，淩四左八。

集 在濟陰城陽縣西北　○慶 中統 彭 游 南 北 無「縣西北」三字。

索　水自河出爲雍也　○雍，中統　游　灉。

〔草繇木條〕　瀧九・九，慶四左三，殿四左八，凌五右一。○天養　南化　梜　狩　中彭　中韓　厥草維天養本作「惟」。繇厥木維天養本作「惟」。條。

〔賦〕　瀧九・一〇，慶四左四，殿四左八，凌五右二。○天養　南化　厥賦。

集　其賦下下　○毛　金陵　同，慶　中統　彭　凌　游　「下下」二字作「中下」。天養　作「下也」。札記　宋本、毛本同，書疏云貞即下下，爲第九也。它本作「中下」，非。

〔其篚織文〕　瀧一〇・一，慶四左六，殿四左一〇，凌五右三。○篚，天養　緋。

集　地宜漆林　○天養　地宜漆林陜林。

集　又宜桑蠶　○殿　金陵　同，各本無「桑」字。

集　盛之筐篚而貢焉　○筐，嵯　篚，高　校記「筐」。

〔浮於濟漯通於河〕　瀧一〇・二，慶四左六，殿五右一，凌五右四。○於，南　殿　于。

索　出河東垣縣王屋山　○各本「山」下有「東」字。按：瀧本誤脱「東」字。

索　濟水出平原漯陰縣東　○金陵　同，各本無「渭」字。札記　「漯」字考證據漢志增。

索　漯水出東郡東武陽縣北至千乘縣而入于海　○索　無下「東」字。

〔嵎夷既略〕　瀧一〇・四，慶四左九，殿五右四，凌五右八。○嵎，天養　南化　井　紹　金陵　堣。

〔濰淄其道〕　瀧一〇・五，慶四左一〇，殿五右五，凌五右九。○凌　金陵　同，各本「其」字作

「既」。淄，天養菑。

集 濰水出琅邪　○邪，彭琊。殿考「琅邪」下脱「箕屋山」三字。

索 濰水出琅邪箕縣北至都昌縣入海淄水出泰山萊蕪縣原山北東至博昌縣入濟也　○慶凌殿無此注。索「都」、「昌」互倒。博，中統游索傳。札記「都」、「昌」原倒，依禹貢疏引地理志及水經濰水注乙。今漢志亦誤。

正 密州莒縣濰山　○金陵同，各本無「濰」字。札記「濰」字吴補，與郡縣志合。

正 淄川　○各本「川」字作「州」。按：瀧本川，州訛。

〔厥田斥鹵〕　瀧一〇・八，慶五右四，殿五右八，凌五左三。○天養無「田」字。

索 鹵音魯說文云鹵鹹地東方謂之斥西方謂之鹵　○索無此注。楓三西方謂之鹵可煑爲鹽者也。梅下「鹵」字作「魯」。

〔海物維錯〕　瀧一一・一，慶五右五，殿五右九，凌五左四。○維，天養中統游惟。

集 魚種類尤雜　○天養海魚類尤雜。

〔萊夷爲牧〕　瀧一一・二，慶五右五，殿五左一，凌五左六。

索 按左傳云萊人劫孔子孔子稱夷不亂華又云齊侯伐萊服虔以爲東萊黄縣是今按地理志黄縣有萊山恐即此地之夷　○索無此注。

〔酓絲〕　瀧一一・三，慶五右八，殿五左三，凌五左八。○酓，南化椵梅狩高中彭中韓檿。

集　桑蠶絲中爲琴瑟弦　○瑟，紹琴。弦，紹南北毛絃。札記「中」下衍「爲」字，吴刪，與書傳合。

〔浮於汶通於濟〕　瀧一一・四，慶五右九，殿五左四，凌五左九。

集　出泰山萊蕪縣原山　○天養無「泰山萊蕪縣」五字。

集　西南入濟　○彭西南入于濟。中統游——濟索隱注同。

〔維徐州〕　瀧一一・五，慶五右一○，殿五左五，凌五左一○。○維，景井蜀紹毛惟。

集　南及淮　○及，中統游至。

〔蒙羽其蓺〕　瀧一一・六，慶五左一，殿五左六，凌六右一。○蓺，慶中統游凌殿藝。下同。

集　出泰山蓋縣　○南化無「縣」字。天養井無「蓋縣」二字。

集　二水已治　○治，蜀巳。

索　出南陽平氏縣胎簪山　○胎，中統彭游南北昭。

索　東北過桐柏山　○金陵同，各本無「東」字。

索　出泰山蓋縣艾山南　○金陵同，各本「艾」字作「汶」。札記「艾」訛「汶」，考證據汶水注改。

索　在泰山蒙陰縣西南　○金陵同，各本無「南」字。札記「南」字吴補，與漢志合。考證説同。

〔大野既都〕　瀧一一・七，慶五左三，殿五左八，凌六右三。

集　水所停曰都　○都，天養猪。

〔東原底平〕 瀧一一・八，慶五左四，殿五左九，凌六右四。

集 今東平郡即東原 ○天養此注作「郡有東平者」五字。井此注作「今東郡有東平」。

〔草木漸包〕 瀧一一・一〇，慶五左六，殿六右一，凌六右七。○包，天養苞。

集 漸長進包叢生也 ○天養蜀「長」、「進」互倒。

〔維土五色〕 瀧一一・一一，慶五左七，殿六右二，凌六右八。○紹「土五色」三字作「五色土」。

集 鄭玄曰土五色者 ○者，北言。天養無「色」字。

集 所以爲大社之封 ○彭南金陵同，各本「大」字作「太」。

集 上冒以黄土 ○上，凌土。

〔羽畎夏狄〕 瀧一一・一三，慶五左九，殿六右三，凌六左一。○狄，英房慶彭凌殿翟，南化梅校記狄。

集 羽中旌旄 ○天養無「中」字。旌，天養伶。

〔嶧陽孤桐〕 瀧一一・一四，慶六右二，殿六右七，凌六左三。

集 中琴瑟 ○天養無「瑟」字。

集 嶧山在下邳 ○天養嶧山在今下邳。

正 按今獨生桐尚徵一偏似琴瑟 ○殿考推尋文義當作「今獨生桐尚徵貢偏宜琴瑟」。

〔淮夷蠙珠臮魚〕 瀧一一・一五，慶六右三，殿六右九，凌六左五。○臮，殿泉。按：泉，臮訛。

集　淮夷二水　○彭無「淮夷」二字。毛淮夷二水名。

集　淮水之上夷民也　○金陵同，各本無「夷」字。札記「夷」字吳補，與書疏及釋文合。

索　臮與也　○臮，殿嵯泉，高校記「臮」。與，中統游及。

索　言夷人所居水之處有此蠙珠與魚也　○居，中統游言。各本「水」上有「淮」字。按：瀧本誤脫「淮」字。

〔玄纖縞〕　瀧一二・七，慶六右五，殿六左一，凌六左八。

正　以細繒染爲黑也　○凌同，各本「也」字作「色」。

〔浮于淮泗〕　瀧一二・八，慶六右六，殿六左二，凌六左九。○天養「淮」、「泗」互倒。

〔陽鳥所居〕　瀧一二・一〇，慶六右八，殿六左四，凌七右一。

集　在豫章彭澤西　○天養無此注。

集　冬月居此澤也　○天養井無「冬月」二字。

索　古交尚書作豬　○各本「交」字作「文」。按：瀧本交，文訛。

〔三江既入〕　瀧一三・二，慶六右一〇，殿六左六，凌七右三。

索　謂松江錢唐江浦陽江　○金陵同，各本「唐」字作「塘」。索無「唐」下「江」字。除殿本，各本無「浦」字，楓三校補「浦」字。

索　今按地理志　○殿無「今」字。

索　從丹陽蕪湖縣西南東至會稽陽羨縣入海　○金陵同，各本「蕪湖縣西南東至」七字作「蕪湖東北至」五字，又「入」上有「東」字。札記原作「蕪湖東北至會稽」，吳增改，與漢志合。又「入」上原衍「東」字，吳刪，與漢志、書疏合。

索　從會稽毗陵縣北東入海　○中統游「北」、「東」互倒。

〈震澤致定〉　瀧一三・四，慶六左三，殿六左九，凌七右六。○致，英房底。

集　言三江已入　○彭言三江既已入。

索　地理志會稽吳縣　○索金陵同，各本「志」下有「云」字。

索　亦謂此也　○索殿金陵同，各本「謂」下有「國」字。

正　澤在蘇州西南四十五里　○金陵同，各本無「南」字。札記「南」字吳補，德清胡氏禹貢錐指引同。

正　西南上七十里至太湖　○太，彭大。

正　至白蜆湖　○金陵同，各本無「至」字。白，殿曰，慶凌自。

正　莫湖在莫鼇山西及北　○北殿金陵同，各本「鼇」字作「里」。

正　北與胥湖連　○殿金陵同，各本「胥」字作「咠」。

〈竹箭既布〉　瀧一四・二，慶七右五，殿七左二，凌八右一。○南化楓三棭梅狩高「竹箭」二字作「篠簜」。

〈惟夭〉　瀧一四・二，慶七右六，殿七左三，凌八右二。○夭，天養南化楓三棭狩高中彭中韓美。

〔其木惟喬〕　瀧一四・三，慶七右六，殿七左三，凌八右二。○其，天養井厥。

集　少長曰夭喬高也　○殿孔安國曰少長曰夭——。天養無此注。

〔金三品〕瀧一四・四，慶七右七，殿七左五，凌八右三。

集　銅三色也　○銅，殿金。札記疑句上脱「金銀」二字。

〔齒革羽旄〕　瀧一四・五，慶七右八，殿七左七，凌八右五。○旄，英房慶中統彭游凌殿嵯毛，南化梅狩高校記「旄」。

集　象齒　○齒，殿牙。

〔島夷卉服〕　瀧一四・七，慶七右一〇，殿七左八，凌八右七。○島，景井蜀紹金陵島。

〔織貝〕　瀧一四・九，慶七左三，殿八右一，凌八右一〇。

正　越即苧祁也　○祁，楓野閣中彭中韓布。

集　細繒也　○繒，殿紵。札記書傳作「紵」，疏云，細紵布也。

〔錫貢〕　瀧一五・一，慶七左四，殿八右二，凌九右一。

集　則不貢　○天養之則不貢。

〔均江海通淮泗〕　瀧一五・三，慶七左五，殿八右三，凌八左二。

集　均讀曰沿沿順水行也　○沿，紹治。

〔江漢朝宗于海〕　瀧一五・六，慶七左七，殿八右五，凌八左五。

集　宗尊也　○天養宗寬「尊」作「寬」。之也。

正　源出岷州南岷山　○州，彭山。

正　經三峽過荆州　○峽，慶凌金陵硤。

〔九江甚中〕　瀧一五・七，慶七左九，殿八右七，凌八左七。

索　按尋陽記　○尋，索彭韓潯。

索　烏江蚌江烏白江嘉靡江沙江畎江廩江隄江箘江　○烏，索嵯烏，高校記「烏」。沙，殿源。隄，中統游殿提。札記釋文引潯陽記「沙」作「源」，「廩」作「累」，「隄」作「提」。

索　又張湞九江圖所載有三里五畎烏土白蚌　○湞，索凌鎮。湞，韓湞。楓三「九」作「元緣」二字。蚌，嵯蜯，尾校記「蚌」。

〔沱涔已道〕　瀧一六・一，慶八右一，殿八左一，凌九右一。○沱，天養沲。

集　沱江別名涔水名　○天養無上「名」字。涔，天養潛。

集　水出江爲沱　○天養水出江南其中爲沱。

索　直西北入漢　○慶中統游凌殿無「直」字。札記案：漢志，漢中郡安陽鬻谷水出西南，北入漢。此「直」字疑「南」之誤，而又錯在「西」上。

〔雲土夢爲治〕　瀧一六・三，慶八右四，殿八右二，凌九右三。○景井慶毛殿「土」、「夢」互倒，梅校記「土夢」。尾閣「治」下有「雲夢土唐本如此尚書作雲土夢」十三字注。

集　其中有平土丘　○土，彭上，楓三校記「土」。

索　雛誕生又音蒙　○[索]無「生」字。[中統][游]「生又」二字作「曰夢」。

索　楚子濟江入于雲中　○[金陵]同，各本「楚子濟江入于」六字作「昭王寢於」四字。[札記]原作「昭王寢於雲中」，考證依左傳改。

索　則是二澤各別也　○[索]無「是」字。

索　是其地　○[索][金陵]同，各本無「其地」二字。

〔上下〕　瀧一六・六，慶八右七，殿八左六，凌九右七。

集　賦第三　○[楓][三]賦第三人功修也。

〔杶榦栝柏〕　瀧一六・七，慶八右八，殿八左七，凌九右七。○[天養][毛][金陵]同，各本「柏」字作「栢」。榦，[慶][中統][游][凌]幹，[毛]榦。

集　榦拓也　○拓，[天養]枯，各本「拓」字作「柘」。按：瀧本「拓」、「柘」訛。

〔維箘簬楛〕　瀧一六・八，慶八右八，殿八左八，凌九右九。○[毛][金陵]同，各本「簬」字作「簵」。下同。

集　一作箭足杆　○作，[天養]云。

集　箘簬聆風也　○[韓]「聆」、「風」互倒。

〔三國致貢其名〕　瀧一六・九，慶八右一〇，殿八左九，凌九右一〇。

集　三國所致貢其名善也　○[天養]一三國——。

〔包匭菁茅〕　瀧一六・九，慶八左一，殿八左一〇，凌九左一。

集 甌纏結也　○[蜀]無「結」字。

集 茅有毛刺者　○[蜀]無「毛」字。

正 因名包茅山　○包，[慶][凌]苞。

〔玄纁璣組〕　瀧一七・一，慶八左三，殿九右二，凌九左三。

集 生於水中　○於，[蜀]組。

〔九江入賜大龜〕　瀧一七・一，慶八左四，殿八右三，凌九左四。○入，[天養][南化][梅][野]納。賜，[天養][南化][楓][三][梜][狩][野][中彭][中韓]錫。

集 出於九江水中　○水，[北][殿]山。

集 龜不常用　○[天養]無「龜」字。

〔浮于江沱涔于漢〕　瀧一七・二，慶八左五，殿九右四，凌九左五。○[南][金陵]同，[天養][英房][閣]無「于」字，各本「于」字作「於」。

〔至于南河〕　瀧一七・二，慶八左五，殿九右四，凌九左六。○[中統][游]「南」、「河」互倒。[天養]「河」下有「孔安國曰踰越也南河在冀州南東流故曰踰洛而至南河也」二十四字注。

〔荊河惟豫州〕　瀧一七・三，慶八左六，殿九右五，凌九左三。

集 北距河水　○北，[彭]地，[南化][梜][狩][野][高]校記「北」。

〔伊雒瀍澗〕　瀧一七・四，慶八左七，殿九右六，凌九左九。○瀍，[天養]厘。

〔既入于河〕　瀧一七・四，慶八左八，殿九右七，凌九左八。○金陵同，各本「于」字作「於」。

索　出弘農上洛縣冢領山　○洛，慶洽。領，彭 中統 游 南 北 殿嶺。

索　出河南穀城縣瞀亭北　○殿 金陵同，各本「瞀」字作「潛」。城，殿成。

正　又東合伊水　○金陵同，各本「東」字作「各」。札記「東」原作「各」，依孫輯括地志改。

〔滎播既都〕　瀧一七・七，慶九右一，殿九左一，凌一〇右三。○播，南化 楓 棭 三 梅 狩 高 中彭 中韓 景 井 蜀 潘。

集　滎澤名　○天養無「名」字。

集　波水已成遏都　○都，天養豬。

索　播是水播溢之義　○中統 游無上「播」字。

〔道荷澤被明都〕　瀧一七・九，慶九右三，殿九左三，凌一〇右五。○明，天養 南化 棭 梅 狩 高 中彭 中韓 盟。

集　在河東北　○凌 殿 金陵同，各本「河」字作「荷」。

集　水流泆覆被之　○泆，天養涉。

索　爾雅左傳謂之孟諸　○索 金陵同，各本無「孟」字。

索　今文亦爲然　○亦，中統 游以。

〔其土壤〕　瀧一八・一，慶九右六，殿九左五，凌一〇右八。○天養 南化 狩 高 其土惟壤。

〔下土墳壚〕　瀧一八・二，慶九右六，殿九左六，凌一〇右八。

集　孔安國曰壚疏也　○殿考今孔傳無此注。

〔貢漆絲絺紵〕　瀧一八・三，慶九右七，殿九左七，凌一〇右一〇。○南化狩高其貢漆絲絺紵。

〔其篚纖絮〕　瀧一八・三，慶九右八，殿九左七，凌一〇右一〇。○絮，天養纊。

〔錫貢磬錯〕　瀧一八・三，慶九右八，殿九左八，凌一〇右一〇。○錫，中韓賜。

〔浮於雒達於河〕　瀧一八・四，慶九右九，殿九左八，凌一〇左一。○達，天養南化梅狩通。

〔汶嶓既蓺〕　瀧一八・六，慶九右一〇，殿九左一〇，凌一〇左二。○蓺，天養藝。

集　在蜀郡湔氐道　○湔，毛煎。氐，紹氏。

集　在漢陽西　○天養無「在」字。

索　汶一作嶓又作岐　○嶓，中統游凌韓岷。汶，索岐。

索　封禪書一云瀆山　○中統游「書」、「一」互倒。金陵同，各本無「山」字。殿考「封禪書一云瀆山」。

索　在蜀都湔氐道西徼　○都，中統游郡。

索　在隴西西縣　○凌不重「西」字。

正　在益州溢樂縣南一里　○各本「益」字作「岷」。按：瀧本「益」，「岷」訛。金陵同，各本「樂」字作

「洛」，而無「縣」字。溢，[慶]益。[札記]原訛「洛」，考證依唐志改，郡縣志同。

正 音丁爰反　○爰，[慶]奚。

〔蔡蒙旅平〕　瀧一八・八，慶九左三，殿一〇右三，凌一〇左六。

集 鄭玄曰　○玄，[蜀]互。

索 蒙縣名　○[索][金陵]同，各本無此注。

〔璆鐵銀鏤砮磬〕　瀧一九・三，慶九左八，殿一〇右八，凌一一右一。

集 黃金之美者謂之鏐　○鏐，[嵯]璆。

〔西傾因桓是來〕　瀧一九・三，慶九左九，殿一〇右九，凌一一右二。○傾，[南化][梅][狩]頃。

索 行羌中入南海也　○[金陵]同，各本無「南」字。[札記]「南」字吳增，與漢志合，郡縣志同。

正 在洮州臨澤縣西南三百三十六里　○澤，[殿]洮。澤，[金陵]潭。[札記]原訛「澤」，吳改「潭」，與郡縣志合。

〔浮于潛〕　瀧一九・五，慶一〇右一，殿一〇左一，凌一一右五。○潛，[楓][三][梅][狩][中彭]灊。

〔踰于沔〕　瀧一九・五，慶一〇右一，殿一〇左一，凌一一右五。

集 或謂漢爲沔　○謂，[中統][游]爲。

〔黑水西河惟雍州〕　瀧一九・八，慶一〇右三，殿一〇左二，凌七右六。○惟，[蜀]維。

索　鄭玄引地說云　○地，慶索凌他。說，南北記。

〔弱水既西〕　瀧一九・九，慶一〇右四，殿一〇左四，凌九右八。

集　此獨西流也　○天養「流」字作「訖西」二字。

〔涇屬渭汭〕　瀧二〇・二，慶一〇右七，殿一〇左七，凌一一左一。

集　言治涇水入於渭也　○天養「於渭」二字作「之謂」三字。

集　出安定涇陽　○涇，中統游經。

正　源出渭州渭原縣西七十六里　○金陵同，各本無「渭州」二字。札記二字吴補。

〔漆沮既從〕　瀧二〇・三，慶一〇右一〇，殿一〇左一〇，凌一一左五。

正　源出岐州普潤縣東南岐山漆溪　○南金陵同，各本「岐山」二字作「岐漆山」三字。按：瀧本據札記刪。

正　一名石川水　○金陵同，各本無「石」字。札記「石」字孫輯括地志補，與水經沮水注合。

正　十三州地理志云　○札記「地理」二字當衍。

正　萬年縣南有涇渭　○札記沮水注作「西有涇渭」。

〔灃水所同〕　瀧二〇・五，慶一〇左一，殿一一右二，凌一一左七。

集　灃音豐　○天養無此注。

集　灃水所同同于渭　○慶凌不重「同」字。

索　而水經以沮水出北地直路縣　○沮，慶彭中統金陵濾，南化凌游殿灃，索盧。札記

索　單本滬訛「盧」，依中統本改，各本作「沮」。

索　東過馮翊祋祤縣　○彭殿金陵同，索「祋祤」二字作「收州」，各本「祋祤」二字作「投栩」。

索　説文亦以漆沮各是一水名　○索無「名」字。

索　出右扶風鄠縣東南　○金陵同，各本「東」、「南」互倒。札記「東」、「南」原倒，吴乙，與漢志合。

正　雍州鄠縣終南山灃水出焉　○終，梅南北東。

〔荆岐已旅〕　瀧二〇・七，慶一〇左四，殿一一右五，凌一一右一〇。

集　孔安國曰荆在岐東　○楓三孔安國曰有已旅祭言治功畢荆在岐東。

〔終南敦物〕　瀧二〇・八，慶一〇左六，殿一一右七，凌一二右三。○敦，楓三中統游惇。

〔至于鳥鼠〕　瀧二〇・九，慶一〇左七，殿一一右八，凌一二右三。

索　按左傳　○傳，嵯溥。按：「溥」，「傳」訛。

索　華山古文以爲敦物　○札記漢志作「垂山」，蓋小司馬所見本誤。

正　一名泰山　○札記「泰」疑「秦」字之訛，杜子美慈恩寺塔詩「秦山忽破碎」蓋即此。

正　一名地肺山　○金陵同，各本「肺」字作「脯」，棭三梅狩高中彭校記「肺」。札記原訛「脯」，考證依釋文引三秦記改。

〔至于都野〕　瀧二一・一，慶一〇左一〇，殿一一左一，凌一二右七。

集　名曰休屠澤　○天養無「曰」字。

正　按原高平地也　○殿金陵同，各本「高」、「平」互倒。札記殿本「高平」，各本並倒。案：爾雅「廣平曰原」，「高」字疑誤。

正　西北至涼州都野沙州三危山也　○涼，凌源。札記殿本「涼」，各本訛「源」。

〔三苗大序〕　瀧二一・四，慶一一右三，殿一一左四，凌一二左一。

集　西裔之山　○西，紹四。

〔璆琳琅玕〕　瀧二一・五，慶一一右五，殿一一左六，凌一二左三。

集　石而似珠者　○金陵同，各本「石」下有「名」字。札記「石」下衍「名」字，吴刪，與書傳合。

〔至于龍門西河〕　瀧二一・六，慶一一右六，殿一一左七，凌一二左三。

索　在左馮翊夏陽縣西北　○札記漢志無「西」字，書疏引同。

正　今名小積石　○金陵同，各本「石」字作「山」。札記原訛「山」，考證改，與郡郡志合。

正　歷靈勝北而南行　○南北「歷靈」二字作「霹靂」。

正　皆雍州地也　○殿金陵同，各本「地」字作「城」。札記殿本「地」，各本訛「城」。

〔織皮昆侖析支渠搜西戎即序〕　瀧二一・九，慶一一左一，殿一二右二，凌一二左一。

○天養南化狩野高閣「昆侖」二字作「崑崙」。支，天養枝。

集　羌髳之屬　○髳，紹茅。

集　皆就次序　○金陵同，各本「序」下有「之」字。札記下衍「之」字，吴刪，與書傳合。

索　在河關西西戎　○殿金陵同，各本不重「西」字。札記殿本有上「西」字，與書疏合。

索　在西域　○殿無「在」字。

索　金城臨羌縣有昆侖祠　○城，彭域，三校記「城」。

索　敦煌廣至縣有昆侖障　○敦，彭嵯燉。廣，慶中統凌游索廟。

〔道九山〕　瀧二二·四，慶一一左六，殿一二右八，凌一三右五。

索　⿰山文是九山也　○金陵同，各本「⿰山文」字作「岐」，南化三梅狩高校記「⿰山文」。札記原訛「岐」，吳改，與下文合。

索　⿰山文山次陽列　○⿰山文，凌岐。按：「岐」、「⿰山文」訛。

〔至于荊山〕　瀧二三·一，慶一一左六，殿一二右八，凌一三右六。

索　猶⿰山文山然也　○金陵同，各本「⿰山文」字作「岐」。札記原訛「岐」，吳改。

索　吳山在汧縣西古文以爲汧山岐山在右扶風美陽縣西北　○金陵同，各本「在汧」至「岐山」十二字、「北」字並無。按：瀧本以意補「北」字。札記十二字吳增，與漢志合。

索　岐山在右扶風美陽縣西北荊山在岐州　○各本「岐州」二字作「左馮翊懷德縣南也」八字。按：瀧本衍「岐州」而誤脱「左馮翊懷德縣南也」八字。

正　括地志云汧山在隴州汧源縣西六十里其山東隣岐岫西接隴岡汧水出焉岐山在岐州　○各本有此注。按：瀧本誤脱。岐，慶凌殿汶。

〔壺口雷首〕　瀧二三·八，慶一一左九，殿一二左一，凌一三右九。

索　在河東蒲阪縣東南　○蒲，凌莆。阪，慶中統凌游索殿坂。

〔至于太嶽〕　瀧二三・八，慶一一左九，殿一二左一，凌一三右九。

集　太嶽在上黨西也　○天養 太嶽在上黨西南也。

索　即霍太山也　○太，索 金陵 泰。

〔砥柱析城至于王屋〕　瀧二三・九，慶一一右二，殿一二左三，凌一三左一。○札記 砥，舊刻本「底」。

集　此三山在冀州之南河之北　○天養 無上「之」字。天養「南」、「河」互倒。

索　在河東濩澤縣西南　○殿 金陵 同，各本「濩」字作「護」。

正　底柱山　○慶 彭 南 北 殿 嵯 無「柱」字。凌 無「山」字。

正　在陝州硤石縣東北五十里黄河之中　○金陵 同，各本無「在陝州」三字。札記「在陝州」三字吴增。

正　析城山　○山，慶 彭 南 北 殿 嵯 縣。

正　在澤州陽城縣西南七十里　○金陵 同，各本無「陽城縣」三字。札記「陽城縣」三字，考證據郡縣志增。

正　有二泉　○金陵 同，各本「泉」字作「水」。札記 原訛「水」，吴改，與沁水注合。

〔太行常山〕　瀧二四・二，慶一二右五，殿一二左八，凌一三左七。○太，天養 大。

〔至于碣石〕　瀧二四・二，慶一二右六，殿一二左八，凌一三左七。○天養 無「于」字。

〔入于海〕　瀧二四・三，慶一二右六，殿一二左八，凌一三左七。

集　此二山　○二，紹三。
集　連延東北　○蜀在連延東北。
集　接碣石而入于滄海　○于，井丁。
索　太行山　○索無「山」字。
索　在河内山陽縣西北　○山，凌韓田。
正　有太玄之泉　○太，慶凌大。
〔西傾朱圉鳥鼠〕　瀧二四・五，慶一二右九，殿一三右二，凌一四右一。○圉，天養圄。
集　地理志曰　○理，井里。
集　渭水所出　○天養「渭水」二字作「謂」字。
〔至于太華〕　瀧二四・五，慶一二右二，殿一三右一，凌一四右一。
集　在弘農華陰南　○華，蜀蕩。
索　朱圉山　○圉，中統游圄。
〔熊耳外方桐柏〕　瀧二四・六，慶一二左一，殿一三右三，凌一四右三。○柏，景慶中統凌游殿栢。下同。熊，嵯罷，高校記「熊」。
集　在穎川　○穎，凌頛。川，嵯州。
集　在南陽平氏東南　○平，索盧。
集　陪尾　○陪，紹䋻。

集 若横尾者　○若，天養名。天養「者」字作「山也」二字。

正 括地志云　○云，嵯志，高校記「云」。

正 在華州華陰縣界八里　○界，金陵南。札記原訛「界」，依封禪書正義改，郡縣志同。

正 亦名外方山　○亦，南一。

正 在洛州陽城縣北二十三里也　○金陵同，各本「陽」、「城」互倒。札記「陽」、「城」原倒，吴乙。

正 在唐州桐柏縣東南五十里　○金陵同，各本無「桐柏縣」三字。札記「桐柏縣」三字，吴增。案：郡縣志，唐州桐柏縣桐柏山在縣西南九十里。

〔道嶓冢至于荆山〕　瀧二四·一〇，慶一二左七，殿一三右九，凌一四右一〇。

索 此東條荆山在南郡臨沮縣東北隅也　○索金陵同，各本無此注。

正 按孫叔敖激沮水爲雲夢澤　○金陵同，各本「按」下有「縣」字。殿考「縣」字疑衍，當因「孫」字相近而誤。

〔内方至于大别〕　瀧二五·三，慶一二左九，殿一三左一，凌一四左二。

集 在盧江安豐縣　○天養無「在」字。天養「縣」字作「之矣也」三字。

索 在六安國安豐縣　○殿金陵同，各本「六安」二字作「大」字。札記殿本與漢志合，各本誤作「大國」二字。

〔至于衡山〕　瀧二五·四，慶一三右一，殿一三左四，凌一四左五。○金陵無「于」字。

索 廣雅云　○廣，中統游爾。

〔至于敷淺原〕　瀧二五・六，慶一三右三，殿一三左六，凌一四左八。

集　駰案孔安國曰　○金陵同，各本「孔安國」三字作「國語」二字。札記原誤「國語」二字，考證據書傳改。

集　敷淺原一名博陽山　○博，中統游傳，慶凌博。

索　豫章歷陵縣南有傳陽山一名敷淺原也　○索金陵同，各本無此注。

〔弱水至於合黎〕　瀧二五・九，慶一三右四，殿一三左七，凌一四左八。○黎，天養梨。

索　鄭玄引地説亦以爲然　○地，凌索他。

索　當是其山有水　○殿——其山出弱「有」字作「弱」水。有，慶中統彭游南北嵯弱。

正　一名窮石山　○金陵同，各本「石」字作「名」，梅尾校記「石」。札記各本訛「名」，考證改，下同。

正　在甘州删丹縣西南七十里　○金陵同，各本無「十」字。札記「十」字吴增，與錐指引合。

正　出臨松縣臨松山東而北流　○金陵同，各本「松縣臨」三字作「路」字。札記原作「臨路松山」四字，吴校改。

正　又北流經張掖縣三十三里　○慶彭南北王殿金陵嵯「三十三里」四字作「二十三里」。

正　經流沙磧之西　○殿金陵同，各本「沙」字作「砂」。

〔餘波入于流沙〕　瀧二六・三，慶一三右九，殿一四右三，凌一五右四。

集　西溢入流沙　○溢，中統游液。下同。

集　流沙在居延西北　○金陵同，各本無「在」字。札記「枉」字吳增，與漢志合。西北，志作「東北」，書疏引同，水經、禹貢山水澤地及郡縣志並同。

索　地理志云　○金陵同，各本無「云」字。

索　又山海經云　○海，嵯波，高校記「海」。

索　流沙出鐘山　○索金陵同，各本「鐘」字作「鍾」。

索　西南行昆侖墟入海　○中統游「昆侖」二字作「崑崙」。

〔入于南海〕　瀧二六・六，慶一三左四，殿一四右八，凌一三左四。

集　過梁州入南海也　○梁，慶中統游凌沙，楓三校記「梁」。州，彭川。

正　源出伊州伊吾縣　○金陵同，各本無「伊州」二字。札記原作「伊吳」二字，吳增改。

正　又南流二千里而絕三危山　○金陵同，各本「千」字作「十」。絕，南化楓三梅狩尾中彭中韓經。札記「千」原訛「十」，吳改，與錐指引合。

正　出大崑崙東北隅　○彭嵯「崑崙」二字作「昆侖」。

正　經于闐入鹽澤　○于，嵯千，高校記「于」。

正　來處極遠　○慶彭王柯嵯——極遠無流。

正　其黑水當洪水時　○南北無「其黑水」三字。

正　南海去此甚遠　○慶凌無「南海」二字。

〔道河積石〕　瀧二六・一〇，慶一三左一〇，殿一四左四，凌一三左七。

索　一出于闐于闐河　○中統游不重「于闐」二字。

索　其水停居　○中統游金陵同，各本無「居」字。殿考漢書西域傳作「其水停居」四字，「停」下脱「居」字。

索　冬夏不增減潛行地中　○金陵同，各本無「潛行地中」四字。札記四字考證據西域傳補。

索　南出積石　○金陵同，各本「南」上有「其」字。

〔南至華陰〕　瀧二七・二，慶一四右二，殿一四左六，凌一五左九。

集　至華山北而東行　○金陵同，各本「山」上有「陰」字。札記「山」上衍「陰」字，考證據書傳删。

〔東至砥柱〕　瀧二七・三，慶一四右三，殿一四左八，凌一六右一。

集　在西虢之界　○虢，中統游凌南號。

正　禹鑿此山　○南金陵同，各本「此」字作「北」。

〔又東至于盟津〕　瀧二七・四，慶一四右四，殿一四左八，凌一六右二。

索　孟津在河陽　○金陵同，各本「陽」字作「陰」。札記原訛「陰」，考證據下引十三州記改。

索　河陽縣在河北　○各本「北」字作「上」。按：瀧本「北」，「上」訛。慶中統游索殿河陽縣在於凌本作「于」河上。各本「北」字作「上」。

正　是也　○彭嵯者即是也。

〔至于大邳〕　瀧二七・六，慶一四右七，殿一五右二，凌一六右六。

索　或以爲成皋縣山　○索金陵同，各本無「縣」字。

正 今成皋 ○成，慶彭南北嵯城。

〔至于大陸〕 瀧二七・七，慶一四右一〇，殿一五右四，凌一六右八。

索 地理志降水在信都南 ○天養無「南」字。札記「南」字衍。漢志師古注、續漢志及書疏引漢志並無。殿考漢地理志信都國、信都縣下但云絳水入海，尚書疏引地理志亦云在信都縣，諸本皆作「南」字，誤也。

索 降水字從糸 ○索金陵同，各本「降」字作「絳」。

索 與虖池漳河水並流入海 ○殿金陵同。虖，游滇，各本「虖」字作「雩」。札記殿本「虖」字與漢志合，各本「雩」。

正 降水源出潞州屯留縣西南 ○金陵同，各本「南」下有「方」字。除慶、殿本，各本「屯」字作「毛」。札記殿本「屯」，各本訛「毛」。「西南」下衍「方」字，吴校删。

正 至冀州入海 ○金陵同，各本無「至」字。札記「至」字吴增。

〔同爲逆河〕 瀧二七・九，慶一四左二，殿一五右七，凌一六左一。

集 言相向迎受也 ○金陵同，各本無「向」字，「迎」字作「逆」。札記「向」字吴補，與書疏合。

〔東流爲漢〕 瀧二八・二，慶一四左五，殿一五右九，凌一六左四。

索 出隴西氐道嶓冢山東 ○各本「道」下有「縣」字。按：瀧本誤脱「縣」字。

索 至漢中東流爲漢水 ○金陵同，各本「流」字作「行」。札記原作「行」，吴改，與書傳合。案：阮刻校勘記云，古本、岳本作「行」。

正 始欲出大江爲夏口 ○欲，南北衍。

正 漢江一名沔江也 ○一，南亦。

〔又東爲蒼浪之水〕 瀧二八・四，慶一四左八，殿一五左二，凌一六左八。○蒼，中統游滄。天養無「之」字。

〔入于大別〕 瀧二八・六，慶一四左一○，殿一五左五，凌一七右一。

集 在江夏竟陵之界 ○竟，蜀音。之，蜀三。

索 三澨地名在南郡邔縣北 ○殿金陵同，各本「邔」字作「鄖」。札記原作「鄖」，殿本改「邔」，與漢志及水經、禹貢山水澤地合。

〔入于海〕 瀧二八・八，慶一五右三，殿一五左八，凌一七右三。○天養入于海或東匯澤。

集 自彭蠡江分爲三道入震澤 ○天養無「道」字。

〔汶山道江〕 瀧二八・八，慶一五右四，殿一五左九，凌一七右五。○汶，天養岷。

〔東別爲沱〕 瀧二八・九，慶一五右四，殿一五左九，凌一七右五。○沱，井紹沲。

〔又東至于醴〕 瀧二八・九，慶一五右四，殿一五左九，凌一七右五。

集 孔安國及馬融王肅 ○殿金陵同，各本「及」字作「曰」。

索 以醴是江沅之別流 ○是，中統游爲。

〔東爲中江〕 瀧二九・三，慶一五右七，殿一六右三，凌一七右九。○南化狩又東爲中江。

〔入于海〕 瀧二九・三，慶一五右八，殿一六右三，凌一七右九。○英房無「于」字。

集　有北有中　○北，中統游東。

〔道沇水〕　瀧二九・四，慶一五右九，殿一六右四，凌一七右一〇。○沇，天養兖。沇，彭南嵯兖。南化校記「沇」。

〔泆爲滎〕　瀧二九・四，慶一五右九，殿一六右四，凌一七右一〇。

集　出河東垣縣王屋山東　○殿金陵同，各本重上「東」字而無「縣」字。札記原倒，作「東垣」，依漢志、水經濟水注乙，「縣」字殿本有。

索　至温縣西北爲濟水　○温，索濕。札記「温」原訛「濕」，依王本改，與水經注合。

正　沇水　○沇，慶凌兖。

正　巖下石泉渟不流　○殿金陵同，各本「巖」字作「崖」。渟，殿亭，凌停。

正　既見而伏　○金陵同，各本無此注。札記四字吴校增。

正　至濟源縣西北二里平地　○金陵同，各本無「濟源」二字。札記二字吴校增。

正　而東南流爲氾水　札記「氾」疑「沇」。

正　沇東至温縣西北爲泲水　○金陵同，各本「沇」字作「氾」而「泲」字作「沛」。札記「沇」，原作「氾」，吴校改。「泲」原訛「沛」，警云當依説文作「泲」。下「會汶」，正義「入泲」同。

正　又南當鞏縣之北南入于河　○金陵同，各本無「縣」字而「北」、「南」互倒。札記「縣」字吴增。原互誤，考證據水經注改。入，嵯八。高校記「入」。

〔東出陶丘北〕　瀧二九・七，慶一五左五，殿一六右一〇，凌一七左七。

集　在濟陰定陶西北　○札記漢志師古注作「西南」，水經濟水注、禹貢山水澤地注、詩曹譜疏引地理志並同，此作「北」，疑傳寫誤。

正　徐才宗國都城記云　○殿金陵同，各本無「城」字。

〔又東北會于汶〕　瀧二九・九，慶一五左七，殿一六左一，凌一七左九。

正　西南入泲　○泲，殿濟。札記訛「沛」，警云「泲」之訛，今改，殿本作「濟」。

〔又東北入于海〕　瀧二九・一〇，慶一五左七，殿一六左二，凌一七左九。○毛殿「東」、「北」互倒。

〔道淮自桐柏〕　瀧三〇・一，慶一五左七，殿一六左三，凌一七左一〇。

正　按在唐州東五十餘里　○五，南三。

〔東入于海〕　瀧三〇・二，慶一五左九，殿一六左四，凌一八右一。

集　與二水合入海也　○殿金陵與泗沂二水合入海。景井蜀慶中統毛凌游「泗」、「沂」互倒。瀧本誤脱「泗沂」二字。

〔道渭自鳥鼠同穴〕　瀧三〇・二，慶一五左九，殿一六左四，凌一八右二。

集　鳥鼠共爲雄雌　○中統游殿「雄」、「雌」互倒。

正　鼠名鼣　○鼣，南化梅狩高殿鼵。札記案：鳥鼠同穴之「鼵」，徒忽反，此作「鼣」，音扶廢反，乃别一物，張自誤憶，非今本傳寫之訛。

正　如人家鼠而短尾　○彭嵯無「而」字，「短」、「尾」互倒。

正 似雉也　○彭嵯似雉形也。

〔入于河〕　瀧三〇·七，慶一六左一〇，凌一八右八。

集 漆沮一水名　○各本「一」字作「二」。按：瀧本據札記改。札記「二」當作「一」，見阮刻尚書校勘記。

集 出馮翊北　○出，紹在。

〔道雒自熊耳〕　瀧三〇·八，慶一六右五，殿一七右一，凌一八右九。

集 在宜陽之西　○宜，紹直。

正 出商州洛南縣西冢嶺山　○出，南自。

〔四奧既居〕　瀧三一·一，慶一六右九，殿一七右五，凌一八左三。

集 四方之宅　○殿金陵同，各本「宅」字作「邑」。札記殿本「宅」，與書傳合，各本作「邑」。

〔九山栞旅〕　瀧三一·一，慶一六右九，殿一七右五，凌一八左三。

集 九州名山　○楓三九州所同事名山。

集 已槎木通道而旅祭也　○也，天養矣。

〔九川滌原〕　瀧三一·二，慶一六右一〇，殿一七右六，凌一八左四。○原，天養南化楓棭三狩高中彭中韓源。

集 九州之川已滌除無壅塞也　○蜀「之」字、「已滌除」三字並無。除，天養深。

〔九澤既陂〕　瀧三一·三，慶一六左一，殿一七右七，凌一八左五。

集 皆已陂障無決溢也　○已，南以。決，蜀汶。

〔致慎財賦〕　瀧三一・四，慶一六左三，殿一七右八，凌一八左六。○財，南化 楓 棭 三 梅 狩 高 中彭來。

集　皆法定制而入之也　○天養無「之」字。

〔祇台德先〕　瀧三一・五，慶一六左五，殿一七右一〇，凌一八左八。○各本「祇」字作「祗」。按：瀧本「祇」，「祇」訛。

〔不距朕行〕　瀧三一・五，慶一六左五，殿一七右一〇，凌一八左八。

集　諸侯祚之土　○祚，殿胙。

〔以外五百里甸服〕　瀧三一・七，慶一六左六，殿一七左二，凌一九右一。

集　爲天子服治田　○各本「子」下有「之」字。按：瀧本誤脱「之」字。

集　去王城面五百里內　○去，紹其。面，彭 南 北 嵯 近，南化 楓 三 梅 校記「面」。

〔百里賦納緫〕　瀧三一・八，慶一六左九，殿一七左三，凌一九右一。

集　甸服　○各本無「服」字，楓 三 棭 狩 高 中彭 中韓 校補「服」。

集　供飼國馬也　○殿 金陵 同，各本「飼」字作「食」，楓 三 校記「飼」。殿「供」、「飼」互倒。天養 殿 金陵 同，各本「國」下有「之」字。札記「國」下衍「之」字，殿本無，與書傳合。

〔二百里納銍〕　瀧三一・九，慶一六左八，殿一七左四，凌一九右二。

索　銍穫禾短鎌也　○索——鎌之物也。

〔三百里納秸服〕　瀧三一・九，慶一六左八，殿一七左四，凌一九右三。○英房 三百里納秸也服。

〔百里采〕　瀧三二・三，慶一七左七，殿一七右一，凌一九右六。

集　各受王事也　○各，彭嵯名。各本「也」字作「者」。按：瀧本「也」，「者」訛。

〔二百里奮武衛〕　瀧三二・六，慶一七右四，殿一七左一〇，凌一九右九。

集　文教之外二百里奮武衛　○殿「之」、「外」互倒。

集　天子所以安之　○殿金陵無「之」字。札記「之」字殿本無，與書傳合。之，天養也。

〔綏服外五百里要服〕　瀧三二・六，慶一七右五，殿一八右一，凌一九右一〇。

集　要束以文教也　○天養「文教」二字作「安文教者」四字。

〔三百里夷〕　瀧三二・七，慶一七右五，殿一八右二，凌一九左一。

集　守平常之教　○之，凌文。

〔三百里蠻〕　瀧三二・八，慶一七右七，殿一八右三，凌一九右二。

集　來不距　○距，彭拒。

〔西被于流沙〕　瀧三三・六，慶一七右八，殿一八右四，凌一九左四。○天養無「于」字。

〔聲教訖于四海〕　瀧三三・七，慶一七右九，殿一八右五，凌一九左四。

＊**正**　朔北方南南方也言南北及於聲教皆從之　楓梅崇狩瀧。

〔以告成功于天下〕　瀧三三・七，慶一七右一〇，殿一八右六，凌一九左五。

正　玄水色　○色，慶凌也。札記殿本「色」，各本訛「也」。

〔天下於是太平治〕 瀧三四·一，慶一七左二，殿一八右七，凌一九左七。○蜀無「天下」二字。太，天養大。殿考本無下「天下」二字。按：二本皆訛，應作「以告成功於天下，於是太平治」。札記襍志云，太當爲「大」，治要引作「大」。

〔愼其身脩〕 瀧三四·四，慶一七左四，殿一八右九，凌一九左一〇。

正 絶句 ○金陵同，各本「絶」上有「以爲」二字。札記上衍「以爲」二字，閣本無。

正 於音烏 ○慶殿無「於」字。烏，凌鳥。

〔思長〕 瀧三四·五，慶一七左四，殿一八右一〇，凌一九左一〇。

集 思爲長久之道 ○爲，蜀禹。

〔衆明高翼〕 瀧三四·五，慶一七左五，殿一八右一〇，凌二〇右一。○高，英房南化楓棭三狩高中彭中韓亮。

〔近可遠在〕 瀧三四·五，慶一七左五，殿一八左一，凌二〇右一。

集 以衆賢明作羽翼之臣 ○金陵同，各本無「賢」字。札記「賢」字，吳增，與書疏引合。

〔禹拜美言曰〕 瀧三四·七，慶一七左六，殿一八左一，凌二〇右二。○南化棭高中彭中韓禹拜首美言曰。美，中統游昌。

〔惟帝其難之〕 瀧三四·八，慶一七左八，殿一八左三，凌二〇右三。

集 言帝堯亦以爲難 ○楓三狩——亦以知人安民爲難。

〔知人則智〕　瀧三四・九，慶一七左八，殿一八左三，淩二〇右四。○智，南化 梭 狩 高 中彭 中韓 哲。

〔能安民則惠〕　瀧三四・八，慶一七左八，殿一八左四，淩二〇右四。○南「安民」二字作「官人」。

〔亦行有九德〕　瀧三五・一，慶一七左一〇，殿一八左五，淩二〇右六。○中統 游「亦」、「行」互倒。

〔始事事〕　瀧三五・一，慶一八右一，殿一八左六，淩二〇右六。

集　因事以爲驗　○天養「因事」二字作「事以」。

〔寬而栗〕　瀧三五・二，慶一八右二，殿一八左七，淩二〇右八。○南化 梅 高 禹曰何皋陶曰寬而栗。

集　性寬弘而能莊栗　○天養無「莊」字。

〔愿而共〕　瀧三五・三，慶一八右三，殿一八左八，淩二〇右九。○共，天養 南化 狩 恭。

集　愨愿而恭敬　○敬，楓 三 恪。

〔擾而毅〕　瀧三五・四，慶一八右三，殿一八左九，淩二〇右九。

集　擾一作柔　○一，南 亦。柔，天養 騄。

集　擾順也　○擾，紹 優。

〔剛而實〕 瀧三五・四，慶一八右四，殿一八左九，凌二〇右一〇。〇實，天養 南化 狩 高 塞。

〔蚤夜翊明有家〕 瀧三五・五，慶一八右五，殿一八左一〇，凌二〇左一。〇蚤，南化 梅 狩 高 夙。

集 三德九德之中有其三也 〇天養 無「其」字。蜀「三德九德」四字作「九德三德」。

集 卿大夫稱家 〇天養 無「卿」字。

集 可以爲卿大夫 〇井 無「卿」字。

〔有國〕 瀧三五・七，慶一八右九，殿一九右二，凌二〇左三。

集 以信治政事 〇蜀 無「事」字。

集 亮信采 〇信，天養 相。

〔俊乂在官〕 瀧三五・八，慶一八右八，殿一九右三，凌二〇左四。〇乂，天養 艾。

集 能合受三六之德而用之 〇蜀 無「受」字。

集 則俊德理能之士 〇理，天養 治。

〔毋教邪淫奇謀非其人〕 瀧三五・九，慶一八右九，殿一九右四，凌二〇左六。〇教，天養 南化 楓 棭 三 狩 高 閣 中彭 中韓 敢。

〔是謂亂天事〕 瀧三五・九，慶一八右一〇，殿一九右五，凌二〇左六。

索 即是也今亦不能深考班固所謂疎略抵捂 〇索 此注十七字作「班固所謂疎略抵捂是也今亦不

能深考」十六字。

〔吾言底可行乎〕　瀧三六・二，慶一八左二，殿一九右七，凌二〇左八。○天養南化梅狩吾言底有可行乎。

〔泥行乘橇〕　瀧三六・七，慶一八左七，殿一九左二，凌二一右四。

*正　橇昌芮反　柀梅狩瀧。

〔行山栞木〕　瀧三六・七，慶一八左八，殿一九左二，凌二一右四。○南北「行」、「山」互倒。木，蜀水。

〔與益予衆庶稻鮮食〕　瀧三六・八，慶一八左九，殿一九左三，凌二一右五。

集　鳥獸新殺曰鮮　○新，中統彭游所，楓三校記「新」。

索　上與　○中統游無「與」字。

〔天其重命用休〕　瀧三七・三，慶一九右四，殿一九左八，凌二一左一。○休，南化梅狩高烋。

〔日月星辰〕　瀧三七・五，慶一九右七，殿二〇右一，凌二一左三。○南化楓梅高以日月星辰。

〔予欲聞六律五聲八音〕　瀧三七・六，慶一九右七，殿二〇右一，凌二一左四。○予，毛余。

〔來始滑〕　瀧三七・六，慶一九右八，殿二〇右二，凌二一左四。○始，高景井紹毛嵯治。

〔女聽〕 瀧三七・七，慶一九右八，殿二〇右二，凌二二左五。○中統游女聽之。

集 尚書滑字作曶 ○曶，南北曶。蜀殿凌騆案尚書——。

集 以出内政教於五官 ○内，北殿納。

索 及怠忽者是也 ○索金陵同，各本「怠」、「忽」互倒。

索 鄭玄以爲出納政教五官 ○官，索言。中統游——教無「五」字。官言。

〔女匡拂予〕 瀧三八・一，慶一九左二，殿二〇右六，凌二二左九。○予，蜀子。

〔敬四輔臣〕 瀧三八・二，慶一九左三，殿二〇右七，凌二二左一〇。

集 尚書大傳曰 ○蜀凌殿騆案尚書大傳曰。

集 古者天子必有四鄰 ○隣，天養輔。

集 後曰丞 ○丞，紹美，井承。

〔皆清矣〕 瀧三八・四，慶一九左三，殿二〇右七，凌二二右一。

集 君一作吾 ○君，蜀慶中統凌游殿臣。

〔布同善惡則毋功〕 瀧三八・五，慶一九左五，殿二〇右九，凌二二右一。○南化三梅狩無「布」字。毋，天養無。

集 優劣共流故也 ○共，慶中統凌游殿同。

〔毋若丹朱傲〕 瀧三八・七，慶一九左七，殿二〇左一，凌二二右四。○傲，景井紹毛敹。

〔毋水行舟〕　瀧三八・七，慶一九左七，殿二〇左一，凌二二右五。○天養 景 井 紹 慶 中統 彭 毛 王 柯 游 嵯「行」、「舟」互倒。

〔予不子〕　瀧三八・九，慶一九左九，殿二〇左三，凌二二右七。

集　辛日娶妻　○楓 三 懲丹朱之惡辛日娶妻。

集　至于甲四日復往治水　○于，蜀 壬，殿 於。天養 無「四日」二字。楓 三——治水不以私害公。

索　名女憍　○索 無「女」字，殿 金陵 同。各本「憍」字作「媧」。下同。札記 各本皆同。殿本下作「憍」，上仍作「媧」，大戴記帝繫篇作「憍」，而正義引亦作「媧」，漢書人表作「趫」，吴越春秋、路史作「嬌」，今不能定，姑從原本。

索　號女憍也　○殿 同，各本「憍」字作「媧」。

索　蓋今文尚書脱漏　○南 殿 金陵 同，各本「漏」字作「陋」。

索　太史公取以爲言　○慶 中統 彭 游 南 北 殿 嵯 無「以」字。爲，中統 游 南 北 其。

索　經二日生子　○日，索 月。

正　此五字爲一句　○五，慶 殿 三。

正　以故能成水土之功　○彭 嵯 無「能」字。

〔外薄四海〕　瀧三九・一〇，慶二〇右五，殿二〇左一〇，凌二二左四。

正　按夷蠻晦昧無知　○南「晦」、「昧」互倒。

〔各道有功〕　瀧四〇・一，慶二〇右六，殿二〇左一〇，凌二二左三。

集　諸侯五國　○景殿金陵同，各本「諸」上有「薄迫言至海也」六字。

〔舜德大明〕　瀧四〇・四，慶二〇右一〇，殿二一右四，凌二二左八。

索　則亦以刑罰而從之　○彭嵯無「亦」字。殿無「而」字。從，中統游加。

〔百官信諧〕　瀧四〇・六，慶二〇左一，殿二一右五，凌二二左一〇。

集　舜樂名　○殿金陵同，各本「舜」字作「舞」，南化楓三狩校記「舜」。札記殿本「舜」，與書傳合，各本訛「舞」。

〔於是夔行樂〕　瀧四〇・四，慶二〇左二，殿二一右五，凌二二右一〇。○殿無「夔」字。○札記已見舜紀「秩宗」下，此又屬之「夔」，疑誤衍，殿本無。

〔維時維幾〕　瀧四〇・七，慶二〇左三，殿二一右六，凌二三右二。○幾，南化狩高機。

〔股肱喜哉〕　瀧四〇・八，慶二〇左四，殿七一右七，凌二三右三。○喜，南化棭狩野景井蜀紹毛善。

〔百工熙哉〕　瀧四〇・八，慶二〇左四，殿二一右八，凌二三右三。○熙，景井蜀紹慶彭毛嵯喜，天養憙。

集　百官之業乃廣　○彭嵯百官之業乃得以廣也。

〔臯陶拜手稽首〕　瀧四〇・九，慶二〇左五，殿二一右九，凌二三右四。〇手，［景］［井］［蜀］［紹］［毛］首。［天養］［南化］［狩］［高］無「手」字。

〔率爲興事〕　瀧四〇・一〇，慶二〇左六，殿二一右一〇，凌二三右五。

集　率臣下爲起治之事　〇［楓］［三］天子率臣——。治，［南］居。

〔舜又歌曰〕　瀧四一・一，慶二〇左八，殿二一左一，凌二三右七。〇［南］［北］［殿］無「舜」字。

〔萬事墮哉〕　瀧四一・二，慶二〇左九，殿二一左二，凌二三右七。〇墮，［中彭］［中韓］［中統］［游］隳。［蜀］無此四字。

集　細碎無大略也　〇無，［紹］元。

〔於是天下皆宗禹之明度數聲樂〕　瀧四一・五，慶二〇左一〇，殿二一左三，凌二三右九。〇宗，［南化］［狩］［高］崇。

集　舜本紀云　〇紀，［井］［蜀］［紹］［毛］記。

〔爲山川神主〕　瀧四一・六，慶二一右一，殿二一左四，凌二三右一〇。〇［英房］［南化］［高］以爲山川神主。

〔禹辭辟舜之子商均於陽城〕　瀧四一・八，慶二一右二，殿二一左五，凌二三左一。〇辟，［北］［殿］避。

〔禹於是遂即天子位〕　瀧四一・九，慶二一右四，殿二一左七，凌二三左三。

集　或在晉城　○各本「城」字作「陽」。按：瀧本「城」，「陽」訛。

〔姓姒氏〕　瀧四一・一〇，慶二二右五，殿二二左八，凌二三左四。

集　禮緯曰祖以吞薏苡生　○以，南已。天養無「吞」字。

＊正　禮緯云禹母脩己吞薏苡而生禹因姓姒氏顧野王云薏苡干珠也　棭梅崇狩。

〔而皋陶卒〕　瀧四二・二，慶二二右六，殿二二左九，凌二三左五。○詳節無「而」字。

正　皋陶生於曲阜曲阜偃地　○凌不重「曲阜」二字。

〔封皋陶之後於英六〕　瀧四二・五，慶二二右九，殿二三右二，凌二三左九。

索　地理志六安國六縣　○慶凌索上「六」誤作「云」。

索　咎繇後偃姓所封國　○偃，中統游北索堰。

正　在壽州安豐縣南一百三十二里　○二，凌韓三。

〔或在許〕　瀧四二・八，慶二二左二，殿二三右五，凌二四右二。

集　皋陶冢在廬江六縣　○陶，蜀洵。冢，蜀紹家。六，蜀大。

〔而辟居箕山之陽〕　瀧四三・二，慶二二左六，殿二三右九，凌二四右六。

集　孟子陽字作陰　○凌殿駰案孟子陽字作陰。景井毛孟子曰陽字一作陰。

集　崇高之北　○崇，南化狩野嵩，殿崈。楓三崇高之北是也。

正　按陽即陽城也　○殿同，各本上「陽」字作「陰」。

〔益之佐禹日淺〕　瀧四三・四，慶二二左九，殿二三左二，凌二四右九。○佐，景井紹左。

〈是爲夏后帝啟〉　瀧四三・六，慶二三右一，殿二三左三，凌二四左一。○爲，南謂。蜀無「夏后帝啟」四字。

〈有扈氏不服〉　瀧四三・八，慶二三右二，殿二三左五，凌二四左二。

集　地理志曰扶風鄠縣是扈國　○慶凌殿「鄠」、「縣」互倒。

〈大戰於甘〉　瀧四三・一〇，慶二三右四，殿二三左七，凌二四左五。

索　夏啓所伐　○伐，嵯代，高校記「伐」。

索　鄠南有甘亭　○有，索爲。

〈乃召六卿申之〉　瀧四四・一，慶二三右五，殿二三左七，凌二四左五。

集　孔安國曰　○嵯無「國」字，高校補「國」。

集　天子六軍　○中統游自天子六軍。

〈怠棄三正〉　瀧四四・二，慶二三右六，殿二三左九，凌二四左七。

集　四時盛德所行之政也　○盛，天養成。

集　天地人之正道　○天養天地人道之正道。

〈天用勦絶其命〉　瀧四四・五，慶二三右七，殿二三左一〇，凌二四左八。

集　勦截也　○截，毛絶。

〈左不攻于左右不攻于右〉　瀧四四・六，慶二三右九，殿二三右一，凌二四左九。○攻，天養改。

〔御非其馬之政〕　瀧四四・六，慶二三右九，殿二三右二，凌二四左一〇。〇政，南化、楓、三、狩、野、高攻。

〔女不共命〕　瀧四四・七，慶二二右九，殿二三右二，凌二四左九。〇不，天養弗。下同。

集　御以正馬爲政也　〇天養御以正馬爲政者也。

〔賞于祖〕　瀧四四・八，慶二二右一〇，殿二三右三，凌二五右一。

集　有功即賞祖主前　〇主，蜀王。

〔僇于社〕　瀧四四・八，慶二二左一，殿二三右四，凌二五右二。

集　奔北則僇之社主前　〇楓、三不用命奔北——。僇，天養戮。

〔予則帑僇女〕　瀧四四・九，慶二二左二，殿二三右五，凌二五右三。

集　非但止身　〇止，天養正。

集　辱及女子　〇井、蜀、紹同，各本「女」字作「汝」。

〔夏后帝啓崩〕　瀧四五・一，慶二二左四，殿二三右六，凌二五右四。

集　夏啓元年甲辰十月　〇各本「月」字作「年」。按：瀧本「月」、「年」訛。天養夏啓止元年——。

〔帝太康失國〕　瀧四五・一，慶二二左四，殿二三右七，凌二五右五。〇札記毛本「帝」上空格，「中康」以下同，殷紀亦如此。此後人斷之，取便檢閲耳，而周紀又不然。今悉依合刻本不空，以歸一例。

〔作五子之歌〕　瀧四五・二，慶二二左六，殿二三右八，凌二五右七。○天養 南化 梅 狩 高 無「之」字。

〔帝中康時〕　瀧四五・四，慶二二左七，殿二三右一〇，凌二五右八。○南化 無「帝」字。

集　與其母待太康于洛水之北　○待，楓 三 得。天養 無「太」字。于，天養 於。

〔廢時亂日〕　瀧四五・五，慶二二左八，殿二三右一〇，凌二五右九。

集　廢天時亂甲乙也　○中統 游 廢天時亂甲乙者也。

〔子帝少康立〕　瀧四五・七，慶二二左一〇，殿二三左二，凌二五左一。

索　昔有夏之衰也　○楓 三 昔有夏之方衰也。

索　因夏人而代夏政　○而，殿 以。

索　浞殺羿烹之　○殺，索 射。

索　殺于窮門　○殺，殿 死。

索　自有鬲收二國之燼　○楓 三 自有鬲氏收二國之燼。

索　然則帝相自被篡殺　○殺，殿 弑。

正　封之於鉏　○彭 嵯 無「於」字。殿 金陵 同，各本「鉏」字作「鋤」。

正　自鉏遷于窮石　○殿 金陵 同，各本「鉏」字作「鋤」。

正　因夏民以代夏政　○金陵 同，各本「代」字作「伐」而「政」字作「篡」。札記 各本「代」訛「伐」，「政」誤「篡」，吴改。

正　棄其良臣武羅伯姻熊髡龙圉　○龙，凌韓龍。

正　而烹之以食其子　○烹，彭南北殿亨。

正　不恤民事　○殿金陵同，各本無「民」字。

正　妃有仍氏女曰后緡　○金陵同，各本無「有」字。札記「有」字吴補。

正　初夏之遺臣曰靡　○金陵同，各本「遺」字作「貴」。札記「遺」訛「貴」，吴改。

正　亦馬遷所爲疏略也　○爲，南北謂。

正　在滑州韋城縣東十里　○金陵同，各本「韋」字作「衛」。札記「韋」訛「衛」，孫輯括地志改。

正　本過國地　○地，彭嵯也。

正　今平原鬲縣也　○鬲，凌高。札記殿本「鬲」，各本訛「高」。按：唯凌本訛「高」，各本不訛「高」，蓋札記誤歟。

〔子帝予立〕　瀧四七・一，慶二三左七，殿二四左一，凌二六左二。○予，景井毛索宁。

正　故鄩城　○金陵同，各本「鄩」字作「鄰」。札記「鄩」訛「鄰」，吴改。

索　杼能帥禹者也　○索金陵同，各本「帥」字作「師」。

〔子帝不降立〕　瀧四七・三，慶二三左一〇，殿二四左四，凌三六左五。○降，南化隆。

〔弟帝扃立〕　瀧四七・四，慶二四右一，殿二四左四，凌二六左六。○天養南化狩弟帝天養本無「帝」字。扃立是爲帝扃。

〔帝孔甲立〕　瀧四七・七，慶二四右二，殿二四左六，凌二六左八。○天養南化狩無

「立」字。

〔其后有劉累〕　瀧四七・一〇，慶二四右五，殿二四左八，凌二六左一〇。

正　劉累之故地也　○殿　金陵　同，各本「累」下有「舊」字。

〔以事孔甲〕　瀧四八・二，慶二四右七，殿二四左一〇，凌二七右二。

集　能順養得其嗜慾　○慾，紹　彭　嵯　欲。

〔孔甲賜之姓〕　瀧四八・二，慶二四右八，殿二四左一〇，凌二七右三。○天養　無「之」字。

〔受豕韋之後〕　瀧四八・三，慶二四右八，殿二五右一，凌二七右三。

集　以代豕韋之後　○豕，天養　遂。

集　以劉累之後代之　○之，天養　者。

〔懼而遷去〕　瀧四八・四，慶二四右一，殿二五右四，凌二七右六。

集　夏后既饗　○饗，中統　游　享。

集　傳曰遷於魯縣　○天養　左傳曰遷於魯縣。

〔子帝履癸立〕　瀧四八・七，慶二四左二，殿二五右五，凌二七右八。○癸，蜀　葵。按：葵，「癸」訛。

〔是爲桀〕　瀧四八・七，慶二四左三，殿二五右五，凌二七右八。○南化　狩　高　是爲帝桀。

〔帝桀之時〕　瀧四八・八，慶二四左四，殿二五右七，凌二七右九。

集　謚法　○天養　謚法曰。

集 賊人多殺曰桀 ○人，楓三虐。

〔而諸侯多畔〕 瀧四八・九，慶二四左四，殿二五右七，凌二七右一〇。○詳節無「而」字。

〔百姓弗堪〕 瀧四八・九，慶二四左五，殿二五右八，凌二七右一〇。○蜀無「百姓」二字。

〔迺召湯而囚之夏臺〕 瀧四八・一〇，慶二四左六，殿二五右八，凌二七左一。

索 夏曰均臺 ○均，殿鈞。

〔桀走鳴條〕 瀧四九・四，慶二四左七，殿二五右一〇，凌二七左三。

集 孔安國曰 ○蜀無「曰」字。

〔遂放而死〕 瀧四九・五，慶二四左八，殿二五右一〇，凌二七左三。○放，蜀於。

正 廬州巢縣有巢湖 ○凌上「巢」字作「樂」。

正 與妹喜同舟浮江 ○妹，慶彭金陵未。

〔桀謂人曰〕 瀧四九・九，慶二四左一〇，殿二五左三，凌二七左七。○天養南化無「人」字。

〔使至此〕 瀧四九・一〇，慶二五右一，殿二五左四，凌二七左七。○南化高使至于此。

〔湯乃踐天子位〕 瀧五〇・一，慶二五右一，殿二五左四，凌二七左七。○南湯乃踐天子之位。

〔湯封夏之後〕 瀧五〇・二，慶二五右二，殿二五左四，凌二七左八。

正　在汝州郟城縣東北五十四里　○殿、金陵同，各本「郟」字作「郤」。

正　蓋夏后所封也　○封，凌到。

〔至周封於杞也〕　瀧五〇・二，慶二五右三，殿二五左五，凌二七左九。○天養無「也」字。

正　括地志云　○南無「括地志云」四字。

正　周武王封禹後號東樓公也　○公，南君。

〔有男氏〕　瀧五〇・六，慶二五右六，殿二五左八，凌二八右二。○男，詳節窮。

〔斟尋氏〕　瀧五〇・六，慶二五右六，殿二五左八，凌二八右二。

集　一作斟氏尋氏　○中統、游、金陵同，各本「作」字作「云」。

〔費氏〕　瀧五〇・六，慶二五右七，殿二五左九，凌二八右三。

索　而不云彤城及褒　○索無「而」字。

索　張敖地理記云濟南平壽縣其地即古斟尋國　○攷異「濟南」當作「北海」。張敖，未詳何代人。

〔冥氏〕　瀧五〇・八，慶二五右九，殿二五左一〇，凌二八右五。○南化、楓、三、狩、高、中彭白冥氏。

〔斟氏〕　瀧五〇・八，慶二五右九，殿二五左一〇，凌二八右五。○殿無「氏」字。

〔學者多傳夏小正云〕　瀧五〇・一〇，慶二五右九，殿二六右一，凌二八右六。○詳節無「云」字。

集　其存者有小正　○天養其存者有夏小正。

索 大戴記篇名 ○記，南北索禮。

〔會稽者會計也〕 瀧五一・二，慶二五左三，殿二六右四，凌二八右九。

集 會稽山本名苗山 ○本，金陵木。

集 禹到大越 ○大，紹太。

集 因而更名苗山曰會稽 ○天養銘因而更名苗山曰會稽。

集 葬葦棺 ○葦，井蜀慶凌簞。

集 穿壙深七尺 ○七，毛二。

集 山上有禹井禹祠 ○紹無「山」字。天養無下「禹」字。

集 相傳以爲下有羣鳥耘田者也 ○天養景井蜀紹慶毛凌無「者」字。

索 黎人阻飢 ○阻，楓三中彭沮。阻，彭嵯俎。高校記「阻」。

索 言乘四載 ○載，嵯戰，高校記「載」。

索 「述贊堯遭鴻水」至「其終不令」八十二字 ○鴻，慶中統游凌殿洪。

索 羿浞斯侮 ○斯，索侵。

史記會注考證校補卷三

殷本紀第三

〔殷契〕　瀧二·一，慶一右二，殿一右七，凌一右三。

索　故言殷契　○慶王凌嵯無「殷」字。

*正　契音薛　椾梅崇狩岩。

正　相州安陽　○彭嵯相州安陽縣。

正　即北蒙殷墟　○金陵同，各本「蒙」字作「冢」。札記原作「冢」，吴改，下並同。疑本作「冢」，訛爲「冢」也。

正　盤庚自奄遷乎北蒙　○金陵同，各本此六字作「字也北冢」四字。乎，金陵于。按：瀧本「乎」，「于」訛。札記原訛「字也北冢」四字，吴校改，與項羽紀索隱引汲冢古文合。

正　城西南三十里有洹水　○洹，慶凌洒。

〔有娀氏之女〕　瀧二·三，慶一右五，殿一右一〇，凌一右七。○高山有娀氏之女也。

札記 商頌疏引下有「也」字。

〔爲帝嚳次妃〕 瀧二・三，慶一右六，殿一左一，凌一右七。○嚳，高山俈。

索 易狄音同 ○金陵同，各本無「易」字。殿無「狄」字。

正 有娀當在蒲州也 ○彭嵯——在於蒲州也。

〔三人行浴〕 瀧二・四，慶一右六，殿一左二，凌一右八。

***正** 行浴梫、狩本疊「浴」字。音欲本作路非也狩、閣本校記上文耳，但梫、梅、野、岩各本加下文。按：正義佚文存疑，姑存竢後究。三代世表及詩傳云湯之先爲契無父而契母與姊妹浴於玄丘水有燕銜卵墮之契母得之誤呑之而生契之

〔簡狄取呑之〕 瀧二・五，慶一右七，殿一左二，凌一右九。○高山簡狄取而呑之。

〔五品不訓〕 瀧三・二，慶一右一○，殿一左五，凌一左二。○訓，通志遜。

〔汝爲司徒〕 瀧三・二，慶一右一○，殿一左五，凌一左二。○汝，高山女。

〔而敬敷五教五教在寬〕 瀧三・二，慶一左一，殿一左五，凌一左二。○高山南化梫狩野不重「五教」二字。

〔封于商〕 瀧三・三，慶一左一，殿一左六，凌一左三。○金陵同，各本「于」字作「於」。

集 今上洛商是也 ○上，紹士。按：「上」、「主」訛。

索 商頌云 ○彭無「商」字，楓三校補「商」字。

〔賜姓子氏〕 瀧三・四，慶一左三，殿一左八，凌一左五。

集 祖以玄鳥生子也　○通志祖以玄鳥生子故也。高山「生」、「子」互倒。

正 故子城左渭州華城縣東北八十里　○各本「左」字作「在」。按：瀧本左，在訛。彭「子」字、「州」字並無，楓三校補「州」字。

〔子相土立〕　瀧三・六，慶一左五，殿一左一〇，凌一左八。

集 宋忠曰　○忠，慶中統游凌衷。下同。

集 相土就契封於商　○高山無「契」字。土，紹士，凌上。

集 春秋左氏傳曰　○高山無「左氏」二字。

正 宋州宋城縣　○金陵同，各本無「宋縣」二字。札記「宋」、「縣」二字吳補。

〔子曹圉立〕　瀧三・九，慶一左九，殿二右三，凌二右一。

索 系本作遭圉也　○遭，慶中統彭游南嵯粮，素凌殿金陵糧。札記案三代世表「糧」作「曹」，漢書人表、國語韋注並作「根圉」，祭法疏引世本又云「遭圉生根國，根國生冥」，疑皆形聲近似，展轉訛衍。

〔曹圉辛〕　瀧三・九，慶一左八，殿二右三，凌二右一。○各本「辛」字作「卒」。按：瀧本「辛」，「卒」訛。

正 出系本　○凌「系本」二字作「本草」。

〔子冥立〕　瀧三・九，慶一左九，殿二右四，凌二右二。

集 冥爲司空　○蜀無「爲」字。

集　勤其官事　○勤，高山懃。其，中統、游於。

集　死於水中　○贊異引古本，無「死」字。於，殿于。

集　殷人郊之　○高山殷人祀郊之也。郊，南化、楓、三、狩祀。

索　禮記曰　○金陵同，各本無「記」字。札記「記」字吳增。

〔子報丁立〕　瀧四・四，慶二右二，殿二右七，凌二右五。

集　報音博冒反　○慶、凌、殿、金陵無此注。

〔主任卒〕　瀧四・六，慶二右三，殿二右八，凌二右六。○各本「任」字作「壬」。按：瀧本「任」，「壬」訛。

〔是爲成湯〕　瀧四・九，慶二右四，殿二右八，凌二右七。

集　二王去唐虞之文　○去，中統、彭、游從。

索　湯名履　○高山貞曰湯名履。

索　書曰予小子履　○索無此注。

索　夏殷之禮　○禮，高山衆。

索　死稱廟皆以帝名配之　○各本「廟」下有「主」字。按：瀧本誤脱「主」。高山「皆以帝」三字作「主曰帝乙神不」六字。

索　天亦帝也　○亦，中統、游乙。

索　殷人尊湯故曰天乙　○高山殷人尊曰湯故無「曰」字天乙者。

索　十四代興玄王契也　○高山無「王」字。

*正　帝王世紀云成湯豐下鋭上「下鋭上」三字,楓、梅、狩本作「鋭下云」。指有胼胝倨身而揚聲「倨身而揚聲」五字,楓、梅、岩本作「自揚目」三字,梅本作「身揚目」。長九尺臂四肘狩本作「射」,岩本作「時」。有聖德張晏曰禹湯皆字也　崇楓梅狩岩瀧。

〔成湯自契至湯八遷〕　瀧五・四,慶二右七,殿二左一,凌二右一〇。○南化楓三狩無「成湯」二字。札記志疑云,「成湯」二字傳寫誤增,史詮云洞本無,案舊刻本亦無。按:瀧本考證據札記。

集　凡八徙國都　○徙,彭嵯遷。

〔湯始居亳〕　瀧五・五,慶二右八,殿二左二,凌二左一。

集　梁國穀熟爲南亳　○高山無「梁」字。熟,井蜀紹孰。亳,高山薄。

正　盤庚亦徙都之　○金陵同。亦,韓毛凌所。各本「徙」字作「從」。札記原誤「所」、「從」,依孫輯括地志改。

〔從先王居〕　瀧五・七,慶二右一〇,殿二左四,凌二右三。

集　契父帝嚳都亳湯自商丘遷焉　○亳,高山薄。高山無「湯」字。

〔作帝誥〕　瀧五・八,慶二左二,殿二左六,凌二左六。

索　言己來居亳也　○各本「己」字作「已」。按:瀧本「己」、「已」訛。

〔湯始伐之〕　瀧五・一〇,慶二左三,殿二左八,凌二右七。

集　湯居亳　○亳，高山薄。

紹毛女。

〔人視水見形〕　瀧六・一，慶二左四，殿二左九，凌二左八。○見，治要視。

〔湯曰汝不能敬命〕　瀧六・二，慶二左六，殿三右一，凌二左一〇。○南北無「湯」字。汝，

〔作湯征〕　瀧六・三，慶二左七，殿三右二，凌三右一。

*正　殛紀力反誅也　棭梅崇狩岩簣瀧。

〔伊尹名阿衡〕　瀧六・五，慶二左八，殿三右二，凌三右一。

索　孔安國亦曰伊摯　○彭嵯無「亦」字。曰，殿日。

索　皆伊尹之官號　○皆，索音。

索　皇甫謐曰伊尹力牧之後　○曰，慶彭索殿嵯云。

索　有侁氏女採桑得嬰兒于空桑　○殿金陵同，各本無「桑」字。各本「于」字作「於」。彭無「女」字。女，中統游安。札記殿本有「桑」字，與吕氏春秋、藝文類聚八十八引同。

索　母居伊水　○殿金陵同，各本「母」字作「後」。札記殿本「母」與吕氏春秋、類聚合，它本作「後」誤。

〔阿衡欲奸湯而無由〕　瀧六・八，慶二左一〇，殿三右四，凌三右五。○金陵同，各本「奸」字作「干」，南化校記「奸」。紹詳節無「阿衡」二字。

〔致于王道〕　瀧六・九，慶三右三，殿三右七，凌三右八。○于，南化高山狩井紹

[蜀]於。

集　湯妃有莘氏之女　○妃，[彭]非，[楓][三]校記「妃」。

〔湯使人聘迎之〕　瀧七・二，慶三右三，殿三右八，淩三右八。○[中統][游]湯使人往聘迎之。

〔五反然後肯往從湯〕　瀧七・二，慶三右四，殿三右八，淩三右八。○後，[高山]后。

〔言素王及九主之事〕　瀧七・三，慶三右四，殿三右八，淩三右九。○[索]無「及」字。

集　有法君專君授君勞君等君寄君破君國君三歲社君凡九品　○法，[中統][游]去。[高山]「專」下「君」字、「君寄君破」四字並無。凡，[金陵]几。

集　圖畫其形　○[彭][嵯]無「畫」字。畫，[高山]書。

索　其道質素　○[彭]「質」、「素」互倒。

索　九主者　○[彭][嵯]無「九主」二字。

索　若秦孝公及始皇等也　○[索]「等」字作「之屬」二字。

索　若楚戊吳濞等是也　○戊，[中統][彭][游][嵯]代，[棭]校記「戊」，[淩]伐。

索　離析可待　○析，[中統][游][淩]折。

索　故孟軻謂之寄君也　○軻，[彭][嵯]子。

索　若三苗智伯之類也　○[中統][游]無「之類」二字。

索　又注本九主　○[彭][嵯]無「九主」二字。

*正　專君若漢宣之自專自斷不任賢臣也法君若秦孝公用商鞅之法嚴急之君也授君若燕噲授子之之

類是人君不能自理政歸臣下也勞君若禹之勤勞天下也等君等者類也若漢元成以下不能好惡故云等君也寄君若春秋寄公人困於下主驕於上邦分崩離析可立待故孟軻謂之寄君也破君若桀紂之類也國君言獨征一國之政蔽欺敵人若智伯之類也自「破君」至「智伯之類也」瀧川本脱。 三歲社君謂在襁褓而主社稷若周成漢昭平之比也一本云九主者法君勞君等君寄君專君授君破君國君以三歲社君爲一君并上八君成九主恐非也然伊尹說湯素王九主當是三皇五帝及少昊咸勤勞天下廣求賢佐而致太平而裴氏引此九主恐非伊尹之意也 [桃][棭][梅][崇][狩][岩][中彭][中韓][瀧]。

〔作女鳩女房〕 瀧八・五，慶三左三，殿三左八，凌三左九。○房，[南化][狩][通志]方。

集 二篇言所以醜夏而還之意 ○言，[蜀][慶][游][凌]皆。

〔自天下四方〕 瀧八・一〇，慶三左四，殿三左九，凌四右二。○[南化][狩][野]「天下」二字作「天地」。[南化]師說或本作「天地」，又作「上下」，此皆異本也。按：高山寺藏古鈔本「天下」二字不作「上下」，瀧本考證非。

〔皆入吾網〕 瀧八・一〇，慶三左四，殿三左九，凌四右一。○網，[紹]綱。

〔欲右右〕 瀧九・一，慶三左六，殿三左一〇，凌四右二。○[通志]欲右右欲高高欲下下。

〔及禽獸〕 瀧九・二，慶三左七，殿四右一，凌四右三。○[南化][楓][三][狩]及禽獸矣。

〔而諸侯昆吾氏爲亂〕 瀧九・三，慶三左八，殿四右二，凌四右四。

正 陸終之長子昆吾氏之後也 ○[金陵]同，各本「子」下有「於夏臺」三字。[殿考]推尋文義，宜云「陸終之長子，封於昆吾，夏之昆吾其後也」，又楚世家集解引世本云「昆吾者衛是也」，蓋言衛地本昆吾國，此「氏」字衍。札記「長」下原衍「於夏臺」三字，汪引葉氏石君校刪。

〔遂伐桀〕　瀧九・五，慶三左一〇，殿四右四，凌四右六。〇南化 狩 遂伐夏桀。

〔格女衆庶〕　瀧九・六，慶三左一〇，殿四右四，凌四右六。〇女，井 紹 蜀 中統 游 凌 殿 汝。

〔匪台小子敢行舉亂〕　瀧九・七，慶四右一，殿四右五，凌四右七。

集　馬融曰台我也　〇高山無此注。

〔不敢不正〕　瀧九・八，慶四右二，殿四右六，凌四右八。〇正，高山 政。

集　不敢不正桀之罪而誅之　〇高山無「而」字。

〔舍我嗇事而割政〕　瀧九・一〇，慶四右四，殿四右八，凌四右一〇。〇南化 楓 棭 三 舍我嗇事而割政夏。

集　奪民農功而爲割剥之政　〇奪，高山 奮。高山無「爲」字。

***正**　種曰稼斂曰嗇　棭 梅 崇 狩 岩。

〔女其曰〕　瀧九・一〇，慶四右四，殿四右八，凌四左一。〇高山 夏女其曰。

〔夏王率止衆力〕　瀧一〇・一，慶四左一，殿九右九，凌四左一。〇紹 無「率止衆力」四字。

〔率奪夏國〕　瀧一〇・一，慶四右五，殿四右九，凌四左一。

集　孔安國曰　〇高山「孔安國」三字作「馬融」二字。

集　相率割剥夏之邑居　〇嵯 而相率——。紹——夏之邑居之。嵯——夏之邑居作也。

〔有衆率怠不和〕　瀧一〇・二，慶四右六，殿四右一〇，凌四左二。

集　衆民相率怠惰不和同　〇民，彭居。惰，蜀凌墮。同，高山間。

〔予與女皆亡〕　瀧一〇・三，慶四右七，殿四左一，凌四左三。

集　猶吾之有民　〇高山「猶」字、「之」字並無。

集　日亡吾亦亡矣　〇彭嵯日亡則吾亦亡矣。高山無「矣」字。

〔予其大理女〕　瀧一〇・五，慶四右九，殿四左三，凌四左五。

集　尚書理字作賚　〇凌尚書理字作賚曰。

集　鄭云曰　〇各本「云」字作「玄」。按：瀧本「云」、「玄」訛。

集　賚賜也　〇賜，彭嵯錫。

〔女毋不信〕　瀧一〇・五，慶四右九，殿四左三，凌四左六。〇女，高山汝。

〔予則帑僇女〕　瀧一〇・七，慶四左一，殿四左四，凌四左七。〇帑，高山奴。

〔無有攸赦〕　瀧一〇・七，慶四左一，殿四左四，凌四左七。〇無，高山毋。

〔桀敗於有娀之虛〕　瀧一〇・九，慶四左三，殿四左六，凌四左九。〇桀，蜀宋。虛，高山井紹蜀彭毛墟。

正　在蒲州安邑縣北三十里南阪口　〇在，南北出。阪，慶凌坂，殿坡。

〔俘厥寶玉〕　瀧一〇・一〇，慶四左五，殿四左八，凌五右一。

集　三㚇國名　〇高山無「三」字。

集　俘取也　○三下有「玉以禮神使無之災故取而實之」十三字。

〔不可〕　瀧一一・二，慶四左七，殿四左一○，凌五右四。

集　故不可而止　○高山「故」字、「而止」二字並無。

集　而後世無及句龍者　○後，高山諼。句，彭向，楓棭三校記「句」。

集　欲變置社稷　○置，高山買。

〔作夏社〕　瀧一一・三，慶四左八，殿五右一，凌五右四。○社，游稷。

〔於是諸侯畢服湯〕　瀧一一・四，慶四左九，殿五右二，凌五右五。○畢，高山紹慶彭南毛嵯必，游北心。蜀殿無「畢」字。殿考一本作「畢服」，一本作「心服湯」。札記版法解「往事畢登」，宋本作「必」。褉志云，古字假借，是也。「心」又「必」之爛文。志疑云，後書王暢傳引史作「畢」。

〔乃踐天子位〕　瀧一一・四，慶四左九，殿五右二，凌五右六。○乃，高山迺。

〔湯歸至于泰卷陶〕　瀧一二・五，慶四左九，殿五右三，凌五右六。○于，凌於。桃疑「陶」字衍。

集　一無此陶字　○高山無「陶」字。札記案：一無「此」字。四字蓋本注「陶」下，而小司馬所見本偶誤在「卷」下，故辨之云「卷」非衍字，「陶」字是衍，後人遂又增「陶」於「此」下耳。

集　湯自三坰而還　○高山「湯自三」三字作「自三湯」。坰，高山蜀慶中統游殿金陵叕。

索　鄒誕生卷作坰又作洞　○金陵同。坰，索調，各本作「餇」。

索　舊本或備記其地名　○各本「備」字作「傍」。瀧本「備」，「傍」訛。

正　坰古銘反　○金陵同，各本「坰」字作「陶」。

〔中罍作誥〕　瀧一二・七，慶五右二，殿五右五，凌五右九。○罍，游凬，高山罍，索壘。

索　罍作壘　○再版瀧川本「罍」字印刻不明。

〔遷亳作湯誥〕　瀧一二・八，慶五右三，殿五右七，凌五右一〇。○亳，高山南化狩薄。

〔王自至於東郊〕　瀧一二・九，慶五右四，殿五右七，凌五左一。○彭嵯無「自」字。○於，殿于。札記疑有衍字，元龜六十二引作「王至自東郊」。

〔曰古禹皋陶〕　瀧一三・一，慶五右五，殿五右八，凌五左二。○英房湯曰古禹皋陶。古，高山南化狩故。

〔其有功乎民〕　瀧一三・一，慶五右六，殿五右八，凌五左三。○乎，高山于。下同。

〔萬民乃有居〕　瀧一三・三，慶五右七，殿五右一〇，凌五左四。○乃，高山南化狩迺。

〔故后有立〕　瀧一三・四，慶五右八，殿五左一，凌五左五。

集　立一作土　○蜀無「立」字。土，紹士，蜀工。

〔不可不勉〕　瀧一三・六，慶五左一，殿五左四，凌五左八。

索　故後有立　○索無「後」字。

索　天不佑之　○中統游無此注。

〔不道毋之在國〕　瀧一三・七，慶五左三，殿五右五，凌五左一〇。

集　之一作政　○高山 紹 毛無「之」字。

索　我則無令汝之在國　○彭 嵯無「之」字。

〔以令諸侯〕　瀧一三・八，慶五左四，殿五左七，凌六右二。○令，南化 狩命。

〔伊尹作咸有一德〕　瀧一三・九，慶五左四，殿五左七，凌六右二。

索　太史公記之於斯　○索故太史公記之於斯。

〔咎單作明居〕　瀧一三・一〇，慶四左六，殿五左八，凌六右三。

集　明居民之法也　○紹明居民之法也之。按：衍。

〔易服色上白〕　瀧一四・三，慶五左六，殿五左九，凌六右四。○高山 英房 南化 楓 棭 三 狩 高 中彭 中韓 詳節無「易」字。札記「上白」二字，疑後人旁注誤入正文，「上白」見篇末。

〔朝會以晝〕　瀧一四・三，凌六右四，慶五左七，殿五左九。

＊**正**　殷家尚白晝日色白也　桃 崇 棭 梅 狩 岩 瀧。

〔湯崩〕　瀧一四・四，慶五左七，殿五左一〇，凌六右五。

集　湯冢在濟陰亳縣北東郭　○濟，彭 游方，楓 棭 三 中彭 中韓 校記「濟」。中統 游——縣東北東郭。札記吳云，金板作「東北東郭」，案正義云「北郭東」。

集　去縣三里　○縣，井 蜀 慶 中統 游 凌州。

集 上平處平地 ○高山「處平」二字作「家」字。

集 大司空御史長卿 ○高山「御史」二字作「吏御」，蜀作「史御」。札記臨海氏讀書叢録云，大司空下不得言御史，此本作「大司空史御長卿」，傳寫誤，水經汲水注引皇覽作「大司空史郤長卿」，郤即御，史訛。

集 案行水災 ○案，高山安。

集 年百歲而崩 ○高山年一百歲而崩。崩，蜀萠。

索 長卿諸本多作劫姓 ○多，殿皆。

〔太子太丁未立而卒〕 瀧一四・八，慶六右一，殿六右四，淩六右九。○太，高山英房大。

〔是爲帝外丙〕 瀧一四・九，慶六右二，殿六右五，淩六右九。○高山是爲帝外丙也。

〔帝外丙即位三年崩〕 瀧一四・九，慶六右二，殿六右五，淩六左一。○三，殿二。札記各本同。伊訓疏及孟子疏兩引並作「三」，御覽八十三引作「二」，疑依孟子改。

〔立外丙之弟中壬〕 瀧一四・九，慶六右三，殿六右五，淩六左一。

正 仲任二音 ○殿金陵同，各本「任」字作「壬」。仲，彭嵯中。

〔伊尹迺立太丁之子太甲〕 瀧一四・一〇，慶六右四，殿六右七，淩六左二。

正 尚書孔子序云 ○子，殿氏。

〔是爲帝太甲〕 瀧一五・五，慶六右六，殿六右八，淩六左五。○太，高山大。下同。

〔作徂后〕 瀧一五・六，慶六右七，殿六右九，淩六左六。

集　徂后者　○徂，慶祖。

〔帝太甲既立三年〕　瀧一五・七，慶六右八，殿六右一〇，凌六左六。○三，詳節二。

〔不明暴虐〕　瀧一五・七，慶六右八，殿六左一，凌六左七。○札記疑誤倒，當以「暴虐亂德」爲句。

〔於是伊尹放之於桐宮三年〕　瀧一五・八，慶六右一〇，殿六左一，凌六左七。○高山於是伊尹乃放之於粗桐宮三年。

集　桐宮　○蜀無此注。

集　有王離宮焉　○王，高山壬。

〔而授之政〕　瀧一六・二，慶六左二，殿六左四，凌七右一。○南化狩無「之」字。

〔迺作太甲訓三篇〕　瀧一六・三，慶六左四，殿六左六，凌七右二。○迺，高山乃。紹無「三」字。

〔褒帝太甲稱太宗〕　瀧一六・五，慶六左四，殿六左六，凌七右三。

集　書無逸太甲享國三十三年　○各本無此注。瀧本據何本不明。按：非集解，考證訛歟？

〔既葬伊尹於亳〕　瀧一六・六，慶六左六，殿六左七，凌七右四。○亳，高山薄。彭嵯無此六字。

集　皇覽曰伊尹冢在濟陰己氏平利鄉亳近己氏　○高山「覽」字作「甫謐」二字。彭嵯無「平利鄉亳近己氏」七字，楓 三 中彭 狩 校補此七字。

正　帝王世紀　○彭 嵯 帝王世紀云。

正　大霧三日　○金陵同，各本「大」字作「天」。札記「大」原訛「天」，殿本據尚書疏引帝王世紀、水經注引皇覽改。殿考 尚書疏引帝王世紀、水經注引皇覽皆作「大霧三日」。

正　沃丁以天子禮葬之　○天，楓 三 大。彭 嵯 ——禮之葬之。

〔咎單遂訓伊尹事〕　瀧一六・八，慶六左七，殿六左九，凌七右六。○咎，高山 南化 狩 臼。

〔作沃丁〕　瀧一六・八，慶六左八，殿六左九，凌七右七。○南化 狩 作帝沃丁。

〔子帝小甲立〕　瀧一六・九，慶六左九，殿六左一〇，凌七右八。○帝，南 弟。

集　世表云　○云，高山 土。

〔弟太戊立〕　瀧一七・一，慶七右一，殿七右二，凌七右一〇。○太，英房 大。

〔伊陟爲相〕　瀧一七・一，慶七右六，殿七右七，凌七右一〇。○高山 伊尹陟爲相。

集　伊尹之子　○高山 無「之」字。

〔桑穀共生於朝〕　瀧一七・二，慶七右一，殿七右三，凌七左一。○高山 無「共」字。

〔一暮大拱〕　瀧一七・三，慶七右三，殿七右四，凌七左一。

集　妖怪也　○怪，中統 游 孽。

集　二本合生不恭之罰　○各本「本」字作「木」。按：瀧本「本」，「木」訛。

集　兩手搤之曰拱　○搤，游搤。高山無「曰」字。

〔而祥桑枯死而去〕　瀧一七・八，慶七右六，殿七右七，凌七左四。○治要無「而去」二字。

〔伊陟贊言于巫咸〕　瀧一七・八，慶七右六，殿七右七，凌七左六。○南化狩而伊陟——。

集　告也巫咸臣名也　○高山無「名」字。

〔作咸艾〕　瀧一七・一〇，慶七右八，殿七右九，凌七左七。○艾，通志乂。

〔作原命〕　瀧一八・一，慶七右九，殿七右九，凌七左九。

＊正　伊陟伊尹子也原再也言太戊（棭、狩、岩本作「戌」。）贊於（岩本作「言」。）湯廟言伊陟尊高不可使如臣佐伊陟讓乃再爲書命之故云原命（「故云原命」四字，狩、瀧本並無。）崇棭梅狩岩瀧。

〔殷復興〕　瀧一八・三，慶七右一〇，殿七左一，凌七左九。○高山南化楓三狩殷道復興。

〔帝中丁遷于隞〕　瀧一八・四，慶七左一，殿七左二，凌七左一〇。○高山同，各本「中」字作「仲」。

集　河南敖倉是也　○高山無「是也」二字。

索　並音敖字　○殿無「字」。

〔河亶甲居相〕　瀧一八・五，慶七左三，殿七左四，凌八右二。

正　即河亶甲所築都之　○都，彭嵯居。

〔祖乙遷于邢〕　瀧一八・六，慶七左四，殿七左五，凌八右三。

索　今河東皮氏縣有耿鄉　○彭 嵯無「縣」字。

〔仲丁書闕不具〕　瀧一八・九，慶七左六，殿七左七，凌八右六。○仲，高山 井中。

〔弟河亶甲立〕　瀧一九・一，慶七左七，殿七左七，凌八右七。○弟，北帝。

〔河亶甲時殷復衰〕　瀧一九・一，慶七左七，殿七左八，凌八右七。○高山 南化帝河亶甲時殷復衰。

〔是爲帝沃甲〕　瀧一九・四，慶七左一〇，殿七左一〇，凌八右一〇。

索　系本作開甲也　○彭 嵯系本一作開甲也。

〔立弟沃甲之子南庚〕　瀧一九・五，慶八右二，殿八右二，凌八左一。○南化 通志無「弟」字。弟，高山帝。

〔自中丁以來〕　瀧一九・七，慶九右四，殿八右三，凌八左三。○殿考 皇王大紀曰以其世考之，自沃丁至陽甲立弟者九世，中丁之名誤也。

〔廢適而更立諸弟子〕　瀧一九・七，慶八右四，殿八右四，凌八左三。○南化 狩無「而」字。高山 南化 楓 棭 三 狩 中彭 中韓「弟」、「子」互倒。

〔於是諸侯莫朝〕　瀧一九・八，慶八右五，殿八右四，凌八左四。○高山 南化 棭無「於是」二字。

〔盤庚渡河〕　瀧一九・一〇，慶八右六，殿八右六，凌八左六。○渡，高山度。

〔南復居成湯之故居〕　瀧一九・一〇，慶八右七，殿八右六，凌八左六。○居，[高山][英房][南化][楓][棭][三][中彭]都。

〔迺五遷無定處〕　瀧一九・一〇，慶八右八，殿八右七，凌八左七。

集　凡五遷都　○[高山]無「都」字。

正　湯自南亳遷西亳　○亳，[北]遷。

〔殷民咨胥皆怨〕　瀧二〇・七，慶八右九，殿八右八，凌八左八。○皆，[索]相。[札記]皆誤「相」。凡它本不誤，毛本确誤者，今重刊毛本並改正，而附見於此記。

集　相與怨其上也　○[彭][嵯]常相與怨其上也。[高山]無「其」字。

〔盤庚乃告諭諸侯大臣曰〕　瀧二〇・八，慶八右一〇，殿八右三，凌八左九。○[高山]盤庚偏乃——。[南化][狩]盤庚遍乃——。

〔南治亳〕　瀧二〇・一〇，慶八左二，殿八左一，凌九右一。

集　治於亳之殷地　○[高山]「之」、「殷」互倒。

集　商家自此徙　○此，[彭][嵯]北。[高山]「此」、「徙」互倒。

集　今偃師是也　○[高山]今征偃——。偃，[游]匽。[商榷]按：尚書疏引鄭注以亳在偃師，若皇甫謐則以亳爲梁國穀熟縣，此妄談也，安肯遵鄭注乎？皇甫謐曰四字裴駰妄加，裴於經注援引多誤，今不暇詳辨。

〔迺作盤庚三篇〕　瀧二一・五，慶八左六，殿八左四，凌九右五。

索 乃作盤庚由不見古文也　○詳節「作」下有「蓋太史公」四字。毛本無「盤庚由」三字。詳節本末「古文」下有「尚書」二字。

〔子帝武丁立〕　瀧二三一・一，慶八左八，殿八左六，凌九右七。○高山、南化、楓、棭、三、狩重子帝南化、楓、三、棭、狩各本無「帝」字。武丁立是爲帝武帝。

〔政事決定於冢宰〕　瀧二三一・二，慶八左九，殿八左九，凌九右九。○高山、南化、狩重「事」字。

〔於是迺使百工營求之野〕　瀧二三一・四，慶九右一，殿八左九，凌九左一。

＊**正** 工官也營謂刻畫所夢之形像於野外求之墨子云傅說衣褐帶索梅本作「素」。傭築於傅巖是也瀧本無「是也」二字。桃、崇、棭、梅、狩、岩、瀧。

〔得說於傅險中〕　瀧二三一・四，慶九左二，殿八左一〇，凌九左一。

集 傅巖在北海之洲　○巖，紹、毛岩。洲，高山、毛州。

正 地理志云　○札記警云漢志無此文，疑括地志之誤。

正 所隱之處　○彭、嵯無「處」字。

正 沙澗水北出虞山東南逕傅巖　○札記「出」、「東」二字考證據水經河水注增。

正 歷傅說隱室前　○金陵同，各本無「歷」字。札記「歷」字吴增，與河水注合。

〔築於傅險〕　瀧二三一・七，慶九右五，殿九右三，凌九左四。

集 在虞虢之界　○虢，紹号，高山號，蜀號。

集 說賢而隱　○彭嵯說賢人而隱。

集 以供食也　○高山以供食者也。

*__正__ 爲音于僞反胥靡腐刑也　桃瀧。

〔明日有飛雉〕　瀧二三・一，慶九右八，殿九右六，凌九左八。○飛，高山蜚。

〔先修政事〕　瀧二三・二，慶九右一〇，殿九右七，凌九右一〇。

集 祖己賢臣名　○名，高山也。

〔唯天監下〕　瀧二三・三，慶九右一〇，殿九右八，凌九左一〇。○唯，高山南化楩狩中彭惟。紹唯天監下民。

〔典厥義〕　瀧二三・三，慶九左一，殿九右八，凌九左一〇。○高山典厥德儀。「義」字作「儀」。

集 言天視下民　○彭無「言」字。

〔非天夭民〕　瀧二三・四，慶九左一，殿九右九，凌一〇右一。○夭，高山叐。

〔天既附命正厥德〕　瀧二三・五，慶九左二，殿九右一〇，凌一〇右二。

集 不順德　○順，高山愼。

集 天以信命正其德　○以，高山已。

集 謂其有永有不永　○高山無「其」字。永，高山求。

〔毋禮于弃道〕　瀧二三・六，慶九左五，殿九左二，凌一〇右四。○禮，殿豐。于，凌於。

集 王者主民 ○王，蜀主。

集 民事無非天所嗣常也 ○金陵同，蜀慶凌殿——無非天時天時所無「嗣」字。常祀也。高山——天時所常嗣「嗣」、「常」互倒。也。札記原作「無非天時天時所常祀也」，考證據書傳增改。

集 不當特豐於近也 ○特，高山時。楓三——於近廟也。

〔遂作高宗肜日及訓〕 瀧二四・一，慶九左九，殿九左五，凌一〇右八。○英房南化楓三嵯——日及伊訓。

集 祭之明日又祭殷曰肜 ○高山祭之上明——。蜀——又祭祭殷無「曰」字。肜。

〔是爲帝甲帝甲淫亂〕 瀧二四・六，慶九左一〇，殿九左六，凌一〇右一〇。○高山南化棭狩中彭中韓是爲帝祖甲帝祖甲。

索 國語云 ○云，慶彭南北索殿曰。

〔帝甲崩〕 瀧二四・八，慶九左一〇，殿九左七，凌一〇左一。○高山英房南化楓棭三狩中彭中韓帝祖甲崩。

〔帝武乙無道〕 瀧二四・一〇，慶一〇右三，殿九左一〇，凌一〇左三。○無，高山毋。

〔爲革囊盛血〕 瀧二五・二，慶一〇右五，殿一〇右二，凌一〇左五。○革，南化狩草。

〔印而射之〕 瀧二五・二，慶一〇右六，殿一〇右二，凌一〇左六。○印，高山英房井蜀紹仰。

〔武乙獵於河渭之間〕　瀧二五・三，慶一〇左六，殿一〇右二，凌一〇左六。〇獵，高山獵。間，毛濱。

〔子帝太丁立〕　瀧二五・三，慶一〇右七，殿一〇右三，凌一〇左七。〇太，高山大。殿考徐孚遠曰，太丁重見，疑誤。札記御覽引同，世表亦作「太」，紀年作「文丁」。

〔帝乙長子曰微子啓〕　瀧二五・八，慶一〇右八，殿一〇右四，凌一〇左八。〇高山無「帝」字。

〔天下謂之紂〕　瀧二六・二，慶一〇左二，殿一〇右七，凌一一右二。〇謂，英房慶紹彭毛爲，南化狩校記「謂」。

〔手格猛獸〕　瀧二六・四，慶一〇左三，殿一〇右九，凌一一右三。〇格，高山治要挌。

〔知足以距諫〕　瀧二六・四，慶一〇左四，殿一〇右一，凌一一右四。〇知，高山智。距，紹鉅，通志拒。

〔言足以飾非矜人臣以能〕　瀧二六・四，慶一〇左四，殿一〇右九，凌一一右四。〇英房治要「言足以飾非」五字作「是非之端」四字。高山「言足以飾非」五字作「餝是非之端」。札記治要引作「飾是非之端」，疑是集解誤入正文。

〔以爲皆出己之下〕　瀧二五・五，慶一〇左五，殿一〇右一〇，凌一一右五。〇高山南化楓狩以爲人皆出——。

〔好酒淫樂〕　瀧二六・五，慶一〇左五，殿一〇右一〇，淩一一右五。〇高山英房南化楓三狩紂好酒淫樂。

〔愛妲己〕　瀧二六・六，慶一〇左六，殿一〇左一，淩一一右六。

集　有蘇氏美女　〇詳節有蘇氏之美女。美，高山義。

索　國語有蘇氏女　〇蘇，南化彭嵯鍾，紹索北淩韓種。

〔妲己之言是從〕　瀧二六・八，慶一〇左六，殿一〇左二，淩一一右六。〇札記書疏引句上有「惟」字。

〔以實鹿臺之錢〕　瀧二六・一〇，慶一〇左八，殿一〇左二，淩一一右八。

集　如淳曰新序云　〇高山此六字作「雜序曰」三字。云，紹慶彭南北毛殿嵯曰。

集　鹿臺　〇高山無「鹿」字。

集　高千尺　〇楓三高千尺則容物多矣。

正　在衛州衛縣西南三十二里　〇金陵同，各本無「衛縣」二字。札記「衛州」二字吴增。三，慶彭南北殿嵯二。

*__正__　此我言鹿臺則非一物也　楓三。

〔而盈鉅橋之粟〕　瀧二七・一，慶一〇左九，殿一〇左四，淩一一右九。

集　鉅鹿水之大橋也　〇高山鉅橋鉅鹿水——。

〔益收狗馬奇物〕　瀧二七・三，慶一〇左一〇，殿一〇左六，淩一一左一。〇狗，嵯猗。物，通志玩。

〔益廣沙丘苑臺〕　瀧二七・三，慶一一右一，殿一〇左六，凌一一左一。

集　池邐沙丘也　〇池，紹 南 北 毛 殿迤。高山「池邐」二字作「邐迤」。

正　竹書紀年　〇金陵同，各本「年」下有「云」字。札記下衍「云」字，吳刪。

正　至紂之滅二百七十五年　〇金陵「二百七十五」作「二百五十三」，各本「二百七十五」作「七百七十三」。按：瀧本「二百五十三」誤作「二百七十五」。札記原作「七百七十三年」，吳改，與紀年合。

〔大冣樂戲於沙丘〕　瀧二七・五，慶一一右四，殿一〇左九，凌一一左五。〇金陵同，各本「冣」字作「最」。札記冣，泰誓疏引作「聚」，各本訛「最」，依考異改。

集　冣一作聚　〇冣，蜀最。攷異「最」當作「冣」，説文「冣，積也」，音與聚同。

〔以酒爲池〕　瀧二七・六，慶一一右五，殿一一右一，凌一一左五。

正　三千餘人爲輩　〇彭 嵯無「爲輩」二字。

〔縣肉爲林〕　瀧二七・七，慶一一右五，殿一一右一，凌一一左七。〇縣，高山 南化 狩 治要懸。

〔於是紂乃重刑辟〕　瀧二八・一，慶一一右七，殿一一右三，凌一一左八。〇慶 凌 殿「刑」、「辟」互倒。

〔有炮格之法〕　瀧二八・一，慶一一右八，殿一一右三，凌一一左九。

集　下加之炭　〇高山無「下」字。

索　鄒誕生云　○金陵同，各本無「云」字。

索　見蟻布銅斗　○殿金陵同，各本「斗」字作「升」。

〔鄂侯爲三公〕　瀧二八・四，慶一一左二，殿一一右七，凌一二右三。

集　鄂一作邘音于　○慶凌殿無「鄂」字。高山嵯無「音于」二字。

正　相州滏陽縣西南五十里有九侯城　○滏，慶浴，南北王殿洛，毛凌韓嵯谷。

〔九侯女不憙淫〕　瀧二八・六，慶一一左二，殿一一右八，凌一二右四。○憙，高山南化狩僖。

〔紂囚西伯羑里〕　瀧二八・八，慶一一左五，殿一一右一〇，凌一二右六。○羑，高山牖。

集　河内湯陰有羑里城　○河，慶可。湯，高山英房南化楓三高狩中彭蕩。

集　西伯所拘處　○高山「拘處」二字作「物」字。

正　牖一作羑　○彭嵯詳節「牖」一作「羑」，四字作「羑一作牖」。

〔求美女奇物善馬以獻紂〕　瀧二九・四，慶一一左八，殿一一左三，凌一二右一〇。○索無「以」字。

〔以請除炮格之刑〕　瀧二九・七，慶一一左一〇，殿一一左四，凌一二左二。○格，慶凌殿烙。

〔紂乃許之〕　瀧二九・七，慶一一左一〇，殿一一左五，凌一二左二。○南北又紂——。許，紹詐。

〔使得征伐〕　瀧二九・七，慶一二右一，殿一一左六，凌一二左三。○高山 英房 南化 楓 棭 三 高 狩 野 使得專征伐。

〔爲西伯〕　瀧二九・七，慶一一左一〇，殿一一左六，凌一二左三。

正　謂鄜延丹坊等州也　○殿 洛西及丹坊等州也。慶 凌 金陵 洛西文金陵本「文」字作「之」。丹方等州也。

〔而用費中爲政〕　瀧二九・一〇，慶一二右一，殿一一左六，凌一二左三。○政，高山 南化 楓 棭 三 高 狩 正。

正　仲名也　○仲，南 中。

〔諸侯多叛紂而往歸西伯〕　瀧三〇・二，慶一二右八，殿一一左八，凌一二左七。○叛，高山 畔。

〔西伯滋大〕　瀧三〇・二，慶一二右五，殿一一左九，凌一二左六。○滋，高山 茲。

〔商容賢者〕　瀧三〇・五，慶一二右六，殿一一右一〇，凌一二左七。○高山 英房 南化 狩 無「者」字。

〔及西伯伐飢國滅之〕　瀧三〇・七，慶一二右六，殿一二右一，凌一二左八。

集　飢一作阢又作耆　○高山 礿色飢一作阢——。阢，凌 肌。

〔聞之而咎周〕　瀧三一・三，慶一二右七，殿一二右七，凌一二左九。○高山 無「而」字。

〔天既訖我殷命〕 瀧三一・四，慶一二右八，殿一二右二，凌一二左一○。○高山天子殷訖我殷命。

〔無敢知吉〕 瀧三一・四，慶一二右九，殿一二右三，凌一三右一。

集 元一作卜 ○卜，南十。卜，高山下。

集 長尺二寸 ○彭 嵯長一尺二寸。

〔非先王不相我後人〕 瀧三一・五，慶一二右一○，殿一二右四，凌一三右二。

集 相助也 ○也，高山耳。

〔不迪率典〕 瀧三一・七，慶一二左二，殿一二右六，凌一三右四。○典，高山曲。

集 傲很明德不修教法者 ○很，紹狼。彭 嵯無「者」字。高山「不修教法者」五字作「不學修法也」。

〔今我民罔不欲喪〕 瀧三一・八，慶一二左二，殿一二右六，凌一三右五。○罔，高山 井 蜀冈。

〔今王其奈何〕 瀧三一・九，慶一二左三，殿一二右七，凌一三右五。○王，南化 狩亡。

〔諸侯叛殷會周者八百〕 瀧三二・一，慶一二右五，殿一二右九，凌一三右七。○叛，高山畔。

〔乃與大師少師謀〕 瀧三二・三，慶一二左八，殿一二左九，凌一三右一○。○大，紹 慶

毛 殿 太。

〔迺强諫紂紂怒曰〕 瀧三二・五，慶一二左九，殿一二左二，凌一三左一。○南化 無「諫紂」二字。狩 無「紂」字。英房 南化 狩——紂乃怒曰。

〔吾聞聖人心有七竅〕 瀧三二・六，慶一二左一〇，殿一二左三，凌一三左一。○七，高山 桃 南化 楓 狩 九。竅，高山 窽。

正 吾聞聖人心有七竅 ○慶 凌 無此注。

〔乃詳狂爲奴〕 瀧三二・八，慶一三右二，殿一二左五，凌一三左四。○詳，梅 北 佯。

〔殷之大師少師〕 瀧三二・八，慶一三右三，殿一二左六，凌一三左五。○大，蜀 太。

〔乃持其祭樂器奔周〕 瀧三二・八，慶一三右三，殿一二左六，凌一三左五。○詳節 微子乃持——。札記 凌云一本無「祭」字，疑云衍。周紀無。

〔甲子日〕 瀧三三・一，慶一三右五，殿一二左八，凌一三左七。○日，高山 紹 曰。

〔紂走入登鹿臺〕 瀧三三・二，慶一三右六，殿一二左九，凌一三左八。

集 鹿一作廩 ○攷異「廩」、「鹿」聲相近。

〔衣其寶玉衣〕 瀧三三・二，慶一三右六，殿一二左九，凌一三左九。○玉，高山 白。

〔周武王遂斬紂頭〕 瀧三三・三，慶一三右七，殿一二左一〇，凌一三左九。○楓 棭 三 無「頭」字。

〔縣之白旗〕　瀧三三・三，慶一三右八，殷一二左一〇，凌一三左一〇。〇高山　英房　南化　楓　三　狩　縣之大白旗。　札記　洪範序疏引作「太白旗」。　案周紀云「縣大白之旗」，此脱「大」字。

〔封比干之墓〕　瀧三三・四，慶一三右八，殷一三右一，凌一三左一〇。〇井　慶　彭　毛　游　封紂比干——。　紹　封空比干——。

〔表商容之閭〕　瀧三三・五，慶一三右九，殷一三右二，凌一四右一。

索　商家典樂之官　〇慶　凌　游「典」字、「之」字並無。

〔封紂子武庚禄父〕　瀧三三・八，慶一三右一〇，殷一三右二，凌一四右二。〇井　紹　慶　彭　毛　游　詳節　無「紂」字，南化　楓　三　中韓　中彭　校補「紂」。

〔以續殷祀〕　瀧三三・八，慶一三右一〇，殷一三右三，凌一四右二。

集　譙周曰　〇譙，高山　誰。

集　用歲四百九十六年也　〇用，高山　周。　殷考　前正義引竹書紀年云，自盤庚徙殷至紂之滅七百七十三年，更不徙都，其相謬戾如此。

〔其後世貶帝號爲王〕　瀧三四・三，慶一三左二，殷一三右五，凌一四右四。〇詳節　無下「號」字。

索　代以德薄不及五帝　〇詳節　後代以德薄——。

索　故本紀皆帝而後總曰三王也　○彭嵯故本紀皆稱帝——。

〔而立微子於宋〕　瀧三五・三，慶一三左五，殿一三右八，凌一四右八。○立，詳節封。高山而立封微子於宋。

〔采於書詩〕　瀧三五・四，慶一三左七，殿一三右九，凌一四右九。○彭毛「書」、「詩」互倒。

〔宋氏〕　瀧三五・五，慶一三左九，殿一三右一〇，凌一四右一〇。○紹詳節無此二字。

〔稚氏〕　瀧三五・五，慶一三左九，殿一三左一，凌一四左一。

索　子姓無稚氏　○慶游凌無「稚氏」二字。

〔北殷氏〕　瀧三五・六，慶一三左九，殿一三左一，凌一四左一。

索　又有時氏　○有，游作。

索　北殷氏蓋秦寧公所伐亳王　○北，中統游比。殷，彭陰。王，殿主。

〔目夷氏〕　瀧三五・六，慶一三左一〇，殿一三左二，凌一四左二。○目，南化楓三狩野自。

〔而色尚白〕　瀧三五・七，慶一四右一，殿一三左二，凌一四左三。○高山而色尚白也。

索　論語孔子曰　○高山貞云按論語——。

索　乘殷之輅　○輅，慶凌游殿路。

索　不取成文　○取，南化彭敢。

索 遂作此語亦疏略也 ○[高山]「語亦疏略也」五字作「法事速也」四字。[慶][凌][游][殿]「亦」字、「略」字並無。

索 下獻九主 ○主，[南化][楓][棭][三][狩][高][彭]王。

索 炮格興焉 ○格，[慶][索][游][凌][殿]烙。

索 黃鉞斯杖 ○杖，[索]伏，[殿]伏。

史記會注考證校補卷四

周本紀第四

〈周后稷名弃〉　瀧二・三，慶一右三，殿一右三，凌一右七。○南化 狩 周之先后稷名弃。

正　岐山在西北　○金陵同，各本無「在」字。殿考 漢書地理志右扶風美陽縣下云：岐山在西北，中水鄉。似脱一「在」字。

正　在雍州武功縣西北二十五里　○彭 嵯 無「二十五里」四字。楓 三 梅 狩 高 校補「二十五里」。

〈其母有邰氏女曰姜原〉　瀧二・四，慶一右三，殿一右八，凌一右五。

正　封邰周弃外家　○彭 嵯 無「周」字，楓 三 梅 狩 校補「周」字。

〈姜原爲帝嚳元妃〉　瀧二・五，慶一右六，殿一右五，凌一右一〇。

索　譙周以爲弃帝嚳之冑其父亦不著與此紀異也　○彭「紀」字、「也」字並無。詳節 譙周云：棄，帝嚳之冑，其父不載。蓋以世代歲久遠，推究其事與契同也。

〔姜原出野〕　瀧二・六，慶一右六，殿一左一，凌一右七。○札記 詩生民疏引「原」作「嫄」。御覽八十四引同。

〔心忻然説〕　瀧二・六，慶一右六，殿一左一，凌一右八。○忻，凌欣。南無「説」字。

〔居期而生子〕　瀧二・七，慶一右七，殿一左二，凌一右八。

　＊**正**　期滿十月　桃崇棭梅狩岩瀧。

〔弃之隘巷〕　瀧二・九，慶一右七，殿一左二，凌一右九。

　索　是其事也　○索是其事者也。

〔因名曰弃〕　瀧三・二，慶一左一，殿一左六，凌一左三。○英房南化楓三狩已因名曰弃。

　正　古史考云弃帝嚳之冑其父亦不著與此文稍異也　○彭南嵯殿無此注，楓三梅校補此注。

〔仡如巨人之志〕　瀧三・三，慶一左二，殿一左六，凌一左四。○仡，金陵游王柯殿屹。各本「仡」字作「忔」。陳仁錫云：湖本「屹」作「忔」，誤。按：瀧本「仡」，「屹」訛。

〔其游戲好種樹麻菽〕　瀧三・三，慶一左四，殿一左七，凌一左五。○札記 生民疏「樹」作「殖」，「菽」作「麥」。

〔相地之宜宜穀者稼穡焉〕　瀧三・四，慶一左四，殿一左七，凌一左五。○札記 生民疏

「宜」字不重，御覽同。

〔黎民始飢〕 瀧三・六，慶一左六，殿一左九，淩一左七。

集 今文尚書云祖飢 ○祖，紹南北阻。

〔爾后稷播時百穀〕 瀧三・七，慶一左七，殿一左八，淩一左八。○南化楓梅狩無「時」字。

〔封弃於邰〕 瀧三・八，慶一左七，殿一左一〇，淩一左八。○索無「弃」字。於，索于。

正 在雍州武功縣西南二十二里 ○金陵同，各本無「武功」二字。札記「武功」二字，考證增，與郡縣志合。

正 后稷所封也 ○后，慶南北名。封，淩卦。

正 有后稷及姜嫄祠 ○嫄，殿原。

正 后稷所生 ○生，南封。

〔別姓姬氏〕 瀧三・一〇，慶一左一〇，殿二右三，淩二右一。

集 祖以以履大跡而生 ○金陵同，各本不重「以」字。跡，淩蹟。高山無「而」字。

〔后稷卒〕 瀧四・一，慶二右一，殿二右四，淩二右三。

集 山海經大荒經曰 ○殿駰案山海——。彭嵯無「大荒經」三字。高山無「海」下「經」字。

集 黑水青水之間有廣都之野后稷葬焉 ○青，南清。紹無下「水」字。葬，高山蔡。

集 冢去中國三萬里也 ○高山冢去中國三萬里者也。

〔子不窋立〕　瀧四・二，慶二右二，殿二右五，凌二右四。○各本「窟」字作「窋」。按：瀧本「窟」，「窋」訛。下同。

索　若不窟親弃之子　○金陵索若以不窋各本「窟」字作「窋」。親——。

索　唯十四代亦不合事情　○唯，彭南惟。金陵索唯十四代實亦——。

〔不窟末年〕　瀧四・五，慶二右五，殿二右九，凌二右八。○高山英房南化狩不窋各本「窟」字作「窋」。立末年。

〔去稷不務〕　瀧四・六，慶二右六，殿二右一〇，凌二右九。○高山去天稷不務。

*正　稷若今司徒也　崇棭梅狩岩。

〔而犇戎狄之閒〕　瀧四・七，慶二右八，殿二左二，凌二右八。○犇，景蜀奔。

〔公劉雖在戎狄之閒〕　瀧四・九，慶二右九，殿二左三，凌二左二。○蜀脱「公劉」二字。狄，高山翟。下同。

〔行地宜〕　瀧五・一，慶二右一〇，殿二左四，凌二左三。○札記詩大明疏引「行」作「相」。

〔自漆沮度渭〕　瀧五・一，慶二右一〇，殿二左四，凌二左三。○度，景井蜀紹毛游南北殿嵯渡。

正　公劉從漆縣漆水　○金陵同，各本「從」字作「徙」。札記「從」原訛「徙」，吴改。

正　豳州新平縣　○豳，慶彭南北嵯幽。

正　漆水在岐州普潤縣東岐山漆溪東入渭　○在，金陵出。金陵——東南入渭。各本「潤」字作

「閏」，「溪」字作「水」。[札記]「出」原訛「在」，脫「南」字，「溪」誤「水」，依夏本紀正義改。

〔多徙而保歸焉〕　瀧五・三，慶二左三，殿二左六，凌二左六。〇歸，[紹][詳節]印。[詳節]「焉」下有「印古仰字牛向反」七字注。

〔周道之興自此始〕　瀧五・三，慶二左三，殿二左六，凌二左六。〇[紹][詳節][通志]無「始」字。始，[高山][中統][毛][王][柯][游]後。[札記]王本「始」，宋本、中統、舊刻、游、柯、毛作「後」，書武成疏引「自此始」作「自此之後」，御覽作「蓋自此始也」。

〔國於豳〕　瀧五・五，慶二左四，瀧二左七，凌二左七。〇[札記]御覽「豳」作「邠」，下同。

集　有豳亭　〇[高山]無「有」字。

正　豳州新平縣即漢漆縣　〇[金陵]同，各本「漆」下有「沮」字。[札記]「漆」下衍「沮」，考證據漢志刪。

〔子差弗立〕　瀧五・七，慶二左七，殿二左九，凌二左一〇。〇差，[毛]羌。

集　音踰世本作榆　〇[高山]無此注。

索　系本作僞榆　〇系，[金陵][索]世。

〔子高圉立〕　瀧五・九，慶二左九，殿三右一，凌三右二。

集　宋衷曰　〇[金陵]同，各本「衷」字作「忠」。卒，[毛]立。按：「立」，「卒」訛。

〔子亞圉立〕　瀧五・九，慶二左九，殿三右二，凌三右三。〇[高山]「亞」字下有「徐廣曰一作冒」六字注。

集「世本云」至「亞圉字」○高山無此注十六字。

〔子公叔祖類立〕瀧六・一，慶三右一，殿三右四，凌三右四。○高山英房南化狩無「叔」字。

〔公叔祖類卒〕瀧六・六，慶三右二，殿三右五，凌三右六。○高山無「叔」字。

〔古公亶父復脩后稷公劉之業〕瀧六・六，慶三右三，殿三右五，凌三右七。○高山南化梅狩無「亶父」二字。紹古公亶父立復——。

〔國人皆戴之〕瀧六・七，慶三右四，殿三右七，凌三右七。○戴，蜀載。

〔欲得財物予之〕瀧六・八，慶三右五，殿三右七，凌三右七。○予，紹子。按：因字形似訛歟。

〔以吾地與民〕瀧六・一〇，慶三右六，殿三右八，凌三右一〇。○與，高山予。

〔乃與私屬〕瀧七・一，慶三右八，殿三右一〇，凌三左二。○南化梅狩此四字作「與其私屬」。高山乃與其私屬。

〔遂去豳度漆沮〕瀧七・一，慶三右八，殿三右一〇，凌三左二。

集 水在杜陽岐山 ○在，高山出。

集 杜陽縣在扶風 ○高山——在扶風之。

〔踰梁山〕瀧七・二，慶三右九，殿三左一，凌三左二。

正　在梁山西南　○[金陵]同，各本無「在梁山」三字。[札記]三字警依緜詩疏補。

正　其東當夏陽西北臨河　○[金陵]同，各本無「夏」字。[札記]「夏」字吴增，與緜詩疏合。[殿考]推尋文義，「陽」字上脱一字，據地理志宜是櫟陽。

〔止於岐下〕　瀧七・三，慶三右一〇，殿三左二，凌三左四。

集　山在扶風美陽西北　○山，[凌]岐。[南][殿]岐山在——。

集　其南有周原　○[高山]無「周」字。

〔盡復歸古公於岐下〕　瀧七・四，慶三左二，殿三左四，凌三左五。○[高山]無「復」字。

〔於是古公乃貶戎狄之俗〕　瀧七・八，慶三左三，殿三左五，凌三左七。○戎，[南][北][嵯]夷。狄，[高山]翟。

〔而營築城郭室屋〕　瀧七・八，慶三左三，殿三左五，凌三左七。○[中統][游]「室屋」二字作「宮室」。

〔而邑別居之〕　瀧七・八，慶三左四，殿三左六，凌三左八。

集　分別而爲邑落也　○而，[高山]所。[彭][嵯]——爲邑落者也。

〔作五官有司〕　瀧七・九，慶三左四，殿三左六，凌三左八。

集　司馬司空司士　○士，[凌]土。

〔民皆歌樂之頌其德〕　瀧七・一〇，慶三左五，殿三左七，凌三左九。

索　居岐之陽實始翦商是也　○[彭][嵯]無「是」字，[楓][三]校補「是」。

〔曰太伯〕 瀧八・三，慶三左六，殿三左八，凌三左一〇。〇太，詳節泰。

〔太姜生少子季歷〕 瀧八・四，慶三左七，殿三左九，凌四右一。

正 國語注云 〇金陵同，各本無「注」字。殿考此非國語文，乃韋昭注國語文也。札記「注」字吴增，下「太任」正義「注」字同。

〔季歷娶太任〕 瀧八・六，慶三左八，殿三左一〇，凌四右二。

集 列女傳曰 〇殿無「曰」字。

集 太姜有吕氏之女 〇吕，景蜀任，高山井紹慶彭毛游南北台，凌殿郘。札記「吕」字原誤「郘」，考證據列女傳改。

集 太任摯任氏之中女 〇殿無「之」字。

正 國語注云摯疇二國任姓奚仲仲虺之後太任之家 〇彭嵯無此注。殿無「注」字。疇，慶彭凌南時。奚，凌虞。札記殿本「奚」，與國語注合，「虞」誤。

〔皆賢婦人〕 瀧八・七，慶三左九，殿四右一，凌四右四。

正 維德之行 〇維，詳節雍。

〔生昌有聖瑞〕 瀧八・九，慶四右二，殿四右四，凌四右七。〇高山英房南化野尾重「昌」字。

正 凡事不强則枉 〇金陵同，各本「枉」上有「不」字。札記「枉」上衍「不」字，吴删，與大戴記合。

正 不仁守之 〇彭嵯以不仁守之。

〔文身斷髮〕　瀧九・四，慶四右八，殿四右九，凌四左四。

集　「應劭曰常在水中」至「故不見傷害」二十三字　○殿此注誤爲正義注。

集　故不見傷害　○彭嵯無「傷」字。

〔篤於行義〕　瀧一〇・六，慶四右一〇，殿四左二，凌四左六。○毛「於」、「行」互倒。

〔公季卒〕　瀧一〇・六，慶四左一，殿四左三，凌四左六。

集　葬鄠縣之南山　○高山「葬」字作「蔡西」二字。

〔西伯曰文王〕　瀧一〇・七，慶四左二，殿四左四，凌四左八。

正　文王龍顏虎肩　○金陵同，各本「肩」字作「眉」。札記「肩」原訛「眉」，吴改，與宋書符瑞志引識書合。

正　身長十尺胸有四乳　○金陵同，各本無「胸」字。尺，彭丈。札記「胸」字吴增，同上。

正　雒書靈準聽云　○金陵同，各本無「準」字。聽，詳節曜。札記「準」字吴增。

正　蒼帝姬昌　○姬，詳節期。

正　高長八尺二寸　○高，詳節身。

〔遵后稷公劉之業〕　瀧一〇・九，慶四左三，殿四左五，凌四左八。○高山英房南化西伯遵后稷——。

〔伯夷叔齊在孤竹〕　瀧一一・二，慶四左五，殿四左七，凌五右一。

正　殷時諸侯孤竹國胎氏也姓墨　○金陵「孤竹國胎氏也姓墨」八字，作「孤竹國也姓黑胎氏」。各本此八字作「竹國也姓點殿本作「墨」字。氏也」七字。札記「孤」字考證增，「墨胎氏」三字原訛「點氏」，考證據伯夷列傳索隱改增。

集 應劭曰在遼西令支

*正 令支故城在盧龍縣南七十里按後漢令支縣屬遼西郡也 棭梅崇狩。

〔太顛〕 瀧一一・四，慶四左七，殿四左八，凌五右二。○顛，英房南化梅狩野尾閬。

〔皆往歸之〕 瀧一一・四，慶四左八，殿四左九，凌五右三。

集 今上黨所治縣是也 ○高山「治」字、「是也」二字並無。

〔諸侯皆嚮之〕 瀧一一・七，慶四左一〇，殿五右二，凌五右六。○蜀無「皆」字。

〔乃求有莘氏美女〕 瀧一一・八，慶五右二，殿五右三，凌五右七。

正 在同州河西縣南二十里 ○彭嵯無「二十里」三字，楓三狩校補「二十里」。

正 莘國姒姓 ○國，凌因。姒，嵯妙，高校記「姒」。

〔驪戎之文馬〕 瀧一一・一〇，慶五右三，殿五右四，凌五右九。

正 在雍州新豐縣東南十六里 ○彭嵯無「十六里」三字，楓三狩高校補「十六里」。

正 文王以獻紂也 ○彭嵯無此注。

〔他奇怪物〕 瀧一二・一，慶五右五，殿五左六，凌五左一。○英房南化狩及他奇怪物。

〔紂大説曰〕 瀧一二・二，慶五右六，殿五右七，凌五左二。○説，殿悦。

〔況其多乎〕 瀧一二・三，慶五右七，殿五右八，凌五左三。

索 一物謂嫳氏之美女也　○謂，[索]爲。[英房][彭][嵯]一物謂有嫳氏——。嫳，[北]孽。

索 以殷紂淫昏好色故知然　○[南][北][殿]無此注。色，[嵯]邑，[高]校記「色」。

〔以請紂去炮格之刑〕　瀧一二·五，慶五右九，殿五右一〇，凌五左五。○[景][井][紹][金陵]同，各本「格」字作「烙」。

〔於是虞芮之人〕　瀧一二·七，慶五右一〇，殿五左一，凌五左七。○之，[南化][梅]二。按：以「之」、「二」字，字草，書形相似，譌。

〔有獄不能決〕　瀧一二·七，慶五左五，殿五左六，凌六右二。○[札記]御覽「獄」作「訟」。

集 在河東大陽縣　○[彭][金陵]同，各本「大」字作「太」。[高山]無「縣」字。

集 在馮翊臨晉縣　○[高山]無「縣」字。

正 故芮城在芮城縣西二十里　○[金陵]同，各本無「二十里」三字。[殿考]推尋文義，應云「故芮城在芮城縣西二十里」。

正 虞西百四十里有芮城　○百，[南]北。

正 括地志又云閒原在河北縣西六十五里　○[金陵]同，各本又云互倒而「閒」字作「閑」。[札記]又云原倒，吳乙。

正 乃相與朝周入其境則耕者讓畔行者讓路入其邑男女異路班白不提挈入其朝士讓爲大夫大夫讓爲卿　○[金陵]同，各本無「入其境」至「爲卿」三十七字。[札記]吳增，與緜詩傳合。

正 復與虞芮相接臨晉在河西同州　○接，[彭][嵯]按。

正 非臨晉芮鄉明也 ○金陵同，各本「鄉」字作「城」。札記原作「城」，吳改。

〔入界耕者皆讓畔〕 瀧一三・一，慶五左五，殿五左六，凌六右二。○札記御覽「入界」作「入其界」。

〔乃如周〕 瀧一三・一，慶五左五，殿五左六，凌六右二。○札記「如」，御覽作「詣」。

〔虞芮之人〕 瀧一三・二，慶五左五，殿五左七，凌六右三。○之，高山二。

〔何往爲祇取辱耳〕 瀧一三・三，慶五左七，殿五左八，凌六右四。○毛同，各本「祇」字作「秖」。何，高山南化楓棭三狩中彭中韓曷。

〔遂還俱讓而去〕 瀧一三・三，慶五左七，殿五左八，凌六右四。○景蜀無「還」字。札記舊刻無「還」字。

〔西伯蓋受命之君也〕 瀧一三・五，慶五左八，殿五左九，凌六右五。○梅狩景井蜀紹同，各本無「也」字。

〔明年伐犬戎〕 瀧一三・五，慶五左八，殿五左九，凌六右五。○戎，高山英房梅狩夷。

集 有人 ○高山無「人」字。

正 又云黄帝生苗龍苗龍生融吾融吾生弄明 ○英房彭嵯無「生苗龍」至「融吾」十字。

正 融吾生弄明 ○英房同，各本「弄」字作「并」。札記「并」，今本山海經作「弄」，下同。

正 故字從犬又後漢書云 ○從，慶後。英房彭無「又」字。

正　今長沙武林之郡大半是也　○金陵同，各本「林」字作「陵」。英房彭無「之」字。

〔伐密須〕　瀧一三・八，慶六右一，殿六右一，凌六右八。

集　安定陰密縣是　○高山無「縣」字。

〔敗耆國〕　瀧一四・一，慶六右二，殿六右三，凌六右一〇。○彭嵯無「國」字。

集　一作阢　○阢，紹汎，彭凌阬。

正　在潞州黎城縣東北十八里　○彭無「十八里」三字。

〔明年伐邘〕　瀧一四・四，慶六右五，殿六右六，凌六左三。

正　武王之穆也　○殿無「王」字。

〔伐崇侯虎〕　瀧一四・六，慶六右七，殿六右八，凌六左五。

正　「崇國蓋在豐鎬之閒詩云」至「是國之地也」三十三字　○彭嵯——閒也詩云——。彭嵯無「詩云」至「地也」十五字。

〔而作豐邑〕　瀧一五・三，慶六右八，殿六右八，凌六左六。

集　在京兆鄠縣東　○金陵同，各本「鄠」字作「鄠」。

〔西伯崩〕　瀧一五・五，慶六右一〇，殿六左一，凌六左九。

集　文王九十七乃崩　○高山文王九十七年乃崩。

正　周文王墓　○彭無「周」字。

正　在雍州萬年縣西南二十八里原上也　○彭「二十八里」四字、「也」字並無。

〔其囚羑里〕 瀧一五・八，慶六左二，殿六左三，凌七右一。○羑，南化 狩 牖。

〔蓋益易之八卦爲六十四卦〕 瀧一五・八，慶六左二，殿六左三，凌七右一。○高山 南化 棭 狩 蓋益演易之——。瀧川考證云，古鈔、南本「益」作「演」。按：誤，「易」上有「演」。高山 英房 無「卦」字。

正 文王著演易之功 ○著，凌者。

〔後十年而崩〕 瀧一七・五，慶六左八，殿六左八，凌七右七。○十，高山 南化 楓 三 棭 狩 高 中彭 中韓 殿七。

正 十當爲九其說在後 ○十，殿七。彭 嵯 無「其」字。

〔追尊古公爲太王〕 瀧一七・七，慶六左九，殿六左九，凌七右八。○太，高山大。下同。

〔公季爲王季〕 瀧一七・七，慶六左九，殿六左九，凌七右九。

正 布王號於天下 ○金陵同，各本「布」字作「有」。札記「布」原訛「有」，依下文改，文王詩疏引乾鑿度亦作「布」，當即此文。

正 按天無二日 ○彭 嵯 無「天無二日」四字。

正 豈殷紂尚存 ○彭 嵯 「殷」字、「尚」字並無。

正 武王成大事而退 ○金陵同，各本無「王」字。札記「王」字吴增。案：此蓋隱栝大傳文。

〔蓋王瑞自太王興〕 瀧一八・一，慶七右三，殿七右三，凌七左三。○瑞，高山 南化 梅 楓 棭 三 野 尾 中彭 中韓 端。

〔武王即位〕　瀧一八・四，慶七右六，殿七右七，凌七左七。

正　武王駢齒　○駢，【凌】胼。

〔武王上祭于畢〕　瀧一八・九，慶七右九，殿七右九，凌七左九。

索　故師出而祭畢星也　○【索】無「星也」二字。

正　我文考文王誕膺天命以撫方夏　○【彭】【嵯】無此注。

正　大會于孟津　○【彭】【嵯】無此注。

正　言十三年伐紂者　○【英房】【彭】【嵯】無「年」字，【楓】【三】【高】校補「年」。

正　欲明其卒父業故也　○【英房】【彭】【嵯】無「故」字。

正　王有疾不豫　○【金陵】同，【英房】【彭】【嵯】無「不豫」二字。各本「豫」字作「愈」。【札記】「豫」訛「愈」，吳校改。

正　十一年武王服闋　○【英房】【彭】無「武王」二字。

正　周公請命　○【英房】【彭】【嵯】無此注。

正　王有瘳　○【英房】【彭】【嵯】無「有」字。

正　則武王年九十三矣　○【英房】【彭】無「王年」二字，【南化】【楓】【棭】【三】【狩】【中彭】校補「王年」。【殿】此注作「則武王九十三年矣」八字。

〔東觀兵〕　瀧一九・五，慶七左五，殿七左六，凌八右七。○觀，【英房】視。

〔至于盟津〕　瀧一九・五，慶七左五，殿七左六，凌八右七。○盟，【高山】孟。下同。

集　史記武王十一年　○高山史記云武王十一年。

集　克紂　○高山克紂矣。

〔司空諸節〕　瀧一九・八，慶七左八，殿七左九，凌八右一〇。

集　諸受符節有司也　○符，高山時。

〔畢立賞罰〕　瀧一九・一〇，慶七左一〇，殿八右一，凌八左二。○立，高山南化梫楓三狩中彭景井紹蜀毛南北嵯力。

〔後至者斬〕　瀧二〇・一，慶八右一，殿八右一，凌八左三。

集　號令之軍法重者　○高山重「號」字。令，毛今。之，高山三。高山無「者」字。

〔中流白魚躍入王舟中〕　瀧二〇・二，慶八右二，殿八右三，凌八左四。

集　白者殷家之正色　○高山無「色」字。

集　言殷之兵衆與周之象也　○高山言以殷之兵衆與周之象也。象，彭家，楓校記「象」。之，中統游人。

索　此已下至火復王屋爲烏　○殿——王屋流爲烏。烏，凌鳥。

〔其色赤其聲魄云〕　瀧二〇・四，慶八右五，殿八右五，凌八左七。

集　王所居屋　○屋，詳節室。

集　安定意也　○高山安定之意也。

集　武王卒父大業　○高山彭嵯無「大」字。

索　鷙鳥也　○鷙，【慶】【中統】【游】【南】【北】【殿】摯。

索　鄭玄云烏是孝鳥言武王能終父業亦各隨文而解也　○【彭】無「鄭玄云」至「業亦」十五字。

*正　周元稱火後代改之故秦始皇以爲周火德稱水德滅之是也　【崇】【㮲】【梅】【狩】【岩】【簣】【瀧】。

〔是時諸侯不期而會盟津者八百諸侯諸侯皆曰紂可伐矣〕　瀧二一・二，慶八右七，殿八右八，凌八左一〇。○【高山】【南化】【楓】【㮲】【三】【狩】【高】【中彭】【中韓】【通志】不重「諸侯」。【南化】——皆曰帝紂可伐矣。

〔乃還師歸〕　瀧二一・三，慶八右九，殿八右九，凌九右一。○各本「歸」下有「居」字。按：瀧本誤脱「居」字。

〔太師疵少師彊〕　瀧二一・四，慶八右一〇，殿八右一〇，凌九右二。○疵，【彭】疵，【㮲】校記「疵」字。

〔抱其樂器而犇周〕　瀧二一・五，慶八右一〇，殿八左一，凌九右三。○樂，【南化】【狩】【高】祭。【英房】【楓】【三】【狩】抱其祭樂器——。【札記】類聚十二引「樂器」作「祭器」。

〔殷有重罪不可以不畢伐〕　瀧二一・六，慶八左一，殿八左一，凌九右四。○【高山】【南化】無「以」字。

〔遂率戎車三百乘〕　瀧二一・七，慶八左二，殿八左三，凌九右四。

集　「孔安國曰」至「言其猛也」十八字　○【高山】無此注。

集 若虎賁獸言其猛也 ○楓三金陵同，各本無「獸」字。札記「獸」字吳增，與書序傳合。

〔虎賁三千人〕 瀧二一・七，慶八左三，殿八左三，凌九右五。○高山「人」下有「甲士四萬五千人也若虎賁獸言猛」十四字注。

〔師畢渡盟津〕 瀧二二・一，慶八左四，殿八左四，凌九右六。

正 盡從河南渡河北 ○彭無此注。

〔諸侯咸會曰孳孳無怠〕 瀧二二・四，慶八左五，殿八左五，凌九右六。

***正** 曰作日言日日孳（瀧本重「孳」）。進其心無怠慢也 崇椵梅狩岩瀧。

〔怡説婦人〕 瀧二二・八，慶八左一〇，殿八左九，凌九左二。

集 怡一作辭 ○辭，高山亂。

〔維共行天罰〕 瀧二二・九，慶九右一，殿八左一〇，凌九左三。○高山英房南化狩維共行天之罰。

集 丈夫之稱 ○丈，高山大。

〔二月〕 瀧二三・四，慶九右二，殿九右一，凌九左四。

集 徐廣曰 ○高山無「曰」字。

〔甲子昧爽〕 瀧二三・六，慶九右二，殿九右二，凌九左四。

集 昧冥也 ○昧，紹甲。

集 蚤旦也 ○蚤，景井蜀紹慶彭毛游嵯早，殿朝。

〈武王朝至于商郊牧野乃誓〉　瀧一三・六，慶九右三，殿九右三，凌九左五。○于，景井紹蜀於。

集　甲子朝誓也　○也，蜀中統游金陵之。楓三——誓也將與紂戰也。

正　土地平衍　○土，凌上。

〈右秉白旄以麾曰〉　瀧一三・八，慶九右六，殿九右六，凌九左九。○秉，高山英房南化狩把。

集　示有事於教令　○教，紹致。嵯無「令」字。令，高山也。

〈遠矣西土之人〉　瀧一三・九，慶九右七，殿九右七，凌九左一〇。

集　勞苦之　○苦，高山告。

〈嗟我有國冢君〉　瀧一三・一〇，慶九右八，殿九右七，凌一〇右一。○通志「有國」二字作「友邦」。游「有國」二字作「友國」。

〈及庸蜀羌髳微纑彭濮人〉　瀧一四・二，慶一〇右三，殿九右一〇，凌一〇右三。○蜀，彭游屬。及，蜀乃。羌，蜀游羗。注同。

集　八國皆蠻夷戎狄　○楓三高——戎狄屬文王者同名。

集　羌在西蜀　○羌，紹羗。

集　叟髳微在巴蜀　○蜀，南北殿無「叟」字。

正　房州竹山縣及金州　○房，凌号。

正　古庸國　○金陵同，各本「庸」字作「盧」。古，凌石。札記原訛「石」，盧依郡縣志改。

正　隴右岷洮叢等州以西羌也姚府以南　○彭　嵯「也姚府」三字作「微纑」二字。高校記「也姚府」。

正　古微瀘彭三國之地濮在楚西南　○彭　金陵同，各本「瀘」字作「盧」。濮，彭濮。

正　有髳州微濮州瀘府彭州焉　○瀘，彭　嵯　纑，殿　盧。

正　武王率西南夷諸州伐紂也　○彭無此注。

〈牝雞無晨〉　瀧二四・五，慶九左五，殿九左四，凌一〇右九。○無，高山　南化　狩　毋。

集　喻婦人知外事　○高山無「人」字。

集　雌代雄鳴則家盡也　○雌，蜀　睢。代，高山　伐。楓　三——盡也婦奪夫政則國亡。

〈今殷王紂維婦人言是用〉　瀧二四・六，慶九左六，殿九左五，凌一〇右一〇。○殷，通志　商。紂，通志　受。紹　無「維」字。高山　英房　南化　狩　通志　無「人」字。

〈自弃其先祖肆祀不荅〉　瀧二四・七，慶九左七，殿九左六，凌一〇右一〇。○祀，毛　犯。

按：「犯」，「祀」訛。

集　荅問也　○問，高山　向。

〈昬弃其家國遺其王父母弟不用〉　瀧二四・八，慶九左七，殿九左七，凌一〇左二。○高山　南化　狩　無「家國」二字。高山——遺無「其」字。王父母兄弟不用。

〈是崇是長是信是使〉　瀧二四・九，慶九左八，殿九左八，凌一〇左二。

集 言紂弃其賢臣 ○高山——其賢良臣。

〔俾暴虐于百姓〕 瀧二四・一〇，慶九左一〇，殿一〇右二，凌一〇左三。○于，蜀子。

按：「子」，「于」訛。

〔乃止齊焉〕 瀧二五・一，慶一〇右一，殿九左一〇，凌一〇左五。

集 今日戰事 ○楓三今日戰事就敵。

集 不過六步七步 ○高山無上「步」字。

〔乃止齊焉〕 瀧二五・二，慶一〇右三，殿一〇右二，凌一〇左六。

集 孔安國曰伐謂擊刺也 ○楓三孔安國曰夫子謂將士伐謂擊刺也。

集 多則六七 ○蜀無「七」字。

〔勉哉夫子〕 瀧二五・三，慶一〇右四，殿一〇右二，凌一〇左七。○夫，蜀天。按：「天」，「夫」訛。

〔尚桓桓〕 瀧二五・三，慶一〇右四，殿一〇右三，凌一〇左七。

集 威武貌 ○威，蜀紹貌。

〔如豺如離〕 瀧二五・三，慶一〇右四，殿一〇右三，凌一〇右三。○豺，景⿰豸戈。

〔于商郊〕 瀧二五・四，慶一〇右五，殿一〇右四，凌一〇左七。

集 此離訓與螭同 ○離，高山音。高山——訓蓋與螭同。

〔以役西土〕 瀧二五・四，慶一〇右五，殿一〇右四，凌一〇左九。

集 不得暴殺紂師之犇走者 ○者，井是。

〔其于爾身有戮〕 瀧二五・五，慶一〇右六，殿一〇右五，淩一〇左一〇。

集 所言且也 高山所之言且也。

〔武王使師尚父與百夫致師〕 瀧二五・八，慶一〇右九，殿一〇右八，淩一一右三。

集 環人掌致師

＊正 環人掌往來之賓致師者挑戰同一事也 棭梅崇狩岩簣。

集 御靡旌摩壘而還

＊正 靡棭、岩本作「摩」。 猶歷也御車歷彼車壘而行疾旌旗靡然而以棭本無「以」。 還也 棭梅崇狩岩簣。

集 先使勇力之士犯敵焉 ○高山必先使——。 焉，蜀馬。

集 左射以菆

＊正 菆音齊棭、簣本無「齊」。 側留反字或作棷簣、狩本無「棷」。 音菆箭之美者也岩本無「也」。 杜預云簣本作「曰」，岩本無「云」。 菆矢善者 棭梅崇狩岩簣。

集 代御執轡 ○代，淩韓嵯我。

集 掚馬掉鞅而還

＊正 掚力丈反掉田豫反掚拂拭馬也正鞅而還以示閒暇無畏懼也 棭梅崇狩岩簣。

集 右入壘 ○右，紹古。

集 折皶

***正** 上之列反下軌獲反謂割取岩本「割」、「取」二字互倒。 彼梜、梅、簣各本無「彼」。 兵耳來 梜 梅 崇 狩 岩 簣。

集 執俘

***正** 音敷俘戰略取人囚也 梜 梅 崇 狩 岩 簣。

集 皆行其所聞而復 ○游——而復云。高山——而復音伏也。

〔以大卒馳帝紂師〕 瀧二五・一〇，慶一〇左二，殿一〇左一，凌一一右六。○札記大明詩疏引無「帝」字，元龜四十四作「商」。

正 士卒二萬六千二百五十人 ○二，彭三。

〔紂師雖衆皆無戰之心心欲武王亟入〕 瀧二六・一，慶一〇左三，殿一〇左二，凌一一右七。○衆，紹王。按：「王」，「衆」訛。南化紂師雖衆以皆——。按：「皆」字「比」之草體，訛「以」。紹「心心」二字作「心之」。按：原「心心」二字作「心々」，草體訛「之」。

〔紂師皆倒兵以戰〕 瀧二六・二，慶一〇左四，殿一〇左三，凌一一右八。○以，詳節不。

〔紂兵皆崩畔紂〕 瀧二六・二，慶一〇左四，殿一〇左三，凌一一右九。○札記類聚引作「紂軍潰畔」，元龜引作「紂軍皆潰畔紂」。

〔自燔于火而死〕 瀧二六・三，慶一〇右七，殿一〇左四，凌一一左一。

正 天智玉之善者縫環其身自厚也 ○英房 彭無「自厚也」三字，楓 三校補此三字。

正 天智玉不銷　○英房彭嵯天地玉不銷如此則。

〔以麾諸侯〕　瀧二六・五，慶一〇左八，殿一〇左六，凌一一左二。○高山無「以」字。

〔武王乃揖諸侯〕　瀧二六・五，慶一〇左八，殿一〇左七，凌一一左三。

正 言先拊循其心也　○其，慶之。

〔商國百姓〕　瀧二六・七，慶一〇左一〇，殿一〇左八，凌一一左四。○高山無「商國」二字。

〔武王亦荅拜〕　瀧二六・八，慶一一右二，殿一〇左一〇，凌一一左七。

索 武王雖以臣伐君　○雖，游維。按：以「雖」草體似「維」訛。

索 太史公失辭耳　○太，英房凌大。按：「大」、「太」訛。　失，游設。

索 武王尚且報揖　○且，凌宜。

〔縣大白之旗〕　瀧二七・二，慶一一右五，殿一一右三，凌一一左一〇。○縣，英房懸。大，殿太。按：「太」、「大」訛。

〔已而至紂之嬖妾二女〕　瀧二七・二，慶一一右五，殿一一右三，凌一一左一〇。○紂，紹附。按：「附」、「紂」訛。　高山無「之」字。

〔二女皆經自殺〕　瀧二七・二，慶一一右六，殿一一右四，凌一二右一。○經，英房南化狩絞。

〔擊以劍〕 瀧二七・三，慶一一右六，殿一一右四，凌一二右一。○高山英房南化擊以輕劍。

〔縣其頭小白之魚〕 瀧二七・四，慶一一右七，殿一一右五，凌一二右二。○縣，高山英房蜀懸。

〔百夫荷罕旗以先驅〕 瀧二七・八，慶一一右九，殿一一右六，凌一二右三。

集 宋均曰 ○宋，凌南北韓朱。

集 蔡邕獨斷曰 ○邕，高山雍。

集 雲罕九旒薛綜曰旒旗名 ○旒，高山井蜀紹毛旂。札記疑下「旒」上脱「九」字。

〔武王弟叔振鐸奉陳常車〕 瀧二七・八，慶一一右一〇，殿一一右八，凌一二右五。

*＊***正** 陳列也常車行威儀車也 柀崇岩狩瀧。

〔毛叔鄭奉明水〕 瀧二八・二，慶一一左三，殿一一右一〇，凌一二右七。

集 司烜氏以鑑取明水於月鄭玄曰 ○高山無「司」字。嵯「月」、「鄭」互倒。

集 欲得陰陽之絜氣 ○絜，紹縶。

集 陳明水以爲玄酒 ○陳，高山東。

索 今本有水字者多亦是也 ○索金陵同，各本無「者多亦是也」五字。

索 不知奉明何物也 ○奉，中統游凌殿是。

〔衛康叔封布茲〕 瀧二八・四，慶一一左五，殿一一左二，凌一二右九。○高山英房

南化 楓 三 高無「康」字。

集 「徐廣曰茲者」至「諸侯病曰負茲」十五字 ○蜀無此注。高山——負茲者也。

〔召公奭贊采〕 瀧二八・五，慶一一左六，殿一一左三，凌一二左一。○高山 英房「贊采」二字作「貢兵」，南化 楓 棭 三 梅 狩 中彭 中韓 作「贊策」。英房 師説禮樂志引史記作「貢兵」。郭云，召公贊策，讀古策也，今用貢兵。

〔尹佚筴祝曰〕 瀧二八・六，慶一一左七，殿一一左四，凌一二左二。○尹，高山 英房 南化 楓 棭 三 狩 野 中彭 蜀 史。筴，英房 策。

正 尹佚讀筴書祝文以祭社也 ○社，嵯 祖，尾 校記「社」。

〔殷之末孫季紂〕 瀧二八・七，慶一一左八，殿一一左五，凌一二左二。○末，紹 未。按：「未」，「末」訛。

〔殄廢先王明德〕 瀧二八・七，慶一一左八，殿一一左五，凌一二左二。○高山 南化 楓 三 狩 高 殄廢先成王明德。

〔其章顯聞于天皇上帝〕 瀧二八・八，慶一一左九，殿一一左六，凌一二左四。○南化 狩「天」、「皇」互倒。按：高山寺藏古鈔本「天」、「皇」二字不倒，瀧本考證非。

〔膺更大命〕 瀧二八・九，慶一二右一，殿一一左八，凌一二左六。○更，蜀 受。慶 彭 南 北 游 王 柯 凌「更」下有「監本作受」四字注。札記 此四字蓋校者所加，今删。

〔受天明命〕 瀧二八・一〇，慶一一左一〇，殿一一左七，淩一二左五。○高山無「命」字。

〔武王又再拜稽首〕 瀧二八・九，慶一一左九，殿一一左七，淩一二左五。○高山南化狩無「稽首」二字。

〔乃出〕 瀧二八・一〇，慶一一右一，殿一一左八，淩一二左六。○乃，嵯及，高校記「乃」。

〔乃使其弟管叔鮮蔡叔度相祿父治殷〕 瀧二九・三，慶一二右四，殿一一左一〇，淩一二左九。

正 衛蔡叔尹之以監殷民謂之三監 ○英房彭嵯此注十三字作「衛蔡叔尹之曰三監」八字。

正 殷都以西爲鄘蔡叔監之 ○慶淩無「殷」字。

正 按二說各異未詳孰是 ○慶彭嵯「孰是」二字作「也」字。

〔命南宮括散鹿臺之財〕 瀧三〇・三，慶一二右七，殿一二右三，淩一三右二。○殿考汲冢周書，「括」作「忽」。財，高山英房南化狩錢。札記治要「財」作「錢」，武成疏引同。襍志云：作「財」者，後人依晚出古文改。

〔以振貧弱萌隸〕 瀧三〇・三，慶一二右七，殿一二右四，淩一三右三。○振，英房南化楓棭三狩中彭賑。隸，英房南化楓棭三狩中彭黎。

〔命閎夭封比干之墓〕 瀧三〇・五，慶一二右八，殿一二右五，淩一三右四。○命，英房令。

正 比干墓 ○彭韓嵯無「比干」二字。

〔行狩〕 瀧三〇・七，慶一二右一〇，殿一二右七，凌一三右五。○高山英房南化楓棭三狩高尾中彭中韓行巡狩。

集 武功成也 ○成，紹故。按：「故」，「成」訛。

〔作分殷之器物〕 瀧三〇・八，慶一二左一，殿一二右八，凌一三右六。

集 宗廟樽也 ○高山宗廟彝樽也。

集 著王之命及受物 ○彭南北韓嵯殿——命及所受物。物，高山者。

〔武王追思先聖王〕 瀧三〇・九，慶一二左二，殿一二右九，凌一三右八。○先，紹元。

按：「元」，「先」訛。

〔乃褒封神農之後於焦〕 瀧三〇・九，慶一二左三，殿一二右九，凌一三右八。

集 地理志 ○凌地理志云。

集 弘農陝縣有焦城 ○高山弘農陝縣有焦城云。

〔帝堯之後於薊〕 瀧三一・一，慶一二左四，殿一二左一，凌一三右一〇。

集 地理志 ○高山「地」、「理」二字互倒。

〔帝舜之後於陳〕 瀧三一・二，慶一二左五，殿一二左一，凌一三右一〇。

正 帝舜後遏父爲周武王陶正 ○彭韓嵯無「武王」二字。

〔大禹之後於杞〕 瀧三一・三，慶一二左六，殿一二左三，凌一三左二。

正 二十一代爲楚所滅 ○彭韓嵯二十一代爲楚國所滅。

〔封尚父於營丘〕　瀧三一・六，慶一二左九，殿一二左五，凌一三左四。○丘，蜀立。按：「立」，「丘」訛。

〔曰齊〕　瀧三一・六，慶一二左九，殿一二左五，凌一三左四。

集　爾雅曰水出其前而左曰營丘　○而，高山出，按：「出」，「而」訛。無「其」字。井無「左曰」二字。

集　淄水過其南及東　○金陵同。高山——及東也矣。各本「及」字作「乃」。札記「及」訛「乃」，吴改，與爾雅注合。

正　今臨菑城中有丘　○丘，殿邱。札記此文未完，疑有脱句，見水經淄水注，今不具。

正　營丘在縣北百步外城中　○彭韓嵯營宫在臨淄縣北百步外城中。

〔曰魯〕　瀧三一・七，慶一三右一，殿一二左七，凌一三左七。

正　炎帝自陳營都於魯曲阜　○英房彭韓嵯無「魯」字。

正　少昊邑于窮桑　○英房彭韓嵯無「于」字。

正　在魯城東門之北　○彭韓嵯無「城」字。

正　居軒轅之丘於山海經云　○彭韓嵯無「於」字。札記「於」字衍。營云，疑當在「居」下。

正　即周公旦子伯禽所築　○彭韓嵯無「旦」字，楓三校補「旦」字。

〔封召公奭於燕〕　瀧三一・一〇，慶一三右五，殿一三右一，凌一四右二。

正　封帝堯之後於薊　○英房彭韓嵯無「帝」字。

正　封召公奭於燕　○英房彭韓嵯無「奭」字。

正　薊城內西北隅有薊丘　○金陵同，各本「薊城內」三字作「蘇則」二字。札記原誤「薊則」二字，考證據水經注改。

正　在幽州漁陽縣東南六十里　○金陵同，各本無「在」字。札記「在」字考證增。

正　宗國都城記云　○殿金陵同，各本無「宗」字。

正　薊燕二國　○二，南北立。

正　俱武王立　○彭韓嵯俱武王無「立」字。封二國。

〔封弟叔鮮於管〕　瀧三二一·三，慶一三右八，殿一三右五，凌一四右五。

正　周武王弟叔鮮所封　○金陵同，彭韓嵯無此注。各本無「鮮」字。札記「鮮」字考證增。

〔弟叔度於蔡〕　瀧三二一·三，慶一三右九，殿一三右六，凌一四右六。

正　武王封弟叔度於蔡　○嵯無「封」字，尾校補「封」。

正　因名也　○也，彭韓嵯之。

〔登豳之阜〕　瀧三二一·九，慶一三右一〇，殿一三右七，凌一四右八。○殿考汲冢周書作「升汾之阜」。

〔武王至于周〕　瀧三二二·一，慶一三左二，殿一三右九，凌一四右一〇。○高山無「武」字。

〔自夜不寐〕　瀧三二二·二，慶一三左二，殿一三右九，凌一四右一〇。○詳節「寐」下有「自夜謂自旦至夜也」八字注。

〔蜚鴻滿野〕　瀧三二二·五，慶一三左六，殿一三左二，凌一四左四。

*正　淮南子云夷中彭、中韓本無「夷」字。羊在牧按夷羊怪獸也此云蜚中彭、中韓本作「飛」。鴻滿野棭、梅、狩、岩、簀本校記上文耳，但中彭、中韓、瀧各本加下文。隨巢子云飛拾滿野瀧本脱上八字。淮南子云飛蛩滿野高誘注云蛩蟬蟣蠓之屬也按飛鴻中彭、中韓本「飛」、「鴻」互倒。拾蛩則鳥蟲各別亦須隨文解之不得引高誘解此也既云麋鹿在牧蠓蟣又在野外則比干商容之屬忠賢何㬝詩見鴻雁篇此文飛鴻用比箕子微子比干商容被其放棄若飛野外或殺或去願瀧本無「願」。後君子庶免疑焉

〔不顯亦不賓滅以至今〕　瀧三四・二，慶一四右一，殿一三左八，凌一四左一〇。○顯，景顧。

集　一云不顧亦不賓成　○金陵同，各本「成」字作「滅」。景井蜀紹一云不顧失亦不賓無「成」字。失威。高山一云不顧失威亦不賓滅。札記「成」字原作「滅」，吴改，與逸周書度邑解合。舊刻、毛本並作「不顧失亦不賓滅失」，語不可曉。

集　一又云　○高山「一」、「又」互倒。

集　不顧亦不恤也　○蜀無「亦不恤也」四字。恤，高山滅。

索　既無非大賢　○既，詳節雖。

索　未能興化致理　○詳節然未能興化致理。

索　故殷家不大光昭　○英房彭韓嵯無「家」字。

索　亦不既擯滅　○各本「既」字作「即」。按：瀧本「既」，「即」訛。

索　而劉氏音破六爲古　○破，南北改。

索　一本作不顧亦不賓成　○金陵同，各本無「成」字。札記「成」字吳補。

索　蓋是學者以周書及隨巢不同　○索——隨巢子不同。

索　亦不賓滅天鬼即天神也　○英房彭韓嵯無「即」字。

〔我未定天保何暇寐〕　瀧三四・六，慶一四右五，殿一四右二，凌一五右五。

*正　言殷雖有不明之臣猶不棄絶其國以至于今我雖滅殷尚未定知天之保安我否何暇寐而不憂乎　中彭中韓瀧。

〔悉求夫惡貶從殷王受〕　瀧三四・八，慶一四右六，殿一四右三，凌一五右六。

*正　貶退也受紂名也言武王遍求諸罪惡咸貶退之莫從殷王受之教令令中彭、中韓本不重「令」。歸周之聖化也　崇中彭中韓瀧。

索　言今悉求取夫惡人不知天命不順周者　○各本「周」下有「家」字。按：瀧本誤脱「家」字。

索　咸貶責之　○咸，彭韓嵯或，高校記「咸」。

〔日夜勞來我西土〕　瀧三五・二，慶一四右七，殿一四右三，凌一五右七。○高山景井蜀索中統游金陵日夜勞來定我西土。札記宋本有「定」字，索隱本、中統、舊刻、游、毛、元龜十三引並同，王、柯、凌脱。

集　一云肯來　○高山一云日亦肯來。

索　七字連作一句讀　○七，慶中統索游金陵八。

*正　勞來上郎到反下郎代反謂撫循慰勉也　崇中彭中韓瀧。

〔自洛汭延于伊汭〕　瀧三五・五，慶一四右一〇，殿一四右七，凌一五右一〇。〇[高山]「汭延」二字作「芮逮」。

〔其有夏之居〕　瀧三五・六，慶一四左一，殿一四右八，凌一五左一。

索　言自洛汭及伊汭　〇[索]無「言」字。

正　非都之也　〇[金陵]同，各本「都」、「之」互倒。[殿]無「非」字。[英房][彭][韓][嵯]無「之」字。

〔我南望三塗北望嶽鄙顧詹有河〕　瀧三五・九，慶一四左四，殿一四左一，凌一五左五。〇詹，[高山][英房][南化][楓][棭][三][梅][狩][高][中彭][中韓][通志]瞻。下同。

索　在陸渾縣南　〇[中統][游][金陵]同，各本「渾」字作「澤」而無「縣」字。[札記]「縣」字考證據左傳注增。

***正**　釋例地名云三途在河南陸渾縣南五十里　[崇][中彭][中韓][瀧]。

正　在洛西北恒山　〇[金陵]同，各本無「恒」字。西，[凌]而。[札記]殿本「西」各本訛「而」。「恒」字考證增。

〔粵詹雒伊〕　瀧三六・二，慶一四左七，殿一四左四，凌一五左九。〇詹，[桃]陽，[高山][桃古]瞻。[通志]此四字作「越視伊洛」。

〔營周居于雒邑而後去〕　瀧三六・二，慶一四左九，殿一四左六，凌一五左一〇。

正　在洛州河南縣北九里苑內東北隅　〇[英房][彭][韓][嵯]無「東北隅」三字。

正　京相璠地名云　〇[殿][金陵]同，各本「璠」字作「潘」。

〔縱馬於華山之陽〕 瀧三六・六，慶一五右一，殿一四左八，凌一六右三。○高山無「於」字。

〔放牛於桃林之虛〕 瀧三六・七，慶一五右二，殿一四左九，凌一六右四。○放，殿牧。虛，高山南化楓棭三狩高中彭中韓墟。

*正 虛音墟廢林也 南化楓棭三狩崇。

正 夸父之山 ○英房凌「夸父」二字作「本火」。

〔示天下不復用也〕 瀧三六・九，慶一五右四，殿一五右一，凌一五右六。○高山無「也」字。

〔武王已克殷後二年〕 瀧三六・一〇，慶一五右五，殿一五右二，凌一六右七。○高山南化梅無「後」字。

〔以存亡國宜告〕 瀧三七・二，慶一五右六，殿一五右三，凌一六右八。

索 六字連一句讀 ○凌無「連」字。中統游六字連作一句。中統、游本無「讀」字。

正 以周國之所宜 ○慶無「宜」字。

〔武王亦醜〕 瀧三七・四，慶一五右七，殿一五右四，凌一六右九。○景紹蜀毛武王王亦醜。

〔故問以天道〕 瀧三七・四，慶一五右七，殿一五右四，凌一六右九。○高山南化無

「故」字。

〈自爲質〉 瀧三七・六，慶一五右九，殿一五右六，凌一六左二。○質，高山 英房 南化 楓 棭 三 梅 狩 高 中彭 贄。

正 請代武王 ○請，彭 謂。按：「謂」、「請」訛。

〈伐誅武庚管叔〉 瀧三八・四，慶一五左六，殿一五左二，凌一六左八。○高山 英房 南化 楓 棭 三 梅 狩 高 中彭 伐誅武庚殺管叔。

〈頗收殷餘民〉 瀧三八・七，慶一五左七，殿一五左三，凌一六左九。○收，高山 井 紹 牧。按：「牧」、「收」訛。

〈以封武王少弟封爲衛康叔〉 瀧三八・七，慶一五左七，殿一五左四，凌一六左一〇。

正 以封康叔爲衛侯即今衛州是也 ○彭 韓 嵯 此注十三字作「以封康叔於衛今衛州是也以三監之餘民」十七字。

〈魯天子之命〉 瀧三九・三，慶一六右四，殿一五左九，凌一七右七。○高山「之」、「命」互倒。

集 尚書序云 ○高山 古文尚書序云。

〈初管蔡畔周〉 瀧三九・四，慶一六右四，殿一六右一，凌一七右八。○高山 英房 南化 狩 無「周」字。

〔次嘉禾〕 瀧三九・六，慶一六右六，殿一六右三，凌一七右九。○南化 楓 三 梅 狩

中彭 無「次嘉禾」三字。按：高山寺藏古鈔本有「次嘉禾」三字，瀧本考證非。

〔梓材〕 瀧三九・六，慶一六右六，殿一六右三，凌一七右一〇。

集 亦如梓人之治材也 ○材，慶 林。按：「林」，「材」訛。

〔使召公復營洛邑〕 瀧三九・九，慶一六右九，殿一六右五，凌一七左二。○召，高山 邵。

紹 無「公」字。

〔東代淮夷殘奄〕 瀧四〇・六，慶一六左三，殿一六右八，凌一七左六。○代，高山 英房

景 井 蜀 伐。

正 括地志云 ○嵯 無「志」字。按：誤脱。

正 泗水徐城縣北三十里 ○札記 孫輯括地志作「泗州」，當是。

正 兖州曲阜縣奄里 ○金陵 同，各本「里」字作「至」。札記「里」字原訛「至」，孫輯改。

〔遷其君薄姑〕 瀧四〇・七，慶一六左四，殿一六右一〇，凌一七左八。

正 在青州博昌縣東北六十里 ○博，彭 韓 嵯 搏。

〔作多方〕 瀧四一・一，慶一六左六，殿一六左二，凌一七左一〇。

集 告衆方天下諸侯 ○高山「告」字、「天下諸侯」四字並無。

〔作周官〕 瀧四一・二，慶一六左七，殿一六左三，凌一八右一。

集 言周家設官分職用人之法 ○彭 嵯 無「用人之法」四字，楓 三 高 校補「用人之法」。

集　古文尚書序　○序，景井紹敘。

〔度制於是改〕　瀧四一・三，慶一六左八，殿一六左四，凌一八右二。○中統游「度」、「制」互倒。

〔成王將崩〕　瀧四一・五，慶一七右一，殿一六左六，凌一八右四。○將，英房既。

〔懼太子釗之不任〕　瀧四一・六，慶一七右一，殿一六左七，凌一八右五。

集　任而針反　○彭韓嵯任音而針反。殿無此注。

〔以太子釗見於先王廟〕　瀧四一・七，慶一七右三，殿一六左九，凌一八右七。○王，井玉。

按：「玉」，「王」訛。

〔申告以文王武王之所以爲王業之不易〕　瀧四一・七，慶一七右四，殿一六左九，凌一八右七。○高山南化無上「以」字。

〔以篤信臨之〕　瀧四一・八，慶一七右五，殿一六左一〇，凌一八右八。○篤，彭駕，楓棭三狩校記「篤」。

〔作顧命〕　瀧四一・九，慶一七右五，殿一六左一〇，凌一八右九。

集　顧將去之意也　○高山無「之」字。

〔太子釗遂立〕　瀧四一・九，慶一七右三，殿一六左一〇，凌一八右九。○太，井大。按：「大」，「太」訛。

〔作康誥〕　瀧四一・一〇，慶一七右七，殿一七右二，凌一八左一。○高山作康王誥。

〔刑錯四十餘年不用〕　瀧四二・一，慶一七右八，殿一七右二，凌一八左一。

集　錯置也　○高山錯者置也。

集　無所置刑　○高山無「置」字。

〔畢公分居里〕　瀧四二・三，慶一七右九，殿一七右三，凌一八左三。○高山英房南化梅狩尾無「分」字。

〔康王卒〕　瀧四二・四，慶一七右九，殿一七右四，凌一八左四。○卒，南化梅狩尾崩。

按：高山寺藏古鈔本「卒」字不作「崩」，瀧本考證非。

〔子昭王瑕立〕　瀧四二・七，慶一七右一〇，殿一七右五，凌一八左四。○瑕，紹暇，詳節假。

〔王道微缺〕　瀧四二・七，慶一七左一，殿一七右五，凌一八左四。○缺，紹鈌。

〔昭王南巡狩不返〕　瀧四二・七，慶一七左二，殿一七右五，凌一八左五。○返，高山反。

〔諱之也〕　瀧四二・八，慶一七左三，殿一七右六，凌一八左四。

正　膠液船解　○解，王鮮。按：「鮮」，「解」譌。

正　其右辛游靡　○金陵同，各本「辛」字作「卒」。札記「辛」譌「卒」，吴改，與御覽八十五引世紀合。

正　長臂且多力　○彭韓嵯無「且」字。

正　周人諱之　○彭韓嵯周人諱之不言。

〔王道衰微〕　瀧四二・一〇，慶一七左五，殿一七右九，凌一八左八。○道，通志室。札記御覽引句上有「而」字。

〔穆王閔文武之道缺〕　瀧四三・一，慶一七左五，殿一七右九，凌一八左八。○高山無「之」字。

〔復寧〕　瀧四三・二，慶一七左八，殿一七左一，凌一九右一。

集　伯冏臣名也　○殿金陵同，各本無「臣」字。蜀無「冏」字。高山「伯」、「冏」互倒。

集　蓋太御　○御，蜀僕。

〔祭公謀父諫曰不可〕　瀧四三・四，慶一七左八，殿一七左二，凌一九右二。○祭，高山南化梅蔡。

集　爲王卿土　○各本「土」字作「士」。按：瀧本「土」，「士」訛。

正　故祭城　○祭，南化狩南北殿蔡。

正　鄭大夫祭仲邑也　○嵯無此注，高校補「鄭大夫祭中邑也」七字。

〔先王燿德不觀兵〕　瀧四三・五，慶一八右三，殿一七左七，凌一九右四。

*正　言先王以德光耀四方不用兵革征伐也　○崇岩中彭中韓瀧。

〔允王保之〕　瀧四三・八，慶一九右七，殿一八右三，凌一九右七。

集　言武王常求美德　○求，中統彭游韓嵯來，尾校記「求」。

集　於是夏而歌之　○蜀於是夏一而歌之。

集　樂章大者曰夏　○章，高山重。

*正　顧野王曰戢藏兵也　崇　岩　中彭　中韓　瀧。

〔遵脩其緒〕　瀧四四・七，慶一八左一，殿一八右三，凌一九左四。○脩，南化　楓　棭　三　梅　尾　中彭　中韓　循。按：高山寺藏古鈔本「脩」字不作「循」，瀧本考證非。

集　遵一作選　○遵，高山尊。

〔脩其訓典〕　瀧四四・八，慶一八左一，殿一八右四，凌一八左一。○脩，梅循。

〔訢戴武王〕　瀧四五・一，慶一八左五，殿一八右八，凌一九左九。○凌　金陵同，各本「戴」字作「載」，南化　楓　棭　三　梅　狩　中彭　中韓　高　校記「戴」。

〔邦内甸服〕　瀧四五・三，慶一八左七，殿一八右九，凌二〇右一。○邦，南化郊。

〔甸服者祭〕　瀧四五・四，慶一八左九，殿一八左一，凌二〇右二。

集　供日祭　○供，高山共。下同。

*正　終一王而繼立者乃來朝享　崇　岩　中彭　中韓　瀧。

〔有不貢則脩名〕　瀧四五・九，慶一九右四，殿一八左六，凌二〇右七。

集　謂尊卑職貢之名號也　○卑，蜀早。

〔有不王則脩德〕　瀧四五・一〇，慶一九右四，殿一八左七，凌二〇右八。

集　遠人不服　○服，彭　韓　嵯　至，三　校記「服」。

集 則脩文德以來之　○高山則修文德以來之矣也。

〔則脩刑〕　瀧四六・一，慶一九右五，殿一八左七，凌二〇右九。

集 則有刑罰也　○罰，高山誅。

〔布令陳辭〕　瀧四六・三，慶一九右八，殿一八左一〇，凌二〇左二。○令，南化狩命。

〔則增脩於德〕　瀧四六・三，慶一九右九，殿一九右一，凌二〇左三。○高山南化楓三狩高則有增脩於德。

〔無勤民於遠〕　瀧四六・四，慶一九右九，殿一九右一，凌二〇左三。

*正 言勤憂萬民無嫌於遠也　崇岩中彭中韓瀧。

〔且觀之兵無乃廢先王之訓〕　瀧四六・七，慶一九左三，殿一九右四，凌二〇左七。○南化棭三梅狩且觀之兵矣其無乃——。楓且觀之兵矣。高山且觀之兵其毋「無」字作「毋」。乃廢先王之訓。

〔而王幾頓乎〕　瀧四六・七，慶一九左三，殿一九右五，凌二〇左七。○南化三而王幾殆頓乎。楓而王幾頓敗也。「乎」字作「也」。

〔固其有以禦我矣〕　瀧四六・一〇，慶一九左五，殿一九右七，凌二〇左九。

*正 犬戎能守終極純一堅固之德必有禦王命瀧川本命作「師」。也　崇岩中彭中韓瀧。

〔有國有土〕　瀧四七・五，慶一九左八，殿一九右九，凌二一右二。○土，毛士。按：「士」，

「土」訛。

〔何擇非其人〕 瀧四七・六，慶一九左九，殿一九右一〇，凌二一右三。○擇，南化 楓 三 梅 狩 中彭 中韓 釋。

集 當何所選擇乎 ○蜀無「所」字。

集 非當選擇賢人乎 ○高山「人乎」二字作「也」字。

〔何居非其宜與〕 瀧四七・七，慶一九左一〇，殿一九左一，凌二一右四。○高山 南化 楓 梜 三 無「其宜」二字。

集 非唯五刑 ○高山非唯五刑乎。

集 非唯及世輕重所宜乎 ○凌 殿 金陵同，各本「乎」字作「也」。

〔兩造具備〕 瀧四七・八，慶二〇右一，殿一九左二，凌二一右五。○游「具」、「備」互倒。

〔師聽五辭〕 瀧四七・九，慶二〇右二，殿一九左三，凌二一右六。

集 衆獄官聽其入五刑辭 ○高山 楓 三 衆獄官共高山本無「共」字。聽其入於楓、三本無「於」字。五刑辭。

正 目不直則視眊 ○金陵同，各本「眊」字作「眇」。札記原作「眇」，吴改，與周禮注合。

正 色不直則貌赧 ○殿 金陵同，各本「赧」字作「赩」。

正 氣不直則數喘也 ○札記凌本「喘」，與周禮注合，各本訛「端」。按：各本作「喘」，蓋札記訛。

〔正於五刑〕 瀧四八・一，慶二〇右四，殿一九左五，凌二一右八。

集 則正之於五刑矣 ○高山無「矣」字。

〔五刑不簡正於五罰〕　瀧四八・二，慶二〇右五，殿一九左六，凌二一右九。

*正　應乙陵反下同應當也　崇 岩 中彭 中韓 瀧。

〔正於五過〕　瀧四八・四，慶二〇右六，殿一九左七，凌二〇右一〇。

集　從赦免之　〇之，高山也。

〔官獄內獄閱實其罪〕　瀧四八・五，慶二〇右七，殿一九左八，凌二一右九。

索　惟官惟反　〇凌 金陵同，各本無「惟官」二字。札記凌本有此二字，與經合。

*正　官獄謂公案正直岩本作「貞」。也內獄謂心案無枉濫也　崇 岩 中彭 中韓 瀧。

〔惟訊有稽〕　瀧四八・八，慶二〇右一〇，殿二〇右一，凌二一左五。

集　重之至也　〇彭 韓 嵯無「至」字。

*正　訊音貌　岩。

〔無簡不疑〕　瀧四八・九，慶二〇左一，殿二〇右二，凌二一左六。〇疑，高山聽，旁有「疑」字。札記經作「聽」，撰異以爲作「疑」，乃今文。案：集解但引書傳，索隱、正義，亦無辨，是所見本皆作「聽」，今本傳寫誤，否則如上句「惟訊」，小司馬作音矣，段說殆非，又疑裴時「訊」亦本作「貌」，故亦但引傳文。

〔其罰百率閱實其罪〕　瀧四九・一，慶二〇左二，殿二〇右三，凌二一左七。

集　音刷孔安國曰　〇高山音刷駟案孔安國曰。

集　六兩曰鍰　〇高山六兩曰鍰百。

索 鋕亦六兩 ○金陵同，各本「鋕」字作「鏘」。札記各本訛「鏘」，考證據周禮注改。

〔其罰倍灑閱實其罪〕 瀧四九・三，慶二〇左五，殿二〇右五，凌二二左九。

集 灑一作蓰 ○凌 殿 金陵同，中統 游「灑」字、「蓰」字並無，各本爲「蓰」字。

集 五倍曰蓰孔安國曰 ○高山五倍曰蓰駰案孔安國曰。

索 蓰音所解反 ○游 毛無「音」字。

〔其罰倍差閱實其罪〕 瀧四九・四，慶二〇左七，殿二〇右九，凌二二右五。

集 凡五百三十三三分一也 ○蜀「三十三」作「三十二」。

正 合三百三十三鍰二兩也 ○彭 韓「三十三」作「三十」。

〔墨罰之屬千〕 瀧五〇・四，慶二〇左九，殿二〇右一〇，凌二二右五。○墨，高山默，旁有「墨」字。

〔密康公從〕 瀧五〇・九，慶二一右三，殿二〇左四，凌二二右九。

正 在涇州鶉觚縣西 ○觚，南 北孤。

〔必致之王〕 瀧五〇・一〇，慶二一右四，殿二〇左五，凌二二右一〇。

集 康公母姓隗氏 ○隗，彭 游 殿 嵯媿，南化 梅 狩 尾 校記「隗」。

〔公行下衆〕 瀧五一・二，慶二一右六，殿二〇左七，凌二二左二。○高山 桃古 桃 南化 楓 棭 三 狩 高 中彭 中韓 金陵同，各本「行」下有「不」字。札記注云國語、列女傳皆無「不」字。案：據韋昭注、劉向頌及正義引曹大家，則「不」字衍。今刪，志疑說同。

正　公之所行　○毛王柯凌無「所」字。慶殿無「行」字。

〔王御不參一族〕　瀧五一・三，慶二一右七，殿二〇左八，凌二二左三。

集　韋昭云　○云，景井紹蜀毛游曰。

集　御婦官也　○金陵同，各本「婦」字作「妻」。

集　故取姪娣以備三不參一族之女也　○高山取姪娣以備三年不參一族之（高山本無「女」字。）也。

〔美之物也〕　瀧五一・四，慶二一右八，殿二〇左九，凌二二左四。○通志「之」、「物」互倒。

〔而何德以堪之〕　瀧五一・五，慶二一右九，殿二〇左九，凌二二左四。○高山而何何德以堪之。

〔況爾之小醜乎〕　瀧五一・五，慶二一右九，殿二〇左一〇，凌二二左五。○高山無「之」字。

〔子懿王囏立〕瀧五一・六，慶二一左一，殿二一右一，凌二二左六。

索　世本作堅　○凌「世本」二字作「一」。世，索金陵系。

〔懿王之時〕　瀧五一・七，慶二一左二，殿二一右六，凌二二左七。○南化楓棭三梅狩中彭中韓「之時」二字作「立」字。按：高山寺藏古鈔本「之時」二字不作「立」字，瀧本考證非。

〔詩人作刺〕　瀧五一・七，慶二一左二，殿二一右二，凌二二左七。○高山南化楓棭三高無「刺」字。

索 懿王自鎬徙都犬丘 ○犬，索大。按：「大」，「犬」訛。

〔諸侯復立懿王太子燮是爲夷王〕 瀧五一・九，慶二一左三，殿二一右三，凌二二左九。○燮，景井紹蜀中統游燮。

正 烹齊哀公于鼎 ○金陵同，各本「烹」字作「翦」，「鼎」字作「昂」。札記 吴改，與紀年合，御覽八十五引同。

〔大夫芮良夫諫厲王曰〕 瀧五二・四，慶二一左六，殿二一右六，凌二三右二。○夫，慶彭柯游王正，南化楓棭三梅狩野中彭校記「夫」。

〔猶日怵惕〕 瀧五二・九，慶二二右二，殿二二左一，凌二三右七。○高山殿金陵同，各本「日」字作「曰」。游「怵」、「惕」互倒。札記 殿本「日」，與治要合，天聖本國語同各本訛「曰」。

*****正** 極至也夫王人者將導引其利而偏（瀧川本作「偏」。） 布之命上下共同也故神人而（瀧本作「百」。） 物皆得至其利而（岩本「而」下有「王」字。） 猶日怵惕恐懼之來責也怵音（瀧本脱「音」字。） 人質反 崇岩中彭中韓瀧。

〔其歸鮮矣〕 瀧五三・四，慶二二右六，殿二一左五，凌二三左二。○南化三狩高中彭中韓其歸者鮮矣。

〔周必敗也〕 瀧五三・五，慶二二右六，殿二一左五，凌二三左二。○高山無「也」字。

〔民不堪命矣〕　瀧五三・七，慶二二右八，殿二一左七，凌二三左四。

〔得衛巫使監謗者〕　瀧五三・八，慶二二右九，殿二一左七，凌二三左五。

集　召康公之後穆公虎　○公，南北殿王。

正　有謗毀必察也　○南「謗」、「毀」互倒。

〔其謗鮮矣〕　瀧五三・八，慶二二右一〇，殿二一左八，凌二三左六。○高山無「矣」字。

〔國人莫敢言〕　瀧五三・九，慶二二左二，殿二一左九，凌二三左六。○高山南化楓棭三狩無「人」字。

〔故天子聽政〕　瀧五四・二，慶二二左五，殿二二右二，凌二三左一〇。○故，蜀天。按：「天」，「故」訛。

〔瞽獻曲〕　瀧五四・三，慶二二左六，殿二二右四，凌二四右一。○金陵同，各本「曲」字作「典」。下注同。札記各本訛「典」，依天聖本國語改，注同，説詳志疑。

〔史獻書〕　瀧五四・三，慶二二左六，殿二二右四，凌二四右二。

正　史太史也　○彭韓嵯「史」字、「也」字並無。

〔矇誦〕　瀧五四・四，慶二二左七，殿二二右五，凌二四右三。

集　矇主弦歌諷誦箴諫之語也　○弦，慶彭游殿韓嵯絃。諷，南北調。

〔庶人傳語〕　瀧五四・五，慶二二左九，殿二二右七，凌二四右四。

集 不得達 ○金陵同，各本「達」字作「言」，楓 三 校記「達」。札記各本訛「言」，吳改，與國語注合。

集 傳以語王 ○金陵同，各本「王」字作「士」。札記「王」字各本作「士」，國語注同，吳改。

〔近臣盡規〕 瀧五四・五，慶二二左一○，殿二二右八，凌二四右五。

集 韋昭曰近臣驂僕之屬 ○殿 金陵同，各本無「韋昭曰」三字。

＊**正** 規度時之得失也 崇 岩 中彭 中韓 瀧。

〔瞽史教誨〕 瀧五四・七，慶二三右一，殿二二右九，凌二四右六。

集 韋昭曰瞽樂太師 ○殿 金陵同，各本無「韋昭曰」三字。

〔耆艾脩之〕 瀧五四・七，慶二三右一，殿三○右四，凌二四右七。○耆，慶 耆，嵯 著，高 校記「耆」。

集 師傅也 ○傅，紹 游 傳。

〔夫民慮之於心〕 瀧五五・一，慶二三右六，殿二二左三，凌二四左一。○高山無「於」字。

〔而宣之於口〕 瀧五五・一，慶二三右六，殿二二左四，凌二四左二。○高山無「於」字。

〔厲王出奔於彘〕 瀧五五・三，慶二三右八，殿二二左五，凌二四左四。○奔，景 井 紹 蜀 犇。

集 今曰永安 ○曰，高山 日。

〔國人聞之〕 瀧五五・五，慶二三右一○，殿二二左七，凌二四左六。○高山無「之」字。

〔王其以我爲讐而懟怒乎〕　瀧五五・七，慶二二三左一，殿二二二左八，凌二二四左七。○以，凌出。高山無「讐」字。高山　南化　楓　棭　三　狩　高　中彭　中韓「而」、「懟」互倒。

〔險而不讐懟〕　瀧五五・七，慶二二三左二，殿二二二左九，凌二二四左八。○高山　南化　楓　三　狩　野　尾無「讐」字。

集　在危險之中　○險，蜀　阬。

〔召公周公二相行政〕　瀧五六・二，慶二二三左四，殿二二三右一，凌二二四左一〇。○札記御覽引「二相」下有「共」字。

〔號曰共和〕　瀧五六・二，慶二二三左四，殿二二三右一，凌二二四左一〇。

索　共國伯爵和其名干篡也　○毛　金陵同，各本無「和其名干篡也」六字。

索　故云干王位也　○彭無「云」字。

正　諸侯賢之　○賢，詳節貴。

正　共伯使諸侯奉王子靖爲宣王　○靖，凌　游　毛　南　北　柯　清。

正　世家云　○殿衛世家云。

正　襲攻共伯於墓上　○殿　金陵同，各本「共」字作「恭」。下同。

〔厲王死于彘〕　瀧五七・九，慶二二四右一，殿二二三右八，凌二二五右八。○死，高山　南化　狩卒。

〔康之遺風〕　瀧五八・一，慶二二四右三，殿二二三右一〇，凌二二五右一〇。○高山無「之」字。

〔不可〕 瀧五九・三，慶二四右五，殿二三左四，凌二五左四。

索 人之繁庶 ○金陵同，各本「人」字作「事」。札記各本「人」字，與下「事之共給」「事」字互誤，依國語改。

索 於是乎在 ○金陵同，各本「在」字作「取」。

正 在岐州陳倉縣東南十里 ○倉，慶凌蒼。南，凌四。彭韓嵯無「十里」二字。

正 在晉州岳陽縣北九十里也 ○王無「九十里」三字。

〔王師敗績于姜氏之戎〕 瀧五九・七，慶二四右九，殿二三左六，凌二五左七。○各本「氏」字作「氐」。按：瀧本「氏」，「氐」訛。

〔乃料民於太原〕 瀧五九・八，慶二四右一〇，殿二三左七，凌二五左八。

集 江漢之間 ○金陵同，各本「江」、「漢」互倒。間，慶凌門。札記原訛「漢江之門」，考證據國語注改。

〔仲山甫諫曰〕 瀧五九・九，慶二四左一，殿二三左八，凌二五左九。

正 在兗州瑕丘縣西南三十五里 王無「三十五里」四字。

〔民不可料也〕 瀧五九・一〇，慶二四左二，殿二三左九，凌二五左一〇。○紹無「可」字。

〔子幽王涅立〕 瀧六〇・九，慶二四左五，殿二四右二，凌二六右三。○各本「王」下有「官」字。按：瀧本誤脱「官」字。除紹本、游本，各本「湦」字作「涅」。

*__正__ 涅作瀧川本無「涅作」二字。湦音生按本又作涅涅音乃結反 崇岩中彭中韓瀧。

〔西周三川皆震〕　瀧六〇・一〇，慶二二四左五，殿二二四右二，凌二二六右三。○周，英房彭南北殿彭嵯州，下同。楓三狩高中彭校記「周」。

集　地震動　○高山震地「地」、「震」互倒。動言地動。

正　此時以王城爲東周　○王，慶正，彭玉。

〔伯陽甫曰〕　瀧六一・一，慶二二四左八，殿二二四右四，凌二二六右六。

集　伯陽甫周柱下史老子也　○殿同，各本「甫」字作「父」。

〔民亂之也〕　瀧六一・三，慶二二四左九，殿二二四右六，凌二二六右七。○札記御覽「亂」、「之」互倒。

集　言民不敢斥王者也　○高山言民者不敢斥王無「者」字。也。

〔是陽失其所而填陰也〕　瀧六一・五，慶二二五右一，殿二二四右八，凌二二六右一〇。

集　爲陰所鎮笮也　○鎮，凌游殿填。

〔原必塞〕　瀧六一・六，慶二二五右二，殿二二四右九，凌二二六左一。○原，英房南化楓三狩源。

〔夫水土演而民用也〕　瀧六一・七，慶二二五右三，殿二二四右九，凌二二六左一。

集　演則生物　○高山無「生」字。

〔河竭而商亡〕　瀧六一・九，慶二二五右五，殿二二四左二，凌二二六左四。

集　商人都衛河水所經也　○彭韓嵯——河水所經地也。

〔亡國之徵也〕　瀧六一・一〇，慶二五右七，殿二四左三，凌二六左五。○高山無「國」字。

〔川竭必山崩〕　瀧六一・一〇，慶二五右七，殿二四左四，凌二六左六。○高山「必」、「山」互倒。

〔若國亡〕　瀧六二・一，慶二五右八，殿二四左四，凌二六左六。○桃古同，桃中統游「國」、「亡」互倒。

〔不過其紀〕　瀧六二・二，慶二五右九，殿二四左五，凌二六左八。

集　終於十　○紹終於於十。按：衍。高山無「十」字。

集　十則更故曰紀也　○高山十則更始故曰紀也。

〔岐山崩〕　瀧六二・二，慶二五右一〇，殿二四左六，凌二六左八。○岐，游毛歧。

〔幽王嬖愛褒姒〕　瀧六二・三，慶二五右一〇，殿二四左六。凌二六左九。

索　禮婦人稱國及姓其女是龍漦妖子　○凌無此注。漦，慶索殿嫠。妖，游殀。

正　褒國故城　○凌無「故」字。

〔後幽王得褒姒愛之〕　瀧六二・六，慶二五左三，殿二四左九，凌二七右二。○札記御覽引「愛之」作「而篤愛之」。

〔并去太子宜臼〕　瀧六二・六，慶二五左四，殿二四左一〇，凌二七右二。○高山英房梅無「宜臼」二字。

〔以褒姒爲后〕　瀧六二・六，慶二五左四，殿二四左一〇，凌二七右二。〇以，高山用。

〔以伯服爲太子〕　瀧六二・六，慶二五左四，殿二四左一〇，凌二七右二。〇高山南化以其子伯服爲太子。

〔有二神龍〕　瀧六二・九，慶二五左六，殿二五右二，凌二七右四。〇高山英房南化狩「二」、「神」互倒。

〔余褒之二君〕　瀧六二・一〇，慶二七右五，殿二五右二，凌二七右五。〇高山——二君也。

〔龍亡而漦在櫝而去之〕　瀧六三・二，慶二五左一〇，殿二五右五，凌二七右八。〇而，通志其。去，通志藏。

〔比三代莫敢發之〕　瀧六三・三，慶二六右一，殿二五右七，凌二七右九。〇高山「發」、「之」二字互倒。

〔至厲王之末〕　瀧六三・四，慶二六右一，殿二五右八，凌二七右一〇。

集　末年王流彘之歲　〇末，紹未。按：「未」，「末」訛。

〔漦化爲玄黿〕　瀧六三・六，慶二六右三，殿二五右九，凌二七左二。〇英房漦化爲玄之黿。

〔既齔而遭之〕　瀧六三・七，慶二六右四，殿二五右九，凌二七左三。〇高山英房南化楓三高中彭中韓未既齔而——。札記志疑云，國語作「未既齔」，此缺「未」。既齔者，齒未盡毀也。

集 女七歲而毀齒也　○殿金陵同，各本無「齒」字。札記殿本有「齒」字，與國語注合。

〔實亡周國〕　瀧六四・一〇，慶二一六右七，殿二一五左二，凌二一七左五。

集 箕木名　○名，紹各。按：「各」、「名」訛。

〔宣王使執而戮之逃〕　瀧六四・二，慶二一六右八，殿二一五左三，凌二一七左七。○高山英房桃古南化楓梅狩無「逃」字。

〔哀而收之〕　瀧六四・三，慶二一六右九，殿二一五左四，凌二一七左七。

集 徐廣曰妖一作夭夭幼少也　○彭無此注，楓三校補此注十一字。高山——夭夭者幼少也。

〔請入童妾所弃女子者於王〕　瀧六四・五，慶二一六左二，殿二一五左六，凌二一七左九。○高山南化狩「女」、「子」互倒。

〔以贖罪〕　瀧六四・五，慶二一六左三，殿二一五左七，凌二一七左一〇。

正 周幽王伐有褒　○彭韓嵯無「有」字。

〔竟廢申后及太子以褒姒爲后〕　瀧六四・七，慶二一六左四，殿二一五左九，凌二一八右二。○高山南化竟廢申高山本無「申」字。后及太子而以褒姒爲后。

〔伯服爲太子〕　瀧六四・八，慶二一六左五，殿二一五左九，凌二一八右三。○贅異其子伯服——。

〔褒姒不好笑〕　瀧六四・九，慶二六左六，殿二五左一〇，凌二八右四。○笑，高山咲。

〔幽王爲熢燧大鼓〕　瀧六四・一〇，慶二六左七，殿二六右一，凌二八右五。○熢，中統游烽。下同。大，凌太。

正　峯遂二音　○遂，凌燧。

正　熢土櫓也　○殿同，各本字「櫓」作「魯」。札記案：魏公子列傳集解引文穎曰，「作高木櫓，櫓上作桔槔，桔槔頭兜零，以薪置其中，謂之烽。」此「土櫓」疑即「木櫓」之爛文，而上下並有脱字。胡三省通鑑注引文穎作「土櫓」。

〔有寇至則擧熢火〕　瀧六五・一，慶二六左九，殿二六右二，凌二八右六。○熢，景井紹蜀烽，毛烽，南燧。

〔諸侯悉至〕　瀧六五・一，慶二六左九，殿二六右三，凌二八右七。○悉，彭韓嵯即。

〔幽王説之〕　瀧六五・二，慶二六左九，殿二六右三，凌二八右七。○高山南化三狩幽王欲説之。

〔爲數擧熢火〕　瀧六五・二，慶二六左一〇，殿二六右三，凌二八右七。○高山南化「爲」、「數」互倒。凌無「熢」字。

〔諸侯益亦不至〕　瀧六五・三，慶二六左一〇，殿二六右四，凌二八右八。○高山無「諸侯」

二字。【高山】【彭】【韓】【嵯】無「亦」字。

〔好利〕　瀧六五・四，慶二七右二，殿二六右五，凌二八右一〇。

索　佞一作諂　〇【彭】【韓】【嵯】或佞一作諂。

〔王用之〕　瀧六五・四，慶二七右二，殿二六右五，凌二八右一〇。〇【高山】【南化】【狩】今王用之。

〔又廢申后去太子也〕　瀧六五・五，慶二七右二，殿二六右六，凌二八右一〇。〇【高山】【南化】【狩】「又」字作「幽王之」三字。

〔與繒西夷犬戎攻幽王〕　瀧六五・五，慶二七右四，殿二六右六，凌二八左一。〇【高山】乃與繒——。【高山】【南化】【狩】——犬戎共攻幽王。【札記】治要、王風譜疏引「與」上有「乃」字，治要、王風譜疏、小大雅譜疏、御覽引並作「共政幽王」。

正　夏禹後　〇【彭】【南】【北】【王】【殿】【韓】【嵯】無「禹後」二字。

〔幽王舉烽火徵兵〕　瀧六五・七，慶二七右四，殿二六右七，凌二八左二。〇【紹】無「幽王」二字。

〔遂殺幽王驪山下〕　瀧六五・八，慶二七右五，殿二六右八，凌二八左三。〇驪，【南化】【狩】麗。【札記】「驪」，王風譜疏引作「麗」，小大雅譜疏、御覽引作「驪山之下」，字類引作「酈」，蓋本作「麗」，俗增邑旁。「酈」讀鄰知切者，乃魯縣，非「麗山」字，各本它篇亦雜出，不能悉改也。

索 在新豐縣南　○彭南北殿韓嵯曬在雍州新豐縣南。

索 徐廣音力知反　○音，南北殿曰。

正 在雍州新豐縣南十六里　○殿無此注。

〔盡取周賂而去〕　瀧六五・九，慶二七右六，殿二六右九，凌二八左四。

集 汲冢紀年曰　○曰，紹日。按：「日」，「曰」訛。

集 以至幽王　○高山以至于幽王。

〔於是諸侯乃即申侯而共立故幽王太子宜臼〕　瀧六六・四，慶二七右九，殿二八左七，凌二六左二。○太，紹大。

〔平王立東遷于雒邑辟戎寇〕　瀧六六・五，慶二七右一〇，殿二六左二，凌二八左八。○高山英房南化狩無「立」字。遷，高山英房南化狩徒。札記黍離疏引作「東徙雒邑」，御覽引作「乃東徙雒邑」。高山南化楓棭三中彭中韓「寇」下有「當此時秦襄公以兵送平王平王封襄公以爲諸侯賜之岐以西地從武王盡幽王凡十二世」三十六字。

〔周室衰微〕　瀧六六・九，慶二七左一，殿二六左四，凌二八左九。○高山南化無「衰」字。

〔政由方伯〕　瀧六六・九，慶二七左二，殿二六左四，凌二八左一〇。

集 九命作伯　○九，高山凡。

〔太子洩父蚤死〕　瀧六七・一，慶二七左三，殿二六左六，凌二九右二。○洩，高山桃古泄。札記王風譜疏、御覽引「洩」作「泄」。

〔鄭怨與魯易許田〕瀧六七・三，慶二七左五，殿二六左八，凌二九右四。○怨，殿宛。

〔天子之用事太山田也〕瀧六七・四，慶二七左六，殿二六左九，凌二九右四。○高山無「之」字。紹無「用」字。

索 此云許田天子用事太山田誤 ○彭南北殿韓嵯——太山田誤矣。

正 故賜周公許田以爲魯國朝宿之邑 ○田，北曰。爲，北義。

正 鄭以天子不能復巡狩 ○彭南北無「能」字。

正 遜辭以求也 ○慶毛凌遜辭以有求也。

〔子莊王佗立〕瀧六八・一，慶二八右四，殿二七右六，凌二九左三。○佗，高山他。札記王風譜疏、御覽引「佗」作「他」。

〔王殺周公〕瀧六八・二，慶二八右五，殿二七右八，凌二九左五。

索 並后匹嫡 ○匹，慶中統凌游疋。

索 兩政耦國 ○耦，慶凌偶。

〔子釐王胡齊立〕瀧六八・五，慶二八右八，殿二七右一〇，凌二九左八。○札記御覽引「釐」作「僖」，下同。

〔子惠王閬立〕瀧六八・七，慶二八右一〇，殿二七左二，凌二七左九。

索 系本名毋涼 ○金陵同，各本「系」字作「世」。

〔初莊王嬖姬姚生子穨〕　瀧六八・七，慶二八左一，殿二七左三，凌三〇右一。○穨，高山慶中統凌游殿頹。下同。

〔穨有寵〕　瀧六八・八，慶二八左一，殿二七左三，凌三〇右一。○高山子穨有寵。

〔奪其大臣園以爲囿〕　瀧六八・八，慶二八左二，殿二七左四，凌三〇右一。○囿，高山南化梅狩圃。札記御覽、元龜引作「奪其大臣蔿國之田以爲囿」。

〔故大夫邊伯等五人作亂〕　瀧六八・九，慶二八左二，殿二七左四，凌三〇右二。○大，紹太。按：「太」、「大」訛。

集　蔿國邊伯詹父子禽祝跪也　○詹，紹澹，紹——跪也之。按：衍。

〔惠王犇温〕　瀧六九・一，慶二八左四，殿二七左六，凌三〇右四。

正　故蘇子同五大夫伐惠王　○五，凌王。

〔樂及徧舞〕　瀧六九・三，慶二八左六，殿二七左八，凌三〇右七。○徧，高山偏。

集　徧舞皆舞六代之樂也　○皆，彭韓嵯者。

〔鄭與虢君伐殺王穨〕　瀧六九・五，慶二八左七，殿二七左九，凌三〇右七。○與，嵯興。按：「興」、「與」訛。高山南化尾——伐殺王子頹。「穨」字作「頹」。

〔二十五年惠王崩〕　瀧六九・七，慶二八左九，殿二七左一〇，凌三〇右九。○殿考年表在二十四年。

〔襄王母蚤死〕　瀧六九・八，慶二八左一〇，殿二八右一，凌三〇右一〇。○凌金陵同，各本「蚤」字作「早」。

〔後母曰惠后〕　瀧六九・八，慶二八左一〇，殿二八右一，凌三〇右一〇。

正　按陳國舜後嬀姓也　○嵯無「舜後」二字。

〔惠后生叔帶〕　瀧六九・八，慶二九・一，殿二八右二，凌三〇左一。

正　甘水出焉　○金陵同，各本「甘」字作「有」。札記「甘」原訛「有」，吳改，與水經注合。

〔有寵於惠王〕　瀧六九・一〇，慶二九右三，殿二八右五，凌三〇左四。○高山南化梅無「於惠王」三字。

〔齊桓公使管仲平戎于周〕　瀧七〇・三，慶二九右五，殿二八右六，凌三〇左六。○周，高山南化王。

〔使隰朋平戎于晉〕　瀧七〇・四，慶二九右五，殿二八右七，凌三〇左六。

集　故和也　○和，紹祀。也，高山之。

〔有天子之二守國高在〕　瀧七〇・六，慶二九右七，殿二八右七，凌三〇左七。

*__正__　守音狩禮記云大國三卿二卿命於天子一卿命於其君按國惠子高昭子齊正卿天子所命　○崇博士家本史記異字載正義佚文，無所據書名。岩博異瀧。

〔陪臣敢辭〕　瀧七〇・七，慶二九右九，殿二八右一〇，凌三〇左九。

集　故曰陪臣　○紹故曰陪臣二。高山無「故」字。

〔毋逆朕命〕　瀧七〇・八，慶二九左一，殿二八左二，凌三一右二。

正　遠言之　○殿「遠」字、「之」字並無。

〔管仲卒受下卿之禮而還〕　瀧七〇・九，慶二九左一，殿二八左二，凌三一右二。○高山無「卒」字。

〔十二年叔帶復歸于周〕　瀧七〇・一〇，慶二九左二，殿二八左三，凌三一右三。

集　王召之　○高山王召之世。

〔鄭伐滑〕　瀧七一・二，慶二九左三，殿二八左四，凌三一右四。

集　賈逵曰　○彭韓嵯「賈逵」二字作「正義」。

集　駰按左傳曰滑人叛鄭而服於衛也　○紹空格「駰」字。叛，紹被。按：「被」，「叛」訛。

正　滑國都費　○金陵同，各本「國」上有「故」字。札記原作「滑故國都」，吳改，與杜注合。

正　在洛州緱氏縣南東二十五里也　○札記「南」、「東」，孫輯括地志倒。案：秦本紀正義無「南」字。

〔王使游孫伯服請滑〕　瀧七一・三，慶二九左五，殿二八左六，凌三一右六。

集　周大夫　○大，井人。按：「人」，「大」訛。

〔不與厲公爵〕　瀧七一・五，慶二九左六，殿二八左七，凌三一右八。○高山不與厲公爵也。

集　惠王以后之鞶鑒與鄭厲公　○高山惠王以惠后之——。高山無「鄭」字。鄭，景井紹蜀中統毛游之。

集　而獨與虢公玉爵　○玉，凌王。按：是。

正　虢公爲王宮于玤　○王，慶彭殿韓嵯玉。宮，彭韓官。玤，慶彭南北殿韓嵯玤。下同。

正　飲酒器也玤地名　○凌和——玤虢地。各本無「名」字。按：瀧本以意補。

〔又怨襄王之與衛滑〕　瀧七一・七，慶二九左九，殿二八左一〇，凌三一右一〇。

集　鄭師伐之　○伐，紹供。按：「供」，「伐」訛。

集　王以與衛　○紹王以與衛之。按：衍。

〔富辰諫曰〕　瀧七一・八，慶三〇右一，殿二九右二，凌三一左二。○南化——諫曰不可。

〔王德翟人〕　瀧七一・一〇，慶三〇右三，殿二九右四，凌三一左五。○高山南化無「人」字。

〔富辰諫曰〕　瀧七二・一，慶三〇右四，殿二九右四，凌三一左五。○高山富辰諫曰不可。

〔不可從王不聽〕　瀧七二・二，慶三〇右四，殿二九右五，凌三一左六。○梅無「不可」二字。高山無上「不」字。高山南化楓三高中彭無「從」字。高無「王」字。

〔殺譚伯〕　瀧七二・二，慶三〇右五，殿二九右六，凌三一左七。

集　原伯毛伯也　○毛無「毛伯」二字。高山無「伯」字。

〔初惠后欲立王子帶〕　瀧七二・六，慶三〇右九，殿二九右一〇，凌三二右一。○高「王子帶」三字作「叔帶」二字。

〔故以黨開翟人〕　瀧七二・六，慶三〇右九，殿二九右一〇，凌三二右一。○高山 南化 故以其黨——。

〔襄王出犇鄭〕　瀧七二・六，慶三〇右一〇，殿二九右一〇，凌三二右二。○犇，詳節居。

〔鄭居王于氾〕　瀧七二・八，慶三〇左一，殿二九左一，凌三二右三。○于，高山 景 井 紹 蜀 於。

正　故氾城　○氾，凌汎。

〔子帶立爲王〕　瀧七二・九，慶三〇左二，殿二九左二，凌三二右四。○高山而子帶立爲王。

〔襄王乃賜晉文公珪鬯弓矢爲伯〕　瀧七三・二，慶三〇左五，殿二九左五，凌三二右八。○王，高山公。英房 彭 韓無「晉」字。札記御覽引「珪鬯」作「秬鬯」。

〔以河内地與晉〕　瀧七三・二，慶三〇左六，殿二九左六，凌三二右八。

正　楊樊温原攢茅之田也　○攢，慶 南 北 殿 欑。

*__正__　鬯敕亮反珪珪瓚也孔安國云以珪爲杓柄謂之珪瓚黑黍曰秬釀以鬯草　崇 岩 中彭 中韓 瀧。

〔襄王會之河陽踐土〕　瀧七三・八，慶三〇左七，殿二九左七，凌三三右一〇。

集　在河内　〇内，高山南。

正　至于衡雍　〇衡，凌衛。按：「衛」，「衡」訛。

正　按王城　〇王，金陵在。札記警云，以下文推之，當有脱誤。

〔書諱曰天王狩于河陽〕　瀧七三・一〇，慶三〇左九，殿二九左一〇，凌三三左三。〇諱，嵯韓，高校記「諱」。

集　左傳曰　〇高山無「曰」字。

〔秦穆公卒〕　瀧七四・二，慶三一右一，殿三〇右一，凌三三左四。〇穆，中統游繆。

〔三十二年〕　瀧七四・三，慶三一右二，殿三〇右一，凌三三右五。〇三，高山四。札記殿本云「三十三年」之誤，合左傳及年表證之自知。

〔子頃王壬臣立〕　瀧七四・三，慶三一右二，殿三〇右二，凌三三左五。〇頃，南化傾。高山無「壬」字。臣，南化楓梅巨。

〔頃王六年崩〕　瀧七四・三，慶三一右二，殿三〇右二，凌三三左五。〇高山頃王立六年崩。

〔楚莊王伐陸渾之戎〕　瀧七四・五，慶三一右四，殿三〇右一〇，凌三三右五。〇王，英房子。

正 在秦晉西北　○[金陵]同，各本無「晉」字。[札記]「晉」字考證據杜注增。

正 二國誘而徙之伊川　○[金陵]同，各本無「之」字。[札記]「之」字吴增，與杜注合。

〔迎子周於周〕　瀧七五・三，慶三一左二，殿三〇左二，凌三三右六。○[南化]迎公子周於周。

〔立爲悼公〕　瀧七五・三，慶三一左三，殿三〇左二，凌三三右六。○[高山]立之是爲悼公。[慶][彭]立之爲悼公。[南化][梅]刪去「之」字。

〔子靈王泄心立〕　瀧七五・四，慶三一左三，殿三〇左二，凌三三右七。○[殿考]晉語「泄心」作「大心」。

〔靈王崩〕　瀧七五・五，慶三一左五，殿三〇左四，凌三三右八。

集 皇覽曰　○覽，[蜀]鑒。

集 在河南城西南柏亭西周山上　○[通志][金陵]同，各本「柏」字作「栢」。[高山]在河南河南城西——。

集 蓋以靈王生而有髭而神　○[高山]蓋以爲靈王生而有髭（高山本作「額」）。而神。[通志]有髭又神聖。髭，[紹]髽。

集 故謚靈王　○[高山]故謚曰靈王。

集 其冢民祀之不絶　○[紹]——不絶之。按：衍。

〔子景王貴立〕　瀧七五・六，慶三一左七，殿三〇左五，凌三三右九。

索　亦其疏略耳　○毛 金陵同，各本無「疏」字。

〔后太子聖而蚤卒〕　瀧七五・八，慶三一左七，殿三〇左六，凌三三左一。○蚤，英房 景 井 紹 蜀 慶 殿早。

〔二十五年〕　瀧七五・八，慶三一左七，殿三〇左一，凌三三左一。○高山「二十五」作「二十」。殿考在傳及年表，景王二十五年崩，此云二十年，蓋脱「五」字。

〔景王愛子朝欲立之〕　瀧七五・九，慶三一左八，殿三〇左七，凌三三左二。

正　珪自出水也　○金陵同，各本「出」、「水」互倒。札記原倒，吴乙，與杜注合。

〔會崩〕　瀧七五・一〇，慶三一左九，殿三〇左八，凌三三左三。

集　秦封吕不韋洛陽十萬户　○高山秦封吕不韋洛陽一十萬户。

〔子丐之黨〕　瀧七六・一，慶三一左一〇，殿三〇左九，凌三三左四。○丐，南化匄。

〔子朝爲臣〕　瀧七六・六，慶三一右四，殿三一右三，凌三三左八。

集　春秋曰　○高山春秋傳曰。

集　自謂子朝後也　○朝，景 井 紹 蜀 慶 中統 毛 游晁。

〔諸侯城周〕　瀧七六・八，慶三一右五，殿三一右四，凌三三左九。○高山 英房 南化 楓 棭 三十年諸侯城周。

〔敬王犇于晉〕　瀧七六・九，慶三一右六，殿三一右五，晉三三左一〇。○高山無「于」字。

〔四十三年敬王崩〕　瀧七七・三，慶三二右八，殿三一右七，淩三四右二。○南化 通志同，各本「三」作「二」。札記御覽引作「四十三年」，與年表合。

〔元王八年崩〕　瀧七七・五，慶三二右九，殿三一右八，淩三四右三。○高山元王年八年崩。

〔子定王介立〕　瀧七七・六，慶三二右九，殿三一右八，淩三四右三。○札記御覽引「定王介」三字作「貞定王」。

集　二十八年崩三子争立立應爲貞定王　○高山「崩三」至「定王」十一字作「元癸酉崩庚子」六字。

集　三子争立　○三，毛王。

集　立應爲貞定王　○殿同，各本無「定」字。札記殿本有「定」字。

索　系本云　○毛 金陵同，各本「系」字作「世」。下同。

索　遂彌縫史記系本之錯謬　○索「彌縫」二字作「遺於」。

索　未爲得也　○索此注四字作「未爲得其實」五字。

〔二十八年定王崩〕　瀧七八・二，慶三二左四，殿三一左三，淩三四右八。○英房此注七字作「定王二十八年崩」七字。

〔是爲思王〕　瀧七八・三，慶三二左六，殿三一左五，淩三四右一〇。○高山 英房 南化 狩無「是」字。

〔五月少弟嵬攻殺思王而自立〕　瀧七八・四，慶三二左六，殿三一左五，凌三四左一。○紹無「弟」字。

〔此三王皆定王之子〕　瀧七八・四，慶三二左七，殿三一左六，凌三四左二。○高山——皆定王之高山本無「之」字。子也。

〔考王十五年崩〕　瀧七八・五，慶三二左八，殿三一左六，凌三四左二。

集　皇甫謐曰　○高山無「皇」字。

集　考哲王　○哲，凌悊。

集　元辛丑　○高山元年辛丑。

〔子威烈王午立〕　瀧七八・五，慶三二左八，殿三一左七，凌三四左三。○烈，高山列。

〔子威公代立〕　瀧七八・八，慶三三右一，殿三一左九，凌三四左六。○高山　英房　南化　梅子威公代立高山本無「立」字。專國。

〔子惠公代立〕　瀧七八・八，慶三三右一，殿三一左一〇，凌三四左六。○高山　英房無「立」字。

〔乃封其少子於鞏以奉王〕　瀧七八・八，慶三三右一，殿三一左一〇，凌三四左六。○乃，英房又。南化——奉王祀。

〔號東周惠公〕　瀧七八・九，凌三四左九，慶三三右四，殿三二右二。

正　鞏音拱　○音，[慶]奇。[殿]鞏音拱反。

〔二十四年崩〕　瀧八一・一，慶三三右七，殿三二右五，凌三五右二。

集　騶案宋衷曰威烈王葬洛陽城中東北隅也　○洛，[紹]落。按：「落」、「洛」訛。

〔安王立二十六年崩〕　瀧八一・二，慶三三右八，殿三二右六，凌三五右三。

集　皇甫謐曰　○[高山]徐廣曰皇甫謐曰。

〔烈王二年〕　瀧八一・四，慶三三右九，殿三二右七，凌三五右四。○二，[高山]三。

〔周太史儋〕　瀧八一・四，慶三三右一〇，殿三二右八，凌三五右五。

正　唐固説非也　○[彭][韓][嵯]唐固之説非也。

＊**正**　儋丁（瀧川本空格）甘反又丁談反　[梅][狩][岩][瀧]。

〔別五百載復合〕　瀧八一・七，慶三三左三，殿三二左一，凌三五右九。

集　周孝王封伯翳之後爲侯伯　○[彭][韓][嵯]——爲諸侯伯。

集　與周別五百載　○載，[嵯]歲。

集　謂秦仲也五百歲謂從秦仲至孝公彊大　○[高山]無「也五」至「秦仲」八字。

索　至昭王五十二年西周君臣獻邑三十六城以入於秦　○[凌]「三十六」作「二十」。

索　凡五百一十六年　○[索]「五百一十六」作「百一十六」。

〔合十七歲而霸王者出焉〕　瀧八一・九，慶三三左七，殿三二左五，凌三五左三。○[高山]無「焉」字。

集 徐廣曰 ○[高山]徐廣徐廣曰。

集 從此後十七年 ○[高山]「從此後」三字作「此復」二字。後，[紹]從。按：「從」，「後」訛。

集 至始皇而王天下 ○[高山]至始皇而王天下者也。

正 周封非子爲附庸邑之秦 ○[彭][韓][嵯]同，各本爲「之」字。

正 兼非子邑秦之後十四年則成五百 ○[彭][韓][嵯]兼之非子——。[慶][彭][南][北][殿][韓]——五百載。[嵯]——五百歲。

〔十年〕 瀧八二·五，慶三四右二，殿三三右一，淩三五左一。○[札記]志疑云，烈王在位七年，此傳寫誤。

〔是爲顯王〕 瀧八二·六，慶三四右三，殿三三右二，淩三五左一○。

正 扁邊典反 ○[彭]扁音邊典反。

〔賀秦獻公〕 瀧八二·六，慶三四右三，殿三三右二，淩三六右一。○[高山]賀秦秦獻公。

〔秦惠王稱王〕 瀧八二·九，慶三四右七，殿三三右六，淩三六右五。○王，[南化]公。

〔子慎靚王定立〕 瀧八三·七，慶三四右九，殿三三右七，淩三六右六。○[高山]子慎靚王定立也。

〔慎靚王立六年崩〕 瀧八三·七，慶三四右九，殿三三右八，淩三六右七。○靚，[南化][梅][狩]静。[高山]慎靚王定立六年崩。

〔子赧王延立〕 瀧八三·八，慶三四右一○，殿三三右八，淩三六右七。○[高山][南化]「子赧王延立」五字作「子王赧」三字。楓三「子赧王延立」五字作「子延王赧」四字。

索　名誕　○誕，索延。

索　正以微弱竊鈇　○毛殿金陵同，各本「鈇」字作「鈌」。

索　王邵按　○邵，殿劭。中統游無「邵」字。

索　爾雅曰　○中統游同，各本無「曰」字。

〔王赧時〕　瀧八三・一〇，慶三四左一，殿三三右一〇，凌三六右九。○高山無「時」字。

考　國己亡　按：瀧本「己」，「已」訛。

〔東西周分治〕　瀧八三・一〇，慶三四左二，殿三三右八，凌三六右九。

索　分主政理　○殿金陵同，各本「主」字作「王」。

索　故洛陽之地　○彭韓嵯無「故」字。索無「之地」二字。

〔王赧徙都西周〕　瀧八四・二，慶三四左三，殿三三左一，凌三六左一。○西，凌成，游城。

正　敬王從王城東徙成周　○金陵同，各本「從」、「徙」訛。札記「從」、「徙」原互誤，吴乙改，下同。

正　十世至王赧　○凌「王」、「赧」互倒。札記原倒，吴乙。

〔司馬翦謂楚王曰〕　瀧八四・四，慶三四左五，殿三三左四，凌三六左四。○翦，高山南化煎。下同。

〔周不聽〕　瀧八四・五，慶三四左七，殿三三左五，凌三六左五。○南化周乃不聽。

〔翦請令楚賀之以地〕　瀧八四・七，慶三五右一，殿三三左八，凌三六左八。○札記志疑云，國策「賀」作「資」，上文亦云「以地資公子」，「賀」字傳寫誤。

〔果立公子咎爲太子〕　瀧八四・八，慶三五右一，殿三三左九，凌三六左八。

＊**正**　此以上至西周武公是楚令周立公子咎爲太子也　崇　岩　瀧。

〔何以周爲秦之禍也〕　瀧八五・一，慶三五右四，殿三四右二，凌三七右三。

索　今王責周道爲秦　○凌無「道」字。

〔故謂周秦也〕　瀧八五・三，慶三五右六，殿三四右四，凌三七右五。○謂，中統　游爲。

〔以疏之於秦〕　瀧八五・七，慶三五右一〇，殿三四右七，凌三七右九。

正　周親秦　○秦，慶　殿我。

〔不借畏於秦〕　瀧八五・九，慶三五左三，殿三四右一〇，凌三七左二。○高山不借之畏於秦。

正　上借音精夕反下音子夜反　○札記此蓋單本正義出「借道」二字而注上音精夕反，又出下文「恐借」二字而注下音子夜反。合刻既增「借」字，又仍「上」、「下」二字，而復妄并爲一。

〔信東周也〕　瀧八六・二，慶三五左六，殿三四左三，凌三七左五。

集　一作何　○何，井　紹　中統　毛　游可。

集　應劭曰　○高山無「曰」字。

集　氏姓譜云　○譜，景　井　蜀　紹　中統　游　金陵注。高山「譜云」二字作「注」字。

〔發質使之楚〕　瀧八六・四，慶三五左九，殿三四左六，凌三七左八。

正　音所吏反　○吏，凌利。

〔秦必無辭而令周不受〕　瀧八六・五，慶三五左一〇，殿三四左七，凌三七左一〇。

正　令秦疑周親韓　○金陵同，各本無「韓」字。令，慶凌令。札記「韓」字吴增。

正　秦必無巧辭而令周不敢受韓地也　○各本「受」上有「不」字。札記下「不」字疑衍。

〔故令人謂韓王〕　瀧八六・七，慶三六右三，殿三四左一〇，凌三八右三。

索　或人爲周君謂魏王云者也　○索金陵同，各本無「云者也」三字。

〔秦召西周君〕　瀧八六・八，慶三六右三，殿三四左一〇，凌三八右二。○高山無「西」字。

〔將以使攻王之南陽也王何不出兵於南陽〕　瀧八六・八，慶三六右四，殿三四左一〇，凌三八右四。○使，英房南化楓棭三狩便。高山將便以使高山本無「使」字。攻王之南陽也。英房南化楓棭三梅狩「南陽」二字作「河南」。按：下文「南陽」亦同。

〔周君將以爲辭於秦〕　瀧八六・九，慶三六右五，殿三五右一，凌三八右五。

索　高誘注戰國策曰　○凌無「戰」字。

索　以魏兵在河南爲辭　○毛無「以」字。

〔秦必不敢踰河而攻南陽矣〕　瀧八七・一，慶三六右七，殿三五右三，凌三八右六。

正　在晉山南河北　○金陵同，各本無「河北」二字。

〔或爲東周説韓王曰〕　瀧八七・二，慶三六右九，殿三五右五，凌三八右八。○高山無「或」字。

正　蓋或人爲東周説韓王　○殿同。蓋，金陵乃，各本「蓋」字作「及」。

正　令按兵無出　○無，殿毋。

〔可以德東周〕　瀧八七・四，慶三六右一〇，殿三五右六，凌三八右一〇。○德，中統游得。

〔而西周之寶〕　瀧八七・五，慶三六左一，殿三五右七，凌三八左一。○周，蜀國。

〔必可以盡矣〕　瀧八七・五，慶三六左一，殿三五右七，凌三八左一。○高山英房南化無「以」字。

〔王赧謂成君〕　瀧八七・七，慶三六左三，殿三五右八，凌三八左三。○通志無此五字。

＊正　成君下自此一段　岩。

〔楚圍雍氏〕　瀧八七・八，慶三六左三，殿三五右九，凌三九右二。

集　韓兵入西周　○高山「西」、「周」互倒。

集　西周令成君辯説秦求救　○高山無「西周」二字而「君」字作「居成」二字。辯，凌辨。救，高山赦。

集　當是説此事而脱誤也　○高山當是説（高山本無「此」字。）事而脱誤之者也。

正　黄帝臣雍父作杵臼所封也　○金陵同，各本「臣」字、「父」字並無。札記「臣」、「父」二字吴補，與孫輯括地志合。

正　按其地時屬韓也　○彭韓嵯「地」、「時」互倒。

〔韓徵甲與粟於東周〕　瀧八七・一〇，慶三六左六，殿三五左一，凌三八左六。〇【高山】【南化】【三】【狩】韓徵甲與粟於東周君。

〔又能爲君得高都〕　瀧八八・二，慶三六左八，殿三五左三，凌三八左八。〇君，【井】若。

〔代見韓相國曰〕　瀧八八・四，慶三七右三，殿三五左五，凌三九右一。

集　漢書百官表曰　〇【井】【蜀】漢書曰百官表曰。

集　駰謂韓亦有相國　〇【高山】駰謂今韓亦有相國。

集　然則諸國共放秦也　〇共，【高山】其。放，【凌】倣。也，【高山】乎。

〔使者已行矣〕　瀧八八・七，慶三七右三，殿三五左八，凌三〇右四。〇【南化】而使者已行矣。【通志】無「已」字。

索　己止也　按：瀧本「己」，「已」訛。

考　言既己發使　按：「己」，「已」訛。

〔亦已多矣何故與周高都也代曰與周高都〕　瀧八八・九，慶三七右四，殿三五左九，凌三九右六。〇【彭】「代曰與周高都」六字誤入上「亦已」下。

〔曷爲不與〕　瀧八九・一，慶三七右八，殿三六右二，凌三九右八。〇【南化】【梅】此四字作「是曷爲不爲」五字。

〔果與周高都〕　瀧八九・一，慶三七右八，殿三六右三，凌三九右九。

正　令不徵甲而得高都　○得，南化與。

〔秦破韓魏扑師武〕　瀧八九・三，慶三七右一〇，殿三六右四，凌三九右一〇。○高山南化無「秦」字。

〔又有天命〕　瀧八九・五，慶三七左二，殿三六右七，凌三九左三。

集　西河郡有藺離石二縣　○金陵同，各本無「郡」字。「藺」上有「趙」字。札記原脱「郡」字，「有」下衍「趙」字。考證據漢志增刪。

正　藺近離石　○札記警云「近」字疑誤。

〔楚有養由基者〕　瀧八九・八，慶三七左五，凌三九左六，殿三六右九。○中統游無「者」字。札記吴校金板無「者」字。

〔非吾能教子支左詘右也〕　瀧九〇・二，慶三七左九，殿三六左三，凌三九左一〇。○支，紹友。詘，毛絀。札記宋本「詘」作「絀」。

索　左手如拒　○拒，中統游距。

索　左手如附泰山　○索金陵同，各本「泰」字作「太」。

〔弓撥矢鉤〕　瀧九〇・四，慶三八右二，殿三六左六，凌四〇右三。○鉤，南化鈎。

〔百發盡息〕　瀧九〇・五，慶三八右二，殿三六左六，凌四〇右四。

索　言并弃前善　○善，索射。

〔北取趙藺離石者〕　瀧九〇・六，慶三八右四，殿三六左七，凌四〇右五。○高山英房

南化 楓 棭 三 狩——離石者公也。

〈請令梁城周〉　瀧九〇・一〇，慶三八右九，殿三七右一，凌四〇左一。〇高山「梁」、「城」互倒。

索　而設詭計也　〇設，慶 中統 索 游誤。

〈若死則犯必死矣〉　瀧九一・二，慶三八左一，殿三七右三，凌四〇左四。〇若，紹苦。

正　乃説梁王曰　〇彭 韓 嵯無「王」字。

〈梁非戍周也〉　瀧九一・五，慶三八左四，殿三七右六，凌四〇左六。〇戍，南化 高戒。

〈又謂梁王曰〉　瀧九一・八，慶三八左七，殿三七右九，凌四〇左一〇。〇謂，紹諫。

〈犯請後可而復之〉　瀧九一・八，慶三八左八，殿三七左一，凌四一右一。

索　甚作瘉　〇甚，索其。

索　請得在後有可之時以鼎入梁也　〇索——鼎入梁者也。札記單索本「梁」下衍「之」字。按：單索本「梁」下無「之」字，蓋札記誤。

正　犯前請卒戍周　〇戍，凌 柯伐。

〈以匿事端〉　瀧九二・二，慶三九右二，殿三七左四，凌四一右五。

索　梁實圖周九鼎　〇實，索寬。

〈遂使城周〉　瀧九二・五，慶三九右五，殿三七左七，凌四一右七。

正　以上至四十二年　〇北「四十二年」四字作「二十四年」。

〔客謂周冣曰〕　瀧九二·六，慶三九右六，殿三七左八，凌四一右九。札記索隱音詞喻反，則當作「冣」，今本並誤作「冣」。

索　冣音詞喻反　○詞，彭韓嵯司。

〔公不若舉秦王之孝〕　瀧九二·六，慶三九右七，殿三七左八，凌四一右八。○各本「舉」字作「譽」。按：瀧本「舉」，「譽」訛。

〔因以應爲太后養地〕　瀧九二·六，慶三九右八，殿三七左九，凌四一左一。○太，高山大。

集　今潁川父城縣應鄉是也　○殿「父」、「城」互倒。

索　秦昭王母宣太后芈氏也　○彭韓嵯——宣太后姓芈氏也。

〔勸周君入秦者必有罪矣〕　瀧九二·九，慶三九左一，殿三八右二，凌四一左四。○勸，高山觀。旁有勸字。

正　以上至四十五年　○金陵同，各本無「至」字。札記「至」字吴增。

〔而周冣謂秦王曰〕　瀧九三·一，慶三九左三，殿三八右四，凌四一左六。○景紹無「周」字。冣，景井慶毛凌殿最。下同。

〔秦與天下獘〕　瀧九三·四，慶三九左六，殿三八右六，凌四一左九。○高山秦與天下乃獘。

〔則令不行矣〕　瀧九三·五，慶三九左六，殿三八右七，凌四一左一〇。

正 故勸王攻周　○金陵同，各本無「周」字。札記「周」字、吴增。

正 以上至秦攻周　○慶、凌、殿無「至」字。

〔請爲王聽東方之變〕　瀧九三・九，慶四〇右三，殿三八左三，凌四二右七。○紹無「方」字。

〔是周常不失重國之交也〕　瀧九四・一，慶四〇右六，殿三八左五，凌四二右九。

集 一作冣　○冣，彭、韓、嵯聚。

〔西周恐倍秦〕　瀧九四・一，慶四〇右六，殿三八左五，凌四二左三。○英房西周君恐倍秦。

〔與諸侯約從〕　瀧九四・五，慶四〇右九，殿三八左九，凌四二左四。

集 以威勢相脅曰横　○高山以威勢相脅曰横之也。

〔令秦無得通陽城〕　瀧九四・七，慶四〇左三，殿三九右三，凌四二左八。○無，南化毋。

〔秦昭王怒〕　瀧九四・八，慶四〇左三，殿三九右三，凌四二左八。○高山無「秦」字。

〔使將軍摎攻西周〕　瀧九四・八，慶四〇左四，殿三九右三，凌四二左八。○高山使將軍摎攻西周君。

集 周末官也　○末，嵯未。攻，紹政。

〔盡獻其邑三十六口三萬〕　瀧九四・一〇，慶四〇左六，殿三九右五，凌四三右一。

索　秦昭王之五十二年　○二，慶中統淩游殿一。

〔周君王赧卒〕　瀧九五・二，慶四○左六，殿三九右六，淩四三右一。

＊正　宋忠云赧謚曰西周武公非也按周君即西周武公也王赧即周王也周君與王赧此年俱卒謚法無赧崇岩。

索　非也　○索宋忠曰謚曰西周武公非也。

索　此周君即西周武公也　○索無「西」字。

索　故連言也　○彭韓嵯故連言之也。

〔秦取九鼎寶器而遷西周公於𢡟狐〕　瀧九五・四，慶四○左一○，殿三九右一○，淩四三右六。○而，南化西。高山——寶器而西遷西周——。南化「公」、「於」互倒。

集　𢡟狐聚與陽人聚相近　○高山無兩「聚」字。

集　在洛陽南百五十里梁新城之閒　○百，中統游北北。

索　亦不知滅時定當何主　○主，中統王。

索　故太史公雖考衆書以卒其事　○卒，淩評。

正　秦遷東周君地　○君，慶淩居。東，淩東。

〔後七歲秦莊襄王滅東西周〕　瀧九五・八，淩四三左一，慶四一右五，殿三九左五。○歲，詳節弃。

集　河南洛陽穀城平陰偃師鞏緱氏　○平，高山五。鞏，景井紹毛蛩，蜀維。札記志疑云西周已滅於赧王五十九年，此與年表皆多「西」字。

正　在平津大河之南也　○津，彭韓江。

〔周既不祀〕　瀧九六・一，慶四一右八，殿三九左八，凌四三左四。

集　周凡三十七王　○王，紹五。

〔成王使召公卜居居九鼎焉〕　瀧九六・六，慶四一左一，殿四〇右二，凌四三左八。○札記王風譜疏引作「卜居之遷九鼎焉」。

〔而周復都豐鎬〕　瀧九六・六，慶四一左二，殿四〇右二，凌四三左九。○鎬，景井蜀紹毛鄗。

〔所謂周公葬我畢〕　瀧九六・七，慶四一左三，殿四〇右三，凌四三左九。○謂，嵯諸。

〔在鎬東南杜中〕　瀧九六・七，慶四一左三，殿四〇右四，凌四三左一〇。

集　一作社　○社，詳節封。

〔漢興九十有餘載〕　瀧九六・九，慶四一左四，殿四〇右四，凌四四右一。○南無「有」字。

〔天子將封秦山〕　瀧九六・九，慶四一左四，殿四〇右五，凌四四右一。○秦，殿金陵泰，英房景井慶中統毛凌游太。按：瀧本「秦」，「泰」訛。

〔號曰周子南君〕　瀧九七・一，慶四一左五，殿四〇右六，凌四四右二。

集　其後有子南勁朝于魏　○高山其後有子南勁紀年勁朝于魏。

集　命子南爲侯　○桃古同。侯，桃中統使。

集　衛最爲後疑嘉是衛後　○高山「爲」字、「疑」字並無。

集　故氏子南而稱君也　○氏，中統游凌比，高山民。高山故氏子南面而稱君也。

正　元帝初元五年嘉孫延年　○帝，慶凌殿鼎。慶凌殿「孫延年」三字作「弟昭」二字。札記原作「元鼎三年嘉元紀弟昭」，吳改，與漢書合。

正　光武建武十三年封於觀　○慶凌殿無此注。札記「十」字吳增，與後漢書光武紀合。「於」字吳增。

正　爲周後　○慶凌殿無此三字。札記三字吳增，與漢書注合。

〔以奉其先祭祀〕　瀧九七・五，慶四一左一〇，殿四〇左一，凌四四右八。

集　一百四十四年　○一，北二。高山「四十四」作「三十」。

集　漢武元鼎四年封周後也　○高山漢武元鼎四年封周後之也。

索　后稷居邰　○邰，慶中統凌游殿邠。

索　丹開雀録　○雀，詳節爵。

索　太師抱樂　○太，慶中統游大。

索　政簡刑措　○措，中統游錯。

索　穨帶挂禍　○穨，金陵積。挂，金陵茌，索茌。

史記會注考證校補卷五

秦本紀第五

〔秦本紀第五〕　瀧一・九，慶一右一，殿一右八，凌一右二。

索　秦雖嬴政之祖本西戎附庸之君豈以諸侯之邦而與五帝三王同稱本紀斯必不可可降爲秦世家

○[索][金陵]無此注。

〔生子大業〕　瀧二・六，慶一右五，殿一右一〇，凌一右六。

索　而嬴姓蓋其族也　○[彭]無「蓋」字。

〔女華生大費〕　瀧二・九，慶一右八，殿一左三，凌一右一〇。○大，[蜀]太。[札記]秦風譜疏引「大」作「太」，下又重「太費」二字。

索　尚書謂之伯益　○謂，[索]爲。

索　尋檢史記上下諸文　○檢，[索]撿。

索　抑亦謬誤爾　○抑，索而。索「謬」、「誤」互倒。爾，索耳。

〔帝錫玄圭〕　瀧三・七，慶一左一，殿一左六，凌一左三。○錫，天養賜。圭，天養珪。

〔其賜爾皂游〕　瀧三・八，慶一左二，殿一左七，凌一左四。

索　游音旒　○游，索斿。

索　「色與玄玉色副」至「然其事亦當有所出」二十字　○彭無此注。

索　色與玄玉色副　○玉，南北殿王，慶圭。

索　言其大功成也　○大，中統凌游天。

*正　堯賜伯益皂色旌旗之旒也賜玄珪皂旒者以二人相輔大禹理水色黑故以旌飾之　岩高。

〔爾後嗣將大出〕　瀧三・九，慶一左三，殿一左八，凌一左六。

*正　出謂霸王劉伯莊謂子孫有餘慶　岩。

〔乃妻之姚姓之玉女〕　瀧三・一〇，慶一左四，殿一左九，凌一左六。○乃，南化梅東遂。札記秦風譜疏引「乃」作「遂」。

集　皇甫謐云　○謐，蜀證。

集　賜之玄玉　○玉，南北圭。札記元龜百八十五引「賜」作「錫」。

〔是爲柏翳〕　瀧四・二，慶一左六，殿二右一，凌一左八。○金陵同，各本「柏」字作「栢」。札記秦風譜疏引作「伯翳」。

〔舜賜姓嬴氏〕　瀧四・二，慶一左六，殿二右一，凌一左八。○賜，中統游受。

〔大費生子二人〕　瀧四・三，慶一左九，殿二右一，凌一左九。○子，蜀十。按：「十」，「子」訛。

〔實鳥俗民〕　瀧四・三，慶二右二，殿二右二，凌二右一。○札記秦風譜疏引「俗」作「谷」。

索　俗一作浴　○凌金陵同，各本「浴」字作「洛」。

＊**正**　實猶是　野岩尾。

〔費昌當夏桀之時〕　瀧四・六，慶二右一，殿二右五，凌二右三。○當，蜀常。

〔大廉玄孫曰孟戲中衍〕　瀧四・六，慶二右一，殿二右五，凌二右三。○札記秦風譜疏引「大廉」作「太廉」。

〔鳥身人言〕　瀧四・七，慶二右二，殿二右六，凌二右四。○言，天養英房桃古南化楓棭三梅狩野榊中彭首。天養仲衍鳥身人言。札記志疑云，「鳥身」上似脱「仲衍」二字。

〔吉〕　瀧四・八，慶二右三，殿二右七，凌二右五。○天養南化楓棭三榊中彭吉左右，桃古左右吉。

〔遂致使御〕　瀧四・九，慶二右三，殿二右七，凌二右五。○致，南化楓棭三梅榊中彭置。

〔自太戊以下〕　瀧四・九，慶二右三，殿二右七，凌二右六。○太，紹大。下同。按：「大」，

「太」訛。

〔遂世有功〕 瀧四・一〇，慶二右四，殿二右八，凌二右六。○札記 御覽八十五引無「遂」字。

〔故嬴姓多顯〕 瀧四・一〇，慶二右五，殿二右八，凌二右七。○札記 王本多作「爲」，王風譜疏引作「名」。

〔蜚廉生惡來〕 瀧五・二，慶一右七，殿二右一〇，凌二右九。○通志——惡來革。

〔是時蜚廉爲紂石北方〕 瀧五・三，慶一右八，殿二左一，凌二右一〇。○札記 志疑云，水經注述此事，言飛廉失爲紂使北方。御覽五百五十一引史記亦曰時飛廉爲紂使北方。傳寫誤爲「石」，叢録説同。案：據集解，則皇甫謐所見本已誤。

集 河東彘縣 ○天養 河東彘彘作「彘」。下懸縣作「懸」。也。

〔得石棺〕 瀧五・七，慶二左二，殿二左五，凌二左五。

正 紂既崩 ○彭韓嵯金陵同，各本「崩」上有「以」字。既，南化已。

正 作得石槨 ○槨，彭韓嵯棺。

〔賜爾石棺以華氏〕 瀧五・九，慶二左四，殿二左七，凌二左六。○爾，天養汝。札記 御覽爾作「汝」。

〔遂葬於霍太山〕 瀧五・九，慶二左四，殿二左七，凌二左七。○南化狩以遂葬——。

集　去匘縣十五里有冢　○天養「匘」、「縣」互倒。

索　言處父至忠國滅君死　○至，中統游志。君，英房彭韓嵯身。

〔造父以善御幸於周繆王〕　瀧六・三，慶二左九，殿三右一，凌三右一。○天養英房南化梅狩重「繆王」二字。

〔得驥温驪〕　瀧六・三，慶二左九，殿三右二，凌三右二。

索　盜驪騧驪也　○殿「盜驪騧驪也」五字作「盜䯄也」三字。英房慶彭凌「盜驪騧驪也」五字作「盜驪䯄也」四字。

索　騧淺黄色　○中統游索金陵同，各本「黄」字作「青」。

〔驊駵〕　瀧六・五，慶三右一，殿三右三，凌三右四。○駵，中統游驊。下同。

集　色如華而赤　○赤，天養亦。

集　今名馬驃赤者爲棗駵駵馬赤也　○天養無下「馬」字。殿「馬」、「赤」互倒。

〔騄耳之駟〕　瀧六・六，慶三右一，殿三右四，凌三右四。○耳，天養駬。

集　是生騄耳　○騄，慶凌殿緑。

集　八駿皆因其毛色以爲名號　○天養八駿乘此天皆——。

索　赤驥盜驪白義渠黄驊騮騟騟騄耳山子　○騟，紹凌騟。騟，中統游騟。札記今穆天子傳作「踰輪緑耳」，御覽八百九十六引同。

〔樂而忘歸〕　瀧六・七，慶三右三，殿三右六，凌三右七。

集　西征於崑崙丘見西王母　○西，天養惡。彭韓嵯——丘遂見西王母。

正　十六國春秋云前涼張駿酒泉守馬岌上言　○凌殿金陵同，彭無此注。各本無「十」。

正　前涼張駿酒泉守馬岌上言　○殿金陵同，各本「涼」字作「梁」。

正　珠璣鏤飾　○金陵同，各本「鏤」字作「樓嚴」二字。札記「鏤」訛「樓」，下衍「嚴」字，吴校改，與御覽三十八引十六國春秋合。

正　在京西北二千九百六十里　○二，南一。

〔徐偃王作亂〕　瀧六・一〇，慶三右六，殿三右九，凌三右一〇。

集　地理志曰　○景井毛無「曰」字。

集　尸子曰　○尸，紹户，蜀口。按：「户」、「口」並訛。

集　徐偃王有筋而無骨　○紹中統游金陵同，各本「筋」字作「觔」。

集　駒謂號偃由此　○彭韓嵯——偃者蓋由此。

正　弃於水濱洲　○南北無「洲」字。

正　獨孤母有犬鵠蒼　○各本「獨」、「孤」互倒。按：瀧本誤倒。母，慶凌無。犬，慶大。札記各本作「無」，因「母」訛爲「毋」而再誤也，今依趙世家正義改，後漢書東夷傳注同。

正　生時正偃故以爲名　○金陵同，各本「時正」二字、「以爲名」三字並無。札記吴增五字，與博物志合。

〔造父爲繆王御〕　瀧七・三，慶三左一，殿三左五，凌三左六。○繆，中統游穆。

〔一日千里〕　瀧七・三，慶三左二，殿三左五，凌三左七。○毛　殿　金陵同，各本無「一日千里」四字。札記　毛本有此四字，據正義引古史考則史文當有。

〔已下五世至造父〕　瀧八・四，慶三左六，殿三左九，凌四右一。○已，天養以。

〔蚤死〕　瀧八・五，慶三左七，殿三左一〇，凌四右二。○金陵同，各本「蚤」字作「早」。

〔有子曰女防〕　瀧八・六，慶三左八，殿四右一，凌四右三。○札記　秦風譜疏引作「妨」，與漢書人表合。下同。

〔旁皋生太几〕　瀧八・六，慶三左八，殿四右一，凌四右三。○太，凌大。几，紹凡。札記　秦風譜疏、元龜百八十二引作「大几」，與人表合。下同。

〔太几生大駱〕　瀧八・七，慶三左八，殿四右一，凌四右三。○駱，桃古雒。札記　秦風譜疏引作「雒」，與人表合。下同。

〔非子居犬丘〕　瀧八・九，慶三左九，殿四右四，凌四右七。○犬，紹太。按：「太」，「犬」訛。

集　今槐里也　○紹今槐里也月。按：衍。

正　在雍州始平縣東南十里　○平，凌下。按：「下」，「平」訛。

〔孝王欲以爲大駱適嗣〕　瀧九・二，慶四右三，殿四右六，凌四右九。○欲，中統　游亦。

通志　孝王欲以非子爲——。

〔申侯乃言孝王曰〕　瀧九・三，慶四右四，殿四右七，凌四右一〇。○天養無「申侯」二字。

按：誤脱。

〔今我復與大駱妻生適子成〕 瀧九・五，慶四右七，殿四右九，淩四左三。○與，天養南化梅狩予。中統彭無「適」字。

〔所以爲王〕 瀧九・六，慶四右八，殿四右一○，淩四左四。○通志——王室也。

〔王其圖之〕 瀧九・六，慶四右八，殿四右一○，淩四左四。

正 重直龍反 ○札記四字原錯在「言申駱重婚」下，今乙。

〔昔伯翳爲舜主畜〕 瀧九・七，慶四右九，殿四左二，淩四左五。○伯，蜀慶中統彭游南北殿通志栢。

〔使復續嬴氏祀〕 瀧九・九，慶四左三，殿四左五，淩四左八。

集 今天水隴西縣秦亭也 ○彭韓嵯——秦亭是也。

〔亦不廢申侯之女子爲駱適者〕 瀧九・九，慶四左三，殿四左五，淩四左九。○英房南化梅狩岩——爲大駱適者。

〔諸侯或叛之〕 瀧一○・三，慶四左六，殿四左七，淩五右一。○叛，天養畔。札記元龜引「或」作「咸」。

〔秦仲立二十三年死於戎〕 瀧一○・四，慶四左八，殿四左一○，淩五右四。○三，紹二。通志——戎難。

集 秦仲始大 ○大，蜀太。按：「太」，「大」訛。

集 有車馬禮樂侍御之好也 ○侍，南射。也，天養焉。

〔爲西垂大夫〕 瀧一〇・八，慶五右二，殿五右三，凌五右七。

正 周宣王與大駱犬丘之地 ○宣，凌宣。凌無「王」字。

正 漢隴西郡縣是也 ○郡，金陵西。札記原誤「郡縣」，考證據封禪書正義改。

〔莊公居其故西犬丘〕 瀧一〇・一〇，慶五右三，殿五右四，凌五右九。○通志「其」字、「西」字並無。

〔戎殺我大父仲〕 瀧一一・一，慶五右四，殿五右五，凌五右一〇。○通志無「仲」字。

〔襄公爲太子〕 瀧一一・三，慶五右六，殿五右六，凌五左一。○彭無「公」字，楓校補「公」。

〔襄公元年以女弟繆嬴爲豐王妻〕 瀧一一・四，慶五右七，殿五右八，凌五左三。○天養英房井無「元年以」三字。札記宋本無「元年以」三字。

〔襄公二年〕 瀧一一・六，慶五右八，殿五右八，凌五左三。

正 在隴州汧源縣東南三里 ○東，凌是。按：「是」，「東」訛。

〔戎圍犬丘世父〕 瀧一一・七，慶五右八，殿五右九，凌五左四。○札記志疑云「世父」二字衍。

〔東涉雒邑〕 瀧一一・一〇，慶五左三，殿五左三，凌五左八。〇各本「涉」字作「徙」。按：瀧本「徙」，「涉」訛。

正 即雒誥云 〇殿 金陵同，各本「誥」字作「邑」。

〔平王封襄公爲諸侯〕 瀧一二・一，慶五左四，殿五左四，凌五左九。〇南化 梅 狩 謙 周平王——。

〔賜之岐以西之地曰〕 瀧一二・二，慶五左五，殿五左四，凌五左一〇。〇札記 秦風譜疏引作「岐山」，下文又引無「山」字。

〔襄公於是始國〕 瀧一二・三，慶五左六，殿五左六，凌六右二。〇通志——始建國。

〔乃用駵駒〕 瀧一二・四，慶五左七，殿五左七，凌六右二。

集 赤馬黑髦白駵 〇馬，紹焉。 髦，紹毛，殿鬣。

〔黄牛羝羊各三〕 瀧一二・四，慶五左七，殿五左七，凌六右二。〇札記 志疑云，案年表及封禪書，「三」當作「一」。

〔祠上帝西畤〕 瀧一二・四，慶五左七，殿五左七，凌六右二。〇札記 志疑云，「上」當作「白」。

集 徐廣曰 〇曰，蜀四。

索 自以居西畤西畤縣名 〇札記 兩「畤」字當衍。「西縣名」三字疑在下句「故作西畤祠白帝」下。

〔伐戎而至岐卒〕　瀧一二・八，慶五左一〇，殿五左九，淩六右五。〇而，天養王。天養——岐而卒。

〔昔周邑我先秦嬴於此〕　瀧一二・一〇，慶六右二，殿六右八，淩六右八。〇秦，詳節君。

〔後卒獲爲諸侯〕　瀧一二・一〇，慶六右二，殿六右二，淩六右八。〇南化 梅 狩 後卒以獲——。

〔乃卜居之〕　瀧一二・一〇，慶六右三，殿六右二，淩六右八。

正　在岐州郿縣東北十五里　〇淩無「東北十五里」五字。彭無此注。

正　秦紀云　〇各本「秦紀」二字作「毛萇」。慶 殿 金陵 秦紀云郿地名也。札記 毛萇云，郿，地名也。詩傳無此文。吴徑改「毛萇」爲「秦紀」，恐非。

〔即營邑之〕　瀧一三・二，慶六右四，殿六右四，淩六右一〇。〇蜀無「即」字。

〔初爲鄜畤〕　瀧一三・二，慶六右四，殿六右四，淩六右一〇。〇爲，英房作。

集　徐廣曰鄜縣屬馮翊　〇天養——曰鄜音敷駰案鄜縣——。

索　秦文公夢黄蛇自天下屬地　〇金陵同，各本「下」上有「而」字。

索　故立畤也　〇彭 南 北 韓 嵯 故自此立畤也。

〔戎敗走〕　瀧一三・四，慶六右八，殿六右七，淩六左四。〇紹無「戎」字。

〔於是文公遂收周餘民有之〕　瀧一三・四，慶六右八，殿六右八，淩六左四。〇文，天養父。

〔地至岐〕 瀧一三・五，慶六右九，殿六右八，凌六左五。○通志略地至岐。

〔得陳寶〕 瀧一三・八，慶六右一〇，殿六右九，凌六左六。

索 文公獲若石云于陳倉北阪城 ○云，野中韓二。

索 野鷄夜鳴 ○鳴，慶名，按：訛。南化校記「鳴」。

索 祭于此者也 ○毛金陵同，各本無「祭于此者」四字。

索 質如石似肝云語辭 ○質，英房南化中統凌游寶。英房彭韓嵯無「云語辭」三字，楓三榊校補此三字。慶——語辭也。

正 寶鷄神 ○札記疑「神」當作「祠」。

〔法初有三族之罪〕 瀧一四・二，慶六左五，殿六左四，凌七右二。○天養無「之」字。

〔豐大特〕 瀧一四・四，慶六左六，殿六左五，凌七右三。○大，蜀太。

正 明日病人語聞公如其言 ○聞，南文。

〔賜謚爲竫公〕 瀧一四・八，慶七右一，殿七右一，凌七右九。○通志無「賜」字。竫，英房南化楓梅狩静。

集 魯隱之元年 ○南魯隱公之元年。

〔是文公孫也〕 瀧一四・一〇，慶七右二，殿七右二，凌七右一〇。○天養爲是文公孫也。

〔文公卒葬西山〕 瀧一四・一〇，慶七右三，殿七右二，凌七左一。○天養英房南化狩高文公卒葬岐西山。

集 葬於西山　○葬，天養蔡。

〔是爲寧公〕　瀧一五・一，慶七左四，殿七右三，凌七左一。○札記志疑云，秦記作「憲公」，索隱引秦本紀亦作「憲公」，則「寧」字以形近致訛。案：漢書人表亦作「憲公」。梁説似是，然秦風譜疏、水經汧水注、元龜百八十二引史皆作「寧公」，則作「寧」之本已久。

集 一作曼　○曼，天養寧。按：「寧」，「曼」訛。

〔魯公子翬弒其君隱公〕　瀧一五・七，慶七右一〇，殿七右九，凌七左八。○弒，天養殺。

正 在岐州陳倉縣西北三十七里秦陵山　○三，南二。

〔立十二年卒葬西山〕　瀧一五・九，慶七左一，殿七左一，凌七左九。○英房南化楓三高狩榊謙——葬岐西山。

〔魯姬子生出子〕　瀧一六・一，慶七左四，殿七左三，凌八右二。○魯，英房楓棭三榊中彭曾。

〔三父等復共令人賊殺出子〕　瀧一六・四，慶七左六，殿七左五，凌八右四。○共，凌其。

〔立六年卒〕　瀧一六・四，慶七左七，殿七左六，凌八右五。○通志「卒」字作「遇害」二字。札記宋本無「立」字。

〔三父等乃復立故太子武公〕　瀧一六・四，慶七左七，殿七左六，凌八右五。○通志「父等」二字作「庶長」。

〔居平陽封宮〕 瀧一六・六，慶七左九，殿七左八，凌八右八。

正 宮名在岐州平陽城内也 ○凌「宮名」二字作「封宮」。

〔鄭高渠眯殺其君昭公〕 瀧一六・八，慶七左一〇，殿七左九，凌八右九。○眯，南化 楓 棭 三 梅 岩 榊 中彭 昧。

〔伐邽冀戎〕 瀧一六・八，慶八右一，殿七左一〇，凌八右一〇。○邽，桃 郢，桃 一本「邽」字作「珪」。

〔初縣之〕 瀧一六・八，慶八右二，殿七左一〇，凌八右一〇。

集 地理志 ○理，蜀 里。

〔連稱等〕 瀧一七・四，慶八右七，殿八右五，凌八左六。○天養 無「等」字。

〔而立公孫無知〕 瀧一七・五，慶八右七，殿八右六，凌八左七。○無，南化 狩 毋。

〔而立齊桓公〕 瀧一七・九，慶八左一，殿八右一〇，凌九右二。○通志 無「齊」字。

〔晉曲沃始爲晉侯〕 瀧一八・一，慶八左二，殿八左一，凌九右二。○通志 晉曲沃伯始——。

〔齊桓公伯於鄄〕 瀧一八・二，慶八左三，殿八左二，凌九右三。○齊，蜀 中統 凌 游 金陵 亝。通志 齊桓公會「伯」作「會」。於鄄始伯諸侯。鄄，天養 甄。

〔後子孫飲馬於河〕 瀧一八・七，慶八左八，殿八左七，凌九右九。○天養 無「於」字。

〔梁伯芮伯來朝〕　瀧一八・一〇，慶八左九，殿八左七，凌九右一〇。○南化 梅 狩 東無「梁伯」二字。

索　梁國在馮翊夏陽　○中統 索 游 殿 金陵無「在」字。

〔初伏〕　瀧一九・三，慶九右三，殿九右一，凌九左四。○天養無「初」字。

集　六月伏日初也　○也，詳節者。

集　至此乃有之　○天養無「至」字。

〔以狗禦蠱〕　瀧一九・五，慶九右五，殿九右三，凌九左六。○狗，天養枸。

集　初作伏祠社　○初，天養袧。

正　皿蟲爲蠱　○皿，凌血。蟲，南 北蠱。

正　穀久積　○金陵同，各本「久」字作「皆」。札記各本「久」誤「皆」，依玉篇改。

〔德公生三十三歲而立〕　瀧一九・七，慶九右九，殿九右七，凌九左九。○三，南二。

〔長子宣公立〕　瀧一九・八，慶九右九，殿九右七，凌一〇右一。○天養 南化 楓 三 梅 狩 榊無「長子宣公立」五字。

〔立王子積〕　瀧一九・九，慶九左二，殿九右一〇，凌一〇右四。○毛 金陵同，各本「積」字作「頳」。下同。

〔虢叔〕　瀧一九・九，慶九左二，殿九右一〇，凌一〇右四。

正　即周穆王虎牢城　○殿 金陵同，各本「即」字作「亦」。

〔作密時〕　瀧二〇・二，慶九右三，殿九左一，凌一〇右五。

正　秦文公夢黄蛇自天而下屬地其口止於鄜衍　〇彭　嵯無「夢黄蛇」至「其口止」十二字，楓　三校補此十二字。口，凌曰。

正　作下時祠炎帝　〇金陵同，各本「祠」上有「亦」字而「炎」字作「黄」。札記原作「亦祠黄帝」，吴校改，與水經渭水注引太康地記合。

正　漢高帝曰　〇高，南書。

〔莫立〕　瀧二〇・四，慶九左六，殿九左五，凌一〇右九。〇通志莫適立。

〔齊桓公伐山戎〕　瀧二〇・六，慶九左八，殿九左六，凌一〇左一。〇中統　凌　游　金陵同，各本「齊」字作「亝」。

〔次于孤竹〕　瀧二〇・六，慶九左九，殿九左七，凌一〇左一。

正　殷時諸侯竹國也　〇札記「竹」上當有「孤」字，周紀正義引亦無，伯夷列傳正義引有。

〔子七人〕　瀧二〇・七，慶九左一〇，殿九左八，凌一〇左三。〇英房　南化　楓　棭　狩　東　中彭生子七人。

〔莫立〕　瀧二〇・八，慶九左一〇，殿九左八，凌一〇左三。〇通志莫適立。

索　今按系本古史考　〇索　金陵同，各本「系」字作「世」。

〔繆公任好元年〕　瀧二〇・九，慶一〇右一，殿九左九，凌一〇左四。〇札記案：上節索隱云，宣公已上，史失其名，今按系本、古史考得繆公名任好，則此史文任好字，係後人據索隱增。

〔自將伐茅津勝之〕　瀧二〇・九，慶一〇右一，殿九左九，凌一〇左四。○天養無「茅」字。

正　在陝州河北縣西二十里注水經云茅亭茅戎號　○彭無「二十里」至「戎號」十二字，楓三校補此十二字。

〔以璧馬賂於虞故也既虜百里傒〕　瀧二一・二，慶一〇右五，殿一〇右二，凌一〇左八。○傒，通志奚。南化東井無此十三字。

〔以爲秦繆公夫人媵於秦〕　瀧二一・三，慶一〇右六，殿一〇右三，凌一〇左九。○繆，毛穆。

〔恐楚人不與〕　瀧二一・六，慶一〇右八，殿一〇右五，凌一一右一。○南化無「人」字。與，南化狩予。下同。

〔當是時〕　瀧二一・九，慶一〇右一〇，殿一〇右七，凌一一右二。○是，天養此。

〔臣亡國之臣〕　瀧二一・一〇，慶一〇左一，殿一〇右八，凌一一右四。○通志無上「臣」字。

〔繆公大説〕　瀧二二・一，慶一〇左二，殿一〇右九，凌一一右五。○説，南化悦。

〔授之國政〕　瀧二二・二，慶一〇左三，殿一〇右九，凌一一右五。○國，梅故。之，英房通志以。

〔五羖大夫〕　瀧二二・二，慶一〇左三，殿一〇右九，凌一一右五。〇大，英房太。

〔臣常游困於齊〕　瀧二二・三，慶一〇左四，殿一〇左一，凌一一右七。〇常，桃古南化楓棭三梅狩東野景井蜀紹毛通志嘗。困，紹囚。

〔周王子穨好牛〕　瀧二二・五，慶一〇左七，殿一〇左三，凌一一右九。〇南化通志無「周」字。

〔於是繆公使人厚幣迎蹇叔〕　瀧二二・八，慶一一左一〇，殿一〇左六，凌一一左三。〇殿金陵同，各本「繆」字作「紾」。

〔秋繆公自將伐晉戰於河曲〕　瀧二三・八，慶一一右一，殿一〇左七，凌一一左四。

集　一作西　〇作，蜀竹。

集　駰按公羊傳曰　〇羊，蜀恙。

集　服虔曰　〇虔，井虞。

集　河曲在蒲阪南　〇曲，紹西。

〔重耳夷吾出犇〕　瀧二三・一，慶一一右四，殿一〇左一〇，凌一一左七。〇天養無「犇」字。

〔立驪姬子奚齊〕　瀧二三・四，慶一一右七，殿一一右二，凌一一左一〇。〇通志荀息立驪姬子——。

〔其臣里克殺奚齊〕　瀧二三・四，慶一一右七，殿一一右三，凌一一左一〇。〇克，[天養]尅。下同。

〔夷吾使人請秦求入晉〕　瀧二三・五，慶一一右九，殿一一右四，凌一二右二。〇[詳節]——請於秦求入晉。

〔於是繆公許之〕　瀧二三・六，慶一一右九，殿一一右四，凌一二右二。〇[天養]無「之」字。

〔背約〕　瀧二三・八，慶一一左一，殿一一右六，凌一二右四。〇背，[南化][東]倍。下同。

〔不與河西城〕　瀧二三・八，慶一一左二，殿一一右七，凌一二右五。〇[南化][梅]無「城」字。

〔皆呂甥郤芮之計也〕　瀧二三・一〇，慶一一左四，殿一一右八，凌一二右六。〇甥，[天養][南化][梅][狩][高]芮。芮，[天養][南化][梅][狩][高]稱。

〔繆公許之〕　瀧二四・一，慶一一左五，殿一一右一〇，凌一二右八。〇許，[嵯]計，[尾]校記「許」。

〔使人與丕鄭歸〕　瀧二四・一，慶一一左五，殿一一右一〇，凌一二右八。〇[蜀]無「歸」字。

〔不聽而陰用豹〕　瀧二四・五，慶一一左一〇，殿一一左四，凌一二左三。〇[南化][狩][東]——陰用豹也。

〔十二年〕　瀧二四・六，慶一二右一，殿一一左四，凌一二左三。〇二，[英房][南化][棭][高][中彭]三。

〔齊管仲〕 瀧二四・六，慶一二右一，殿一一左五，淩一二左三。○管，蜀等。

〔丕豹説繆公勿與〕 瀧二四・八，慶一二右二，殿一一左五，淩一二左四。○勿，中統游弗。

〔繆公問公孫支〕 瀧二四・八，慶一二右二，殿一一左六，淩一二左五。

集 秦大夫公孫子桑 ○天養「桑」字作「來來」二字。

〔以船漕車轉〕 瀧二四・一〇，慶一二右五，殿一一左八，淩一二左八。○英房南化以船漕以車轉。

〔繆公發兵使丕豹將〕 瀧二五・六，慶一二右八，殿一二右一，淩一三右一。○英房南化梅狩——丕豹將兵。

〔還而馬鷙〕 瀧二五・八，慶一二左二，殿一二右四，淩一三右四。

正 又敕利反 ○淩金陵同。敕，殿勑，各本「敕」字作「勑」。

〔反爲晉軍所圍〕 瀧二五・九，慶一二左三，殿一二右六，淩一三右六。○軍，彭韓嵯通志君，梅校記「軍」。

〔於是岐下食善馬者三百人〕 瀧二五・一〇，慶一二左四，殿一二右六，淩一三右六。○天養於是也岐下——。

〔晉軍解圍〕 瀧二六・一，慶一二左四，殿一二右七，淩一三右七。○南化楓棭三無

「晉軍」二字。

〔乃皆賜酒而赦之〕 瀧二六・四,慶一二左九,殿一二左一,凌一三左二。○赦,[南化][梅][狩]放。

〔令於國〕 瀧二六・六,慶一三右一,殿一二左三,凌一三左四。○令,[南化]命。

〔夷吾姊亦爲繆公夫人〕 瀧二六・八,慶一三右三,殿一二左四,凌一三左五。○亦,[紹]以。繆,[紹]穆。

〔乃衰絰跣曰〕 瀧二六・九,慶一三右四,殿一二左五,凌一三左六。○[桃古][南化][楓][棭][三][狩][嵯][通志]——跣行曰。

〔妾兄弟不能相救〕 瀧二六・九,慶一三右四,殿一二左五,凌一三左六。○救,[南化][楓][棭][三][狩][東][高]教。

〔夫人是憂〕 瀧二六・一〇,慶一三右五,殿一二左六,凌一三左七。○[天養]而夫人是憂。

〔更舍上舍〕 瀧二七・一,慶一三右六,殿一二左七,凌一三左八。○舍,[紹]含。按:「含」,「舍」訛。

〔而饋之七牢〕 瀧二七・一,慶一三右六,殿一二左七,凌一三左八。

集 諸侯雍飱七牢 ○雍,[殿]饔。

集 牛一羊一豕一 ○[天養]「牛一羊一豕一」六字作「一牛一羊一豕」。

〔歸晉君夷吾〕　瀧二七・二，慶一三右七，殿一二左八，凌一三左九。○天養歸歸晉君——。

〔秦滅梁芮〕　瀧二七・五，慶一三右一○，殿一三右一，凌一四右二。○天養南化梅狩秦滅梁芮國。

正　又滅二國之君　○凌同，各本「又」字作「故」。

〔晉公子圉聞晉君病曰〕　瀧二七・六，慶一三左一，殿一三右一，凌一四右三。○天養無「公」字。

〔而晉輕亦更立他子〕　瀧二七・八，慶一三左三，殿一三右三，凌一四右五。○南化楓棭三狩中彭「他子」二字作「也」字。子，天養也。

〔秦怨圉亡去〕　瀧二七・九，慶一三左四，殿一三右四，凌一四右七。○天養南化秦怨子圉亡去。

〔繆公益禮厚遇之〕　瀧二八・一，慶一三左六，殿一三右六，凌一四右九。○厚，紹後。

〔晉許之〕　瀧二八・二，慶一三左七，殿一三右七，凌一四右九。○天養晉人許之。晉，紹秦。

〔二月〕　瀧二八・二，慶一三左七，殿一三右七，凌一四右九。○月，蜀日。按：「日」，「月」訛。

〔子圉是爲懷公〕 瀧二八・三，慶一三左九，殿一三右八，凌一四左一。○懷，蜀襄。

〔助晉文公入襄王〕 瀧二八・六，慶一四右一，殿一三右一〇，凌一四左三。○南化 東無「襄」字。

〔殺王弟帶〕 瀧二八・七，慶一四右二，殿一三左一，凌一四左三。○王，蜀至。按：「至」，「王」訛。

〔徑數國〕 瀧二九・四，慶一四右八，殿一三左六，凌一四左一〇。○徑，天養 南化 梅 狩 高 經。

〔庸知我國人不有以我情告鄭者乎〕 瀧二九・四，慶一四右九，殿一三左七，凌一四左一〇。○庸，紹 以。

〔子不知也〕 瀧二九・五，慶一四右一〇，殿一三左八，凌一五右一。○不，天養 弗。

〔蹇叔子西乞術〕 瀧二九・六，慶一四左一，殿一三左九，凌一五右三。○術，梅 秫。

〔及白乙丙將兵行日百里〕 瀧二九・七，慶一四左二，殿一三左九，凌一五右三。○天養 英房 桃古 南化 楓 三 尾 中彭——將兵行行日天養本「日」作「曰」百里。

〔繆公聞怒曰〕 瀧二九・七，慶一四左二，殿一三左一〇，凌一五右四。○札記 御覽三百八十三引作「繆公聞而怒曰」。

〔而子沮哭吾軍〕 瀧二九・八，慶一四左三，殿一三左一〇，凌一五右四。○南化 東無

「吾」字。

〔臣子與往〕　瀧二九・九，慶一四左四，殿一四右一，凌一五右六。○臣，毛吾。往，蜀燒。

札記 中統、王、柯、凌本「臣」下注，監本作「吾」，此校者所注，今刪。

〔臣老遲還恐不相見〕　瀧二九・九，慶一四左五，殿一四右三，凌一五右六。

*正　上音值言已老恐值其軍還自不相見也如字亦通言軍若遲留而還恐不相見也　岩。

〔必於殽阨矣〕　瀧二九・一〇，慶一四左六，殿一四右三，凌一五右八。○殽，南化郩。

正　殽音胡交反　○金陵同，各本「胡」字作「故」。札記 各本訛作「故交反」，今正。

〔三十三年春〕　瀧三〇・六，慶一四左八，殿一四右五，凌一五右九。○春，蜀秦。按：「秦」，「春」訛。

〔更晉地過周北門〕　瀧三〇・七，慶一四左八，殿一四右五，凌一五右一〇。○桃古 南化 楓 棭 三 東 無「北門」二字。

〔鄭販賣賈人弦高持十二牛將賣之周〕　瀧三〇・一〇，慶一五右二，殿一四右九，凌一五左四。○牛，紹年。

集　人姓名　○景 井 紹 中統 毛 游 無「人姓名」三字。札記 凌本在上節正義下，疑校者旁注誤入。

〔秦三將軍相謂曰〕　瀧三一・三，慶一五右五，殿一四左二，凌一五左七。○謂，南化語。

〔往無及已〕　瀧三一・四，慶一五右六，殿一四左二，凌一五左七。○天養 英房 往而無及已。

〔滅滑〕　瀧三一・四，慶一五右六，殿一四左三，凌一五左八。○英房 南化 楓 棭 三 高 東 中彭 中韓 詳節 遂滅滑。

〔滑晉之邊邑也〕　瀧三一・四，慶一五右六，殿一四左三，凌一五左八。○之，蜀 人。

〔遂墨衰經〕　瀧三一・六，慶一五右八，殿一四左四，凌一五左一〇。○英房 晉襄公遂墨衰經。

〔擊之大破秦軍〕　瀧三一・七，慶一五右八，殿一四左五，凌一五左一〇。○天養 無「之」字。

〔文公夫人秦女也〕　瀧三一・八，慶一五右九，殿一四左六，凌一六右一。○英房 南化 狩 晉文公夫人秦女也。

〔入於骨髓〕　瀧三一・九，慶一五左一，殿一四左七，凌一六右三。○桃古 南化 梅 狩 東 入於骨髓心。

〔願令此三人歸〕　瀧三一・九，慶一五左一，殿一四左七，凌一六右三。○英房 南化 無「此」字。

〔晉君許之〕　瀧三一・一〇，慶一五左二，殿一四左八，凌一六右三。○天養 英房 無

「之」字。

〔愈益厚之〕　瀧三二・二，慶一五左五，殿一四左一〇，凌一六右六。○益，蜀厚。

〔弑其父成王代立〕　瀧三二・四，慶一五左六，殿一五右一，凌一六右七。○弑，紹殺。

〔繆公於是復使孟明視等將兵伐晉〕　瀧三二・四，慶一五左六，殿一五右一，凌一六右七。○南化「繆公於是」四字作「於是繆公」。

〔戰于彭衙〕　瀧三二・五，慶一五左七，殿一五右二，凌一六右八。○天養「戰于彭衙」四字作「戰彭於衙」。于，凌於。

〔秦繆公示以宮室積聚〕　瀧三二・八，慶一五左一〇，殿一五右五，凌一六左一。

*正　積子賜反　岩。

〔亦苦民矣〕　瀧三二・九，慶一六右一，殿一五右六，凌一六左三。○亦，東恐。南化亦恐苦民矣。

〔不亦難乎〕　瀧三二・一〇，慶一六右三，殿一五右八，凌一六左四。○通志無「不亦難乎」四字。

〔此乃中國所以亂也〕　瀧三三・一，慶一六右四，殿一五右八，凌一六左五。○南化狩無「此」字。南化楓三狩——所以爲亂也。

〔日以驕淫〕　瀧三三・二，慶一六右五，殿一五右一〇，凌一六左七。○日，天養因。

〔以責督於下〕　瀧三三・二，慶一六右六，殿一五右一〇，凌一六左七。○詳節「責」、「督」互倒。

〔上含淳德以遇其下〕　瀧三三・四，慶一六右八，殿一五左二，凌一六左九。○淳，詳節厚。

〔今由余賢〕　瀧三三・九，慶一六左二，殿一五左五，凌一七右三。○天養南化楓棭三東無「賢」字。

〔將奈之何〕　瀧三三・九，慶一六左二，殿一五左六，凌一七右三。○治要通志無「之」字。何，紹曰。

〔戎王處辟匿〕　瀧三三・一〇，慶一六左三，殿一五左六，凌一七右四。○王，南土。辟，治要通志僻。匿，天養總。

〔以奪其志爲由余請〕　瀧三三・一〇，慶一六左四，殿一五左七，凌一七右四。

＊正　爲由余請延期也　岩。

〔乃可虜也〕　瀧三四・二，慶一六左五，殿一五左九，凌一七右六。○虜，東楓棭三中彭中韓慮。

〔盡詧而後令內史廖以女樂二八遺戎王〕　瀧三四・五，慶一六左八，殿一六右一，凌一七右九。○詧，桃古南化楓三梅狩謙通志察。桃一本「詧」字作「蚤」。而，東通志其。後，景井蜀后。

〔問伐戎之形〕　瀧三四・七，慶一七右一，殿一六右四，凌一七左二。

正　韓安國云　○金陵同。彭無此注。各本無「安」字。殿考「國」字是「子」字之誤。

〔繆公復益厚孟明等〕　瀧三四・一○，慶一七右三，殿一六右五，凌一七左四。○天養英房南化楓三謙中彭——孟明視等。詳節無「等」字。通志——孟明等三將復。

〔渡河焚船〕　瀧三四・一○，慶一七右三，殿一六右六，凌一七左四。○渡，天養度。英房桃古南化楓棭三渡河焚晉船。

〔晉人皆城守不敢出〕　瀧三五・一，慶一七右四，殿一六右六，凌一七左四。

集　皆晉地　○景井金陵同。彭無此注。各本「皆」字作「此」。

正　上文云秦地東至河　○殿金陵同，各本「云」字作「公」而「地」、「東」二字互倒。札記「地」、「東」，殿本不誤，各本倒。

〔於是繆公乃自茅津渡河〕　瀧三五・四，慶一七右九，殿一六右一○，凌一七左九。

集　在大陽　○大，慶南凌殿太。

〔發喪哭之三日〕　瀧三五・六，慶一七右九，殿一六左一，凌一八右一。○各本「發」上有「爲」字。瀧本誤脱「爲」字。天養無「發」字。

〔乃誓於軍曰〕　瀧三五・六，慶一七左一，殿一六左三，凌一八右二。○南化乃誓於軍中曰。

〔余誓告汝〕　瀧三五・七，慶一七左一，殿一六左三，凌一八右三。○余，南化吾。

〔以申思不用蹇叔百里奚之謀〕　瀧三五・八，慶一七左三，殿一六左五，凌一八右五。○各本「奚」字作「傒」。按：瀧本「奚」，「傒」訛。

〔令後世以記余過〕　瀧三五・九，慶一七左四，殿一六左六，凌一八右六。○余，天養梅吾。天養令後世以記吾「余」作「吾」。過哉。

〔嗟乎〕　瀧三六・二，慶一七左五，殿一六左七，凌一八右六。○乎，梅于。

〔葬雍〕　瀧三六・七，慶一七左八，殿一六左一〇，凌一八右一〇。

集　秦繆公冢　○繆，紹穆。下同。

〔秦之良臣子輿氏三人〕　瀧三六・八，慶一七左一〇，殿一七右二，凌一八左二。○通志——子輿氏之子三人。

〔鍼虎〕　瀧三六・九，慶一八右二，殿一七右三，凌一八左三。○鍼，天養葴。

〔亦在從死之中〕　瀧三六・九，慶一八右三，殿一七右三，凌一八左三。○天養英房無「之」字。

正　左傳云　○左，南北殿本。

正　秦穆公與羣臣飲　○穆，彭韓嵯繆。

正　於是奄息仲行鍼虎許諾　○彭韓嵯「奄息仲行鍼虎」六字作「三人」二字。

〔爲作歌黃鳥之詩〕　瀧三七・二，慶一八右四，殿一七右五，凌一八左六。○詳節無「歌」字。

〔收其良臣而從死〕　瀧三七・四，慶一八右六，殿一七右七，凌一八左八。○天養無「從」字。

〔尚猶遺德垂法〕　瀧三七・四，慶一八右七，殿一七右八，凌一八左九。○南化——垂法則。

〔百姓所哀者乎〕　瀧三七・五，慶一八右八，殿一七右九，凌一八左九。○乎，天養哉。

〔秦出也〕　瀧三七・八，慶一八左一，殿一七左一，凌一九右三。○毛「秦」、「出」互倒。

〔使隨會來迎雍〕　瀧三七・九，慶一八左一，殿一七左一，凌一九右三。

正　韋昭云　○金陵同，各本「韋」字作「韓」。札記各本訛「韓昭」，警云，此周語注文也，今改。

正　食采於隨范　○采，南凌菜。

〔秦伐晉取武城〕　瀧三八・二，慶一八左五，殿一七左五，凌一九右七。○金陵同，各本「取」字作「於」。札記「取」誤「於」，吴校改，與左傳及年表合。

〔報令狐之役〕　瀧三八・二，慶一八左六，殿一七左六，凌一九右八。○天養無「之」字。

〔合謀會〕　瀧三八・六，慶一八左八，殿一七左九，凌一九左一。○合，桃古令。

〔會遂歸晉〕　瀧三八・六，慶一八左一〇，殿一七左九，凌一九左二。

正　又作犨　○殿同，各本「犨」字作「犫」。

〔子共公立〕　瀧三八・八，慶一八左一〇，殿一七左一〇，凌一九左二。○梅無「立」字。

索　名猳　○猳，凌假，中統彭游南北韓嵯假。

〔晉趙穿弒其君靈公〕　瀧三八・九，慶一九右一，殿一八右一，凌一九左三。○天養無「晉」字。天養南化狩——其君晉狩本無「晉」字。靈公立。天養本無「立」字。

〔三年〕　瀧三八・九，慶一九右一，殿一八右一，凌一九左三。○三，南化中統彭游二，楓校記「三」。

〔十年〕　瀧三九・三，慶一九右三，殿一八右三，凌一九左五。○十，通志七。札記志疑云，「十」乃「七」之誤。

〔當是之時〕　瀧三九・四，慶一九右四，殿一八右三，凌一九左六。○天養無「之」字。

〔追至涇而還〕　瀧三九・七，慶一九右七，殿一八右六，凌一九左九。○涇，天養經。下同。

〔子景公立〕　瀧三九・八，慶一九右八，殿一八右六，凌一九左一〇。

索　始皇本紀作哀公　○札記「哀」當爲「僖」。

〔是時晉悼公爲盟主十八年晉悼公彊〕　瀧四〇・二，慶一九左一，殿一八右九，凌二〇右三。○紹無「爲盟主十八年晉悼公彊」十字。

〔敗秦軍〕　瀧四〇・三，慶一九左二，殿一八右一〇，凌二〇右四。○敗，南化狩破。

〔晉兵追之〕　瀧四〇・三，慶一九左二，殿一八右一〇，凌二〇右四。○天養無「之」字。

〔已而背之〕　瀧四〇・六，慶一九左四，殿一八左二，凌二〇右六。○背，天養、南化、梅、狩倍。

〔楚公子圍弒其君而自立〕　瀧四〇・七，慶一九左五，殿一八左三，凌二〇右六。○天養無「自」字。

〔景公母弟后子鍼有寵〕　瀧四〇・八，慶一九左五，殿一八左三，凌二〇右七。○后，天養、桃古、南化、梅厚。鍼，天養、南化、梅箴。

〔景公母弟當〕　瀧四〇・八，慶一九左六，殿一八左四，凌二〇右七。○天養、英房、南化、楓、棭、三無「景公母弟」四字。

〔何以自亡〕　瀧四〇・一〇，慶一九左七，殿一八左五，凌二〇右七。○以，天養、南化、狩因。天養、南化無「自」字。

〔三十九年〕　瀧四一・一，慶一九左八，殿一八左六，凌二〇右一〇。○三，蜀、紹二。

〔會諸侯於申爲盟主〕　瀧四一・一，慶一九左九，殿一八左六，凌二〇右一〇。○於，天養于。

正　申在鄧州南陽縣北三十里　○金陵同，各本無「北」字。札記警云，「縣」下楚、鄭世家正義並有「北」字。

〔子哀公立〕 瀧四一・二，慶一九左一〇，殿一八左八，凌二〇左二。

〔后子復來歸〕 瀧四一・三，慶一九左一〇，殿一八左八，凌二〇左二。○后，南化厚。

索 始皇本紀作㻶公 ○札記今本秦紀作「畢公」。

〔而自娶之〕 瀧四一・七，慶二〇右三，殿一八左一〇，凌二〇左四。○天養無「而」字。

〔楚平王欲誅建〕 瀧四一・八，慶二〇右三，殿一八左一〇，凌二〇左五。○天養無「平」字。

〔吳王闔閭與伍子胥伐楚〕 瀧四一・一〇，慶二〇右五，殿一九右二，凌二〇左七。○閭，天養 南化 狩 梅 盧。

〔楚王亡奔隨〕 瀧四一・一〇，慶二〇右六，殿一九右三，凌二〇左七。○奔，紹犇。隨，天養隋。

〔楚大夫申包胥來告急〕 瀧四二・一，慶二〇右七，殿一九右三，凌二〇左八。○包，天養 南化 梅 狩鮑。

〔日夜哭泣〕 瀧四二・三，慶二〇右九，殿一九右六，凌二一右三。

正 秦哀公爲賦無衣 ○衣，彭夜。

〔夷公蚤死不得立〕 瀧四二・六，慶二〇左四，殿一九右一〇，凌二一右六。○英房 南化 楓 三 狩無「夷公」二字。

〔立夷公子〕　瀧四二・七，慶二〇左四，殿一九左一，凌二一右六。○英房天養南化楓三狩謙「夷公子」三字作「其子」二字。

〔惠公元年〕　瀧四二・七，慶二〇左四，殿一九左一，凌二一右七。○元，中統游三。天養南化楓三惠公者夷公子也惠公元年。

〔晉使智氏趙簡子攻之〕　瀧四二・九，慶二〇左六，殿一九左二，凌二一右八。○天養南化楓三狩晉使智伯氏——。

〔范中行氏亡奔齊〕　瀧四二・一〇，慶二〇左六，殿一九左二，凌二一右八。○南化狩謙范氏中行氏——。

〔是爲悼公〕　瀧四三・三，慶二〇左八，殿一九左四，凌二一左一。○蜀中統游金陵同，各本無「是」字。

〔晉定公與吴王夫差盟〕　瀧四三・五，慶二〇左一〇，殿一九左五，凌二一左一。○天養彭韓嵯無「盟」字。

〔吴彊陵中國〕　瀧四三・五，慶二〇左一〇，殿一九左六，凌二一左二。○陵，天養凌。

集　吴王先歃　○中統游無「王」字。

〔十二年〕　瀧四三・六，慶二一右一，殿一九左六，凌二一左二。○通志無「二」字。

〔齊田常弑簡公〕　瀧四三・七，慶二一右一，殿一九左七，凌二一左三。○常，蜀恒。下同。

〔常相之〕　瀧四三・七，慶二一右一，殿一九左七，凌二一左三。○南化楓棭三謙中彭田常相之。

〔以兵二萬伐大荔〕　瀧四四・二，慶二一右四，殿一九左九，凌二一左六。○荔，紹中統彭凌游金陵茘。

〔取其王城〕　瀧四四・三，慶二一右四，殿一九左九，凌二一左六。○南化狩無「城」字。

〔初縣頻陽〕　瀧四四・四，慶二一右七，殿二〇右八，凌二一左八。

正　古頻陽縣城也　○古，南北故。

〔晉取武成〕　瀧四四・五，慶二一右七，殿二〇右二，凌二一左九。○成，南化楓三狩城。

〔分其國與趙韓魏〕　瀧四四・五，慶二一右八，殿二〇右三，凌二一左一〇。○與，南化狩予。

〔智開與邑人來奔〕　瀧四四・七，慶二一右八，殿二〇右三，凌二一左一〇。

集　一本二十六年　○六，紹云。按：「云」，「六」訛。

〔日食〕　瀧四四・九，慶二一左一，殿二〇右六，凌二二右四。○食，天養蝕。蜀無「日食」二字。

〔十三年〕　瀧四五・二，慶二一左二，殿二〇右七，凌二二右四。○三，蜀一。

〔義渠來伐至渭南〕 瀧四五・二，慶二一左三，殿二〇右八，凌二二右五。○札記志疑云，六國年表作「渭陽」。

〔立其弟懷公〕 瀧四五・三，慶二一左三，殿二〇右八，凌二二右五。

索 生昭太子未立而卒太子之子是爲靈公 ○中統 索 游 無此注。札記 蓋合刻所增。

〔庶長鼂與大臣圍懷公〕 瀧四五・四，慶二一左五，殿二〇右一〇，凌二二右七。○圍，南化 殺。

〔是爲靈公〕 瀧四五・五，慶二一左七，殿二〇左一，凌二二右九。

索 生獻公也 ○彭 無此四字，楓 三 校補此四字。

〔十三年城籍姑〕 瀧四五・七，慶二一左八，殿二〇左二，凌二二右一〇。○三，天養 英房 二。札記 志疑云，靈公在位十年，即卒於城籍姑之歲，「三」字衍。案元龜百八十二引作「靈公十年卒」，與秦紀及年表合。

正 籍姑故城 ○金陵 同。城，殿 域，各本「城」字作「地」。

〔昭子之弟而懷公子也〕 瀧四五・九，慶二一左一〇，殿二〇左四，凌二二左二。○中統 彭 索 王 柯 游 無上「子」字。天養 南化 楓 棭 三 謙 中彭 中韓 此九字作「厲公子而懷公弟也」八字。

索 簡公昭之弟而懷公子 ○彭 索 無此注。

正 今史記謂簡公是厲公子者　○札記警云，據此，則正義本文「懷」作「厲」。案，索隱本作「懷」，與今本同。惟秦記謂簡公是靈公子，索隱亦已辨其誤，蓋此注「史記」字當作「秦記」，「厲公」當作「靈公」。

〔塹洛城重泉〕　瀧四六・二，慶二二右三，殿二〇左七，凌二二左六。○洛，楓三陗。

〔十六年卒〕　瀧四六・三，慶二二右四，殿二〇左八，凌二二左七。

集 表云十五年也　○五，天養六。

〔子惠公立〕　瀧四六・四，慶二二右五，殿二〇左九，凌二二左七。○毛無「子惠公立」四字。

〔子出子生〕　瀧四六・四，慶二二右一，殿二〇左九，凌二二左八。○天養無「子」字。

〔庶長改迎靈公之子獻公于河西〕　瀧四六・六，慶二二右六，殿二〇左一〇，凌二二左九。○改，英房桃古南化楓三中彭高政。天養英房無「河」字。

〔君臣乖亂〕　瀧四七・二，慶二二右九，殿二一右三，凌二三右一。○乖，天養廼。

〔止從死〕　瀧四七・三，慶二二右一〇，殿二一右四，凌二三右三。

集 丁酉　○游丁酉正月。

〔城櫟陽〕　瀧四七・三，慶二二右一〇，殿二一右四，凌二三右三。

正 在雍州東北百二十里櫟陽　○札記警云，「櫟陽」二字衍。

〔周太史儋見獻公曰〕　瀧四七・五，慶二二左三，殿二一右七，凌二三右六。○太，彭毛凌大。

〈合七十七歲而霸王出〉　瀧四七・六，慶二二左四，殿二一右八，凌二三右八。○天養 英房 南化 狩 無上「七」。

〈十六年桃冬花〉　瀧四七・七，慶二二左五，殿二一右八，凌二三右八。○天養 南化 楓 棭 三 無「十六年桃冬花」六字。

〈與晉戰於石門〉　瀧四七・九，慶二二左六，殿二一右一〇，凌二三右九。○天養 英房 南化 無「於」字。於，南 于。

〈天子賀以黼黻〉　瀧四七・一〇，慶二二左八，殿二一左二，凌二三左二。○金陵「黼黻」二字作「黼黻」。下同。

〈與魏晉戰少梁〉　瀧四八・四，慶二二左九，殿二一左三，凌二三左二。○天養 南化 無「魏」字。札記 梁志云，「魏」字後人所加，晉即魏也，魏得晉故都，故自稱晉國。

〈虜其將公孫痤〉　瀧四八・四，慶二二左一〇，殿二一左三，凌二三左三。

正 在戈反　○戈，凌 弋。

〈彊國六與〉　瀧四八・九，慶二三右二，殿二一左五，凌二三左五。○天養 英房 桃古 南化 楓 棭 三 狩 高「國」、「六」互倒。與，天養 英房 南化 楓 棭 三 狩 高 興。

〈楚自漢中南有巴黔中〉　瀧四九・四，慶二三右七，殿二一左一〇，凌二三左一〇。○南化楓椛三中彭狩——有巴蜀黔中。札記志疑引明程一枝史詮曰，一本「巴」作「巫」，巴屬秦，非楚地。

〔諸侯力政〕　瀧四九・五，慶二三右七，殿二一左一〇，凌二四右一。桃或本「政」字作「攻」。

〔争相併〕　瀧四九・五，慶二三右七，殿二一左一〇，凌二四右一。○併，南化狩謙并。

〔孝公於是布惠〕　瀧四九・六，慶二三右九，殿二二右一，凌二四右二。○通志——布德惠。

〔振孤寡〕　瀧四九・六，慶二三右九，殿二二右一，凌二四右二。○振，通志賑。

〔諸侯畢賀〕　瀧四九・八，慶二三左二，殿二二右四，凌二四右五。○畢，楓椛三謙卑。

〔諸侯卑秦〕　瀧四九・一〇，慶二三左四，殿二二右六，凌二四右七。○卑，紹彭畢。

〔西斬戎之獂王〕　瀧五〇・三，慶二三左八，殿二二右一〇，凌二四左一。

〔天子致胙〕　瀧五〇・五，慶二三左一〇，殿二二左一，凌二四左三。○胙，天養祚。

集　天水有獂道縣　○獂，天養桓。

〔外勸戰死之賞罰〕　瀧五〇・六，慶二四右一，殿二二左二，凌二四左四。○勸，通志歡。

〔甘龍杜摯等弗然〕　瀧五〇・七，慶二四右二，殿二二左三，凌二四左五。○弗，通志咈。

〔與魏戰元里〕　瀧五一・一，慶二四右五，殿二二左六，凌二四左七。

正　祁城在同州澄城縣界　○澄，南北登。札記此複衍上杜平注，蓋誤。案，元和郡縣志太原府祁縣故祁城，在縣東南五里。

〔作爲咸陽〕　瀧五一・六，慶二二左八，淩二四左一〇。

正　即秦孝公徙都之者　○金陵同，各本無「孝」字。札記考證增「孝」字。

〔縣一令〕　瀧五二・一，慶二四右一〇，殿二三右二，淩二五右四。

集　漢書百官表曰　○曰，蜀白。按：「白」，「曰」訛。

集　減萬户爲長　○減，井彭咸，楓三校記「減」。

集　皆有丞尉　○井無「有丞尉」三字。

〔三十一縣〕　瀧五二・二，慶二四左一，殿二三右二，淩二五右五。○各本「三」作「四」，楓棭三梅謙校記「三」。札記志疑云，「四」字疑誤，年表及商君傳並作「三」。

〔天子致伯〕　瀧五四・二，慶二四左四，殿二三右四，淩二五右七。

正　又如字　○彭韓嵯無「又如字」三字。

〔二十年〕　瀧五四・四，慶二四左七，殿二三右八，淩二五左一。○中統無「二十年」三字。

〔朝天子〕　瀧五四・五，慶二四左九，殿二三右一〇，淩二五左三。

集　開封東北有逢澤　○澤，天養池。

正　在汴州浚儀縣東南十四里　○汴，淩汁。儀，彭義。

〔齊敗魏馬陵〕　瀧五四・六，慶二四左一〇，殿二三右一〇，淩二五左四。

正 澗谷深峻　○金陵同，各本無「峻」字。札記考證據通鑑集覽增「峻」字，與魏世家正義合。

正 即此也　○札記「也」疑當作「地」。

〔衛鞅擊魏〕　瀧五四・七，慶二一五右一，殿二一三左一，淩二一五左五。○天養無「魏」字。

〔號商君〕　瀧五四・八，慶二一五右一，殿二一三左二，淩二一五左六。

正 商今商洛縣在商州東八十九里　○各本此十三字作「商州商洛縣在州東八十九里」十二字。札記通鑑集覽引作「商今商洛縣在商州東九十里」。案，商君列傳正義作「商洛縣在商州東八十九里」。

〔與晉戰鴈門〕　瀧五四・九，慶二一五右二，殿二一三左三，淩二一五左七。

索 恐聲誤也　○彭索金陵同。各本「誤」字作「悞」。

索 敗韓岸門　○岸，中統游鴈。

正 在許州長社縣西北二十八里　○殿金陵同，各本「社」字作「杜」。札記韓世家正義作「十八里」。

〔虜其將魏錯〕　瀧五四・一〇，慶二一五右四，殿二一三左五，淩二一五左九。○紹無「錯」字。

〔自於貴戚〕　瀧五五・二，慶二一五右七，殿二一三左七，淩二一六右一。○通志自無「於」字。貴戚始。

〔君必欲行法〕　瀧五五・二，慶二一五右七，殿二一三左七，淩二一六右一。○通志「必」、「欲」互倒。

〔先於太子〕 瀧五五・三，慶二五右七，殿二三左七，凌二六右二。○通志莫先於太子。

〔太子不可黥〕 瀧五五・三，慶二五右七，殿二三左七，凌二六右二。○黥，楓三黜。

〔黥其傅師〕 瀧五五・三，慶二五右八，殿二三左八，凌二六右二。○南化楓三謙中彭「傅」、「師」互倒。

〔宗室多怨鞅〕 瀧五五・四，慶二五右九，殿二三左九，凌二六右三。○天養請宗室——。

〔而卒車裂以徇秦國〕 瀧五五・五，慶二五右九，殿二三左九，凌二六右四。○英房彭韓嵯無「而卒」二字。

集 徐廣曰 ○彭無此注。各本「徐廣」二字作「漢書」。按：瀧本「徐廣」二字，「漢書」訛。

集 戰斬一首賜爵一級 ○天養戰斬一首者賜爵一級。

集 欲爲官者五千石 ○千，天養蜀南十。札記「千」字疑誤，韓非子定法篇作「五十石」。

集 三簪褭 ○褭，紹毛褭，凌殿裊，中統游裊。

集 六官大夫七公大夫 ○金陵同，各本「官」字作「公」而「公」字作「官」。札記「官」、「公」原互誤，吳改，與百官表及劉昭續漢志注合。

集 九五大夫 ○天養無「五」。

集 十三中更 ○三，蜀五。

〔陰晉人犀首爲大良造〕 瀧五六・二，慶二五左六，殿二四右五，凌二六右一〇。

集 犀首官名姓公孫名衍 ○中統游殿騶案犀首官名——。凌此九字入正義。按：誤。

〔魏納陰晉陰晉更名寧秦〕　瀧五六・四，慶二五左七，殿二四右六，凌二六左二。○中統游不重「陰晉」二字。

〔取汾陰皮氏〕　瀧五七・一，慶二五左九，殿二四右九，凌二六左四。

正　在絳州龍門縣西一百八十步　○殿金陵同，南無「一百八十步」五字。各本「百」字作「里」。

〔魏納上郡十五縣〕　瀧五七・五，慶二六右四，殿二四左四，凌二六左一〇。

正　今鄜綏等州也　○彭韓嵯無此注。

正　次納同丹二州　○丹，彭南北韓嵯舟。

正　今納上郡　○彭韓嵯今納上郡鄜綏等州。

正　而盡河西濱洛之地矣　○彭韓嵯無「而」字。

〔歸魏焦曲沃〕　瀧五七・九，慶二六右七，殿二四左六，凌二七右三。

正　在陝州縣西南三十二里　○札記孫云「州」下脱「陝」字。案，魏世家正義作「扗陝縣」。

〔十二年初臘〕　瀧五七・一〇，慶二六右九，殿二四左八，凌二七右五。

正　獵禽獸　○獵，凌彭臘。

〔十三年四月戊午〕　瀧五八・四，慶二六左一，殿二五右一，凌二七右八。○通志——戊午始稱王。

〔王游至北河〕　瀧五八・一〇，慶二六左四，殿二五右四，凌二七左一。○桃古同，桃中統「北」、「河」互倒。

集 戎地在河上 ○戎，井我。天養「在河上」三字作「之河北」。

〔樂池相秦〕 瀧五八・一〇，慶二六左五，殿二五右五，凌二七左二。○池，天養他，英房南化狩陀。

正 裴氏音池也 ○池，淩他。嵯無「也」字。札記疑「池」作「沱」。

〔秦使庶長疾與戰修魚〕 瀧五九・一，慶二六左六，殿二五右六，凌二七左三。○札記宋本無「秦」字。

〔虜其將申差〕 瀧五九・二，慶二六左七，殿二五右六，凌二七左四。

正 得韓將軍申差 ○軍，殿鯁。札記「軍」字與今本年表合，韓世家作「鯁」，各仍之。

〔韓太子奐〕 瀧五九・三，慶二六左八，殿二五右七，凌二七左五。○奐，天養鰥。

〔斬首八萬二千〕 瀧五九・三，慶二六左八，殿二五右七，凌二七左五。○通志無「二千」。

〔張儀復相秦〕 瀧五九・九，慶二六左九，殿二五右八，凌二七左六。○英房南化無「秦」字。

〔司馬錯伐蜀滅之〕 瀧五九・九，慶二六左九，殿二五右八，凌二七左六。○錯，井融。

索 蜀王本紀曰 ○游索金陵同，彭無此注，各本「王」下有「元年秦惠」四字。

索 爲儀所滅也 ○南北殿金陵同，各本「滅」下有「之」字。儀，南秦。南無「也」字。滅，中統游威。

〔伐取趙中都西陽〕　瀧五九・一〇，慶二七右一，殿二五左二，凌二七左八。○西，天養 南化 楓 棭 三 狩 中彭云。札記志疑云，此與表同誤，趙世家作「西都中陽」，是。漢志地屬西河郡，若中都屬太原，西都屬山陽，未可相混，正義謬。

集　太原有中都縣　○太，天養大。中，紹守。

正　在汾州隰城縣東十里　○凌 金陵同，各本「東」字作「南」。

〔韓太子蒼來質〕　瀧六〇・四，慶二七右四，殿二五左四，凌二八右一。○質，天養朝。

〔樗里疾攻魏焦降之〕　瀧六〇・六，慶二七右六，殿二五左五，凌二八右四。○梅 景 紹同，各本「樗」字作「榑」。下同。攷異樗里疾即樗里子也，又「樗」作「榑」。札記六國表、樗甘穰侯傳並作「樗」，惟此紀獨作「榑」，各本皆同，字類亦引之，姑仍其舊。

〔斬首萬〕　瀧六〇・七，慶二七右七，殿二五左六，凌二八右五。○天養 南化 楓 棭 三 謙 尾 中彭斬首二十二萬。景 井斬首萬級。札記宋本下有「級」字。

〔公子通封於蜀〕　瀧六〇・八，慶二七右七，殿二五左六，凌二八右五。

集　是歲王赧元年　○紹 毛「赧」字作「赦囲服」三字。

〔庶長章擊楚於丹陽〕　瀧六一・一，慶二七左一，殿二五左一〇，凌二八右九。○陽，南化 梅 狩楊。

〔虜其將屈匄〕　瀧六一・二，慶二七左一，殿二五左一〇，凌二八右九。○匄，南化 通志丏，毛罔。

〔楚圍雍氏〕　瀧六一・三，慶二七左三，殿二六右一，凌二八右一〇。〇南化楚圍雍助氏。

〔秦使庶長疾助韓而東攻齊〕　瀧六二・一，慶二七左二，殿二六右一，凌二八右一〇。〇助，紹攻。

〔伐楚取召陵〕　瀧六二・三，慶二七左四，殿二六右二，凌二八左二。〇召，天養邵。

〔蜀相壯殺蜀侯來降〕　瀧六二・三，慶二七左四，殿二六右七，凌二八左七。

正　在蜀西南姚府管内　〇殿金陵同，各本「姚」字作「桃」。札記殿本與周紀正義合，各本「姚」訛「桃」。

〔南公揭卒〕　瀧六三・一，慶二七左九，殿二六右七，凌二八左九。〇金陵同，各本無「南公揭卒」四字。

〔樗里疾甘茂〕　瀧六三・二，慶二七左一〇，殿二六右八，凌二八左八。〇通志以榑通志本「樗」作「榑」。里疾甘茂。茂，南化梅戊。

〔爲左右丞相〕　瀧六三・二，慶二七左一〇，殿二六右八，凌二八左八。

集　相助也　〇彭南北嵯韓嵯相者助也。

〔張儀死於魏〕　瀧六三・二，慶二七左一〇，殿二六右八，凌二八左八。〇於，天養于。

〔與韓襄王會臨晉外〕　瀧六三・三，慶二八右一，殿二六右九，凌二八左九。〇與，桃古初。

〔武王謂甘茂曰〕　瀧六三・四，慶二八右二，殿二六右一〇，凌二八左一〇。○紹武王謂其甘茂曰。

〔死不恨矣〕　瀧六三・四，慶二八右三，殿二六左一，凌二九右一。○矣，天養也。

〔使甘茂庶長封伐宜陽〕　瀧六三・六，慶二八右三，殿二六左一，凌二九右一。○茂，天養戊。下同。

正　故韓城是也　○韓，彭南北韓嵯陽。

〔皆至大官〕　瀧六三・九，慶二八右八，殿二六左五，凌二九右六。○大，天養太。

〔王與孟說舉鼎絶臏〕　瀧六三・九，慶二八右八，殿二六左六，凌二九右六。○札記御覽三百八十六引作「舉龍文赤鼎絶臏而死」，又五百四十八，又七百五十六引同，惟無「赤」字，疑今本有脱文。

集　一作脉　○脉，紹時。

〔武王死〕　瀧六四・一，慶二八右九，殿二六左六，凌二九右七。○天養無「武」字。英房無「武王」二字。

〔族孟説〕　瀧六四・一，慶二八左一，殿二六左八，凌二九右九。

集　畢陌中大冢是也　○彭無此注，紹「畢陌」二字作「里之」。

集　人以爲周文王冢非也　○天養人以爲周文武王冢非也。

集　周文王冢在杜中　○天養周文王武王冢在杜中。

〔立異母弟〕　瀧六四・四，慶二八左一，殿二六左九，凌二九右一〇。○通志立異母弟瑕。

〔是爲昭襄王〕　瀧六四・四，慶二八左二，殿二六左九，凌二九左一。○天養是爲之昭襄王。

〔昭襄母〕　瀧六四・四，慶二八左二，殿二六左九，凌二九左一。○天養英房南化景紹彭南昭襄王母。

〔號宣太后〕　瀧六四・五，慶二八左二，殿二六左一〇，凌二九左一。○太，天養大。

〔皆不得良死〕　瀧六四・一〇，慶二八左六，殿二七右三，凌二九左五。

集　迎歸於楚者　○桃中統游同，桃古迎婦「歸」字作「婦」。于「於」字作「于」。楚也。「者」字作「也」。各本「歸」字作「婦」。天養無「者」字。

〔與楚王會黃棘〕　瀧六五・一，慶二八左八，殿二七右五，凌二九左七。○與，天養南化狩予。

〔與楚上庸〕　瀧六五・二，慶二八左八，殿二七右五，凌二九左七。

正　今房州竹邑縣　○邑，金陵山。札記「山」誤「邑」，依元和郡縣志改。

〔取蒲阪〕　瀧六五・三，慶二八左九，殿二七右六，凌二九左八。○金陵同。阪，天養南化反，各本「阪」字作「坂」。

〔復與魏蒲阪〕 瀧六五・五，慶二九右七，凌二九左一〇。○與，南化予。

〔蜀侯煇反〕 瀧六五・五，慶二九右一，殿二七右八，凌二九左一〇。○煇，南化暉。

〔日食晝晦七年拔新城〕 瀧六五・七，慶二九右四，殿二七右一〇，凌三〇右三。○食，天養南化蝕。晝，紹畫。

〔使將軍芈戎攻楚〕 瀧六五・九，慶二九右六，殿二七左三，凌三〇右六。○芈，楓三尾

正 秦敗我襄城 ○我，彭南北韓嵯楚。

辛。南化「芈戎」二字作「辛氏」。戎，梅氏。

〔取新市〕 瀧六五・一〇，慶二九右六，殿二七左三，凌三〇右六。

〔殺其將景快〕 瀧六六・五，慶二九左一，殿二七左四，凌三〇右一〇。○快，殿缺。札記

集 晉地記曰 ○金陵同，各本「地」字作「帝」。札記「地」誤「帝」，吴改。記，殿紀。

六國表、楚世家並作「景缺」，上文「拔新城」，正義引同，今本惟此文作「景快」，各本皆同，或傳寫誤。然殺景缺在昭襄七年而此在九年，疑是錯簡，抑別有景快耶？今仍其舊。

〔薛文以金受免〕 瀧六六・七，慶二九左二，殿二七左七，凌三〇左一。○天養英房楓

謙無「薛文」二字。札記「金」、「受」疑倒，正義云秦丞相，未知所據。

〔秦與韓魏河北及封陵以和〕 瀧六七・二，慶二九左五，殿二八右一，凌三〇左五。○與，南化予。

正　武遂近平陽地也　○凌金陵同，各本無「近」字。柯凌無「遂」字，札記謍據上「城武遂」正義補。

〔予楚粟五萬石〕　瀧六七・八，慶二九左九，殿二八右四，凌三〇左八。○南化予趙楚粟五萬石。

〔左更白起攻新城〕　瀧六七・一〇，慶二九左一〇，殿二八右六，凌三〇左一〇。

正　將兵擊韓之新城　○兵，凌金陵而。札記凌本與白起傳合。

〔左更錯取軹及鄧〕　瀧六八・八，慶三〇右八，殿二八左三，凌三一右八。○南化——及取鄧。

集　河内有軹縣　○内，凌南。

〔公子悝鄧〕　瀧六九・二，慶三〇右一〇，殿二八左五，凌三一右一〇。○英房重「公子」二字。

〔及東周君來朝〕　瀧六九・二，慶三〇左二，殿二八左七，凌三一左三。○天養無「來」字。

〔秦以垣爲蒲阪皮氏〕　瀧六九・四，慶三〇左三，殿二八左八，凌三一左四。

正　皮氏故城在絳州龍門縣西一里八十步　○殿金陵同，各本「城」字作「縣」。札記殿本「城」，與魏世家正義合，各本誤作「縣」。

〔錯攻垣河雍決橋取之〕　瀧六九・五，慶三〇左五，殿二八左一〇，凌三一左五。

集　魏哀王二十四年　○天養無「二十」。

集 改宜陽曰河雍改向曰高平　○改，紹故。河，紹何。

〔二十年〕　瀧六九・九，慶三〇左七，殿二九右二，淩三一左八。

集 向在軹之西　○軹，蜀軌。

集 秦地有父馬生駒　○天養無「地」字。父，天養杜。

〔二十一年〕　瀧七〇・一，慶三〇左八，殿二九右三，淩三一左九。

集 徐廣曰有牡馬生牛而死　○中統 游 彭 彭 嵯 徐廣曰秦有——。牡，紹牝。牛，天養子，彭 韓 嵯 羊。札記 吳云宋板「牛」作「羊」。案，漢書五行志引史記秦孝公二十一年有馬生人，昭王二十年牡馬生子而死，上條今見六國表而下條紀、表皆無，疑史有逸文。牡馬即父馬，子即駒子，字與牛、羊字形近致訛，疑此文本作「有牡馬生子而死」，則史記正文與漢志合，當在上二十年下。其「秦地有父馬生駒」，乃集解所引徐廣語，後人不察，誤以正文入注，校者又移入二十一年，歧之中又有歧矣。

〔錯攻魏河内〕　瀧七〇・一，慶三〇左九，殿二九右四，淩三一左一〇。○通志無「河内」二字。

〔魏獻安邑〕　瀧七〇・二，慶三〇左九，殿二九右四，淩三一左一〇。○通志——安邑及河内。

〔河東爲九縣〕　瀧七〇・四，慶三一右一，殿二九右五，淩三二右二。○札記 志疑云「河東」上疑有脱字，古史作「取河東」。

〔尉斯離與三晉燕伐齊〕　瀧七〇・六，慶三一右二，殿二九右七，凌三三右三。○三，紹二。

天養——與三晉燕趙伐齊。

〔又會穰〕　瀧七〇・一〇，慶三一右五，殿二九右九，凌三三右六。

正　古鄾子之國也　○鄾，殿偃。

〔秦軍去〕　瀧七一・一，慶三一右七，殿二九左一，凌三三右八。

集　汝南有安城縣　○城，天養成。

〔侯冄復相〕　瀧七一・五，慶三一右九，殿二九左三，凌三三右一〇。○天養英房南化楓棭三狩中彭侯魏冄復相。冄，通志免，紹用。札記「侯」疑當作「魏」，或「侯」上脱一「穰」字。

〔赦罪人遷之南陽〕　瀧七一・七，慶三一右九，殿二九左三，凌三三右一〇。○赦，南化狩放。下同。

〔取代光狼城〕　瀧七一・七，慶三一右一〇，殿二九左四，凌三三左一。

正　在今澤州高平縣西二十里　○殿金陵同，各本無「今」字。南柯凌無「二十里」三字。

〔又使司馬錯發隴西〕　瀧七一・八，慶三一左一，殿二九左五，凌三三左二。○又，天養乃。南化乃又使司馬錯發隴西。

〔取鄢鄧〕　瀧七一・一〇，慶三一左三，殿二九左六，凌三三左四。

正 鄢鄧二城並在襄州　○柯 凌 無此注。

〔取郢爲南郡〕　瀧七二・二，慶三一左四，殿二九左八，凌三二左五。

正 括地志云郢城在荆州江陵縣東北六里楚平王築都之地也　○凌無「括地志」至「築都之地也」二十四字。

〔王與楚王會襄陵〕　瀧七二・三，慶三一左五，殿二九左九，凌三二左五。

集 河東有襄陵縣　○東，凌南。陵，紹陽。

正 括地志云襄陵在晉州臨汾縣東南三十五里闞駰十三州志云襄陵晉大夫犨邑也　○殿 金陵同，各本「犨」字作「犫」。札記警云，據水經汾水注，當作「郤犨」。慶「闞駰」二字作「土地」。南 凌 無「括地志云」至「犨邑也」三十三字。

〔白起爲武安君〕　瀧七二・五，慶三一左七，殿二九左一〇，凌三二左六。

正 言能撫養軍士戰必剋得百姓安集故號武安故城在潞州武安縣西南五十里七國時趙邑即趙奢救閼與處也　○彭 南 凌 無「言能」至「與處也」四十四字。札記警云，「潞」當作「洺」，潞州無武安縣，唐初武安嘗屬洺州也。

〔蜀守若伐楚〕　瀧七二・一〇，慶三一左八，殿三〇右二，凌三二左六。○金陵同，各本無「楚」字。札記「楚」字依志疑、史詮補。云穰侯傳作「陽」，趙策作「易」，即古陽字。

〔白起伐魏取兩城〕　瀧七三・二，慶三二右一，殿三〇右四，凌三二左八。○南化 謙「魏」、「取」互倒。

〔楚人反我江南〕 瀧七三・二一，慶三二右一，殿三〇右四，凌三二左八。○反，毛伐。

〔相穰侯攻魏〕 瀧七三・三，慶三二右二，殿三〇右五，凌三二左九。○英房南化謙相穰侯魏冉攻魏。

〔客卿胡傷攻魏卷〕 瀧七三・五，慶三二右三，殿三〇右六，凌三三右一。

正 卷音丘袁反 ○彭韓嵯無「音」字。袁，彭韓嵯權。

〔擊芒卯華陽破之〕 瀧七三・七，慶三二右六，殿三〇右九，凌三三右三。

正 即此城也 ○彭南無此注。此，凌北。

〔魏入南陽以和〕 瀧七三・八，慶三二右八，殿三〇左二，凌三三右六。

集 古曰南陽 ○古，天養故。紹空格「古」。

集 本屬韓地 ○彭無「本」字。天養本屬韓地之。

〔初置南陽郡〕 瀧七四・一〇，慶三二左二，殿三〇左五，凌三三右一〇。

正 而居陽地 ○金陵同，各本「居」字作「名」。而，南北王殿舊。札記案，穀梁傳「水北爲陽」，故云居陽地也。王本「而」作「旧」，「居」作「名」，傳寫之訛。柯、凌「而」字未誤，今依釋名改。

〔三十六年〕 瀧七五・一，慶三二左四，殿三〇左七，凌三三左二。○六，通志七。

〔取剛壽予穰侯〕 瀧七五・一，慶三二左四，殿三〇左七，凌三三左三。

正 在兖州龔丘縣界 ○金陵同，各本「龔」字作「襲」。札記原訛「襲丘」，依穰侯列傳正義改。

〔不能取〕　瀧七五・三，慶三二左八，殿三一右二，凌三三左七。○不，天養弗。

集　音焉與　○彭韓嵯閼音焉與音預。與，中統游預。

集　在上黨涅縣西　○天養無「西」字。

正　閼與聚城　○札記趙世家正義「城」作「落」。

正　在潞州銅鞮縣西北二十里　○鞮，凌鍉。札記原訛「鍉」，依趙世家正義改。

正　在洺州武安縣西南五十里　○金陵同，各本「洺」字作「潞」。札記「洺」原訛「潞」，依趙世家正義改。

〔歸葬芷陽〕　瀧七五・六，慶三二左九，殿三一右二，凌三三左八。

正　鹿原東　○札記案，郡縣志京兆府藍田縣白鹿原在縣西六里，此脱「白」字。

〔攻魏取邢丘懷〕　瀧七五・七，慶三二左一〇，殿三一右三，凌三三左一〇。

集　駰案韓詩外傳　○詩，彭韓嵯信。天養駰案韓詩外傳曰。

〔十月宣太后薨〕　瀧七五・一〇，慶三三右三，殿三一右六，凌三四右三。○十，天養南化梅狩七。太，天養大。

〔葬芷陽酈山〕　瀧七五・一〇，慶三三右四，殿三一右七，凌三四右三。

集　芈氏　○芈，紹羊。

〔武安君白起攻韓拔九城〕　瀧七六・二，慶三三右五，殿三一右八，凌三四右三。○拔，紹扶。

〔攻韓南郡取之〕　瀧七六・三，慶三三右六，殿三一右九，凌三四右五。○札記 攷異云，南郡非韓地。志疑云，年表及白起傳作「南陽」，是。

〔五年五大夫賁攻韓〕　瀧七六・五，慶三三右六，殿三一右九，凌三四右五。○各本「五」上有「四十」。按：瀧本誤脱「四十」。

〔葉陽君悝出之國〕　瀧七六・六，慶三三右七，殿三一右一〇，凌三四右七。○殿 金陵 同，各本無「君」字，謙 校補「君」。

〔未至而死〕　瀧七六・六，慶三三右八，殿三一左一，凌三四右八。

正 葉書涉反　○金陵 同，各本「書」字作「車」。札記「書」原訛「車」。「葉」字無此音，依廣韵改。

〔趙發兵擊秦〕　瀧七六・九，慶三三右九，殿三一左二，凌三四右八。○紹 趙因發兵擊秦。

〔四十餘萬盡殺之〕　瀧七六・一〇，慶三三右一〇，殿三一左三，凌三四右一〇。○天養 南化 謙 狩 四十餘萬人盡坑殺之。殺，詳節 阬。

〔四十八年十月〕　瀧七七・一，慶三三左一，殿三一左三，凌三四右一〇。○札記 案，上四十二年先書十月，後書九月，此年先書十月，後書正月，大事記、古文尚書疏證謂秦先世已嘗改十月爲歲首，是也。自此年以後，復用夏正，故下文書其十月云云，遂不以爲歲首。而四十九年先書正月，後書其十月，文甚明白，志疑乃以四十二年之十月爲七月之誤，四十八年之十月爲衍，考之未審矣。

〔伐趙武安皮牢拔之〕　瀧七七・三，慶三三左二，殿三一左四，凌三四左二。○尾　毛——武安君尾本無「君」字。攻皮牢拔之。札記　毛本下有「君攻」二字。案，六國表、趙世家不載此事，白起傳但云王齕攻皮牢拔之，蓋「武安」二字涉上而衍，後人又增「君攻」字。

〔司馬梗北定太原〕　瀧七七・四，慶三三左三，殿三一左五，凌三四左二。○梗，紹　更。

〔爲蔡尉捐弗守〕　瀧七七・九，慶三三左六，殿三一左八，凌三四左五。○蔡，紹　察。

〔還斬之〕　瀧七七・一〇，慶三三左七，殿三一左八，凌三四左五。○天養　無「之」字。

〔遷陰密〕　瀧七八・一，慶三三左八，殿三一左九，凌三四左七。

集　皆稱士伍　○蜀「士伍」二字作「亡任」。

〔張唐攻鄭拔之〕　瀧七八・二，慶三三左九，殿三一左一〇，凌三四左八。○札記　志疑云，疑「鄭」字。

〔不拔〕　瀧七八・四，慶三四右一，殿三一右二，凌三四左一〇。○不，天養　弗。

〔晉楚流死河二萬人〕　瀧七八・五，慶三四右二，殿三一右三，凌三五右一。○天養　南化　謙　狩　晉楚流死河者二萬人。

〔即從唐拔寧新中〕　瀧七八・七，慶三四右三，殿三一右四，凌三五右三。

集　徐廣曰寧作曼　○各本「作」上有「一」字。按：瀧本誤脱「一」字。

〔寧新中更名安陽〕　瀧七八・九，慶三四右五，殿三一右六，凌三五右四。○南化　更寧新中名安陽。

〔初作河橋〕 瀧七八・一〇，慶三四右六，殿三二右七，凌三五右六。

正 今蒲津橋也 ○彭 韓 嵯 今蒲津橋是也。

〔將軍摎攻韓取陽城負黍〕 瀧七九・一，慶三四右七，殿三二右八，凌三五右七。

正 亦時屬韓也 ○札記「亦」、「時」疑倒。

〔西周君背秦〕 瀧七九・三，慶三四右九，殿三二右一〇，凌三五右八。○背，天養 南化 倍。

〔其器九鼎入秦〕 瀧七九・六，慶三四左三，殿三二左三，凌三五左三。

正 其一飛入泗水 ○金陵同，各本「其」字作「然」。札記「其」作「然」，考證改。

〔取吴城〕 瀧八〇・二，慶三四左五，殿三二左六，凌三五左五。

集 在大陽 ○大，紹 天，中統 凌 游 太。在，中統 游 作。

正 虞城故城 ○殿 金陵 同，各本「虞」字作「廣」。

正 在陝州河北縣東北五十里虞山之上 ○山，凌 下。札記 殿本「山」字與郡縣志合，各本訛「下」。

〔五十六年秋〕 瀧八〇・四，慶三四左八，殿三二左八，凌三五左八。○五，紹 丘。

〔子孝文王立〕 瀧八〇・四，慶三四左八，殿三二左八，凌三五左八。

索 子莊襄王 ○中統 游 索 無「子莊襄王」四字。

〔尊唐八子爲唐太后〕　瀧八〇・五，慶三四左九，殿三二左九，凌三五左九。〇太，天養大。

〔而合其葬於先王〕　瀧八〇・七，慶三五右一，殿三三右一，凌三六右一。〇通志無「其」字。天養無「於」字。

正　以其母唐太后與昭王合葬　〇唐，凌呂。

〔入弔祠〕　瀧八〇・八，慶三五右二，殿三三右二，凌三六右二。〇弔，紹吊。

〔弛苑囿〕　瀧八〇・九，慶三五右四，殿三三右四，凌三六右四。〇凌金陵同。弛，紹施，各本「弛」字作「弛」。

〔孝文王除喪〕　瀧八〇・一〇，慶三五右四，殿三三右四，凌三六右四。〇天養無「孝」字。

〔子莊襄王立〕　瀧八一・一，慶三五右五，殿三三右四，凌三六右五。

索　立三年卒　〇索金陵同，各本「三」作「四」。

索　紀作四年　〇索金陵同，各本「紀作四年」四字作「子始皇帝」。

〔莊襄王元年〕　瀧八一・八，慶三五右六，殿三三右五，凌三六右六。〇南化狩莊襄王立元年。

〔施德厚骨肉〕　瀧八一・九，慶三五右六，殿三三右六，凌三六右七。〇通志施德澤厚骨肉。

〔秦使相國呂不韋誅之〕　瀧八一・九，慶三五右七，殿三三右七，凌三六右八。〇天養

南化 楓 三 無「秦」字。

〔奉其祭祀〕 瀧八二・一，慶三五右九，殿三三右八，凌三六右九。

集 河南梁縣有陽人聚 ○縣，中統 游 陽。

〔韓獻成皋鞏〕 瀧八二・一，慶三五右一〇，殿三三右九，凌三六右一〇。

正 古之虢國 ○之，金陵 東。札記「東」誤「之」，孫輯括地志改，與郡縣志合。

正 鞏恭勇友 ○勇，慶 彭 南 韓 嵯 竦。

正 爾時秦滅東周 ○彭 韓 嵯 爾彭本無「爾」字。 時秦已滅東周。

正 又獻於秦 ○又，彭 韓 今。彭 無「於」字。

〔初置三川郡〕 瀧八二・四，慶三五左一，殿三三左一，凌三六左二。

集 漢高祖更名河南郡 ○殿 金陵 同，各本「名」字作「曰」。

〔蒙驁攻魏高都汲拔之〕 瀧八二・六，慶三五左三，殿三三左二，凌三六左三。

集 汲一作波 ○波，天養 陂。

集 波縣亦在河内 ○天養 波之縣亦在河内。

正 汲故城 ○慶 彭 凌 無「城」字。

正 蘇忿生十二邑 ○慶 殿 柯 凌 ——生七十二邑。王 ——生六十二邑。札記 考證删。案，「六」、「七」疑皆「之」字之訛。

〔四年〕 瀧八二・一〇，慶三五左八，殿三三左七，凌三六左八。○札記 志疑云，莊襄無四年，乃「三年」之誤。案，王齕攻上黨，六國表書在三年，不誤，此「四年」二字涉上「四月」而衍，觀下文「五月」即接上文「四月」，其證也。三年上已書，何必複出！

〔五月丙午〕　瀧八三・五，慶三六右一，殿三三左一〇，凌三七右二。〇英房南化謙狩五月丙午朔。

〔莊襄王卒〕　瀧八三・五，慶三六右一，殿三三左一〇，凌三七右三。〇彭韓嵯無「王」字，謙校補「王」。

〔初并天下爲三十六郡〕　瀧八三・七，慶三六右三，殿三四右二，凌三七右四。〇并，紹併。

〔號爲始皇帝〕　瀧八三・七，慶三六右四，殿三四右二，凌三七右五。〇南化號爲秦始皇帝。始，蜀秦。

索　立三十七年崩　〇三，中統彭游韓嵯二。彭韓嵯立三十有七年崩。

索　葬酈山　〇索金陵同，各本「山」字作「邑」。

〔始皇帝五十一年而崩〕　瀧八三・八，慶三六右四，殿三四右二，凌三七右五。〇南化無「始皇帝」三字。五，天養立。謙「五」上校補「立」。札記志疑云，始皇十三而立，踰年改元，在位三十七年，年五十，安得五十一？案，疑本作「年五十」，衍「一」字，又誤倒耳。

〔是爲二世皇帝〕　瀧八三・一〇，慶三六右五，殿三四右三，凌三七右六。〇爲，毛謂。南化重「二世皇帝」四字。

索 十二年立 ○索金陵同，各本「年」字作「而」。

索 凡六百一十七歲 ○一，索二。

〔諸侯並起叛秦〕 瀧八四·二，慶三六右六，殿三四右四，凌三七右七。○叛，天養畔。

〔遂滅秦〕 瀧八四·三，慶三六右七，殿三四右六，凌三七右七。○天養遂滅之秦。

〔終黎氏〕 瀧八四·七，慶三六右一〇，殿三四右八，凌三七左一。

集 應劭曰氏姓譜云 ○天養無「曰」字。曰，凌日。譜，天養景井蜀紹毛游殿金陵注，慶南彭凌注。

集 有姓終黎者是 ○天養有姓終利「黎」字作「利」。云者是。南北殿——者是也。

〔將梁氏〕 瀧八四·七，慶三六左一，殿三四右九，凌三七左二。○英房楓棭三謙嵯將氏梁氏。

〔黃氏〕 瀧八四·七，慶三六左一，殿三四右九，凌三七左二。○南化楓棭三將黃氏。

〔脩魚氏〕 瀧八四·八，慶三六左一，殿三四右九，凌三七左二。○楓棭三謙脩氏魚氏。

〔白冥氏〕 瀧八四·八，慶三六左一，殿三四右九，凌三七左二。○南化楓棭三白氏冥氏。冥，詳節宜。

〔然秦以其先造父封趙城爲趙氏〕 瀧八四·八，慶三六左二，殿三四右一〇，凌三七左三。

○彭 韓 嵯無「其」字，尾校補「其」。

索 「述贊柏翳佐舜」至「卒成凶慝」八十一字 ○耿無此注。

索 皂斿是旌 ○索 金陵同，各本「斿」字作「游」。

索 石椁斯營 ○椁，金陵惇。

索 西垂有聲 ○垂，中統 游陲。

索 厥後吞并 ○中統 游 索同，各本「後」字作「后」。

史記會注考證校補卷六

秦始皇本紀第六

〔生始皇以秦昭王四十八年正月生於邯鄲〕 瀧二・六，慶一右七，殿一左二，凌一右八。○英房 南化 狩 重「始皇」二字。

〔及生名爲政〕 瀧二・七，慶一右八，殿一左三，凌一右九。○及，蜀 反。

〔姓趙氏〕 瀧二・七，慶一右八，殿一左三，凌一右九。

正 後以始皇諱故音征 ○征，南化 正。

〔秦地已并巴蜀漢中〕 瀧三・三，慶一左一，殿一左六，凌一左三。○蜀，紹 屬。

〔東至滎陽〕 瀧三・四，慶一左三，殿一左七，凌一左四。○滎，景 游 詳節 榮。

〔蒙驁王齮〕 瀧三・七，慶一左五，殿一左一〇，凌一左七。

索 王齮即王齕 ○金陵 同，索 無「王齕」二字。各本「齕」字作「騎」。札記 依秦本紀及白起列傳改。

索　昭王二十九年　○二，金陵四。札記各本「四」誤「二」，依秦本紀及白起列傳改。

〔晉陽反〕　瀧三・一〇，慶一左九，殿二右三，凌二右一。○札記元龜百八十三引在元年下。

〔二年麃公將卒攻卷〕　瀧四・一，慶二右一，殿二右五，凌二右三。○卷，南化 楓 中彭 權。

〔將軍蒙驁攻魏氏暘有詭〕　瀧四・三，慶二右三，殿二右六，凌二右五。

集　暘音場　○暘，景陽。

〔歲大饑〕　瀧四・四，慶二右三，殿二右七，凌二右六。○饑，景 井 蜀 紹 慶 彭 中統 游 南 北 殿 飢。下同。

〔天下疫〕　瀧四・六，慶二右五，殿二右九，凌二右八。○彭 韓 嵯 天下大疫。

〔將軍驁攻魏定酸棗燕虛長平〕　瀧四・八，慶二右七，殿二左一，凌二右九。

集　駰案地理志　○中統 游 殿 同，各本無「駰案」二字。下同。

索　二邑名　○二，金陵 一。

〔其君角率其支屬〕　瀧五・七，慶二左四，殿二左九，凌二左八。○支，南化 枝，紹 友。

〔五月見西方〕　瀧五・一〇，慶二左八，殿三右一，凌三右一。○紹 無此五字。

正　彗音似歲反　○彭韓嵯無「音」字。

〔將軍鶩死以攻龍孤慶都還兵攻汲彗星復見西方〕　瀧六・一，慶二左九，殿三右三，凌三右三。○紹無此二十字。

〔死屯留〕　瀧六・六，慶三右六，殿三右一〇，凌三左二。

正　漢屯留吁國也　○殿考「漢屯」疑「春秋」二字之誤。

〔戮其屍〕　瀧六・九，慶三右九，殿三左二，凌三左四。

集　屯留蒲鶮　○鶮，彭韓嵯鶮。

集　壁于此地　○于，景井蜀紹慶中統彭毛游於。

集　時士卒死者皆戮其屍　○士，蜀七，紹土。

索　謂成蟜爲將軍而反　○成，游城。彭無此注。

索　屯留蒲鶮二邑之反卒　○二，索一，凌三。棭無「反」字。

索　雖死猶皆戮其屍　○棭無「猶」字。

〔河魚大上〕　瀧七・四，慶三左二，殿三左五，凌三左八。

正　渭渭水也　○殿金陵同，彭無此注，各本無上「渭」字。

〔東就食〕　瀧七・六，慶三左五，殿三左八，凌四右二。

索　言河魚大上　○彭無「河魚大上」四字，楓三校補「河魚大上」。

索　秦人皆輕車重馬並就食於東　○彭無「皆輕車重馬並就食於」九字，楓三校補「皆輕車重馬並就食於」。南化 中彭無「重」字。

索 言往河旁食魚也　○彭 韓 嵯無「言」字，楓 三校補「言」。

〔令毐居之〕　瀧七・八，慶三左八，殿四右一，凌四右五。○毐，紹毒。

索 按漢書嫪氏出邯鄲　○氏，游毐。彭無此注。

索 秦始皇母予嫪毐淫　○索秦始皇帝母——。

正 在懷州修武縣西北大行山東南　○北，嵯地。大，慶 彭 凌 金陵太。

〔宮室犬馬〕　瀧七・九，慶三左九，殿四右二，凌四右六。○各本「犬」字作「車」。按：瀧本「犬」、「車」訛。

〔事無小大〕　瀧七・一〇，慶三左一〇，殿四右三，凌四右七。○南 北 殿 通志「小」、「大」互倒。

〔又以河西太原郡更爲毐國〕　瀧七・一〇，慶四右一，殿四右三，凌四右七。

集 徐廣曰河一作汾　○彭無此注七字，楓 三校補「徐廣曰河一作汾」。汾，紹分。

〔攻魏垣蒲陽〕　瀧八・一，慶四右二，殿四右五，凌四右九。

正 垣作垣垣音袁　○彭無下「垣」字。札記案：此宋人諱桓，因并及垣，而缺筆，非正義有異文也。王、柯、凌所據宋本皆如此，仍其舊以見當時坊刻之謬。

正 在隰州縣北四十五里　○殿考「縣」字上疑脱「蒲」字。

〔四月上宿雍〕　瀧八・四，慶四右四，殿四右七，凌四左一。

集 蔡邕曰 ○各本「邑」字作「邕」。按：瀧本「邑」，「邕」訛。

集 駰案司馬遷記事 ○慶凌「駰案」二字作「裴駰云」三字。游無「駰案」二字。彭無此注。

〔王冠帶劍〕 瀧八・五，慶四右五，殿四右九，凌四左二。

正 「禮記云」至「按年二十一也」十四字 ○彭無此注。

〔矯王御璽及太后璽〕 瀧八・七，慶四右六，殿四右九，凌四左四。○英房下「璽」字作「爾」。

〔戎翟君公舍人〕 瀧八・八，慶四左五，殿四左九，凌五右四。

集 白玉 ○玉，景王。彭無此二字。

集 螭虎鈕 ○螭，紹璃。鈕，紹釵。

集 民皆以金玉爲印 ○紹重「民」字而無「玉」字。

正 玉太后怒投地 ○南北同，彭無此注，各本「玉」字作「王」。

〔令相國昌平君昌文君發卒攻毐〕 瀧九・六，慶四左七，殿四左一〇，凌五右六。○通志無「昌文君」三字。

〔亦拜爵一級〕 瀧九・七，慶四左一〇，殿五右四，凌五右一〇。

索 項燕立爲荆王 ○彭韓嵯項燕立以爲荆王。

索 昌文君名亦不知也 ○慶游索凌無「名」字。

〔有生得毐賜錢百萬〕 瀧九・九，慶五右一，殿五右四，凌五右一〇。○賜，桃古肆。

〔内史肆佐弋竭〕　瀧九・一〇，慶五右三，殿五右六，凌五左二。○肆，游賜。

集　漢武帝改爲佽飛　○佽，紹佽

〔二十人皆梟首〕　瀧一〇・二，慶五右四，殿五右七，凌五左五。

集　縣首於木上曰梟　○彭無「曰梟」二字。

〔滅其宗〕　瀧一〇・三，慶五右四，殿五右八，凌五左五。

正　取太后遷之咸陽宮　○彭無此注。札記考證云，通鑑作雍萯陽，「咸」疑「萯」字誤。

〔及其舍人輕者爲鬼薪〕　瀧一〇・六，慶五右九，殿五左三，凌五左一〇。

集　鬼薪作三歲　○三，北二。

〔四月寒凍有死者〕　瀧一〇・九，慶五左三，殿五左六，凌六右四。○通志「凍」、「有」互倒。札記案：疑本作「是月」，後人因正義「四月建巳」之文而妄改之。

〔相國呂不韋坐嫪毐免〕　瀧一一・二，慶五左七，殿五左一〇，凌六右八。○嫪，凌繆。札記凌本「嫪」訛「繆」，云一本作「嚳」，舊刻本作「嚳」。案，「嚳」疑「舉」之訛。

〔齊人茅焦説秦王曰〕　瀧一一・三，慶五左八，殿六右一，凌六右九。○紹無「人」字。焦，紹詳節蕉。

〔而入咸陽〕　瀧一一・五，慶五左九，殿六右三，凌六左一。

集　始皇帝立茅焦爲傅　○皇，紹秦。彭韓嵯無「帝」字。

集 天下亢直 ○亢，紹元。札記疑有誤，今本說苑作「亢枉令直」，御覽百三十五引同。

集 茅君之力也 ○彭韓嵯無「之」字。

〔請先取韓以恐他國〕 瀧一一・八，慶六右三，殿六右六，凌六左四。○高請先取下韓以恐他國。

〔以秦之彊諸侯譬如郡縣之君〕 瀧一一・一〇，慶六右五，殿六右七，凌六左六。○秦，井紹梁。紹無「如」字。札記御覽八十六引作「以秦之强視諸侯」，疑今本脱。

〔不過亡三十萬金〕 瀧一二・三，慶六右八，殿六右一〇，凌六左九。○札記御覽引「三」作「四」。

〔與繚同〕 瀧一二・六，慶六右九，殿六左一，凌六左一〇。○繚，紹繞。

〔摯鳥膺〕 瀧一二・七，慶六左一，殿六左二，凌七右一。○摯，英房鷙。

〔豺聲〕 瀧一二・七，慶六左一，殿六左三，凌七右二。○豺，英房犲。

〔少恩而虎狼心〕 瀧一二・七，慶六左二，殿六左三，凌七右二。

正 鷙鳥鶻 ○鷙，北殿摯。

〔我布衣〕 瀧一二・一〇，慶六左三，殿六左五，凌七右四。○通志我布衣也。

〔王翦攻閼與橑楊〕 瀧一三・四，慶六左九，殿六左八，凌七右九。○楊，通志陽。

集 橑音老在并州 ○橑，紹北僚。

正　橑陽　○橑，慶南北殿轑。彭無此注。

〔翦將十八日〕　瀧一三・五，慶六左一○，殿六左一○，凌七右一○。○南化狩王翦將十八日。

〔什推二人從軍〕　瀧一三・五，慶七右一，殿七右一，凌七左一。

集　佐史之秩　○彭韓嵯無「之」字。

索　諸軍中皆歸斗食以下無功佐史　○索金陵同，各本無「諸」字。

索　什中唯推擇二人令從軍耳　○彭韓無「唯」字。慶凌中統游殿無「推」字。二，彭韓一。

〔不臨遷勿奪爵〕　瀧一四・四，慶七右六，殿七右六，凌七左七。

正　不哭臨不韋者　○哭，彭韓大。彭韓無「不韋」二字。

〔視此〕　瀧一四・六，慶七右八，殿七右八，凌七左九。

索　謂籍没共一門　○各本「共」字作「其」。按：瀧本「共」，「其」訛。

索　後並視此爲常故也　○索金陵同，各本無「故也」二字。

正　禁不得仕宦　○彭韓嵯無「宦」字。

〔六月至八月乃雨〕　瀧一四・八，慶七右一○，殿七右一○，凌八右二。○雨，紹兩。

〔殺趙將扈輒〕　瀧一四・一○，慶七左二，殿七左二，凌八右四。○扈，紹扈。

〔殺其將軍〕　瀧一五・二，慶七左五，殿七左四，凌八右七。

正 在常山稾城縣西南二十五里也 ○山，慶彭南北殿韓州。彭無「二十五里也」五字。

〔桓齮定平陽武城〕 瀧一五・二，慶七左六，殿七左五，凌八右八。

正 即貝州武城縣外城是也七國時趙邑 ○彭無「外城是也七國時趙邑」九字，楓三校補「外城是也七國時趙邑」。城，慶彭南韓嵯成。

〔一軍至太原取狼孟〕 瀧一五・七，慶七左一〇，殿七左八，凌八左二。

集 地理志 ○凌地理志云。下同。

〔魏獻地於秦秦置麗邑〕 瀧一六・二，慶八右三，殿八右一，凌八左五。

正 雍州新豐縣 ○彭在雍州新豐縣。

〔内史騰攻韓〕 瀧一六・三，慶八右五，殿八右三，凌八左八。○札記考證，六國表「騰」作「勝」。

〔盡納其地〕 瀧一六・三，慶八右五，殿八右三，凌八左八。

正 韓王安之九年 ○彭韓嵯無「之」字。

正 秦盡滅之 ○彭韓嵯無「盡」字。

〔以其地爲郡〕 瀧一六・四，慶八右六，殿八右四，凌八左九。○紹無「以其地」三字。

〔王翦將上地下井陘〕 瀧一六・五，慶八右九，殿八右六，凌九右二。

正 上郡上縣 ○郡，慶彭凌都。

〔端和將河内羌瘣伐趙〕 瀧一六・六，慶八右一〇，殿八右七，凌九右三。○瘣，詳節

通志 庬。桃古 南化 楓 棭 三 中彭 中韓「伐」字作「代」而無「趙」字。

〔王翦羌瘣盡定取趙地東陽得趙王〕　瀧一六・九，慶八左一，殿八右八，凌九右四。○詳節 通志「取」字、「東陽」二字並無。

〔始皇帝母太后崩〕　瀧一七・二，慶八左五，殿八左一，凌九右八。○札記上下皆稱「秦王」，不得突稱「始皇帝」，且「母」字正承上文來，無須再稱，此亦後人妄增。

〔率其宗數百人之代〕　瀧一七・三，慶八左五，殿八左二，凌九右八。○通志率其宗族數百人之代。

〔燕代發兵擊秦軍〕　瀧一七・六，慶八左九，殿八左五，凌九左二。○代，楓 三伐。

〔燕王東收遼東而王之〕　瀧一七・九，慶九右二，殿八左八，凌九左五。○紹無「收遼東」三字。收，詳節拔。

〔昌平君徙於郢〕　瀧一七・一〇，慶九右三，殿八左九，凌九左六。○桃古同。君，桃 景 蜀 井 慶 中統 彭 毛 軍，南化 楓 三 謙 高 校記「君」。郢，紹 逞。

〔引河溝灌大梁〕　瀧一八・二，慶九右四，殿九右一，凌九左七。○大，彭 太。

〔其王請降〕　瀧一八・二，慶九右五，殿九右一，凌九左八。○紹無「請」字。

〔取陳以南至平輿〕　瀧一八・三，慶九右七，殿九右四，凌九左一〇。○紹無「平」字。

〔虜荆王〕　瀧一八・三，慶九右八，殿九右五，凌一〇右一。

索 楚稱荆者以避莊襄王諱故易之也 ○彭殿無此注十四字，楓三校補「楚稱荆者以避莊襄王諱故稱荆」。中統凌游「易之也」三字作「稱荆」二字。慶「易之也」三字作「言荆」二字。

正 秦號楚爲荆者 ○慶彭凌無「者」字。

〔反秦於淮南〕 瀧一八・五，慶九右一○，殿九右六，凌一○右三。

正 昌平也 ○札記案，此上有脱文，蓋謂即前秦相國昌平君也。

〔置會稽郡〕 瀧一九・五，慶九左五，殿九左一，凌一○右九。

正 楚威王已滅 ○札記疑「滅」下脱「越」字。

〔五月天下大酺〕 瀧一九・六，慶九左六，殿九左二，凌一○左二。

集 水上飲食爲酺 ○酺，紹脯。

〔得齊王建〕 瀧一九・九，慶一○右一，殿九左六，凌一○左五。

索 二十二年魏王假降 ○中統游二十二年得魏王假降。

〔已而倍約與趙魏合從畔秦〕 瀧二○・二，慶一○右四，殿九左九，凌一○左八。○紹「已」、「而」互倒。

〔遂破之〕 瀧二○・六，慶一○右九，殿一○右四，凌一一右三。○遂，紹通志逐。

〔賴宗廟之靈〕 瀧二一・一，慶一○左五，殿一○右九，凌一一右九。○南化楓三賴宗廟之神靈。

〔其議帝號〕 瀧二一・四，慶一○左六，殿一○右一○，凌一一右一○。○議，北義。

〔御史大夫劫〕　瀧二一・四，慶一〇左七，殿一〇左一，凌一一左一。

集　應劭曰侍御史之率

＊**正**　率所類反　[南化][楓][三]。

〔廷尉斯等皆曰〕　瀧二一・四，慶一〇左九，殿一〇左三，凌一一左三。

集　與衆共之　〇共，[紹]兵。

集　兵獄同制　〇同，[紹]有。

索　劫姓馮　〇馮，[索]馬。

〔泰皇最貴〕　瀧二二・二，慶一一右六，殿一〇左一〇，凌一二右一。

索　太昊也　〇太，[彭][北]大。昊，[詳節]皞。[中統][游]太昊者也。

〔天子自稱曰朕〕　瀧二二・五，慶一一右九，殿一一右二，凌一二右三。〇曰，[南化][高]爲。

集　則可以同號之義也　〇同，[紹]可。義，[中統][游]議。

〔號曰皇帝〕　瀧二二・七，慶一一左一，殿一一右四，凌一二右六。〇[英房]號曰皇帝也。

〔追尊莊襄王爲太上皇〕　瀧二二・八，慶一一左二，殿一一右六，凌一二右七。〇太，[南化]大。

集　漢高祖尊父曰太上皇　〇太，[南化]大。

〔朕聞太古有號毋謚〕　瀧二二・九，慶一一左三，殿一一右六，凌一二右八。〇太，[南化]大。古，[毛]亡。

〔自今已來除謚法〕　瀧二三・一，慶一一左五，殿一一右八，凌一二右一〇。○除，景余。

〔後世以計數〕　瀧二三・一，慶一一左六，殿一一右九，凌一二右一〇。○通志「計」、「數」互倒。

〔至千萬世〕　瀧二三・二，慶一一左六，殿一一右九，凌一二左一。○千，井慶中統彭毛凌游金陵于。札記王本「于」訛「千」誤，說具襍志。

〔方今水德之始〕　瀧二三・七，慶一一左一〇，殿一一左三，凌一二左五。○始，南化中韓治。

索　秦始皇帝因自謂爲水德　○索金陵同，彭中統「始」字、「帝」字並無。各本「始」字、「帝」字、「因」字並無。

*正　秦稱水德之治有剛毅戾深事皆決於法刻削無仁恩和義然後能用五行水德之數合陰道殺伐之理也　岩贊異。

〔皆自十月朔〕　瀧二四・五，慶一二右二，殿一一左五，凌一二左六。○皆，中統游今。

〔衣服旄旌節旗皆上黑〕　瀧二四・六，慶一二右二，殿一一左五，凌一二左七。

正　旌音精旄音毛旗音其　○札記據音似正文，先旌次旄，下又云「旄節者編毛爲之」，又似以旌旗旄節連文，而音又先旄後旗，恐皆有錯亂。

〔乘六馬〕　瀧二四・九，慶一二右七，殿一一左八，凌一三右一。

集　步以人足爲數　○彭無「爲數」二字，楓三校補「爲數」。

〔以爲水德之始〕　瀧二五・一，慶一二右九，殿一二右一，凌一三右四。○始，謙景蜀治。

〔然後合五德之數〕　瀧二五・二，慶一二右一〇，殿一二右二，凌一三右六。

索　以合五德之數　○索以合五德之數者也。

〔毋以填之〕　瀧二五・四，慶一二左二，殿一二右四，凌一三右八。○填，楓三岩中韓鎮。

〔然後屬疏遠〕　瀧二五・六，慶一二左四，殿一二右七，凌一三右一〇。○後，景井紹毛后。

〔一統皆爲郡縣〕　瀧二五・七，慶一二左六，殿一二右八，凌一三左二。○通志一統皆爲郡縣諸侯。

〔是樹兵也〕　瀧二七・一，慶一二左一〇，殿一二左一，凌一三左六。○南化楓棭三中彭中韓是樹兵本也。

〔分天下以爲三十六郡〕　瀧二七・二，慶一三右一，殿一二左二，凌一三左六。○札記御覽八十六引「下」字下有「之國」二字。

集　三十六郡者　○三，蜀二。毛無「者」字，而有「謂河南上中地」六字。

集　碭郡　○碭，蜀陽。

集　代郡　○代，[紹]岱。

〔鎖以爲鍾鐻金人十二〕　瀧二八・三，慶一三右七，殿一二左九，凌一四右三。○[札記]御覽引「金」上有「鑄爲」二字。

〔置廷宮中〕　瀧二八・四，慶一三左一，殿一二左九，凌一四右三。○[札記]襍志云文選過秦論注、御覽皇王部引並作「宮廷」，通鑑秦紀二同。

索　「按二十六年有長人見于臨洮」至「苻堅又徙長安而銷之也」八十四字　○[慶][彭][凌][殿]無此注。

索　各重三十四萬斤　○三，[索]二。

索　董卓壞其十爲錢　○[索]董卓壞其十鑄爲錢。

正　椎破銅人十及鍾鐻　○鍾，[慶][殿]鐘。[彭][凌]「鍾鐻」二字作「銅鑛」。

正　董卓壞銅人餘二枚　○[凌]「餘二枚」三字作「十餘二」。餘，[彭]十。

正　魏明帝欲將詣洛　○[彭][韓][嵯]魏明帝欲將詣洛陽。

〔暨朝鮮〕　瀧二九・一〇，慶一三左三，殿一三右四，凌一四右九。

正　南至揚蘇台等州之東海也　○揚，[慶][彭][凌]楊。[彭][韓][嵯]「蘇」、「台」互倒。

正　高驪治平壤城　○驪，[彭][南][北][殿]麗。

〔西至臨洮羌中〕　瀧三〇・一，慶一三左四，殿一三右六，凌一四左一。○[紹]無「羌中」二字。

正　並古諸羌地也　○彭韓嵯無「諸」字。

〔南至北嚮户〕　瀧三〇・三，慶一三左六，殿一三右七，凌一四左三。

集　開北户以向日　○開，紹彭韓門，謙校記「開」。

〔並陰山至遼東〕　瀧三〇・四，慶一三左七，殿一三右九，凌一四左四。

正　白浪反　○白，慶彭凌日。

〔徙天下豪富於咸陽十二萬户〕　瀧三〇・六，慶一三左八，殿一三右一〇，凌一四左六。○英房南化徙天下豪富於咸陽咸陽十二萬户。

〔作之咸陽北阪上〕　瀧三〇・七，慶一三左一〇，殿一三左二，凌一四左七。

集　漢武時　○紹彭韓嵯漢武帝時。紹本無「時」字。

〔自雍門以東至涇渭〕　瀧三一・一，慶一四右一，殿一三左三，凌一四左九。

集　雍門在高陵縣　○楓棭三雍門今雍州西北也在高陵縣。陵，景井蜀紹中統毛游陸。彭無「雍門」二字。

〔周閣相屬〕　瀧三一・二，慶一四右二，殿一三左四，凌一四左九。○札記御覽八十六、元龜百九十六引並作「閤」。

正　廟記云　○廟，慶廂。

正　相望屬也　○也，彭凌地。

正　木衣綈繡　○綈，彭韓嵯文。

正　土被朱柴　○被，高破。

正　猶不能遍也　○也，彭韓嵯及。

〔所得諸侯美人鍾鼓〕　瀧三一・四，慶一四右四，殿一三左六，凌一五右二。○鍾，中統殿鐘。

〔出鷄頭山〕　瀧三一・六，慶一四右七，殿一三左八，凌一五右六。○鷄，彭雞。英房無「山」字。

正　王莽塞鷄頭　○莽，慶凌猛。彭無此注。

正　按原州平高縣西百里　○金陵同，各本無「平」字。

〔過回中焉〕　瀧三一・七，慶一四右九，殿一四右一，凌一五右八。

集　在安定高平縣　○楓三同，各本無「縣」字。

正　在岐州雍縣西四十里　○金陵同，各本「岐州雍縣」四字作「雍州」二字。札記「岐州雍縣」四字原作「雍州」二字，考證據通鑑集覽引增改。彭韓嵯在岐州之雍縣西四十里。彭本「雍縣」二字、「四十里」三字並無。

〔已更命信宮爲極廟〕　瀧三一・九，慶一四左一，殿一四右三，凌一五右一〇。○通志已而更命信宮爲極廟。

〔自極廟道通酈山〕　瀧三二・一，慶一四左一，殿一四右四，凌一五左二。○英房桃古南化楓三謙自極廟甬道通酈山。

〔治馳道〕　瀧三二・二，慶一四左四，殿一四右六，凌一五左四。

集　馳道天子道也　○韓嵯馳之道天子道也。彭馳道天子之道也。

集　東窮燕齊　○窮，彭韓嵯極。

〔始皇東行郡縣上鄒嶧山〕　瀧三二・四，慶一四左七，殿一四右九，凌一五左七。

正　魯穆公改邾作鄒　○穆，彭韓嵯繆。

〔議封禪望祭山川之事〕　瀧三三・一，慶一四左九，殿一四左一，凌一五左九。

正　爲壇於太山以祭天　○太，北殿泰。慶無「天」字。彭嵯無「祭天」二字，高校補「祭天」。

正　壇高三尺　○三，南北二。

正　高三丈一尺　○三，慶彭凌二。

正　秦之刻石云　○慶南北秦之刻石云文。彭無此注。

〔乃遂上泰山〕　瀧三三・三，慶一五右二，殿一四左四，凌一六右二。

正　長津甘泉仙人室　○彭及有長津甘泉仙人室。韓嵯及長津甘泉仙人室。

正　曰鬼神之府　○曰，凌口。

〔立石封祠祀〕　瀧三三・五，慶一五右四，殿一四左七，凌一六右六。

集　歸功於天　○紹無「功」字。

集　天高不可及於泰山上立封禪而祭之　○嵯「及」、「於」互倒，高校記「及於」。泰，蜀太。彭無「之」字。札記據此注，則正文無「石」字，如盧説下引瓚曰積土爲封，謂負土於泰山上，爲壇而祭之，益知「石」字衍。

〔因封其樹爲五大夫〕 瀧三三・七，慶一五右六，殿一四左九，凌一六右八。○封，桃古 復。

正 封一作復音福 ○殿 金陵 同，各本無「一」字。彭 韓 嵯 封各本無「一」字。作復復音福。

〔禪梁父〕 瀧三三・七，慶一五右七，殿一四左九，凌一六右八。

集 皆泰山下小山 ○泰，慶 彭 中統 凌 游 太。

〔其辭曰〕 瀧三三・八，慶一五右九，殿一五右一，凌一六右一〇。

索 其詞每三句爲韵 ○慶 中統 彭 游 此泰山刻石銘其詞每三句爲韵。

索 碣石 ○碣，彭 韓 嵯 竭，高 校記「碣」。

〔從臣思迹〕 瀧三四・五，慶一五左二，殿一五右四，凌一六左三。

正 從財用反 ○殿 從者才「財」字作「才」。用反。

〔順承勿革〕 瀧三四・七，慶一五左四，殿一五右五，凌一六左五。○順，南化 慎。

〔不懈於治〕 瀧三四・七，慶一五左五，殿一五右六，凌一六左六。○札記 元龜百九十二引「於」作「爲」。案，爲猶於也，見王氏經傳釋詞。

〔建設長利〕 瀧三四・八，慶一五左五，殿一五右六，凌一六左六。○札記 史詮云，「吏」誤作「利」。案，元龜引作「吏」。

〔靡不清淨〕 瀧三四・一〇，慶一五左七，殿一五右九，凌一六左九。○淨，南化 静。

〔施于後嗣〕 瀧三四・一〇，慶一五左八，殿一五右九，凌一六左九。○于，殿 於。

〔永承重戒〕瀧三四・一〇，慶一五左八，殿一五右九，凌一六左一〇。○承，南化 楓 棭 三 中彭 中韓 永。

〔於是乃並勃海以東〕瀧三五・三，慶一五左九，殿一五右一〇，凌一六左一〇。○勃，游 渤。下同。

〔過黃腄〕瀧三五・三，慶一五左九，殿一五右一〇，凌一七右一。○腄，通志 無。

正 在萊州黃縣東南二十五里　○凌 殿「黃縣」二字作「城以」。

〔窮成山登之罘〕瀧三五・四，慶一六右一，殿一五左二，凌一七右三。○紹 無此六字。

義 之罘山在腄縣　○殿 之罘山山在腄縣。

〔而去南登琅邪〕瀧三五・六，慶一六右三，殿一五左五，凌一七右六。○南化 三 而去南登琅邪臺。

〔乃徙黔首三萬戶琅邪臺下〕瀧三五・七，慶一六右四，殿一五左六，凌一七右七。

索 故曰琅邪臺　○琅，凌 郎。

正 有琅邪　○札記 疑脫「城」字。

正 故吳越春秋云　○殿 無「故」字。慶 彭 凌 無「越」字。彭 無「云」字。

正 即句踐起臺處　○彭 韓 嵯 此即句踐起臺處。

〔復十二歲〕瀧三六・二，慶一六右九，殿一六右一，凌一七左二。○札記 水經注、郡縣志作「年」。

〔作琅邪臺〕 瀧三六・四，慶一六右一〇，殿一六右一，凌一七左三。

正 今琅邪臺 〇彭殿無此注。

〔立石刻頌秦德明得意〕 瀧三六・四，慶一六右一〇，殿一六右一，凌一七左三。〇得，慶中統凌游殿德，南化楓三謙狩岩中韓校記「得」。

〔維二十八年〕 瀧三六・五，慶一六左一，殿一六右二，凌一七左四。〇金陵同，各本「八」作「六」。札記「八」訛「六」，吳校改。

〔皇帝作始〕 瀧三六・六，慶一六左一，殿一六右二，凌一七左四。〇桃桃古同，中統桃一本「作」、「始」互倒。

〔摶心揖志〕 瀧三六・九，慶一六左五，殿一六右五，凌一七左八。〇摶，景井蜀慶中統彭毛凌游摶。下同。

索 如琴瑟之摶壹 〇摶，中統游專，慶彭凌索摶，殿壹。

〔器械一量〕 瀧三六・一〇，慶一六左五，殿一六右六，凌一七左八。

正 壹量者同度量也 〇彭韓嵯壹量者同度量之義也。

〔同書文字〕 瀧三七・一，慶一六左六，殿一六右七，凌一七左九。〇桃古高「同」、「書」互倒。

〔擧錯必當〕　瀧三七・五，慶一六左一〇，殿一六左一，凌一八右四。〇錯，楓三中統彭游韓嵯措。

〔不踰次行〕　瀧三七・七，慶一七右二，殿一六左二，凌一八右五。

正　音胡郎反　〇彭韓嵯「音胡」二字作「行乎」。

〔遠邇辟隱〕　瀧三七・八，慶一七右三，殿一六左三，凌一八右六。〇博異此四字作「本邇爲近」。案，未見此校記，不知博異據何本。

〔誅亂除害〕　瀧三七・九，慶一七右五，殿一六左四，凌一八右八。〇誅，岩彭韓嵯去。札記吴云宋板「誅」作「去」。按：現存各宋板作「誅」，未見宋板作「去」。

〔興利致福〕　瀧三七・九，慶一七右五，殿一六左五，凌一八右八。〇致，北至。

〔諸産繁殖〕　瀧三七・九，慶一七右五，殿一六左五，凌一八右八。〇謙高「殖」字作「成也」二字。

〔不用兵革〕　瀧三七・一〇，慶一七右六，殿一六左五，凌一八右九。〇彭韓嵯「不用」二字作「以銷」。札記吴云，宋板「不用」作「以銷」。按：現存各宋板皆作「不用」，未見宋板作「以銷」。

正　協韵音棘　〇彭韓嵯革協韵音棘。

〔北過大夏〕　瀧三八・二，慶一七右八，殿一六左八，凌一八左一。

索 夏協韵音户 ○彭 韓 嵯「夏協韵音户」五字作「協韵夏音户」。

索 音渚 ○音，中統 游 章。渚，南 北 殿 堵。

〔立名爲皇帝〕 瀧三八・五，慶一七左一，殿一六左一〇，凌一八左五。○名，紹 通志 馬。彭 韓 嵯 無「爲」字。札記 吴云宋板無「爲」字。按：現存各宋板皆有「爲」字，未見宋板無「爲」字。

〔列侯武城侯王離〕 瀧三八・八，慶一七左二，殿一七右一，凌一八左五。○城，彭 游 韓 嵯 成。

〔列侯通武侯王賁〕 瀧三八・八，慶一七左二，殿一七右二，凌一八左六。

集 張晏曰 ○景「張晏」二字作「徐廣」。

集 列侯者見序例 ○者，殿 解。

〔倫侯建成侯趙亥〕 瀧三八・九，慶一七左三，殿一七右二，凌一八左六。○成，蜀 城。

〔倫侯武信侯馮毋擇〕 瀧三八・一〇，慶一七左四，殿一七右三，凌一八左八。

索 亦列侯之類 ○類，索 意。

〔丞相隗狀〕 瀧三九・一，慶一七左五，殿一七右四，凌一八左八。○殿 同，各本「狀」字作「林」。

索 隗姓狀名有本作林者非 ○殿 同，各本「狀」字作「林」而「林」字作「狀」。札記 案，據下引顔之推説，似小司馬以作「狀」爲是，其所據史本作「狀」，當云「隗姓狀名有本作林者非」。然今各本並作「林」，單本出正文亦作「林」，注云「作狀者非」，疑經後人改竄。顏氏家訓書證篇云，史記「隗林」，諸本皆作「山林」之「林」，則舊本皆「林」字作「狀」之説，發於顏氏，云徵之秦權，未必果得其實，存疑可矣。

索 京師穿地得鑄枰權　○各本「枰」字作「秤」。按：瀧本「枰」，「秤」訛。

索 有銘云　○銘，中統游名。

索 其作狀貌之字　○中統游「狀」、「貌」互倒。

索 時令校寫　○索無「時」字。

索 親所按驗　○按，彭韓嵯校，游較。

〔諸侯各守其封域〕　瀧三九・八，慶一七左一〇，殿一七右九，凌一九右四。○諸，南化王。

〔古之五帝三王〕　瀧三九・九，慶一八右二，殿一七右一〇，凌一九右六。○王，南北皇。

〔以欺遠方〕　瀧三九・一〇，慶一八右三，殿一七左二，凌一九右七。

正 以欺服遠方之民　○殿無「之民」二字。

〔既已齊人徐市等上書〕　瀧四〇・三，慶一八右七，殿一七左五，凌一九左一。○市，紹游氏。

*__正__ 已止也言於琅邪既止乃有徐市等上書　○贅異。殿考何孟春曰，「徐市」又作「徐福」，非有兩名，「市」乃古「黻」字，漢時未有翻切，但以聲相近字音注其下，後人讀市作「壓」字，故疑福爲別名。

〔言海中有三神山〕　瀧四〇・四，慶一八右八，殿一七左六，凌一九左二。〇山，南化狩仙。

〔名曰蓬萊方丈瀛洲〕　瀧四〇・五，慶一八右八，殿一七左六，凌一九左二。〇洲，紹州。

〔僊人居之〕　瀧四〇・五，慶一八左一，殿一七左八，凌一九左五。〇僊，紹毛仙。

〔請得齋戒與童男女求之〕　瀧四〇・八，慶一八左一，殿一七左九，凌一九左五。〇南化楓三岩中韓嵯請得齋戒禱祀與童男女求之。紹無「與」字。

〔入海求僊人〕　瀧四〇・九，慶一八左二，殿一七左一〇，凌一九左六。

正　秦始皇使徐福將童男女入海求仙人　〇仙，殿遷。

正　正在此洲　〇各本「正」字作「止」。按：瀧本「正」，「止」訛。在，殿住。慶南北凌正在一作正慶本有「一作正」三字脚注。此洲。

正　陸終弟三子曰籛鏗　〇弟，彭南北殿第。

〔始皇還過彭城〕　瀧四〇・一〇，慶一八左四，殿一八右一，凌一九左八。

〔聞之堯女〕　瀧四一・八，慶一九右二，殿一八右九，凌二〇右七。〇通志無「聞之」二字而「堯」下有「之」字。英房臣聞之堯女。

〔而葬此〕　瀧四一・八，慶一九右二，殿一八右九，凌二〇右七。〇札記舊刻本無「而」字。

索　今此文以湘君爲堯女　〇中統游今此文亦以湘君爲堯女。

〔上自南郡由武關歸〕瀧四一・一〇，慶一九右五，殿一八左二，凌二〇右一〇。

集 秦南關　○紹重「秦南關」三字。

集 在析西百七十里弘農界　○析，彭凌游淅，蜀折。

正 少習商縣武關也　○慶凌殿無「少」字。札記「少」字考證據杜注補。

〔始皇東游至陽武博狼沙中〕瀧四二・二，慶一九右七，殿一八左四，凌二〇左三。○狼，蜀南北浪。

〔爲盜所驚〕瀧四二・二，慶一九右八，殿一八左五，凌二〇左四。

正 狼音浪　○南北「狼音浪」三字作「浪音狼」。

〔登之罘刻石〕瀧四二・三，慶一九右九，殿一八左五，凌二〇左七。○登，通志幸。

〔其辭曰〕瀧四二・四，慶一九右九，殿一八左六，凌二〇左六。

索 三句爲韵凡十二韵　○慶中統彭凌游殿無「凡十二韵」四字。

〔追誦本始〕瀧四二・六，慶一九左二，殿一八左八，凌二〇左八。○始，紹通志紀。

〔顯箸綱紀〕瀧四二・六，慶一九左二，殿一八左八，凌二〇左八。○箸，景慶中統彭毛凌游殿著。綱，南化經。

〔六國回辟〕瀧四二・七，慶一九左三，殿一八左一〇，凌二〇左九。○辟，南化楓梜三中韓壁。

*正 回邪也 岩 贊異。

〈貪戾無猒〉 瀧四二·七，慶一九左三，殿一八左一〇，凌二〇左一〇。〇猒，紹 慶 中統 彭 毛 游 殿厭。

〈莫不賓服〉 瀧四二·九，慶一九左五，殿一九右二，凌二一右一。

集 燀充善反 〇充，紹元，毛克。

〈烹滅彊暴〉 瀧四二·一〇，慶一九左六，殿一九右二，凌二一右二。〇烹，南化 楓 棭 三 中彭亨。南「彊」、「暴」互倒。

〈普施明法〉 瀧四二·一〇，慶一九左六，殿一九右二，凌二一右二。〇普，紹 通志並。

〈昭臨朝陽〉 瀧四三·五，慶一九左一〇，殿一九右六，凌二一右六。〇昭，南化 嵯 通志 照，岩 高校記「昭」。

〈甾害絶息〉 瀧四三·七，慶二〇右二，殿一九右八，凌二一右八。〇甾，毛災，景 慶 中統 彭 凌 游 殿菑。

〈視聽不怠〉 瀧四三·八，慶二〇右四，殿一九右八，凌二一右九。

索 亦以怠與臺爲韻 〇臺，凌時。

〈常職既定〉 瀧四三·一〇，慶二〇右六，殿一九左一，凌二一左二。〇職，南化體。

〈後嗣循業〉 瀧四三·一〇，慶二〇右六，殿一九左一，凌二一左二。〇嗣，紹 通志似。

循，南化脩。

〔三十一年〕　瀧四四・三，慶二〇右九，殿一九左六，凌二一左六。

集　使黔首自實田也　○通志此年使黔首自實田也。

〔更名臘曰嘉平〕　瀧四四・四，慶二〇右一〇，殿一九左六，凌二一左六。

集　太原真人茅盈内紀曰　○凌「太原」二字作「大乙」。彭韓嵯太原曰真人茅盈内紀曰。

集　盈曾祖父濛　○殿金陵同，各本「濛」字作「蒙」，南化謙高校記「濛」。

集　駕龍上升入泰清　○泰，紹彭毛太。

集　時下玄洲戲赤城　○紹通志「洲戲」二字作「州王」。

集　始皇聞謡歌而問其故　○聞，紹開。

集　於是始皇欣然乃有尋仙之志　○紹於是始皇帝欣然——。志，殿思。

索　「秦更曰嘉平」至「有衍爾」六十四字　○彭韓嵯無此注，而有「蓋改周臘而從殷之號」九字。

〔使燕人盧生求羨門高誓〕　瀧四五・二，慶二一右一，殿二〇右六，凌二二右六。

正　亦古仙人　○志疑封禪書羨門子高與郊祀志羨門高是一仙人名，魏張揖漢書司馬相如傳注云「碣石山上仙人也」，集解、正義連下「誓」字爲句，分羨門、高誓爲二人，大誤。札記案梁説是也，然「誓」字不可解，非衍即誤，或有脱文。

〔壞城郭〕　瀧四五・六，慶二一右一，殿二〇右七，凌二二右八。○通志墮壞城郭。楓三毀壞城郭。

〔文復無罪〕 瀧四五・八，慶二一右三，殿二〇右九，凌二三右一〇。

集 復一作優 ○優，中統 游 彭 韓 嵯 憂。

〔庶心咸服〕 瀧四五・九，慶二一右四，殿二〇右一〇，凌二三左一。○庶，南化 楓 棭 三 岩 高 中彭 民，南化 衆。心，南化 民。

〔恩肥土域〕 瀧四五・一〇，慶二一右五，殿二〇右一〇，凌二三左二。○域，桃古 南化 棭 三 城，狩 野 高 校記「域」。

〔初一泰平〕 瀧四五・一〇，慶二一右五，殿二〇左一，凌二三左三。○泰，紹 秦。

〔久並來田〕 瀧四六・四，慶二一右九，殿二〇左四，凌二三左六。○田，紹 彭 嵯 通志 由。

〔因使韓終侯公石生求仙人不死之藥〕 瀧四七・五，慶二一右一〇，殿二〇左五，凌二三左七。○因，通志 又。

〔發諸嘗逋亡人〕 瀧四八・一，慶二一左六，殿二〇左一〇，凌二三右三。○嘗，岩 彭 中統 游 韓 嵯 賞，南化 謙 狩 高 校記「甞」。逋，彭 嵯 捕，高 校記「逋」。

〔略取陸梁地〕 瀧四八・二，慶二一左七，殿二〇左一〇，凌二三右四。

集 使就其婦家爲贅壻 ○紹 詳節 無「使」字。彭 韓 嵯「爲」字作「故曰」二字。

索 謂南方之人 ○殿 無「謂」字。

〔爲桂林象郡南海〕　瀧四八・四，慶二一左七，殿二一右二，凌二三右六。

集　今鬱林是也　○鬱，紹蔚。

〔以適遣戍〕　瀧四八・五，慶二一左九，殿二一右三，凌二三右六。○通志「遣戍」二字作「徙民五十萬人戍五嶺」九字。

正　揭楊　○楊，殿陽。

正　三曰都龐　○龐，慶彭凌龍，殿龐。彭無「三曰」二字。

〔以東屬之陰山〕　瀧四八・七，慶二二右一，殿二一右六，凌二三右九。

正　屬之欲反按五原今勝州也　○金陵同，各本「反」字作「廣」。彭無「屬之欲反按五原」七字。殿無「屬之欲反按」五字。札記反原誤「廣」，改。

〔又使蒙恬渡河取高闕陶山北假中〕　瀧四八・一〇，慶二二右三，殿二一右七，凌二三左一。○札記因舊本上文「陰山」誤作「陶」，而并此「陽」字亦誤爲「陶」矣。

集　膏壤殖穀　○紹「殖穀」二字作「埴谷」。

正　今名河北　○彭無此注。慶凌無「今」字。

正　屬五原郡　○彭無此注。郡，慶凌縣。

〔徙謫實之初縣〕　瀧四九・四，慶二二右六，殿二一右一〇，凌二三左五。

索　徙有罪而謫之以實初縣　○謫，彭韓嵯實。彭韓嵯無「以實」二字。

索　即上自榆中屬陰山以爲三十四縣　○彭無「自榆中屬陰山以爲」八字。嵯無「自榆中屬陰山以爲三十四縣」十二字，高校補此十二字。

〔築長城及南越地〕　瀧四九・八，慶二二右九，殿二一左三，凌二三左七。○通志築長城及戍南越地。地，英房 南化 楓 棭 三 岩 謙 中彭 中韓城。

〔他時秦地不過千里〕　瀧四九・一〇，慶二二左二，殿二一左六，凌二三左一〇。○他，紹向。

〔賴陛下神靈明聖〕　瀧四九・一〇，慶二二左二，殿二一左六，凌二四右一。○通志無「靈明」二字。

〔自上古不及陛下威德〕　瀧五〇・二，慶二二左五，殿二一左八，凌二四右三。○通志無「上」字。

〔始皇悅〕　瀧五〇・三，慶二二左五，殿二一左八，凌二四右三。○通志始皇大悅。

〔卒有田常六卿之臣〕　瀧五〇・五，慶二二左一，殿二二右一，凌二四右五。○常，通志恒。

〔無輔拂〕　瀧五〇・五，慶二二左八，殿二二右一，凌二四右六。○拂，南化 楓 三 治要弼。

〔何以相救哉〕　瀧五〇・五，慶二二左八，殿二二右一，凌二四右六。○救，中統 游助。

〔今青臣又面諛以重陛下之過〕　瀧五〇・七，慶二二左九，殿二二右二，凌二四右七。○通志無「又」字。

〔非忠臣〕　瀧五〇・八，慶二二左一〇，殿二二右三，凌二四右八。○札記治要下有「也」字，李斯傳同。

〔丞相李斯曰〕　瀧五〇・八，慶二二左一〇，殿二二右三，凌二四右八。○南化楓無「丞相」二字。

〔非其相反〕　瀧五〇・九，慶二三右一，殿二二右四，凌二四右九。○通志非無「其」字。相反也。

〔今陛下創大業建萬世之功〕　瀧五〇・九，慶二三右二，殿二二右四，凌二四右一〇。○建，紹是。

〔固非愚儒所知〕　瀧五〇・一〇，慶二三右三，殿二二右五，凌二四右一〇。○札記治要「知」下有「也」字。

〔厚招游學〕　瀧五一・一，慶二三右四，殿二二右六，凌二四左一。○紹「游學」二字作「以厚」。

〔今天下已定〕　瀧五一・一，慶二三右四，殿二二右六，凌二四左二。○已，紹以。

〔丞相臣斯昧死言〕　瀧五一・三，慶二三右七，殿二二右七，凌二四左四。○彭韓嵯無「臣」字，謙校補「臣」。

〔莫之能一〕　瀧五一・四，慶二三右七，殿二二右九，凌二四左五。○桃古同。之，桃

中統 游 不。

〔人善其所私學〕　瀧五一・五，慶二三右九，殿二二右一〇，凌二四左六。〇南化 謙 狩 岩 中韓 人皆善其所私學。

〔以非上上所建立〕　瀧五一・五，慶二三右九，殿二二左一，凌二四左六。〇各本下「上」字作「之」。按：瀧本「上」，「之」訛。

〔別黑白而定一尊〕　瀧五一・六，慶二三右一〇，殿二二左一，凌二四左七。〇井 蜀 毛「黑」、「白」互倒。

〔異取以爲高〕　瀧五一・八，慶二三左二，殿二二左三，凌二四左九。〇南化「異」、「取」互倒。高，毛 尚。

〔如此弗禁〕　瀧五一・九，慶二三左三，殿二二左四，凌二四左一〇。〇弗，紹 拂。

〔臣請史官非秦記〕　瀧五一・一〇，慶二三左四，殿二二左五，凌二五右一。〇記，蜀 彭 南 北 殿 紀。

〔有敢偶語詩書者〕　瀧五二・一，慶二三左六，殿二二左六，凌二五右三。〇彭 金陵 韓 嵯 同，通志 無「敢」字。各本無「者」字。札記「者」字依吳校宋板補。

〔吏見知不舉者與同罪〕　瀧五二・三，慶二三左七，殿二二左七，凌二五右四。〇詳節 無「吏見」二字。札記 御覽八十六引作「與之同罪」，下有「諸文學之書捐除之」八字。

〔黥爲城旦〕　瀧五二・四，慶二三左八，殿二二左八，凌二五右五。○黥，紹黔。

集　晝日伺寇虜　○伺，景蜀司。

集　四歲刑　○金陵同，各本「刑」字作「也」。札記「刑」字原誤「也」，考證據通鑑集覽引改。

〔塹山堙谷直通之〕　瀧五三・一，慶二四右二，殿二三右二，凌二五右九。○通志塹山堙谷千八百里直通之。

〔先作前殿阿房〕　瀧五三・四，慶二四右五，殿二三右四，凌二五左二。

正　在雍州長安縣西北二十四里　○詳節同，各本「二」作「一」。

正　且號阿房　○且，詳節故。

〔南北五十丈〕　瀧五三・六，慶二四右七，殿二三右七，凌二五左四。○十，毛千。

〔表南山之顛以爲闕〕　瀧五三・一〇，慶二四右一〇，殿二三右一〇，凌二五左八。○顛，南化巔。

〔爲復道〕　瀧五三・一〇，慶二四左一，殿二三右一〇，凌二五左八。○復，詳節通志複。札記御覽作「複道」，下同。治要、水經渭水注引並同。

〔絶漠抵營室也〕　瀧五四・一，慶二四左二，殿二三左一，凌二五左九。

索　常考天官書曰　○索金陵同，各本無「常考」二字。

〔因徙三萬家麗邑〕　瀧五四・八，慶二四左九，殿二三左七，凌二六右六。○徙，南化遷，凌徒。

〈皆復不事十歲〉　瀧五四・九，慶二三左八，凌二六右七。○彭 韓「復」、「不」互倒。

〈人主所居而人臣知之〉　瀧五五・一，慶二五右二，殿二三左一○，凌二六右九。○紹無「所」字。

〈入火不爇〉　瀧五五・二，慶二五右三，殿二四右一，凌二六右一○。○火，蜀水。爇，毛熱。

〈與天地久長〉　瀧五五・二，慶二五右四，殿二四右二，凌二六左一。○英房「久」、「長」互倒。

〈未能恬倓〉　瀧五五・五，慶二五右四，殿二四右二，凌二六左一。○倓，景 井 慶 毛 游 殿惔，彭 凌淡。札記字類引作「倓」。

〈乃合咸陽之旁二百里内〉　瀧五五・六，慶二五右六，殿二四右四，凌二六左三。○各本「合」字作「令」。按：瀧本「合」、「令」訛。札記御覽百七十五引作「命」。

〈復道甬道相連〉　瀧五五・七，慶二五右七，殿二四右五，凌二六左四。○復，游 通志複。

〈帷帳鐘鼓美人充之〉　瀧五五・七，慶二五右八，殿二四右五，凌二六左五。○鐘，慶 凌 金陵鍾。

〈始皇帝幸梁山宮〉　瀧五五・八，慶二一五右九，殿二一四右六，凌二一六左六。

正　秦始皇起從山上見丞相車騎衆弗善　○札記「起」疑「紀」之訛。

〈弗善也中人或告丞相〉　瀧五五・一〇，慶二一五左一，殿二一四右八，凌二一六左八。○札記御覽八十六引「弗」作「不」，又百七十二引作「不善之中人以告丞相」。

〈皆殺之〉　瀧五六・二，慶二一五左三，殿二一四右一〇，凌二一六左一〇。○札記御覽百七十二引「殺」作「斬」。

〈侯生盧生相與謀曰〉　瀧五六・三，慶二一五左四，殿二一四左一，凌二一七右一。

集　説苑曰韓客侯生也　○凌無此注。彭韓嵯「韓客侯生」四字作「侯生韓客」。

〈以爲自古莫及己〉　瀧五六・四，慶二一五左六，殿二一四左三，凌二一七右三。○通志「及」、「己」互倒。

〈博士雖七十人〉　瀧五六・五，慶二一五左七，殿二一四左四，凌二一七右四。○彭韓嵯無「雖」字，楓棭三謙高校補「雖」。

〈特備員弗用〉　瀧五六・五，慶二一五左七，殿二一四左四，凌二一七右四。○特，南化楓棭三高中彭將。

〈倚辨於上〉　瀧五六・六，慶二一五左八，殿二一四左四，凌二一七右五。○辨，紹辯，慶彭凌游殿辧。

〔上樂以刑殺爲威〕 瀧五六・六，慶二五左八，殿二四左五，凌二七右五。○通志無「上」字。

〔秦法不得兼方〕 瀧五六・八，慶二五左一〇，殿二四左六，凌二七右七。○桃一本「兼方」作「并力」。

〔不驗輒死〕 瀧五六・八，慶二六右一，殿二四左七，凌二七右八。○通志不驗者輒死。

〔天下之事無小大〕 瀧五七・一，慶二六右三，殿二四左九，凌二七右一〇。○南北殿「小」、「大」互倒。

〔日夜有呈〕 瀧五七・二，慶二六右五，殿二四左一〇，凌二七左一。○呈，南化楓棭三高中彭程。

〔不中呈不得休息〕 瀧五七・二，慶二六右五，殿二四左一〇，凌二七左一。○通志無「不中呈」三字。

正 衡秤衡也 ○慶上「衡」字作「衝」，詳節作「稱」。

正 不滿不休息 ○彭韓嵯不滿不得休息。

〔欲以興太平〕 瀧五七・六，慶二六右八，殿二五右三，凌二七左五。○通志文學欲以興太平。

〔方士欲練以求奇藥〕 瀧五七・六，慶二六右八，殿二五右四，凌二七左五。○通志「練」、

「以」互倒。藥，[嵯]樂，[高]校記「藥」。

〈徒姦利相告日聞〉　瀧五七・七，慶二六右一〇，殿二五右五，凌二七左七。〇[英房][南化][楓][棭][三][謙][高]徒以姦利相告日聞。

集　聞一作閒　〇閒，[彭][游][南][北][殿]問。

〈或爲訞言以亂黔首〉　瀧五七・九，慶二六左二，殿二五右七，凌二七左九。〇訞，[南化][通志]妖。

〈皆阬之咸陽〉　瀧五八・二，慶二六左四，殿二五右九，凌二八右一。〇阬，[治要][詳節]坑。

＊**正**　諸生或爲妖言以亂民故令御史按問之乃自驗成罪者四百六十餘人皆阬之咸陽　[岩][贄異]。

〈益發謫徙邊〉　瀧五八・六，慶二六左五，殿二五右一〇，凌二八右二。

集　徐廣曰表云　〇[彭][韓][嵯]無「表云」二字。

集　耐徙三處　〇徙，[殿]徒。

〈始皇帝死而地分〉　瀧五九・一，慶二七右一，殿二五左五，凌二八右八。〇[通志]無「帝」字。

〈盡取石旁居人誅之〉　瀧五九・二，慶二七右二，殿二五左六，凌二八右九。〇居，[南化]舍。

〈秋使者從關東〉　瀧五九・四，慶二七右四，殿二五左八，凌二八左一。〇[通志]秋使者鄭客從關東。[南化]秋使者從關東來。[札記]御覽八百六引「使者」上有「有」字。

〔夜過華陰平舒道〕 瀧五九・四，慶二一七右五，殿二一五左八，凌二一八左二。

正 渭水又東經平舒北城側枕渭濱 ○各本無「側」字。按：瀧本「側」字衍。 殿考 水經注作「平舒城北」。

〔有人持璧遮使者曰〕 瀧五九・七，慶二一七右七，殿二一五左一〇，凌二一八左四。 ○通志 有人索車白馬持璧遮使者曰吾華山君願以。

正 江神送璧於華陰平舒道 ○送，殿 返。

〔爲吾遺滈池君〕 瀧五九・七，慶二一七右七，殿二一六右一，凌二一八左四。

索 江神以璧遺滈池之神 ○滈，凌 殿 鎬。

正 北流入渭 ○渭，北 滈。

正 「張晏云」至「今武王可伐矣」三十二字 ○殿 無此注。今，凌 令。

〔始皇默然良久〕 瀧六〇・三，慶二一七左三，殿二一六右五，凌二一九右二。 ○然，南 默。

〔卦得游徙吉〕 瀧六〇・六，慶二一七左七，殿二一六右九，凌二一九右五。 ○吉，英房 南化 楓 棭 三 謙 中彭 居。

〔望祀虞舜於九疑山〕 瀧六一・六，慶二一八右一，殿二一六左四，凌二一九右九。

正 皇覽冢墓記云 ○彭 韓 嵯 無「冢墓記」三字。

〔觀籍柯〕 瀧六一・八，慶二一八右三，殿二一六左五，凌二一九左一。 ○柯，英房 南化 楓 棭 三 中彭 中韓 河。

〔渡海渚〕　瀧六一・八，慶二八右三，殿二六左五，凌二九左一。○海，英房南化楓棭三中彭中韓梅。札記御覽海渚作「梅渚」。

正　舒州同安縣東　○同，慶凌殿周。札記「同」訛「周」，考證據唐志改。

〔過丹陽〕　瀧六一・八，慶二八右四，殿二六左六，凌二九左二。○陽，南化楊。

正　故在潤州江寧縣東南五里　○潤，彭南北韓嵯閏。

〔至錢唐〕　瀧六一・九，慶二八右四，殿二六左七，凌二九左三。○唐，詳節塘。

〔臨浙江〕　瀧六一・一〇，慶二八右五，殿二六左七，凌二九左三。

集　晉灼曰其流東至會稽山陰而西折故稱浙音折　○慶中統彭凌游殿「其流東至會稽山陰而西折故稱浙」十四字作「江水至會稽山陰爲浙江」十字。折，游析。

〔上會稽祭大禹〕　瀧六二・一，慶二八右七，殿二六左九，凌二九左五。

正　有夏禹穴及廟　○彭韓嵯無「夏」字。

〔其文曰〕　瀧六二・三，慶二八右八，殿二七右一，凌二九左七。

索　望于南海而刻石　○金陵同，各本無此注。

正　今文字整頓　○今，凌令。

〔德惠脩長〕　瀧六二・四，慶二八右一〇，殿二七右二，凌二九左九。

索　王劭按張徽所録會稽南山秦始皇碑文　○徽，北微。

索　脩作攸　○攸，索收。

〔三十有七年〕　瀧六二一·五，慶二八左一，殿二七右三，凌二九左一〇。〇殿考容齋隨筆曰，今人書二十字爲廿，三十字爲卅，四十爲卌，皆説文本字也。廿音入，二十并也；卅音先合反，三十之省便古文也；卌音先立反，數名，今直以爲四十字。按：秦始皇凡石刻頌德之辭皆四字一句，泰山辭曰「皇帝臨位二十有六年」，琅琊臺頌曰「維二十六年皇帝始作」，之罘頌曰「維二十九年，時在中春」，東觀頌曰「維二十九年，皇帝春游」，會稽頌曰「德會修長，三十有七年」。此史記所載，每稱年者輒五字一句。嘗得泰山辭石本，乃書爲「廿有六年」，想其餘，皆如是，而太史公誤易之，或後人傳寫之訛耳，其實四字句也。

〔本原事迹〕　瀧六二一·六，慶二八左二，殿二七右五，凌三〇右一。〇迹，毛跡。

〔追首高明〕　瀧六二一·六，慶二八左三，殿二七右五，凌三〇右一。〇首，中統彭游韓嵯守，南化楓三謙岩狩高中彭中韓校記「首」。

索　今檢會稽刻石文　〇今，凌令。檢，中統游撿。

〔秦聖臨國〕　瀧六二一·七，慶二八左三，殿二七右五，凌三〇右二。〇秦，南化三謙高泰。

〔顯陳舊章〕　瀧六二一·七，慶二八左四，殿二七右六，凌三〇右三。〇舊，南化謙書。章，殿彰，尾省。

正　作彰音章　〇彰，殿章。殿無「音章」二字。

正 碑文作畫璋也　○璋，彭韓嵯章。

〔貪戾慠猛〕　瀧六二・九，慶二八左五，殿二七右七，凌三〇右四。　○慠，彭韓嵯傲。猛，紹孟。

〔暴虐恣行〕　瀧六二・一〇，慶二八左六，殿二七右八，凌三〇右五。　○紹無「恣」字。

＊**正** 行平聲　○南化。按：後人據彭、韓、嵯本校記歟？

正 行寒彭反　○彭韓嵯「寒彭反」三字作「行平聲」。

〔内飾詐謀外來侵邊〕　瀧六三・一，慶二八左八，殿二七右一〇，凌三〇右七。

索 詐謀作謀詐　○慶殿「作謀詐」三字作「謀作計」。　中統凌游「作謀」二字作「詐」字。

正 辟匹亦反　○匹，慶凌疋。

〔亂賊滅亡〕　瀧六三・三，慶二八左一〇，殿二七左二，凌三〇右九。　○賊，井紹賤。　蜀「賊」下有「監本作殘」四字注。

〔飾省宣義〕　瀧六三・五，慶二九右三，殿二七左四，凌三〇左二。　○省，高非。　宣，英房南化楓三謙高寡。　札記 凌引余有丁曰，「省」字或作「眚」。　案，徐廣云，省一作「非」，正義云，省，過也。　余説近是。

〔防隔内外〕　瀧六三・八，慶二九右四，殿二七左六，凌三〇左三。　○英房「内」、「外」互倒。

〔禁止淫泆〕　瀧六三・八，慶二九右五，殿二七左六，凌三〇左四。　○泆，南化逸。

〔男女絜誠〕 瀧六三・八，慶二一九右五，殿二一七左六，凌三〇左四。○絜，景 蜀 潔。

〔夫爲寄豭〕 瀧六三・九，慶二一九右五，殿二一七左六，凌三〇左四。

索 言夫淫他室者 ○各本「者」字作「若」。按：瀧本「者」，「若」訛。

索 寄豬之豭 ○各本「豬之豭」三字作「豭之豬」。按：瀧本訛。

索 豬音加 ○各本「豬」字作「豭」。按：瀧本「豬」，「豭」訛。 索 豭音加遐反。

＊正 豭音加牡豬也言豬豭於萬物最淫躁也男夫若豭豬淫躁及有人殺之無罪以人似岩本「似」作「以」。 豭故無罪 岩 贅異。

〔男秉義程〕 瀧六四・一，慶二一九右六，殿二一七左七，凌三〇左五。○秉，毛 并。

〔和安敦勉〕 瀧六四・三，慶二一九右八，殿二一七左九，凌三〇左七。○毛「和」、「安」互倒。勉，中統 游 誠。桃「敦勉」二字作「誠」字。

〔黔首脩絜〕 瀧六四・一〇，慶二一九右九，殿二一七左一〇，凌三〇左八。○金陵 同，各本「絜」字作「潔」。

〔並海上〕 瀧六五・二，慶二一九左三，殿二一八右三，凌三一右二。○並，楓 梜 三 中彭 旁。

〔北至琅邪〕 瀧六五・二，慶二一九左三，殿二一八右四，凌三一右二。

正 在潤州句容縣北六十里 ○潤，韓 閏。

正 渡謂濟渡也 ○慶 凌「謂濟渡」三字作「渭京兆」。

〔入海求神藥〕 瀧六五・四，慶二一九左三，殿二一八右四，凌三一右三。○神，通志 仙。

〔然常爲大鮫魚所苦〕 瀧六五・五，慶二一九左五，殿二一八右五，凌三一一右四。○嵯「鮫」、「魚」互倒。

〔問占夢博士〕 瀧六五・七，慶二一九左七，殿二一八右七，凌三一一右六。○札記御覽引「問」上有「以」字。

〔以大魚蛟龍爲候〕 瀧六五・七，慶二一九左七，殿二一八右八，凌三一一右七。○蛟，景井蜀紹中統毛游鮫。

〔今上禱祠備謹〕 瀧六五・八，慶二一九左八，殿二一八右八，凌三一一右七。○備，南化楓棭三中彭中韓慎。紹「備」、「謹」互倒。

〔至榮成山弗見〕 瀧六五・一〇，慶二一九左一〇，殿二一八右一〇，凌三一一右九。

正 即成山也 ○金陵同，各本無「成」字。彭韓無「即」字。札記「成」字考證增。

〔見巨魚〕 瀧六六・一，慶二二〇右一，殿二一八右九，凌三一一右一〇。○巨，南化鉅。

〔至平原津而病〕 瀧六六・二，慶二二〇右一，殿二一八左一，凌三一一左一。○病，中統游疾。

〔未授使者〕 瀧六六・五，慶二二〇右六，殿二一八左五，凌三一一左六。○授，紹受。

〔丞相斯爲上崩在外〕 瀧六六・八，慶二二〇右九，殿二一八左八，凌三一一左九。○上，南化行。

〔共賜死〕 瀧六七・六，慶二二〇左八，殿二一九右六，凌三一一右八。○紹通志無「共」字。各本「共」字作「其」。按：瀧本「共」，「其」訛。札記褉志云，「其」字後人據李斯傳增，御覽引無。

〔語具在李斯傳中〕　瀧六七・六，慶三〇左八，殿二九右七，凌三二右八。○傳，南化事。

〔行遂從井陘抵九原〕　瀧六七・六，慶三〇左九，殿二九右七，凌三二右八。○從，彭韓嵯至，棭三謙高校記「從」。

〔會暑〕　瀧六七・九，慶三〇左九，殿二九右八，凌三二右九。○暑，紹屠。

〔行從直道至咸陽發喪〕　瀧六七・一〇，慶三一右一，殿二九右九，凌三二右一〇。○行，嵯得，高校記「行」。

〔太子胡亥襲位〕　瀧六八・六，慶三一右一，殿二九右九，凌三二左一。○太，凌大。

〔穿治酈山〕　瀧六八・七，慶三一右二，殿二九右一〇，凌三二左二。○酈，游詳節驪。

〔下銅而致椁〕　瀧六八・八，慶三一右四，殿二九左一，凌三二左三。○銅，游錮。

〔宮觀百官〕　瀧六八・九，慶三一右五，殿二九左二，凌三二左四。○官，紹通志姓，蜀寶。

〔徙臧滿之〕　瀧六八・九，慶三一右五，殿二九左二，凌三二左五。○臧，桃古南化楓棭三謙中彭中韓藏。

〔度不滅者久之〕　瀧六九・二，慶三一左一，殿二九左八，凌三三右一。

集　似鮎四脚　○脚，彭韓嵯足。

正　鯢魚聲如小兒啼　○如，彭韓嵯爲。

〔已臧〕　瀧六九・六，慶三一左四，殿三〇右一，凌三三右四。○金陵同。已，桃 中統 游矣。各本「臧」字作「藏」。下同。

〔樹草木以象山〕　瀧六九・七，慶三一左五，殿三〇右二，凌三三右五。

集　周迴五里餘　○廻，紹 中統 游回。

正　取大石於渭山諸山　○殿考「渭山」，「山」字疑有誤，或是「城」字，或是「水」字。

〔雖萬世世不軼毀〕　瀧七〇・二，慶三一右二，殿三〇右八，凌三三左二。○通志無「世」字。攷異軼與迭同，古書軼、迭二字多通用。左氏傳「彼徒我車，懼其侵軼我也」，釋文「軼直結反，讀如迭」，成十三年「迭我殽地」，亦侵軼之義，封禪書「軼興軼衰」，漢書作「迭興迭衰」。

〔禮咸備〕　瀧七〇・五，慶三一右三，殿三〇右一〇，凌三三左三。○禮，南化祀。

〔或在咸陽〕　瀧七〇・五，慶三一右五，殿三〇左一，凌三三左五。

正　又一云　○彭 韓 嵯無「又」字。

〔天子儀當獨奉酌祠始皇廟〕　瀧七〇・六，慶三一右五，殿三〇左一，凌三三左五。○獨，通志親。祠，中統 游祀。札記中統、游本「祠」作「祀」。

〔以尊始皇廟爲帝者祖廟〕　瀧七〇・七，慶三一右六，殿三〇左三，凌三三左六。○以，通志宜。

〔李斯從〕 瀧七一・一，慶三二右一〇，殿三〇左六，凌三三左一〇。〇紹無「從」字。

〔而盡刻始皇所立刻石〕 瀧七一・一，慶三二左一，殿三〇左七，凌三四右一。〇盡，南化書。刻，通志列。

〔石旁著大臣從者名〕 瀧七一・二，慶三二左一，殿三〇左七，凌三四右一。〇著，紹者。

〔盡始皇帝所爲也〕 瀧七一・三，慶三二左三，殿三〇左八，凌三四右二。〇盡，楓三中彭中韓書。

〔臣去疾〕 瀧七一・七，慶三二左六，殿三一右一，凌三四右六。〇中統游無「臣」字。

〔於是二世乃遵用趙高申法令〕 瀧七一・一〇，慶三二左九，殿三一右四，凌三四右九。〇遵，詳節尊。

〔令在上位管中事〕 瀧七二・四，慶三三右三，殿三一右七，凌三四左三。〇札記御覽六百四十五引「中」作「重」。

〔其心實不服〕 瀧七二・五，慶三三右四，殿三一右八，凌三四左三。〇札記治要引下有「也」字。

〔不因此時案郡縣守尉〕 瀧七二・五，慶三三右四，殿三一右八，凌三四左四。〇詳節無「不」字。不，通志宣。

〔下以除去上生平所不可者〕 瀧七二・六，慶三三右五，殿三一右九，凌三四左五。〇通志無「除」字。三治要無「去」字。

〔無得立者〕　瀧七二・一〇，慶三三左一，殿三一左三，凌三四左九。〇立，英房南化楓三謙狩脫。

索　逮訓及也　〇彭韓嵯無「訓」字。

索　少小也　〇詳節「少小」二字作「少少子」三字。

索　近侍之臣　〇之，詳節也。

索　謂中郎外郎散郎　〇散，彭游南北韓嵯議。

〔而六公子戮死於杜〕　瀧七三・二，慶三三左二，殿三一左五，凌三五右二。〇杜，英房楓謙景南社。

〔囚於內宮〕　瀧七三・三，慶三三左三，殿三一左六，凌三五右二。〇囚，紹因。

〔闕廷之禮〕　瀧七三・五，慶三三左四，殿三一左七，凌三五右四。〇札記御覽四百四十七引作「朝廷」。

〔吾未嘗敢不從賓贊也〕　瀧七三・五，慶三三左五，殿三一左八，凌三五右四。〇贊，南化讚。

〔何謂不臣〕　瀧七三・六，慶三三左六，殿三一左九，凌三五右六。〇南化三「何謂」二字作「有敢」。

〔臣不得與謀〕　瀧七三・七，慶三三左六，殿三一左一〇，凌三五右六。〇謀，紹誅。

〔將閭乃仰天大呼天者三〕　瀧七三・七，慶三三左八，殿三一左一〇，凌三五右七。〇南化將閭乃仰天而大呼天者三。通志無下「天」字。

〔復土酈山〕　瀧七四・一，慶三四右三，殿三一右五，凌三五左一。〇酈，游驪。下同。

〔今釋阿房宮弗就〕　瀧七四・二，慶三四右三，殿三一右五，凌三五左二。〇就，紹説。

〔盡徵其材士五萬人〕　瀧七四・三，慶三四右五，殿三一右六，凌三五左四。〇盡，南化謙中韓畫。

〔轉輸菽粟芻藳〕　瀧七四・五，慶三四右七，殿三一右九，凌三五左六。〇彭韓嵯無「轉」字，楓棭三岩校補「轉」。

〔反以應陳涉〕　瀧七四・一〇，慶三四左一，殿三一左二，凌三五左一〇。〇詳節無「反」字。

〔項梁舉兵會稽郡〕　瀧七五・四，慶三四左七，殿三一左七，凌三六右六。

集　音負擔　〇擔，中統游儋。

〔兵數十萬〕　瀧七五・五，慶三四左一〇，殿三一左一〇，凌三六右一〇。

集　弘農湖西界也　〇詳節弘農湖西界也音麾。弘，中統引。

集　在新豐東南三十里　〇三，毛二。

正　即其處　○[殿]同，各本「其」字作「至」。

〔與羣臣謀曰奈何〕　瀧七五・七，慶三五右一，殿三三右一，凌三六右一〇。○曰，[楓][棭][三][高]爲。

〔少府章邯曰〕　瀧七五・八，慶三五右一，殿三三右一，凌三六右一〇。

集　掌山澤陂池之稅　○陂，[中統][游]阪。

集　——以給私養——

*正　私養謂是天子之私府　[岩]。

集　故稱少府　○[彭][韓][嵯]故稱曰少府。

正　邯胡甘反　○[慶][凌]無「邯」字。

〔酈山徒多〕　瀧七五・九，慶三五右三，殿三三右三，凌三六左三。○酈，[詳節]驪。

〔遂殺章曹陽〕　瀧七五・一〇，慶三五右五，殿三三右四，凌三六左四。○遂，[南化][楓][棭][三][中彭]逐。

正　即章邯殺周文處　○文，[慶][殿]章。

〔殺陳勝城父〕　瀧七六・三，慶三五右七，殿三三右七，凌三六左七。

正　亳州所理縣　○[彭][韓][嵯]乃亳州所理縣。

〔滅魏咎臨濟〕　瀧七六・四，慶三五右八，殿三三右八，凌三六左八。

正　今齊州縣　○齊，[凌]濟。

〔故羣臣不敢爲非進邪說〕　瀧七六・七，慶三五左一，殿三三左一，凌三七右一。○南化 楓 棭 三 謙 中彭 中韓 故羣臣不敢爲非而進邪說。

〔奈何與公卿廷決事〕　瀧七六・八，慶三五左二，殿三三左二，凌三七右二。○南化 楓 棭 三 高 中彭 中韓 奈何與公卿朝廷決事。

〔固不聞聲〕　瀧七六・九，慶三五左三，殿三三左二，凌三七右三。○紹 無「不」字。「聞」、「聲」互倒。

索　一作固聞聲　○索 金陵 同，各本無此注。

索　臣下屬望纔有兆朕聞其聲耳　○下，游 不。彭 韓 嵯「兆」、「朕」互倒。慶 中統 凌 殿 無「聞其聲」三字。游 無「其聲耳」三字，而有「不見其形也」五字。

〔而關中卒發東擊盜者毋已〕　瀧七七・二，慶三五左六，殿三三左五，凌三七右六。○毋，蜀 無。下同。

〔將軍馮劫進諫曰〕　瀧七七・三，慶三五左七，殿三三左六，凌三七右七。○劫，毛 刦。

〔減省四邊戍轉〕　瀧七七・五，慶三五左一〇，殿三三左八，凌三七右九。○南化 楓 三「減」、「省」互倒。

〔堯舜采椽不刮〕　瀧七七・八，慶三六右一，殿三三左九，凌三七右一〇。○采，南化 採。椽，景 掾。

〔茅茨不翦〕　瀧七七・八，慶三六右一，殿三三左一〇，凌三七右一〇。〇翦，井毛剪。

索　刮音括　〇括，慶彭凌殿栝。索「刮音括」三字作「栝音刮」。

〔飯土熘啜土形〕　瀧七七・九，慶三六右二，殿三四右一，凌三七左二。〇紹上「土」字作「二」。

集　呂静云　〇云，景井紹蜀中統游曰。

集　瓦器也　〇彭韓嵯蓋瓦器也。

索　一作簋　〇一，慶中統凌索游殿不。彭韓嵯無此注。札記「一」原誤「不」，依襍志改。

索　飯器以瓦爲之　〇飯，中統游隱。

〔不轂於此〕　瀧七七・一〇，慶三六右三，殿三四右一，凌三七左三。

正　又苦角反　〇札記「又」上當脱一「音」。

正　言堯舜采椽不刮茅茨不翦飯土熘啜土形　〇彭韓嵯「舜」下有「之儉」二字，而無「采椽」至「土形」十四字。

〔通大夏〕　瀧七八・三，慶三六右五，殿三四右四，凌三七左六。〇大，南化王。

〔決河亭水放之海〕　瀧七八・四，慶三六右七，殿三四右五，凌三七左七。〇亭，南化楓棭三中彭中韓停。

正　決亭壅之水　〇彭韓嵯無「之」字。

〔脛毋毛〕 瀧七八・五，慶三六右八，殿三四右六，凌三七左九。○毋，蜀紹無。

〔以安邊竟〕 瀧七九・一，慶三六左五，殿三四左三，凌三八右六。○金陵同，各本「竟」字作「境」。

正 音境 ○殿無此注。

〔三年〕 瀧七九・七，慶三七右二，殿三四左八，凌三八左二。○三，蜀二。

〔章邯等戰數卻〕 瀧七九・八，慶三七右四，殿三四左九，凌三八左四。○南化楓棭三中彭「數」、「卻」互倒。

〔邯等遂以兵降諸侯〕 瀧八〇・一，慶三七右六，殿三五右二，凌三八左七。○英房韋邯等遂以兵降諸侯。

〔左右或默〕 瀧八〇・四，慶三七右一〇，殿三五右五，凌三八左一〇。○治要無「或默」二字。

〔以阿順趙高〕 瀧八〇・四，慶三七左一，殿三五右五，凌三八左一〇。○詳節無此五字。

〔或言鹿者〕 瀧八〇・四，慶三七左一，殿三五右六，凌三九右一。○英房治要詳節無「者」字。札記襍志云「者」字衍，治要，後漢書文苑傳注，御覽職官部、獸部引並無。

〔高因陰中諸言鹿者以法〕 瀧八〇・七，慶三七左一，殿三五右六，凌三九右一。○彭韓嵯無「因」字。通志無「諸言鹿者」四字。

〔章邯等軍數郤〕　瀧八〇・九，慶三七左七，殿三五右八，凌三九右三。○金陵同，各本「郤」字作「却」。南化楓棭三中彭「數」、「郤」互倒。旁有「或無却字」四字。

〔上書請益助〕　瀧八〇・九，慶三七左七，殿三五右八，凌三九右三。○上，蜀卜。

〔二世乃齋於望夷宮〕　瀧八一・五，慶三七左九，殿三五左三，凌三九右八。○齋，中統齊。札記中統作「齊」，下同。

〔欲祠涇〕　瀧八一・六，慶三八右一，殿三五左四，凌三九右一〇。○札記御覽八十六引下有「水」字。

〔令樂召吏發卒追〕　瀧八二・二，慶三八右六，殿三五左八，凌三九左五。○英房桃古「發」、「卒」互倒。

〔將吏卒千餘人至望夷宮殿門〕　瀧八二・三，慶三八右七，殿三五左九，凌三九左六。○南化三韓將吏卒二千餘人至望夷宮殿門。

〔安得賊敢入宮〕　瀧八二・五，慶三八右九，殿三六右二，凌三九左八。

集　于廬内傅　○各本「于」字作「千」。按：瀧本「于」，「千」訛。傅，紹中統游傳。

集　士傅宮外内爲廬舍　○内，景井紹慶中統毛游向。

〔樂遂斬衛令〕　瀧八二・六，慶三八右九，殿三六右二，凌三九左九。○衛，彭韓嵯尉，楓三謙校記「衛」。

〔郎中令與樂俱入射上幄坐幃〕 瀧八二・七，慶三八左一，殿三六右四，凌四〇右一。〇幃，英房南化楓三謙中統游帷。

〔閻樂前即二世數曰〕 瀧八二・一〇，慶三八左五，殿三六右七，凌四〇右四。〇通志「即二世數曰」五字作「即前數二世曰」六字。

〔誅殺無道〕 瀧八三・一，慶三八左六，殿三六右八，凌四〇右五。〇殺，紹通志死。道，紹通志地。

〔足下其自爲計〕 瀧八三・一，慶三八左七，殿三六右八，凌四〇右六。

集 羣臣士庶相與言曰殿下閣下足下侍者執事 〇閣，蜀井中統彭閤。足，景天。

〔丞相高殺二世望夷宮〕 瀧八四・四，慶三九右七，殿三六左七，凌四〇左六。〇紹丞相高殺二世望望夷宮。

〔乃詳以義立我〕 瀧八四・四，慶三九右八，殿三六左八，凌四〇左七。

集 詳音羊 〇彭金陵同，各本無此注。

〔此欲因廟中殺我〕 瀧八四・六，慶三九右一〇，殿三六左一〇，凌四〇左八。〇通志無「因」字。殺，通志圖。

〔我稱病不行〕 瀧八四・六，慶三九右一〇，殿三六左一〇，凌四〇左八。〇札記御覽引作「疾」。

〔三族高家〕　瀧八四·八，慶三九左三，殿三七右二，淩四一右一。○札記御覽引作「夷三族」。

〔遂至霸上〕　瀧八五·四，慶三九左四，殿三七右三，淩四一右二。

集　在長安東三十里　○十，紹通志四。

集　古名滋水　○名，景井慶彭淩毛游者。南化楓棭三古名曰滋水。

集　秦穆公更名霸水　○穆，彭韓嵯繆。水，彭韓嵯上。

〔使人約降子嬰〕　瀧八五·五，慶三九左五，殿三七右四，淩四一右三。○札記御覽約降作「納降」。

〔子嬰即係頸以組〕　瀧八五·五，慶三九左五，殿三七右五，淩四一右四。○紹無「子嬰」二字。

〔降軹道旁〕　瀧八五·七，慶三九左七，殿三七右六，淩四一右五。

集　駰案蘇林曰　○景無「駰」字。駰，淩駰。

〔滅秦之後〕　瀧八六·九，慶四〇右一，殿三七右一〇，淩四一右九。○後，桃古南化棭三中彭名。

〔各分其地爲三〕　瀧八六·九，慶四〇右一，殿三七右一〇，淩四一右九。○各，英房名。地，景北。

〔秦之先伯翳〕 瀧八七・二，慶四〇右五，殿三七左三，凌四一左三。〇伯，紹 詳節 栢，景 井 蜀 毛 柏。

〔及殷夏之閒微散〕 瀧八七・二，慶四〇右六，殿三七左四，凌四一左四。〇桃古 嵯 詳節「殷」、「夏」互倒。

〔鉏櫌白梃〕 瀧八七・八，慶四〇左一，殿三七左八，凌四一左九。〇櫌，凌 中統 游 擾，景 紹 毛 耰。

索 孟康以櫌爲鉏柄 〇鉏，慶 中統 凌 游 鋤。

〔望屋而食〕 瀧八七・九，慶四〇左二，殿三七左九，凌四一左一〇。

索 不裹糧而行 〇糧，慶 中統 凌 游 粮。

〔横行天下〕 瀧八七・九，慶四〇左三，殿三七左一〇，凌四二右一。

索 横行匈奴中是也 〇慶 中統 凌 游 殿 無「是」字。

〔豪俊相立〕 瀧八八・二，慶四〇左六，殿三八右三，凌四二右四。〇豪，韓 毫。注同。俊，蜀 紹 詳節 傑。

集 德百人者謂之英 〇者，景 恭。

〔可見於此矣〕 瀧八八・四，慶四〇左一〇，殿三八右七，凌四二右八。

索 遂以兵降耳 〇慶 彭 中統 凌 游 殿 無「以兵」二字。

索　非三軍要市於外以求封明矣　○彭韓嵯非以三軍要市於外以求封明矣。

索　要平聲　○慶彭中統凌游殿無此注。

〔藉使子嬰有庸主之材〕　瀧八八・六，慶四〇左一〇，殿三八右七，凌四二右八。○材，詳節才。

〔宗廟之祀未當絶也〕　瀧八八・七，慶四一右二，殿三八右八，凌四二右一〇。○祀，毛事。

〔二十餘君〕　瀧八八・一〇，慶四一右四，殿三八右一〇，凌四二左一。○君，紹年。

〔當此之世〕　瀧八九・二，慶四一右五，殿三八左一，凌四二左三。○世，南化楓棭三中彭時。

〔秦小邑并大城〕　瀧八九・五，慶四一右九，殿三八左四，凌四二左六。○南化秦小邑也并大城。

〔諸侯起於匹夫〕　瀧八九・六，慶四一右一〇，殿三八左五，凌四二左八。○南化謙諸侯初起於匹夫。

〔以令大國之君〕　瀧八九・一〇，慶四一左三，殿三八左八，凌四三右一。○令，南化楓三狩彭全。

〔拑口而不言〕　瀧九〇・六，慶四二右一，殿三九右五，凌四三右八。○拑，治要鉗。

〔先王知雍蔽之傷國也〕　瀧九〇・八，慶四二右三，殿三九右六，凌四三右一〇。○雍，南化壅。

〔百姓怨望〕　瀧九一・一，慶四二右七，殿三九右一〇，凌四三左四。○南化 治要無「望」字。

〔而海内畔矣〕　瀧九一・一，慶四二右七，殿三九右一〇，凌四三左四。○畔，治要叛。

〔故周五序得其道〕　瀧九一・一，慶四二右八，殿三九右一〇，凌四三左四。○治要無「五序」二字。

〔而千餘歲不絶〕　瀧九一・二，慶四二右八，殿三九左一，凌四三左五。○治要無「而」字。

〔後事之師也〕　瀧九一・四，慶四二右一〇，殿三九左二，凌四三左七。○治要無「也」字。

〔變化有時〕　瀧九一・六，慶四二左二，殿三九左四，凌四三左九。○有，謙 景 井 紹 中統 毛 游 治要應。札記禩志云，宋本作「應時」，治要、淳祐本賈子皆作「應」。案，中統、游本作「應」。

〔囊括四海之意〕　瀧九一・九，慶四二左五，殿三九左七，凌四四右二。○意，殿志。

集　結囊也　○金陵同，各本「結」字作「括」。○札記各本「結」誤「括」，依漢書陳勝傳注、文選過秦論注改。

索　注同　○索 殿無此注。札記單本無此條，而中統本及合刻各本皆有此四字，姑仍之。

〔外連衡而鬭諸侯〕　瀧九二・三，慶四二左八，殿三九左九，凌四四右五。

索　合關東從通之秦　○通，[慶][彭][中統][索][凌][游][殿]道。

索　故曰連衡也　○衡，[索]横。

〔蒙故業因遺册〕　瀧九二・六，慶四二左一〇，殿四〇右一，凌四四右七。○册，[殿]策。

〔尊賢重士〕　瀧九三・六，慶四三右五，殿四〇右六，凌四三右五。○[治要]尊賢而重士。

〔於是六國之士〕　瀧九三・八，慶四三右七，殿四〇右七，凌四四左四。

索　韓魏趙燕齊楚是也　○[中統][游]「趙」、「燕」互倒。[慶][中統][凌][游][殿]「齊」、「楚」互倒。

索　與秦爲七國亦謂之七雄　○[索][金陵]同，各本無「七國亦謂之」五字。

索　又前亡　○[彭][凌]「前」、「亡」互倒。

〔有寧越徐尚蘇秦杜赫之屬爲之謀〕　瀧九三・九，慶四三右九，殿四〇右一〇，凌四四左六。

索　賈誼作甯越　○[索]無此注。

〔陳軫昭滑〕　瀧九四・二，慶四三左一，殿四〇左一，凌四四左八。○軫，[井][紹][彭]𨋍。昭，[蜀]召。滑，[紹]清。

〔蘇厲樂毅之徒通其意〕　瀧九四・二，慶四三左一，殿四〇左一，凌四四左八。

索　戰國策　○[彭][韓][嵯]無此注。

〔廉頗趙奢之朋制其兵〕　瀧九四・八，慶四三左五，殿四〇左五，凌四五右二。

索　孫武之後也　○武，[中統][游]氏。

索　呂氏春秋曰　○金陵同，各本無「呂氏」二字。殿考二語出呂氏春秋，蓋「春秋」上脫「呂氏」二字。

索　廉頗趙將也　○慶中統彭凌游殿無「趙將也」三字。

索　亦趙之將　○亦，慶中統彭凌游殿皆。

〔常以十倍之地百萬之衆叩關而攻秦〕　瀧九五・一，慶四三左六，殿四〇左六，凌四五右三。○常，南化楓三景井蜀紹毛嘗。秦，南化賂。札記陳涉世家作「仰關」，與新書、漢書合。蓋本作「卬」，形近訛爲「叩」。文選同。

〔逡巡遁逃而不敢進〕　瀧九五・三，慶四三左七，殿四〇左七，凌四五右四。○治要無「巡遁」二字。札記志疑云，世家、文選無「逡巡」字，新書作「逡巡」，漢書作「遁巡」，無四字連文者。案，周禮司士注「士皆逡遁」，鄭固碑「逡遁退讓」，逡遁即逡巡之異文。疑本文或作「巡」，或作「遁」，後人兩存之，讀者不察，又增「逃」字於下耳。世家、文選作「遁逃」，漢書作「遁巡」，疑皆傳寫誤。師古遂音遁爲七旬反，集韵收入「逡」字下，恐未必然。

〔爭割地而奉秦〕　瀧九五・六，慶四三左九，殿四〇左八，凌四五右六。○奉，南化賂。

〔秦有餘力而制其敝〕　瀧九五・六，慶四三左九，殿四〇左九，凌四五右七。○敝，毛敵。

〔延及孝文王莊襄王〕　瀧九五・八，慶四三左九，殿四〇左九，凌四五右七。○彭「文」下無「王」字，謙校補「王」。

〔執棰拊以鞭笞天下〕　瀧九六・二，慶四四右四，殿四一右三，凌四五左一。○棰，殿捶。

〔威振四海〕　瀧九六・二，慶四四右五，殿四一右四，凌四五左二。

〔以愚黔首〕　瀧九六・七，慶四四右一〇，殿四一右八，凌四五左七。○南化治要「黔首」二字作「百姓」。

集　一作槁朴　○槁，殿搞。

〔殺豪俊〕　瀧九六・八，慶四四右一〇，殿四一右九，凌四五左七。○俊，北殿傑。

〔然後斬華爲城〕　瀧九六・一〇，慶四四左二，殿四一右一〇，凌四五左九。

索　斬亦作踐　○慶中統凌游殿無「斬亦作」三字。

索　亦出賈本論　○索無「亦出」二字。

〔因河爲津〕　瀧九七・一，慶四四左三，殿四一左一，凌四五左一〇。○津，南化池。

〔良將勁弩〕　瀧九七・二，慶四四左四，殿四一左二，凌四六右一。○良，北長。

〔陳利兵而誰何〕　瀧九七・二，慶四四左五，殿四一左三，凌四六右二。○桃一本「何」字作「呵」。

〔天下以定〕　瀧九七・四，慶四四左六，殿四一左四，凌四六右三。○以，南化三謙狩中韓已。

〔甕牖繩樞之子〕　瀧九七・七，慶四四左九，殿四一左七，凌四六右六。

集 瓦甕爲窻也 ○窻，凌牕。

〔而遷徙之徒〕 瀧九七・八，慶四四左一〇，殿四一左八，凌四六右七。

集 氓民也 ○氓，紹蜀甿。

〔而倔起什伯之中〕 瀧九七・一〇，慶四五右二，殿四一左九，凌四六右九。○而，治要出。倔，南化俛。南化謙「什伯」二字作「仟佰」。札記志疑云，世家、漢書、文選並作「仟陌」，此作「什」，誤。案，如世家索隱，梁説似是，然據集解引漢書音義及如淳説，則裴所見本作「什」。

〔率罷散之卒〕 瀧九八・一，慶四五右三，殿四二右一，凌四六右一〇。○札記治要「罷散」作「疲散」。

〔贏糧而景從〕 瀧九八・三，慶四五右五，殿四二右二，凌四六左二。○景，謙岩中韓影。

〔鉏櫌棘矜〕 瀧九八・六，慶四五右八，殿四二右五，凌四六左五。○櫌，南化楓三岩中彭耰，中統游擾。札記治要「耰」。

集 以鉏柄及棘作矛槿也 ○槿，凌穫。札記治要「穫」，漢書陳涉傳同。

集 如淳曰 ○札記漢書注作「晉灼」。

〔非銛於句戟長鎩也〕 瀧九八・八，慶四五右八，殿四二右六，凌四六左五。○札記治要

「長鎩矛戟」。

集 又曰鉤戟似矛刃下有鐵橫方上鉤曲也　○金陵同，各本「鉤戟似」三字、「鉤」字並無。也，景井蜀句，慶中統凌游殿勾。札記「鉤戟似」三字依文選注補。

集 橫方上鉤曲也　○札記選注無「方」字。「鉤」、「曲」原倒，無「也」字，今依選注改增。

〈非及鄉時之士也〉　瀧九八・一〇，慶四五左一，殿四二右八，凌四六左八。○鄉，南化嚮。

〈功業相反也〉　瀧九八・一〇，慶四五左二，殿四二右八，凌四六左九。○毛功業相反何也。

〈然秦以區區之地千乘之權〉　瀧九九・二，慶四五左三，殿四二右一〇，凌四六左一〇。○秦，南化而。札記志疑云，各處作「致萬乘之權」。

〈然后以六合爲家〉　瀧九九・四，慶四五左五，殿四二左一，凌四七右二。○后，桃慶毛中統彭凌游殿後。

〈爲天下笑者何也〉　瀧九九・五，慶四五左六，殿四二左二，凌四七右三。○南化治要無「何也」二字。

〈南面稱帝〉　瀧九九・六，慶四五左七，殿四二左三，凌四七右四。

索 太史公删賈誼過秦篇著此論　○篇，彭索殿論。

索 富其義而省其辭　○富，慶中統彭凌游殿當。

索　不唯刪省之旨　○唯，楓三殿惟。

索　故不同也　○慶中統彭索凌游無「故」字。

索　今頗亦不可分別　○索無「亦」字。別，中統游明。

〈五霸既歿〉　瀧九九・一○，慶四六右二，殿四二左八，凌四七右九。○霸，南化伯。歿，中統毛游没。

〈既元元之民〉　瀧一○○・二，慶四六右四，殿四二左一○，凌四七左二。○治要無「既」字。

〈禁文書而酷刑法〉　瀧一○○・五，慶四六右八，殿四三右三，凌四七左五。○禁，南化謙狩焚。

〈是其所以取之守之者異也〉　瀧一○○・八，慶四六左一，殿四三右六，凌四七左八。○殿考余有丁曰：賈書作「是其所以取之」，文意甚明，史添「守之者異」四字，似誤。札記襍志云，「異」上當有「無」字。

〈夫寒者利裋褐〉　瀧一○一・二，慶四六左六，殿四三右一○，凌四八右三。○裋，治要短。

〈而飢者甘糟糠〉　瀧一○一・二，慶四六左七，殿四三左一，凌四八右四。○金陵同，紹無「而」字，各本「糠」字作「糖」。

〈天下之嗸嗸〉　瀧一○一・三，慶四六左八，殿四三左二，凌四八右五。○嗸，南化敖。

〈此言勞民之易爲仁也〉　瀧一〇一・三，慶四六左九，殿四三左三，凌四八右五。

集　一作短　○紹「短」字作「久今」二字。

集　音豎　○豎，游豎。紹音豎有。

〈鄉使二世有庸主之行〉　瀧一〇一・四，慶四六左九，殿四三左三，凌四八右六。○鄉，南化嚮。

〈裂地分民〉　瀧一〇一・六，慶四七右一，殿四三左四，凌四八右七。○裂，凌表。旁有「本作裂」三字。

〈虛囹圄而免刑戮〉　瀧一〇一・七，慶四七右二，殿四三左五，凌四八右八。○圄，中統游圉。

〈除去收帑汙穢之罪〉　瀧一〇一・七，慶四七右二，殿四三左六，凌四八右九。○帑，毛孥。

〈而以威德與天下〉　瀧一〇一・一〇，慶四七右六，殿四三左九，凌四八左二。○札記志疑云，案新書「威」，乃「盛」之訛。

〈更始作阿房宮〉　瀧一〇二・四，慶四七右一〇，殿四四右三，凌四八左七。○房，彭旁，楓三校記「房」，謙校記「房之」二字。治要更始作阿房之宮。

〈是以陳涉不用湯武之賢〉　瀧一〇二・八，慶四七左五，殿四四右七，凌四九右一。○賢，中統游言。

〔不藉公侯之尊〕　瀧一〇二・九，慶四七左六，殿四四右八，淩四九右二。○藉，中統毛游籍。

〔務在安之而已〕　瀧一〇三・一，慶四七左八，殿四四右一〇，淩四九右四。○之，南化楓棭三謙高中彭定。

〔襄公立〕　瀧一〇三・一〇，慶四八右二，殿四四左四，淩四九右八。○札記此秦記係後人附益，宋本連上，王、柯並同。

〔享國十二年〕　瀧一〇三・一〇，慶四八右二，殿四四左四，淩四九右八。○享，桃景井蜀紹中統毛游饗，南化楓三無「享」字。

〔葬西垂〕　瀧一〇三・一〇，慶四八右五，殿四四左六，淩四九右八。

索　立十三年死　○慶淩南殿無「死」字。

〔葬西垂〕　瀧一〇四・六，慶四八右五，殿四四左七，淩四九左一。

索　作鄜時　○游一作鄜時。淩無「作」字。

〔靜公不享國而死〕　瀧一〇四・六，慶四八右五，殿四四左七，淩四九左二。○享，蜀慶彭淩饗。

〔生憲公〕　瀧一〇四・六，慶四八右六，殿四四左七，淩四九左二。○殿考余有丁曰，「憲公」，秦紀作「寧公葬西山」。

〔憲公享國十二年〕 瀧一〇四・六，慶四八右六，殿四四左八，凌四九左二。〇享，景井中統毛凌游饗。

〔死葬衙〕 瀧一〇四・七，慶四八右七，殿四四左八，凌四九左三。

集 地理志云 〇凌金陵同，各本無「云」字。

〔居西陵〕 瀧一〇四・九，慶四八右八，殿四四左一〇，凌四九左四。〇陵，謙中韓陂，南化校記「阪」。

〔葬宣陽聚東南〕 瀧一〇五・一，慶四八左一，殿四五右二，凌四九左七。〇陽，南化楊。

〔葬陽〕 瀧一〇五・三，慶四八左三，殿四五右四，凌四九左九。〇陽，楓棭三中彭楊。

〔初伏以御蠱〕 瀧一〇五・三，慶四八左三，殿四五右四，凌四九左九。〇桃古楓棭三謙高中彭初伏以狗御謙本御作「禦」。蠱。御，南化謙中韓禦。

〔繆公學著人〕 瀧一〇五・七，慶四八左八，殿四五右七，凌五〇右三。

索 故詩云 彭韓嵯無「故」字。

〔生共公〕 瀧一〇五・九，慶四八左九，殿四四右九，凌五〇右五。〇共，桃古南化楓三襲。

〔居雍高寢〕 瀧一〇五・九，慶四八左九，殿四四右一〇，凌五〇右六。〇高，南化謙中韓宣。

〔生景公〕　瀧一〇六・一，慶四九右一，殿四五左一，凌五〇右七。〇景，桃古 楓 梳 三 中韓 僖。

〔生畢公〕　瀧一〇六・三，慶四九右二，殿四五左二，凌五〇右八。〇畢，桃古 南化 理。

集　春秋作哀公　〇景 井 蜀 紹 中統 毛 游 無「作」字。

〔畢公享國三十六年〕　瀧一〇六・四，慶四九右三，殿四五左三，凌五〇右九。〇享，彭 饗。

正　一作三十七年　〇慶 凌 無「二」。彭 無「一作」二字。

〔葬車里康景〕　瀧一〇六・六，慶四九右三，殿四五左三，凌五〇右九。〇車，游 居。康，桃古 楓 三 謙 高 中彭 中韓 秉。蜀 無「康景」二字。彭 韓 嵯 葬車里康景公。殿考 凌稚隆曰，「康景」二字疑衍，或下有闕文。按：秦紀及此紀無僖公，疑即景公也。

〔悼公享國十五年〕　瀧一〇六・七，慶四九右六，殿四五左六，凌五〇左二。

正　雍本紀作十四年　〇殿考「雍」衍文，不然宣云「塟雍」，落「葬」字。

〔生刺龔公〕　瀧一〇六・八，慶四九右七，殿四五左六，凌五〇左三。〇刺，桃古 南化 楓 梳 三 中彭 賴。桃 一本「刺龔公」三字作「厲共公」。

〔生躁公〕　瀧一〇七・一，慶四九右八，殿四五左八，凌五〇左四。

索　又作趮公　〇金陵 同，各本「趮」字作「遪」。

〔躁公享國十四年〕　瀧一〇七・二，慶四九右九，殿四五左九，凌五〇左六。〇紹 無「四」。

〔諸臣圍懷公〕　瀧一〇七・五，慶四九左一，殿四六右一，凌五〇左八。○圍，北圉。

〔葬弟圉〕　瀧一〇八・三，慶四九左一〇，殿四六右九，凌五一右七。○弟，南化狩茅。

〔葬永陵〕　瀧一〇八・六，慶五〇右四，殿四六左二，凌五一右一〇。○南化葬時永陵。

集　今按陵西畢陌　○金陵同，各本「按」字作「安」。西，紹面。

索　十九而立　○索十九年而立。

索　本紀四年　○彭南北韓嵯殿本紀曰四年。

〔莊襄王享國三年〕　瀧一〇八・一〇，慶五〇右八，殿四六左七，凌五一左五。○三，彭韓嵯二，楓棭三高中彭中韓校記「三」。

〔葬茝陽〕　瀧一〇八・一〇，慶五〇右九，殿四六左七，凌五一左六。○茝，游筥，嵯芷，狩高校記「茝」。

〔奉其祭祀〕　瀧一〇九・九，慶五〇左八，殿四七右五，凌五二右五。○楓棭三中彭無「祀」字。

〔葬酈邑〕　瀧一〇九・一〇，慶五〇左九，殿四七右六，凌五二右六。○酈，南化麗。

〔二世生十二年而立〕　瀧一一〇・二，慶五一右二，殿四七右七，凌五二右九。○南化楓棭三高中彭下「二」作「四」。

〔右秦襄公至二世六百一十歲〕　瀧一一〇・五，慶五一右三，殿四七右九，凌五二右九。○

桃古——六百一十七歲。

〔孝明皇帝十七年〕 瀧一一〇・七，慶五一右四，殿四七左二，凌五二左二。〇殿考按：班固興引之文，後人書於本紀之後，裴駰等亦作注解，遂混入史記中，今低刻一字以別之乎。賈生過秦論三篇，馬遷全録之，似亦後人所增入，恐馬遷本文亦止「善哉乎，賈生推言之也」一句耳。

正 「班固典引云」至「班固上表陳秦過失及賈誼言荅之」四十二字 〇殿無此注。

正 太史遷贊語中 〇彭韓嵯無「贊」字。

正 班固上表陳秦過失及賈誼言荅之 〇彭韓嵯——賈誼言荅之云。

〔十月十五日乙丑日〕 瀧一一〇・八，慶五一右五，殿四七左二，凌五二左三。〇南化楓椵三謙狩高中彭中統嵯下「日」字作「曰」。

索 此已下是漢孝明帝訪班固評賈馬贊中論秦二世亡天下之得失 〇彭韓嵯無「漢」字。帝，中統游皇。

〔秦直其位〕 瀧一一一・二，慶五一右七，殿四七左五，凌五二左七。〇位，南化椵三中彭伍。

索 周歷已移 〇歷，慶凌曆。下同。

索 仁不代母 〇詳節仁不代母忍。

索 木生火 〇木，金陵水。

索 得在木火之閒也　○金陵同，各本無「火」字。札記「火」字考證增。

〔然以諸侯十三并兼天下〕　瀧一一一・六，慶五一左四，殿四八右一，凌五三右三。

集 始皇初爲秦王年十三也　○彭韓嵯「秦王」二字作「諸侯」。

索 而生始皇故云呂政　○彭無「始皇」二字。云，彭曰，謙校記「曰」。

〔制作政令〕　瀧一一一・八，慶五一左五，殿四八右二，凌五三右五。○政，景井毛改。

〔施於後王〕　瀧一一一・八，慶五一左五，殿四八右二，凌五三右五。○王，毛皇。

〔蹈參伐〕　瀧一一二・一，慶五一左八，殿四八右六，凌五三右九。○蹈，慶彭嵯詳節啗，南化楓棭三中彭中韓校記「蹈」。

〔佐政驅除〕　瀧一一二・一，慶五一左九，殿四八右六，凌五三右九。○毛金陵同，各本「政」字作「攻」。

正 參伐主斬艾事　○彭韓嵯參伐者乃主斬艾事。

〔凡所爲貴有天下者〕　瀧一一二・三，慶五二右一，殿四八右八，凌五三左二。○南化謙凡所以爲貴有天下者。

〔人頭畜鳴〕　瀧一一二・五，慶五二右三，殿四八左一，凌五三左四。

正 言胡亥人身有頭面目　○目，慶南北殿口。

〔雖居形便之國〕　瀧一一二・八，慶五二右六，殿四八左三，凌五三左七。○形，三刑。

〔冠玉冠佩華紱〕 瀧一一二・九，慶五二右七，殿四八左四，凌五三左八。○玉，謙博異王。

〔車黄屋〕 瀧一一二・九，慶五二右七，殿四八左四，凌五三左九。○車，南化楓棭三中彭居。

〔酒未及濡脣〕 瀧一一三・三，慶五二左一，殿四八左八，凌五四右三。○脣，游唇。

〔楚兵已屠關中〕 瀧一一三・三，慶五二左二，殿四八左八，凌五四右三。○屠，蜀唇。

〔真人翔霸上〕 瀧一一三・四，慶五二左二，殿四八左九，凌五四右三。○真，蜀冥。

〔嚴王退舍〕 瀧一一三・五，慶五二左三，殿四八左一○，凌五四右五。

集 祭祀宗廟所用也 ○所，蜀崩。

〔賈誼司馬遷曰〕 瀧一一三・八，慶五二左六，殿四九右三，凌五四右八。○南化楓三無「遷」字。

〔向使嬰有庸主之才〕 瀧一一三・八，慶五二左六，殿四九右三，凌五四右九。○有，南化楓三爲。

〔所謂不通時變者也〕 瀧一一四・六，慶五三右二，殿四九右八，凌五四左五。○也，北殿矣。

〔春秋不名〕 瀧一一四・六，慶五三右三，殿四九右八，凌五四左五。

集 謂設五廟以存姑姊妹也　○謂，景蜀南北毛請。設，蜀南北後，景復。五，蜀王。

正 紀侯入爲周士　○士，凌王。

正 按秦始皇起罪　○慶凌無「皇」字。

〔吾讀秦紀〕　瀧一一四・一○，慶五三右七，殿四九左四，凌五五右一。○秦，南化謙本。

〔嬰死生之義備矣〕　瀧一一五・一，慶五三右九，殿四九左五，凌五五右二。

集 臣對　○臣，蜀言。

索 「述贊」至「云誰克補」八十二字　○耿無此注。

索 恩報君父　○恩，索思，中統息。

索 下乏中佐　○中，索忠。

索 欲振積綱　○積，慶中統彭索凌游殿頹。

史記會注考證校補卷七

項羽本紀第七

〔項羽本紀第七〕瀧一·九，慶一右一，殿一右六，凌一右一。

索「項羽崛起」至「宜降爲世家」三十六字 ○索金陵無此注。

索 項羽崛起 ○崛，慶中統彭凌游掘。

〔下相人也〕瀧二·七，慶一右三，殿一右九，凌一右五。

集 地理志 ○殿駰案地理志。

索 又因置縣 ○索無「因」字。

正 在泗州宿豫縣西北七十里 ○慶彭凌殿「宿豫」二字作「宣預」。

〔字羽〕瀧二·八，慶一右五，殿一左一，凌一右七。

索 按下序傳 ○索金陵同，各本無「下」字。

〔其季父項梁〕　瀧二・九，慶一右五，殿一左二，凌一右八。

索　按崔浩云　○索金陵同，各本無「按」字。

〔梁父即楚將項燕〕　瀧二・一〇，慶一右六，殿一左二，凌一右九。○英房南化楓三中韓無「即」字。

〔爲秦將王翦所戮者也〕　瀧二・一〇，慶一右七，殿一左三，凌一右九。○將，紹相。

集　始皇本紀云　○殿駰案始皇本紀云。

索　蓋燕爲王翦所圍　○索蓋項燕——。

索　故不同耳　○索金陵同，各本「耳」字作「也」。

〔封於項〕　瀧三・二，慶一右九，殿一左五，凌一左一。

索　地理志有項城縣　○索金陵同，各本無「有」字。

〔項梁嘗有櫟陽逮〕　瀧三・七，慶一左三，殿一左九，凌一左六。○景蜀南北殿——逮捕。

索　故漢史每制獄皆有逮捕也　○索金陵同，各本「每」字、「皆」字、「也」字並無。

*__正__　逮謂追捕罪人　高博異贅異。

〔抵櫟陽獄掾司馬欣〕　瀧三・九，慶一左五，殿二右一，凌一左八。○掾，北曹。

〔以故事得已〕　瀧三・九，慶一左六，殿二右一，凌一左八。

索　按服虔云　○索金陵同，各本無「按」字。

索　韋昭云抵至也　○索金陵同，各本無此注。

索　「故應劭云」至「已息也」三十字　○索金陵同，各本無此注。

〔與籍避仇於吳中〕　瀧四・二，慶一左八，殿二右四，凌二右一。○楓三無「中」字。

〔項梁常爲主辦〕　瀧四・四，慶一左一〇，殿二右五，凌二右三。○常，南北殿嘗。辦，蜀辨。

〔渡浙江〕　瀧四・五，慶二右一，殿二右六，凌二右四。

索　音折獄之折　○索金陵同，各本無「獄之折」三字。

索　莊子所謂淛河即其水也　○索金陵同，各本「淛」字作「制」。

〔梁與籍俱觀〕　瀧四・七，慶二右二，殿二右六，凌二右五。○紹無「與」字。

〔梁掩其口曰〕　瀧四・八，慶二右三，殿二右八，凌二右六。○景井蜀紹無「曰」字。

札記舊刻本脱「曰」字。

〔力能扛鼎〕　瀧四・九，慶二右四，殿二右九，凌二右七。○三無「能」字。

索　説文云横關對舉也　○索金陵同，各本「横」上有「扛」字。

索　韋昭云扛舉也　○此六字集解注也。瀧本誤作「索隱」。

〔陳涉等起大澤中〕　瀧五・二，慶二右六，殿二左一，凌二右九。

索　徐氏以爲在沛郡即蘄縣大澤中　○索金陵同，各本「以爲」二字作「云」字，而「即」字、「大澤中」三字並無。

〈會稽守通謂梁曰〉　瀧五・二，慶二右七，殿二左一，凌二右一〇。〇札記御覽八十七「通」作「商通」，蓋本作「殷通」，宋人諱改，後并删之。

集　楚漢春秋曰　〇殿駰案楚漢春秋曰。

〈後則爲人所制〉　瀧五・六，慶二右九，殿二左四，凌二左三。

索　按謂先擧兵能制得人　〇索金陵同，各本無「按」字。

索　故荀卿子曰　〇金陵同。荀，索孫。各本無「卿」字。

索　其相去遠矣　〇索金陵同，各本無「其」字。

〈於是籍遂拔劍斬守頭〉　瀧六・二，慶二左五，殿二左九，凌二左九。〇英房於是籍遂拔劍斬會稽守通頭。

〈項梁持守頭佩其印綬〉　瀧六・二，慶二左六，殿二左一〇，凌二左九。〇楓三無「項梁」二字。英房南化楓三無「綬」字。紹——其印綬出。

〈一府中皆慴伏〉　瀧六・四，慶二左七，殿三右一，凌三右一。〇紹——慴伏然。

索　慴失氣也　〇凌同，各本「慴」字作「讋」。札記「讋」，單本、中統、游、王、柯並同，漢書正文與注並作「讋」。案，説文「讋，失氣言」，傳毅讀若「慴」。疑索隱有脱文，凌徑依正文改作「慴」，非。

按：瀧本依凌本重非。

〈梁乃召故所知豪吏〉　瀧六・五，慶二左八，殿三右二，凌三右二。〇乃，楓三高中韓仍。

〔使人收下縣〕　瀧六・六，慶二左九，殿三右三，凌三右三。○收，高衜。

〔前時某喪〕　瀧六・九，慶三右一，殿三右四，凌三右五。○某，彭其，謙校記「某」。

〔衜下縣〕　瀧六・一〇，慶三右三，殿三右六，凌三右六。

集　李奇曰衜略也　○奇，紹廣。也，紹地。

〔於是爲陳王衜廣陵〕　瀧七・三，慶三右四，殿三右七，凌三右八。○楓三無「於是」二字。

正　廣陵揚州　○揚，彭韓嵯楊。

〔乃渡江矯陳王命〕　瀧七・四，慶三右六，殿三右九，凌三右一〇。

正　召平從廣陵渡京口江至吳　○江，彭韓嵯注。

〔拜梁爲楚王上柱國〕　瀧七・五，慶三右七，殿三右九，凌三右一〇。○英房桃古楓三無「王」字。

〔聞陳嬰已下東陽〕　瀧七・八，慶三右九，殿三左一，凌三左二。

集　本屬臨淮郡　○淮，紹江。

索　按以兵威伏之曰下　○索金陵同，各本「伏」字作「服」。

索　他皆放此　○索金陵同，各本「放」字作「倣」。

正　在淮水南　○彭韓嵯又在淮水南。

〔使使欲與連和俱西〕　瀧七・一〇，慶三左一，殿三左四，凌三左五。○景慶彭凌無「欲」字，謙校補「欲」。

〔陳嬰者故東陽令史〕　瀧七・一〇，慶三左二，殿三左四，凌三左五。

集　漢儀注云　○凌金陵同，各本「云」字作「曰」。注，慶彭凌注。

集　丞吏曰丞史　○毛「丞史」二字作「史人」。中統作「丞吏」。

〔少年欲立嬰便爲王〕　瀧八・三，慶三左六，殿三左八，凌三左九。○南化楓三無「便」字。

〔異軍蒼頭特起〕　瀧八・三，慶三左六，殿三左八，凌三左一〇。○蒼，索倉。紹無「起」字。

集　魏君兵卒之號也　○君，殿軍。

索　欲立陳嬰爲王嬰母不許嬰稱王　○索無「欲立陳嬰爲王」六字。索「嬰」字作「陳嬰」二字。

索　未知瞻烏所止　○烏，游鳥。所，索之。

〔自我爲汝家婦〕　瀧八・七，慶三左九，殿四右一，凌四右三。○汝，桃古女。下同。

〔非世所指名也〕　瀧八・八，慶四右一，殿四右三，凌四右五。

集　墓在潘旌

※**正**　旌音精張晏云陳嬰母云云漢書地理志云臨淮郡潘旌縣潘又音波　高贇異。

索　按潘旌是邑聚之名　○索金陵同，各本無「按」字。

〔我倚名族〕　瀧八・一〇，慶四右四，殿四右六，凌四右八。○倚，三依。

〔黥布蒲將軍亦以兵屬焉〕　瀧九・一，慶四右八，殿四右九，凌四右九。○黥，英房英。

索　後以罪被黥　○索無「後」字。

索　以應相者之言　○索無「以」字。

索　故服虜以爲英布起蒲非也　○索無「故」字。

索　按黥布初起於江湖之間　○索此注十字作「按布初在江湖」六字。

〔當是時秦嘉已立景駒爲楚王〕　瀧九・五，慶四右一〇，殿四左一，凌四右四。○嘉，耿家。

〔欲距項梁〕　瀧九・七，慶四左一，殿四左三，凌四左六。

集　文潁曰　○札記舊刻作「如淳」。

正　古彭祖國也　○金陵同，各本無「彭」字而「祖」字作「相」。札記考證據楚世家正義增改。

正　言秦嘉軍於此城之東　○殿無「言」字。

〔今秦嘉倍陳王而立景駒〕　瀧九・八，慶四左二，殿四左四，凌四左七。○倍，紹背。

〔大逆無道〕　瀧九・九，慶四左三，殿四左四，凌四左七。○各本無「大」字。按：凌本校語曰，宋本「逆」上有「大」字，漢書亦有，瀧本據此。

〔追之至胡陵〕　瀧九・一〇，慶四左四，殿四左五，凌四左八。

集　今胡陸　○南北無「今」字。陸，耿南北毛殿陵。

集　漢章帝改曰胡陵　○陵，蜀紹南北殿陸。札記高紀索隱引作「陸」。案，漢志「山陽郡胡陵莽曰湖陸」，應劭曰「章帝封東平王倉子爲湖陵侯，更名湖陵。」是莽改湖陸而章帝復其舊名，應劭以漢人言漢事，當不誤。而續漢志云「湖陸故湖陵，章帝更名」，似因湖陵後復統稱湖陸而誤，水經泗水注引漢志及注並與今本同，戴本徑改兩「陵」字爲「陸」矣。

〔章邯軍至栗〕　瀧一〇・二，慶四左六，殿四左七，凌四左一〇。〇至，紹而。

〔誅雞石〕　瀧一〇・四，慶四左九，殿四左一〇，凌五右四。〇楓誅朱雞石。

正　在徐州滕縣界　〇札記各本「滕」下衍「國」字，依通鑑注引刪。

正　左傳曰　〇殿無「曰」字。

正　後爲孟嘗君田文封邑也　〇凌「田文」二字作「曰」字。

〔會薛計事〕　瀧一〇・八，慶五右二，殿五右二，凌五右六。〇會，桃入。　薛，桃古薩。

〔素居家好奇計〕　瀧一〇・九，慶五右四，殿五右四，凌五右九。

索　晉灼音勦絶之勦　〇南北晉灼鄛音——。　勦，殿剿。

索　居鄛縣　〇居，耿君。　鄛，中統游剿。

索　在廬江郡　〇索無「在」字。

〔陳勝敗固當〕　瀧一〇・一〇，慶五右五，殿五右五，凌五右九。〇固，紹故。

〔故楚南公曰〕　瀧一一・二，慶五右六，殿五右七，凌五左一。〇南化故楚南公稱曰。

索　徐廣云楚人善言陰陽者　〇耿中統游「徐廣云」三字、「善言陰陽者」五字並無。

正　南公十三篇　〇公，嵯分。

〔亡秦必楚也〕　瀧一一・四，慶五右八，殿五右九，凌五左三。

索　「按左氏」至「不疑」三十九字　〇索此注二十九字作「三户地名」四字。

索　杜預注云　〇注，慶彭殿注。

正　在相州滏陽縣界　〇滏，凌澄。

正　故出此言　〇慶凌南無「此」字。

正　後項羽果度三户津　〇度，南北殿嵯渡。

正　是南公之善識　〇識，慶彭殿韓嵯識。

〔楚蠭午之將皆爭附君者〕　瀧一一・八，慶五左三，殿五左四，凌五左九。〇金陵同，各本「午」字作「起」。札記各本作「蠭起」，誤依索隱本改，辨見襍志。

〔爲能復立楚之後也〕　瀧一一・九，慶五左六，殿五左六，凌六右一。

集　蠭午猶言蠭起也　〇金陵同，各本「午」字作「起」而「起」字作「午」。

索　言蠭之起　〇蠭，耿慶中統彭凌游蜂。

索　故劉向傳注云　〇凌無「故」字。

索　蠭午　〇索金陵同，各本「蠭」字作「蜂」。

索　又鄭玄曰　〇索金陵同，各本無「又」字而「曰」字作「云」。

〔民閒爲人牧羊〕　瀧一二・一，慶五左七，殿五左七，凌六右三。〇英房南化楓三狩野高中韓在民閒——。

〔從民所望也〕　瀧一二・二，慶五左八，殿五左八，凌六右四。〇札記御覽二百七十九引作「以從民欲也」。

〔與懷王都盱台〕　瀧一二・六，慶五左九，殿五左一〇，凌六右五。

正　盱眙　○盱，[凌]肝。

〔項梁自號爲武信君〕　瀧一二・七，慶五左一〇，殿六右一，凌六右六。○[英房][南化][楓][三][狩][野][中韓]無「爲」字。

〔引兵攻亢父〕　瀧一二・七，慶六右一，殿六右一，凌六右七。

正　又苦浪反　○苦，[慶][彭][凌]若。

〔田假爲與國之王〕　瀧一三・四，殿六右八，慶六右九，凌六左五。○[南化][楓][三][狩][中韓]無「爲」字。

索　按高誘注戰國策云　○[索][金陵]同，各本無「按」字。

索　同禍福之國也　○[索][金陵]同，各本無「禍」字。

〔不忍殺之〕　瀧一三・五，慶六右一〇，殿六右九，凌六左一〇。○之，[景][井][蜀][紹]也。

〔以市於齊〕　瀧一三・六，慶六左一，殿六右一〇，凌六左七。

集　又可以貿易他利以除己害　○他，[彭][韓][嵯]也，[紹][游]地。[彭][韓][嵯]無「利」字，[謙]校補「利」。

集　欲令楚殺之以爲己利　○欲，[彭][韓][嵯]故。

索　按張晏云市貿易也　○[索][金陵]同，各本無「按張晏云市貿易也」八字。

*__正__　何休公羊（高本無「公羊」二字。）注云諸侯失土義（贅異無「義」。）不可卑故當待之如君　[高][贅異]。

〔別攻城陽屠之〕　瀧一三・一〇，慶六左五，殿六左四，凌七右一。○札記攷異云，「城陽」當作「成陽」。

正　城陽屬濟陰郡　○濟，彭韓嵯齊。

〔西破秦軍濮陽東〕　瀧一四・二，慶六左六，殿六左六，凌七右三。

正　濮陽縣在濮州西八十六里　○縣，彭韓嵯即。彭韓嵯無「在」字。彭無「西八十六里」五字。

正　濮縣也　○彭韓嵯濮陽縣也。

正　古吴之國　○殿考「古吴」是「昆吾」二字之誤。

正　按攻城陽屠之　○按，南北殿別。

正　東即此縣東　○凌上「東」字作「軍」。

〔去西略地至雝丘〕　瀧一四・四，慶六右六，殿六左九，凌七右六。

正　武王封禹後於杞　○慶凌無「王」字。

〔還攻外黃〕　瀧一四・六，慶七右一，殿六左九，凌七右八。

正　縣有黃溝　○溝，慶彭凌南滸，楓三嵯流。

〔項梁起東阿西北至定陶〕　瀧一四・七，慶七右二，殿七右二，凌七右一〇。○中韓無「東」字。北，桃古南化三謙狩中韓紹比。

〔今卒少惰矣〕　瀧一四・一〇，慶七右五，殿七右四，凌七左二。○惰，蜀隋。

〔道遇齊使者高陵君顯〕　瀧一五・一，慶七右六，殿七右五，凌七左四。

索　高陵屬琅邪　○索無「高陵」二字。

〔不能下〕　瀧一五・五，慶七右一〇，殿七右九，凌七左八。○南化 楓 三 中彭 無「能」字。

〔沛公軍碭〕　瀧一五・八，慶七左三，殿七左一，凌七左一〇。○碭，蜀碭。

集　碭音唐　○唐，蜀曆。

正　宋州碭山縣　○彭 韓 嵯——縣是也。

〔築甬道而輸之粟〕　瀧一六・三，慶七左七，殿七左五，凌八右五。

集　故築墻垣如街巷也　○南 殿 同，各本「墻」字作「牆」。

〔以其父呂青爲令尹〕　瀧一六・六，慶八右二，殿七左八，凌八右八。

集　時去六國尚近　○去，蜀云。

〔而大說之〕　瀧一七・一，慶八右七，殿八右三，凌八左四。○說，北 殿 悅。

〔號爲卿子冠軍〕　瀧一七・四，慶八右九，殿八右五，凌八左六。

集　時人相尊之辭　○各本「尊」上有「褒」字。按：瀧本「尊」上誤脱「褒」字。辭，耿 辤。

〔行至安陽〕　瀧一七・五，慶八右一〇，殿八右七，凌八左七。○至，紹 主。

〔不進〕　瀧一七・五，慶八左一，殿八左五，凌八左八。

索　按傳寬傳云　○索 金陵 同，各本無「按」字。

索 顏師古以爲今相州安陽縣　○[索]無「縣」字。

索 隋改己氏爲楚丘　○[索][金陵]同，各本無「隋」字。

索 是也　○[蜀][耿]是其所也。

正 築甬道屬河餉王離　○[殿][金陵]同，各本無「屬」字。

正 在相州安陽　○[彭][韓][嵯]在相州安陽縣。

正 非入齊之路　○[慶]無「路」字。

〔楚擊其外〕　瀧一八・一，慶八左九，殿八左六，凌九右七。○[楓][三]擊楚擊其外。

〔夫搏牛之蝱〕　瀧一八・二，慶八左一〇，殿八左七，凌九右八。○搏，[凌]持。

〔不可以破蟣蝨〕　瀧一八・二，慶八左一〇，殿八左七，凌九右九。○不，[嵯]之。

索 以手擊牛之背　○[慶][中統][彭][索][凌][游][南]無「之背」二字。

索 不可與章邯即戰也　○[索]無「即」字。

索 搏音附今按言蝱之搏牛　○[慶][中統][彭][凌][游][南]無「搏音附今按」五字。[索]——搏牛之蝱。

索 本不擬破其上之蟣蝨　○[耿]「本不擬」三字作「不可用」。

索 以言志在大不在小也　○[凌]無「以」字。

〔很如羊〕　瀧一八・八，慶九右六，殿九右三，凌九左五。○很，[蜀]狼。

***正** 羊性狼戾不愼也大戴禮云虎狼生而有貪婪之心　[高][贊異]。

〔飲酒高會〕　瀧一八・一〇，慶九左三，殿九右五，凌一〇右二。

集　皆召尊爵故云高　○云，毛曰。

索　韋昭曰皆召尊爵者故曰高會　○尊，索金陵高。各本無此注。

索　大會是也　○慶中統凌游南無「是」字。耿殿高會大殿本「大」、「會」互倒，耿本大會作「會太」。會「是」字作「會」。也。

〔士卒凍飢〕　瀧一九・一，慶九右九，殿九右六，凌九左八。○卒，蜀率。

〔將戮力而攻秦〕　瀧一九・一，慶九右一〇，殿九右六，凌九左九。○戮，景井中統毛勠。而，紹以。

〔士卒食芋菽〕　瀧一九・二，慶九左一，殿九右七，凌九左九。○卒，蜀率。

索　故臣瓚曰　○蜀索金陵同，各本「故」字、「曰」字並無。

索　士卒食蔬菜以菽半雜之則芋菽義亦通　○金陵同。卒，索本。各本無「士卒」至「芋菽」十三字。

索　徐廣曰芋一作半半五升也　○索金陵同，各本無此注。

索　王劭曰半量器名　○索金陵凌和同，各本「曰」下有「言」字。王，凌止。

〔王坐不安席〕　瀧一九・六，慶九左六，殿九左二，凌一〇右五。○楓三無「坐」字。

〔今不恤士卒而徇其私〕　瀧一九・七，慶九左七，殿九左三，凌一〇右六。○楓三無「其」字。

〔莫敢枝梧〕 瀧二〇・三，慶九左一〇，殿九左三，凌一〇右六。

集 邪柱爲梧 ○邪，[毛]斜。

集 今屋梧邪柱是也 ○梧，[毛]枝。

〔今將軍誅亂〕 瀧二〇・四，慶一〇右二，殿九左八，凌一〇左一。○[楓][三]今將軍始誅亂。

〔項王已殺卿子冠軍〕 瀧二〇・七，慶一〇右六，殿一〇右一，凌一〇左五。○各本「王」字作「羽」。按：瀧本「王」，「羽」訛。

〔將卒二萬渡河〕 瀧二〇・八，慶一〇右七，殿一〇右二，凌一〇左六。○[楓][三]將卒二萬人渡河。

〔陳餘復請兵項羽〕 瀧二〇・九，慶一〇右八，殿一〇右三，凌一〇左七。○[彭][韓][嵯]陳餘乃復請兵項羽。

〔於是至則圍王離〕 瀧二〇・一〇，慶一〇右一〇，殿一〇右四，凌一〇左九。○圍，[紹]爲。

〔諸侯軍救鉅鹿下者十餘壁〕 瀧二一・三，慶一〇左二，殿一〇右六，凌一一右一。○救，[紹]軍。

〔楚戰士無不一以當十〕 瀧二一・五，慶一〇左四，殿一〇右八，凌一一右二。○[英房][楓][三]無「以」字。

〔諸侯軍無不人人惴恐〕 瀧二一・五，慶一〇左五，殿一〇右八，凌一一右三。

集　漢書音義曰　○耿、中統、游、殿駰案漢書音義曰。

〔項羽召見諸侯將入轅門〕　瀧二一・六，慶一〇左六，殿一〇右一〇，凌一一右四。○桃古、景、井、蜀、紹、毛、殿項羽召見諸侯將諸侯將入轅門。

集　軍行以車爲陳　○陳，毛陣。

〔項羽由是始爲諸侯上將軍〕　瀧二一・八，慶一〇左七，殿一〇左一，凌一一右六。○由，毛猶。

〔諸侯皆屬焉〕　瀧二一・八，慶一〇左八，殿一〇左二，凌一一右六。○札記志疑云，「諸侯」下漢書有「兵」字。

〔秦軍數卻〕　瀧二一・一〇，慶一〇左一〇，殿一〇左四，凌一一右九。○金陵同，各本「卻」字作「却」。

〔至咸陽留司馬門三日〕　瀧二二・一，慶一一右二，殿一〇左五，凌一一右一〇。

集　凡言司馬門者　○耿、殿裴駰凡言——。中統、游裴駰曰凡言——。者，中統、游在。

集　總言宮之外門爲司馬門也　○各本無「宮」字。按：瀧本以意補「宮」字。

索　按天子門有兵闌　○金陵同，各本「闌」字作「欄」。

〔不敢出故道〕　瀧二二・三，慶一一右三，殿一〇左六，凌一一左二。

正　走音奏　○彭、韓、嵯無此注。

〔今戰能勝〕　瀧二二・五，慶一一右五，殿一〇左九，凌一一左四。○戰，彭、韓、嵯縱，楓三校記「戰」。

〔高必疾妒吾功〕瀧二二·五，慶一一右六，殿一〇左九，凌一一左五。〇南化楓三無「疾」字。功，紹攻。

〔竟斬陽周〕瀧二二·一〇，慶一一左一，殿一一右四，凌一一左一〇。

〔功多秦不能盡封〕瀧二二·一〇，慶一一左二，殿一一右五，凌一二右一。〇彭韓嵯功多秦不能以盡封。

集 縣屬上郡 〇南北殿縣名地屬上郡。

〔因以法誅之〕瀧二三·一，慶一一左二，殿一一右五，凌一二右一。〇楓三無「以」字。

〔今將軍爲秦將三歲矣〕瀧二三·一，慶一一左三，殿一一右六，凌一二右二。〇歲，毛年。

〔彼趙高素諛日久〕瀧二三·二，慶一一左四，殿一一右六，凌一二右三。〇彼，紹被。

〔使人更代將軍〕瀧二三·三，慶一一左五，殿一一右八，凌一二右四。〇紹無「軍」字。

〔且天之亡秦〕瀧二三·四，慶一一左七，殿一一右九，凌一二右五。〇且，游耳。

〔今將軍內不能直諫〕瀧二三·五，慶一一左七，殿一一右九，凌一二右六。〇內，桃中統游外。按：涉下「外」誤。

〔孤特獨立〕瀧二三·五，慶一一左八，殿一一右一〇，凌一二右七。〇立，紹之。

〔妻子爲僇乎〕瀧二三·八，慶一二右三，殿一一左四，凌一二左二。

索　何休云　○[索]無「何」字。

索　斬人椹也　○[索]無「人」字。

〔項羽使蒲將軍日夜引兵渡三户〕　瀧二三・一〇，慶一二右五，殿一一左九，凌一二左四。

○[凌]同，各本「渡」字作「度」。

＊**正**　三户恐非一地也　[高][贇異]。

集　在梁淇西南　○[札記]水經濁漳水注引作「期」。

集　津峽名也　○[彭][凌][金陵]同，各本「峽」字作「狹」。

集　在鄴西三十里　○[札記]濁漳水注引作「四十里」。

索　漳水東經三户峽爲三户津也　○峽，[中統][游]狹。

索　案晉八王故事云　○八，[嵯]入。

索　王浚伐鄴　○浚，[慶][彭][凌][殿]俊。

索　孟康云在鄴西三十里　○[耿]無此注。[中統][游]「孟康云」三字作「蓋梁湛」。三，[彭][游]四。

索　鄴北五十里　○北，[耿]比。

索　字有不同　○[索][金陵]同，各本「不」字作「又」。[彭][韓][嵯]又有不同宜重考。

〔軍漳南〕　瀧二四・三，慶一二右七，殿一一左九，凌一二左七。○[紹]無「南」字。

〔章邯使人見項羽欲約〕　瀧二四・六，慶一二左一，殿一二右二，凌一二左一〇。○見，[楓][三][中][韓]使。

〔項羽乃與期洹水南殷虛上〕　瀧二四・七，慶一二左二，殷一二右四，凌一三右二。

集　在陽陰界　○紹同，各本「陽」字作「湯」。

集　殷墟故殷都也　○蜀「墟」、「故」互倒。墟，南北殷虛。

集　去朝歌殷都一百五十里　○都，彭韓嵖郡。

集　盤庚遷于此　○于，蜀乎。

集　汲冢曰　○札記據索隱及水經洹水注，此「冢」當爲「北冢」之訛，妄人增「汲」字。

集　是舊殷虛　○殷金陵同。虛，中統游墟。各本「虛」字作「乎」。

索　按釋例云　○云，耿亡。

索　名號北蒙也　○金陵同，各本「蒙」字作「冢」。

〔使長史欣爲上將軍〕　瀧二五・二，慶一二左八，殷一二右九，凌一三右八。○英房南化楓三無「軍」字。

〔諸侯虜吾屬而東〕　瀧二五・七，慶一三右三，殷一二左四，凌一三左三。○東，紹惠。

〔阬秦卒二十餘萬人新安城南〕　瀧二五・一〇，慶一三右八，殷一二左八，凌一三左八。○英房楓三無「人」字。

〔行略定秦地〕　瀧二六・一，慶一三右九，殷一二左九，凌一三左八。○桃古無「行」字。

〔至函谷關〕　瀧二六・一，慶一三右九，殷一二左九，凌一三左九。○桃古南化楓三尾中韓同，景井蜀耿慶中統彭毛凌游殷金陵嵖無「至」字，謙校補「至」。

集　時關在弘農縣衡山嶺　○游無「時關」二字。弘，中統引。嶺，井蜀慶領。

集　今移在河南穀城縣　○游「河南」二字、「縣」字並無。

索　文穎曰在弘農縣衡山嶺今移在穀城　○弘，中統引。慶彭凌游殿無此注。

索　即古之函關　○彭韓嵯即古之函谷關者也。

正　在陝州桃林縣西南十二里　○州，彭韓嵯西。

〔未得與項羽相見〕　瀧二六・五，慶一三左四，殿一三右三，凌一四右四。○紹無「項」字。

〔在新豐鴻門〕　瀧二七・一，慶一三左七，殿一三右六，凌一四右七。

集　孟康曰　○紹無「康」字。

〔沛公兵十萬〕　瀧二七・二，慶一三左八，殿一三右七，凌一四右八。○中統游沛公兵十餘萬。

〔沛公居山東時〕　瀧二七・三，慶一三左九，殿一三右八，凌一四右九。○楓三無「時」字。

〔毋從俱死也〕　瀧二七・八，慶一四右四，殿一三左三，凌一四左四。○從，南化楓三狩野中韓徒。札記褋志云，「從」當爲「徒」，漢書作「特」，蘇林曰，特，但也，特、但、徒一聲之轉。

〔沛公今事有急〕　瀧二七・一〇，慶一四右五，殿一三左四，凌一四左五。○南化楓三中韓無「沛公」二字。

〔鮿生〕 瀧二八・三，慶一四右八，殿一三左六，凌一四左七。○再版瀧川本缺「鮿」字。

集 音士垢反 ○士，紹耿凌游七，彭南北韓嵯士。垢，毛后。

*＊***正** 鮿小魚比雜小也 謙。

〔距關毋内諸侯〕 瀧二八・四，慶一四右九，殿一三左六，凌一四左九。○毋，紹無。

〔今事有急〕 瀧二八・一〇，慶一四左三，殿一四右一，凌一五右三。○事，紹士。

〔吾得兄事之〕 瀧二九・二，慶一四左五，殿一四右二，凌一五右四。○紹吾得見兄事之。

〔秋豪不敢有所近〕 瀧二九・三，慶一四左七，殿一四右四，凌一五右六。○豪，紹彭南北殿韓嵯毫。

〔籍吏民封府庫〕 瀧二九・四，慶一四左七，殿一四右四，凌一五右七。○中統游無「吏」字。

〔備他盜之出入與非常也〕 瀧二九・四，慶一四左八，殿一四右五，凌一五右七。○備，紹脩，凌金陵備。

〔旦日不可不蚤自來〕 瀧二九・六，慶一四左一〇，殿一四右七，凌一五右九。○景無「不」字。

〔因言曰〕 瀧二九・八，慶一五右二，殿一四右八，凌一五右二。○楓三無「言」字。

〔臣與將軍勠力而攻秦〕 瀧三〇・一，慶一五右五，殿一四左一，凌一五左四。○中統毛游金陵同，各本「勠」字作「戮」。

〔不然籍何以至此〕　瀧三〇・四，慶一五右九，殿一四左四，凌一五左七。○然，楓三者。至，英房景蜀紹耿慶中統彭毛韓嵯生。

〔項王即日因留沛公〕　瀧三〇・四，慶一五右九，殿一四左四，凌一五左二。○英房楓三無「即日」二字。

〔與飲〕　瀧三〇・五，慶一五右一〇，殿一四左四，凌一五左八。○札記柯本「與」作「擧」。

〔項王項伯東嚮坐〕　瀧三〇・五，慶一五右一〇，殿一四左五，凌一五左八。○英房楓三無「項王」二字。

〔壽畢請以劒舞〕　瀧三一・三，慶一五左四，殿一四左九，凌一六右三。○英房三無「請」字。

〔若屬皆且爲所虜〕　瀧三一・三，慶一五左五，殿一四左九，凌一六右四。○且，毛具。

〔今日之事何如〕　瀧三一・六，慶一五左七，殿一五右一，凌一六右五。○日，彭曰，謙校記「日」。

〔今者項莊拔劒舞〕　瀧三一・七，慶一五左一〇，殿一五右三，凌一六右八。○者，南化楓三慶曰。

〔交戟之衛士〕　瀧三一・九，慶一六右二，殿一五右五，凌一六右一〇。○楓三無「士」字。

〔樊噲側其盾以撞〕瀧三一・九，慶一六右二，殿一五右六，凌一六左一。

正 直江反 ○南北殿撞直江反。

〔沛公之參乘樊噲者也〕瀧三二・二，慶一六右六，殿一五右八，凌一六左四。○參，毛驂。

〔拔劍切而啗之〕瀧三二・五，慶一六右八，殿一五左一，凌一六左七。○拔，彭嵯括，楓三謙校記「拔」。啗，彭韓嵯啖。

索 啗徒覽反 ○南北殿金陵同，各本「啗」字作「音」。

〔夫秦王有虎狼之心〕瀧三二・七，慶一六左一，殿一五左三，凌一六左九。○紹「虎」、「狼」互倒。心，嵯必。

〔刑人如恐不勝〕瀧三二・八，慶一六左一，殿一五左四，凌一六左一〇。

*正 秦王刑殺人民遺余力常如扛舉重物恐不勝也 贅異。

〔天下皆叛之〕瀧三二・八，慶一六左二，殿一五左四，凌一六左一〇。○皆，楓三背。

〔豪毛不敢有所近〕瀧三二・一〇，慶一六左三，殿一五左五，凌一七右一。○豪，耿慶中統彭凌游殿毫。

〔此亡秦之續耳〕瀧三三・三，慶一六左七，殿一五左八，凌一七右四。

*正 秦暴虐以取滅亡今誅有功之人是秦亡續而有之也 高贅異。

〔未辭也〕瀧三三・六，慶一六左一〇，殿一六右一，凌一九右八。○桃古楓三未出辭也。辭，中統游辤。

〔大禮不辭小讓〕　瀧三三・七，慶一七右一，殿一六右二，凌一七右九。○楓三無「小」字。

〔如今人方爲刀俎〕　瀧三三・七，慶一七右一，殿一六右二，凌一七右九。○刀，慶彭韓嵯刃。

〔當是時項王軍在鴻門下〕　瀧三四・一，慶一七右五，殿一六右五，凌一七左二。○楓三——鴻門之下。

〔謹使臣良奉白璧一雙〕　瀧三四・六，慶一七左一，殿一六左一，凌一七左八。○各本「璧」字作「雙」。按：瀧本「雙」誤作「璧」。

〔項王則受璧置之坐上〕　瀧三四・九，慶一七左四，殿一六左四，凌一八右一。○英房楓三無「之」字。

〔亞父受玉斗置之地〕　瀧三四・九，慶一七左五，殿一六左四，凌一八右一。○父，紹夫。

〔吾屬今爲之虜矣〕　瀧三四・一〇，慶一七左七，殿一六左六，凌一八右四。

集　烏來反　○烏，凌鳥。

〔收其貨寶婦女而東〕　瀧三五・八，慶一七左九，殿一六左八，凌一八右六。○收，中統游取。

〔人或説項王曰〕　瀧三六・一，慶一七左一〇，殿一六左八，凌一八右七。○王，楓三中。

〔關中阻山河四塞〕　瀧三六・一，慶一七左一〇，殿一六左九，凌一八右八。〇中，彭王，謙校記「中」。

集　東函谷　〇函，紹成。

〔如衣繡夜行〕　瀧三六・四，慶一八右三，殿一七右一，凌一八右九。〇毛「衣」、「繡」互倒。

〔果然〕　瀧三六・六，慶一八右四，殿一七右二，凌一八左一。〇然，嵯爲。

集　獮猴也　〇獮，南北殿金陵彌，游獼。

〔項王聞之烹説者〕　瀧三六・六，慶一八右五，殿一七右三，凌一八左二。

集　楚漢春秋　〇耿中統游嵯駰案楚漢春秋。

集　楊子法言云　〇楊，蜀揚。

〔然身被堅執鋭首事〕　瀧三六・九，慶一八右八，殿一七右六，凌一八左五。〇首，景白。

〔皆將相諸君與籍之力也〕　瀧三六・一〇，慶一八右一〇，殿一七右七，凌一八左七。〇楓三中韓無「諸君與籍之力也」七字。君，紹中統游軍。

〔業已講解〕　瀧三七・三，慶一八左三，殿一七右一〇，凌一八左九。

索　折伏也　〇伏，中統服。

索　是講之與媾俱訓和也　〇慶彭凌殿「講之與媾」四字作「媾之與講」。

〔故立沛公爲漢王〕　瀧三七・五，慶一八左六，殿一七左三，凌一九右三。

集　徐廣曰以正月立　〇彭無「以」字，謙校補「以」。

〔都廢丘〕　瀧三七·八，慶一八左九，殿一七左五，凌一九右五。

索　周時名犬丘　○犬，慶凌殿太，中統韓嵯大。丘，殿邱。

正　犬丘故城　○犬，慶太，凌殿大。丘，殿邱。

正　一名廢丘　○丘，殿邱。

〔瑕丘申陽者〕　瀧三八·五，慶一九右七，殿一八右三，凌一九左四。○丘，殿邱。

〔先下河南郡〕　瀧三八·六，慶一九右九，殿一八右五，凌一九左六。○札記志疑云，漢書無「郡」字，此衍。

〔都陽翟〕　瀧三八·九，慶一九左二，殿一八右九，凌一九左一〇。○南化楓三狩野中韓無「都」字。

〔趙將司馬卬定河内〕　瀧三八·一〇，慶一九左二，殿一八右九，凌一九左一〇。○英房立趙將司馬卬定河内。

〔當陽君黥布〕　瀧三九·四，慶一九左九，殿一八左五，凌二〇右七。○英房立楚將當陽君黥布。

〔都六〕　瀧三九·五，慶一九左一〇，殿一八右六，凌二〇右八。

索　六縣古國皋陶之後　○慶凌殿無此注。

正　在壽州安豐縣南百三十二里　○彭韓嵯無「南」字，謙校補「南」。

正 偃姓 ○偃，彭韓嵯匽，謙校記「偃」。

正 皋繇之後所封也 ○彭韓嵯皋繇之後是所封也。

正 居六也 ○也，慶彭凌國。

〔鄱君吴芮〕 瀧三九・六，慶二〇右一，殿一八左七，凌二〇右九。○英房立鄱君吴芮。

札記 字類引作「番君」。

正 番君番音婆 ○彭番君二字作鄱陽。慶凌殿上「番」字作「鄱」。

〔都邾〕 瀧三九・八，慶二〇右三，殿一八左九，凌二〇左二。

正 音誅 ○殿邾音誅。

正 在黄州黄岡縣東南二十里 ○札記郡縣志，黄州黄岡縣故邾城在縣東南一百二十里。

正 邾子曹姓俠居至魯隱公徙蘄音機 ○蘄，慶凌金陵蘄。徙，嵯徙。彭韓嵯——音機字。札記「俠」原訛「狹」，依左傳隱元年疏引譜改。案，譜云周武王封俠爲附庸，居邾。水經江水注，江水又東經邾縣故城南，楚宣王滅邾徙居于此，此文「俠居」下有脱簡。又正文無「蘄」字，正義蓋爲集解作音，今亦缺矣。

〔義帝柱國共敖〕 瀧三九・九，慶二〇右四，殿一八左一〇，凌二〇左三。○英房立義帝柱國共敖。

〔將兵擊南郡功多〕 瀧三九・九，慶二〇右四，殿一八左一〇，凌二〇左三。○功，紹以。

〔因立敖爲臨江王〕 瀧三九・一〇，慶二〇右五，殿一九右一，凌二〇左四。

集　漢書音義曰　○[耿][中統][游][殿]駰案漢書音義曰。

〔徙燕王韓廣爲遼東王〕　瀧四〇・一，慶二〇右六，殿一九右二，凌二〇左七。

＊正　無終幽州漁陽縣城漢無終故地北戎無終子國　[贊異]。

正　括地志云　○志，[慶][彭][韓][嵯]云。[凌]無「云」字。

〔都臨菑〕　瀧四〇・四，慶二〇右九，殿一九右六，凌二〇左九。

正　青州臨菑縣也　○也，[慶][彭][殿][韓][嵯]地。

〔然素聞其賢有功於趙〕　瀧四〇・一〇，慶二〇左七，殿一九左三，凌二一右七。○於，[毛]于。

〔故因環封三縣〕　瀧四一・一，慶二〇左九，殿一九左三，凌二一右八。

集　漢書音義曰　○[中統][游][殿]駰案漢書音義曰。

〔項王自立爲西楚霸王〕　瀧四一・三，慶二一右一，殿一九左六，凌二一右一〇。

正　淮以北沛陳汝南南郡　○[札記]殿本與傳合，各本以誤「南」，陳誤「郡」，脱下「南」字。

〔各就國〕　瀧四四・九，慶二一右四，殿一九左八，凌二一左三。

＊正　戲麾大旗也諸侯各率其軍從項羽入關破秦聽命受封爵俱就國故言罷戲下也　[贊異]。

索　是羽初停軍於戲水之下　○[耿][慶][彭][凌][殿]無「之」字。[彭][韓][嵯]無「下」字。

索　後雖引兵西屠咸陽燒秦宮室則亦還戲下　○[中統][游][金陵]同。[耿][索]無「秦」字。[慶][彭][凌][殿]無此注。

〔乃陰令衡山臨江王擊殺之江中〕　瀧四五・六，慶二一右九，殿二〇右三，凌二一左九。○英房楓三高——衡山王臨江王——。井無「王」字。

〔廣弗聽〕　瀧四六・七，慶二一左二，殿二〇右六，凌二二右一。○英房韓廣弗聽。聽，凌臨。

〔田榮聞項羽徙齊王市膠東〕　瀧四六・七，慶二一左三，殿二〇右七，凌二二右二。○羽，楓三王。田，井日。

〔乃亡之膠東就國〕　瀧四六・一〇，慶二一左六，殿二〇右一〇，凌二二右五。○亡，中統游立。

〔田榮怒追擊〕　瀧四七・一，慶二一左六，殿二〇右一〇，凌二二右五。○彭韓嵯無「追」字，謙校補「追」。

〔并王三齊〕　瀧四七・二，慶二一左九，殿二〇左一，凌二二右六。○三，嵯王，高校記「三」。

集　漢書音義曰　○耿中統游殿駰案漢書音義曰。

正　右即墨　○右，高謙左。

〔今盡王故王故醜地〕　瀧四七・六，慶二一左一〇，殿二〇左三，凌二二右九。○各本下「故」字作「於」。按：瀧本「故」、「於」訛。

〔乃遺項王書曰〕　瀧四八・六，慶二三右一〇，殿二一右二，凌二三左九。〇王，紹游韓嵯羽。

〔又以齊梁反書遺項王〕　瀧四八・七，慶二三左一，殿二一右三，凌二三左一〇。〇王，慶中統彭羽。札記南宋、中統、游、王、毛本作「羽」。

〔項羽遂北至城陽〕　瀧四九・一，慶二三左四，殿二一右六，凌二三右三。〇羽，楓三王。

〔漢王部〕　瀧四九・五，慶二三左九，殿二一右一〇，凌二三右八。

集　一作劫　〇劫，井慶彭凌殿刧。

索　見作劫字　〇慶彭凌嵯無「見」字。劫，慶彭凌殿刧。

〔五諸侯兵〕　瀧四九・六，慶二三左一〇，殿二一左一，凌二三右八。

集　雍翟塞殷韓也　〇殷，紹之。韓，紹不。

索　則是韓兵不下而已破散也　〇索無「是」字。

索　韓不在此數　〇此，耿比。

正　漢欲得關中如約　〇殿漢王欲得——。彭南北韓嵯漢欲今得關中如約。札記王本下衍「令」字，凌無，與漢書注合。

正　今羽聞漢東之時　〇彭南北殿韓嵯今羽乃聞漢王東之時。札記王本「羽」下衍「乃」，「漢」下衍「王」。

正　昭然可曉前賢注釋　〇曉，彭韓嵯見。

正 士卒未有自指麾 ○麾，嵯發。

正 謂差點撥發也 ○慶彭凌無「撥」字。札記殿本有「撥」字。

〈南從魯出胡陵〉 瀧五〇・一〇，慶二三左一，殿二二右三，凌二四右二。

正 徐州魯兗州曲阜縣也 ○札記「徐州」二字疑涉下節注而衍。

正 胡陵在山陽縣屬也 ○胡，彭韓嵯湖。

〈漢皆已入彭城〉 瀧五一・一，慶二三左二，殿二二右四，凌二四右三。○英房漢王皆已入彭城。

〈收其貨寶美人〉 瀧五一・一，慶二三左三，殿二二右四，凌二四右三。○札記御覽引作「寶貨」，與漢書合。

〈楚又追擊至靈壁東睢水上〉 瀧五一・七，慶二三左七，殿二二右八，凌二四右八。○壁，慶凌璧。

正 過郡西行一千二百六十里 ○慶凌游南北無「一」。彭殿韓嵯過郡西行至一千二百六十里者矣。札記王本「郡」下衍「其」，「行」下衍「至一」兩字，末衍「者矣」兩字。

〈漢軍卻〉 瀧五一・九，慶二三左一〇，殿二二左一，凌二四左一。○金陵同，各本「卻」字作「却」。

〈漢卒十餘萬人〉 瀧五一・一〇，慶二四右一，殿二二左二，凌二四左二。○紹無「十」。英房楓三無「人」字。

〔揚沙石〕　瀧五二・二，慶二四右三，殿二二左四，凌二四左三。○沙，[謙]砂。

〔漢王道逢得孝惠魯元〕　瀧五二・五，慶二四右六，殿二二左七，凌二四左七。

集　韋昭曰　○[紹]「韋昭」二字作「幸臣」。

〔求太公呂后〕　瀧五二・八，慶二四右一〇，殿二二左一〇，凌二四左一〇。○[紹]求太公己呂后。

〔審食其〕　瀧五二・八，慶二四右一〇，殿二三右一，凌二四左一〇。

集　其音基　○基，[彭][韓][嵯]箕。

〔是時呂后兄周呂侯〕　瀧五三・一，慶二四左三，殿二三右三，凌二五右四。

正　周呂令武侯澤也　○令，[凌]今。

〔爲漢將兵居下邑〕　瀧五三・二，慶二四左五，殿二三右五，凌二五右六。

正　在宋州東一百一十里　○[彭][韓][嵯]在宋州之東——。

〔悉詣滎陽〕　瀧五三・五，慶二四左八，殿二三右七，凌二五右九。

集　音附　○附，[彭][韓][嵯]付。

集　服虔曰傳音附——疇官各從其父

＊**正**　疇官上遂留反傳父業爲疇也　[高]。

集　爲罷癃　○癃，[紹]聲，[彭]癃。

索　又顏云　○又，[中統]文。[南][北][殿]「又顏」二字作「文穎」。

索 五當爲三 ○三，井二。當，中統常。

索 斯說得之 ○彭韓嵯斯無「說」字。言之發始得之矣。

〔漢敗楚〕 瀧五三・一〇，慶一一五右四，殿一一三左四，凌一一五左六。

正 故有小大之號 ○彭韓嵯「小」、「大」互倒。

〔以取敖倉粟〕 瀧五四・五，慶一一五左一，殿一一三左一〇，凌一一六右三。

集 山上臨河有大倉 ○各本無「上」字。按：瀧本以意補「上」字。

〔後必悔之〕 瀧五四・九，慶一一五左五，殿一一四右四，凌一一六右七。

正 漢帝時 ○彭韓嵯至漢帝時。

〔項王乃與范增急圍滎陽〕 瀧五四・一〇，慶一一五左六，殿一一四右五，凌一一六右八。○紹無「王」字。

〔見使者詳驚愕曰〕 瀧五五・二，慶一一五左八，殿一一四右七，凌一一六右一〇。○詳，游南北韓嵯佯。

〔疽發背而死〕 瀧五五・七，慶一一六右三，殿一一四左一，凌一一六左五。

集 居巢廷中有亞父井 ○廷，中統游亭。

正 昔范增居此山之陽 ○此，慶彭凌金陵北。

〔傅左纛〕 瀧五六・三，慶一一六右八，殿一一四左七，凌一一七右一。

集 在乘輿車衡左方上注之 ○金陵同，各本「注」字作「柱」。札記「注」原訛「柱」，考證據漢書注改。

集 或在衡上也

＊**正** 犛音茅又音狸　[贊異]。

〔魏豹守滎陽〕　瀧五六・九，慶二六左四，殿二五右一，凌二七右六。

集 樅音七容反　○[毛][金陵]同，各本「容」字作「從」。[蜀][耿][紹][殿]駰案曰樅音七容反。[中統][游]裴駰曰樅音七容反。

〔漢之四年〕　瀧五七・五，慶二六左九，殿二五右六，凌二七左二。○[札記]志疑云，此下叙事，前後倒置，不但與漢書異，并與高祖紀不同，恐係錯簡。「漢之四年」當在後「擊陳留外黄」句上，觀漢書高紀、籍傳自明。

〔漢王逃〕　瀧五七・七，慶二六左一〇，殿二五右七，凌二七左二。

〔獨與滕公出成皋北門〕　瀧五七・八，慶二七右一，殿二五右八，凌二七左三。

索 漢書作跳字　○[彭][韓]「作跳字」三字作「逃一作疏」四字。疏，[謙]校記「跳」。

〔漢使兵距之鞏〕　瀧五七・九，慶二七右三，殿二五右九，凌二七左五。○距，[景]單。

集 北門名玉門　○北，[紹]武。玉，[蜀][紹][南][北]王。北，[中統]此。

〔鄭忠説漢王〕　瀧五八・四，慶二七右五，殿二五左二，凌二七左七。○忠，[蜀]公。

〔燒楚積聚〕　瀧五八・五，慶二七右六，殿二五左三，凌二七左八。○楚，[英房]其。

〔與漢俱臨廣武而軍〕　瀧五八・一〇，慶二七右九，殿二五左五，凌二八右一。

集 於滎陽築兩城相對 ○兩，蜀雨。

集 爲廣武 ○楓爲廣武城。

正 戴延之西征記云 ○金陵同，各本「之」下有「側」字。札記殿本與通鑑注引合，各本「之」下衍「側」字。

正 相去百步 ○札記續漢郡國志注引西征記作「二百步」。

正 汴水從廣澗中東南流 ○札記案，汴水不聞經廣武澗。水經濟水注云濟水又東經廣武城北，夾城之間有絶澗斷山，謂之廣武澗。疑「濟」本作「泲」，形近訛爲「汴」。

〈絶楚糧食〉 瀧五九・五，慶二七左三，殿二五左九，凌二八右五。○札記御覽八十七引「食」作「道」。

〈置太公其上〉 瀧五九・六，慶二七左三，殿二五左九，凌二八右六。

索 俎亦机之類 ○机，索人。

索 杜預謂車上櫓也 ○謂，索爲。

正 故置俎上 ○彭韓嵯故置俎之上也。

〈則幸分我一桮羹〉 瀧五九・一〇，慶二七左九，殿二六右五，凌二八左二。○桮，毛嵯杯。

〈祇益禍耳〉 瀧六〇・三，慶二八右一，殿二六右七，凌二八左四。○祇，蜀慶凌殿祇，景中統秖，游秪。

〔毋徒苦天下之民父子爲也〕 瀧六〇・五，慶二八右五，殿二六右一〇，凌二八左八。

集 李奇曰 ○奇，紹匀。

集 古謂之致師 ○彭韓嵯「古」字、「之」字並無。

〔吾寧鬬智〕 瀧六〇・七，慶二八右六，殿二六右一〇，凌二八左八。○寧，毛能。

〔漢有善騎射者樓煩〕 瀧六〇・七，慶二八右七，殿二六左二，凌二八左九。○紹無「騎」字。

〔項王瞋目叱之〕 瀧六一・三，慶二八右九，殿二六左四，凌二九右二。○瞋，彭韓嵯嗔。

〔項王怒欲一戰〕 瀧六一・七，慶二八左二，殿二六左六，凌二九右五。○札記御覽三百十引「怒」下有「甚」字。

〔破齊趙〕 瀧六一・九，慶二八左四，殿二六左八，凌二九右六。○破，紹救。

〔淮陰侯弗聽〕 瀧六二・五，慶二八左五，殿二七右一，凌二九右一〇。○紹無「淮陰侯」三字。

〔必誅彭越定梁地〕 瀧六二・八，慶二九右一，殿二七右四，凌二九左三。○蜀必誅彭越定誅彭越定梁地。

〔百姓豈有歸心〕 瀧六三・四，慶二九右八，殿二七右一〇，凌二九左一〇。○紹無

「有」字。

〔乃赦外黃當阬者〕　瀧六三・五，慶二九右九，殿二七左二，凌三〇右一。○紹無「當」字。

〔大司馬怒渡兵汜水〕　瀧六三・七，慶二九左四，殿二七左六，凌三〇右四。○紹無「渡」字。

集　左傳曰　○曰，紹甲。

集　今成皋城東汜水是也　○汜，景池。

〔盡得楚國貨賂〕　瀧六四・一，慶二九左六，殿二七左八，凌三〇右九。○賂，景略。

〔大司馬咎長史翳塞王欣〕　瀧六四・一，慶二九左六，殿二七左八，凌三〇右九。○英房景蜀紹毛無「翳」字。

集　鄭玄曰　○玄，井紹毛德，景蜀氏。

集　以刀割頸爲剄　○頸，彭南北剄。剄，景蜀紹凌頭。

〔則引兵還〕　瀧六四・七，慶二九左一〇，殿二八右二，凌三〇左三。○兵，紹一。

〔漢軍方圍鍾離眛於滎陽東〕　瀧六四・七，慶二九左一〇，殿二八右二，凌三〇左三。○眛，中統昧。下注同。

集　漢書音義曰　○耿中統游殿駰案漢書音義曰。

〔是時漢兵盛食多〕　瀧六四・八，慶三〇右一，殿二八右三，凌三〇左四。○兵，景蜀軍。

〔鴻溝而東者爲楚〕　瀧六五・二，慶三〇右七，殿二八右九，凌三一右一。

集　東南爲鴻溝　〇紹東以南爲鴻溝。

正　應劭云　〇劭，彭凌邵。

正　在滎陽東二十里　〇札記漢書注作「東南」。

〔漢王乃封侯公爲平國君〕　瀧六五・六，慶三〇右九，殿二八右一〇，凌三一右二。

正　楚漢春秋云　〇彭韓嵯按楚漢春秋云。

正　乃肯見　〇札記依史文則「乃」字誤，警云，疑當作「不」。

正　能和平邦國　〇札記各本「邦」訛「郡」，考證據漢書注改。

〔匿弗肯復見〕　瀧六五・七，慶三〇右一〇，殿二八左二，凌三一右三。〇復，紹故。

〔漢有天下太平〕　瀧六五・一〇，慶三〇左三，殿二八左四，凌三一右六。〇太，彭凌大。

〔不如因其饑而遂取之〕　瀧六六・一，慶三〇左四，殿二八左五，凌三一右七。〇饑，慶彭凌殿金陵機，毛飢。札記漢書高紀及漢紀作「幾」，古通，毛作「飢」，御覽二百九十引同。

〔漢五年〕　瀧六六・三，慶三〇左五，殿二八左七，凌三一右九。〇桃古漢之五年。

〔至固陵〕　瀧六六・六，慶三〇左九，殿二八左一〇，凌三一左二。

集　在陽夏　〇夏，景井蜀耿中統彭凌游賈。

〔謂張子房曰〕　瀧六六・八，慶三一右一，殿二九右二，凌三一左四。〇謂，紹詣。

〔對曰楚兵且破〕　瀧六六・九，慶三一右二，殿二九右二，凌三一左五。○紹無「對曰」二字。

〔信越未有分地〕　瀧六六・九，慶三一右二，殿二九右三，凌三一左六。

＊**正**　分扶問反　贊異。

集　信等雖名爲王　○名，紹各。

集　未有所畫經界　○殿金陵同，各本「有」字作「爲」。畫，紹書。

〔以與彭越〕　瀧六七・三，慶三一右八，殿二九右七，凌三二右一。

正　穀城故城　○各本無下「城」字。按：瀧本以意補下「城」字。

〔楚破〕　瀧六七・六，慶三一右九，殿二九右九，凌三二右三。○英房楚已破。

〔至垓下〕　瀧六七・一〇，慶三一左四，殿二九左三，凌三二右七。

集　在沛之洨縣洨下交切駰案應劭曰　○井紹無「洨縣」二字。井紹——洨下交切於縣駰案應劭曰。

正　與老君廟相接　○慶彭凌殿無「廟」字。殿考「老君」下宜有「廟」字。

〔大司馬周殷叛楚以舒屠六〕　瀧六八・二，慶三一左六，殿二九左六，凌三二右一〇。○紹無「以」字。

正　今廬江之故舒城是也　○之，慶彭凌殿則。

正　在壽州安豐南百三十二里　○三，韓嵯二。

正　隨劉賈而至垓下　○北韓嵯隨劉賈而至垓下與大司馬周殷等圍項羽。

〔舉九江兵〕　瀧六八・四，慶三一左八，殿二九左八，凌三一左二。

正　於此置九江郡　○此，殿是。

正　自廬江尋陽分爲九江　○九，慶凌殿北，彭比。札記「九」原訛「北」，考證據漢書地理志改。

〔圍之數重〕　瀧六八・七，慶三一右一，殿三〇右一，凌三二左六。○重，紹里。

〔常騎之〕　瀧六九・二，慶三一右七，殿三〇右六，凌三三右一。

正　音隹　○隹，凌騅。

〔時不利兮騅不逝〕　瀧六九・三，慶三一右八，殿三〇右八，凌三三右三。○英房桃古楓三時不利兮威勢廢兮威勢廢兮騅不逝兮。

〔項王泣數行下〕　瀧六九・六，慶三一左一，殿三〇右一〇，凌三三右六。

正　行户郎反　○札記原作「色郎反」，涉上「色庚反」而誤，今正。

〔麾下壯士騎從者八百餘人〕　瀧六九・七，慶三一左三，殿三〇左二，凌三三右八。

正　呼危反　○呼，慶彭凌乎。

〔田父紿曰左〕　瀧七〇・一，慶三一左七，殿三〇左六，凌三三左二。

集　紿欺也　○紿，蜀給。

〔以故漢追及之〕　瀧七〇・二，慶三一左八，殿三〇左七，凌三三左三。○英房以故漢兵追及之。

〔至東城〕 瀧七〇・三，慶三二左九，殿三〇左七，凌三三左四。

集 漢書音義曰 ○耿中統游殿駰案漢書音義曰。

〔願爲諸君快戰〕 瀧七〇・七，慶三三右四，殿三一右二，凌三三左一〇。○君，中統游軍。快，南北殿凌決。

〔必三勝之〕 瀧七〇・七，慶三三右五，殿三一右二，凌三三左一〇。○楓三中韓「三」、「勝」互倒。

〔令四面騎馳下〕 瀧七一・一，慶三三右八，殿三一右五，凌三四右三。○耿「騎」、「馳」互倒。

正 漢兵追羽至此 ○彭韓嵯漢兵追項羽至此。

〔漢軍皆披靡〕 瀧七一・三，慶三三右一〇，殿三一右七，凌三四右六。

正 披彼反 ○披，殿坡。

〔項王瞋目而叱之〕 瀧七一・四，慶三三左二，殿三一右九，凌三四右七。○叱，紹北。蜀南北殿無「而」字。

〔辟易數里〕 瀧七一・五，慶三三左三，殿三一右九，凌三四右八。

正 言人馬俱驚 ○南北辟易言人馬俱驚。

〔於是項王乃欲東渡烏江〕　瀧七一・八，慶三三左七，殿三一左三，凌三四左二。

正　注水經云江水又北得黃律口　○注，彭凌韓嵯江，高校記「注」。札記「注」原訛「江」，「水」上脱「江」字，「得」訛「傳」，依方輿紀要改。紀要删「左」字，非也。餘詳仁和趙氏校水經注江水篇補注。殿考此條今本水經無之。

〔烏江亭長檥船待〕　瀧七一・一〇，慶三三左九，殿三一左五，凌三四左四。

正　漢書所謂烏江亭長檥船以待項羽　○檥，慶彭韓嵯艤。船，彭舡。

集　一音俄　○俄，南我。

集　檥正也　○檥，毛儀。

集　南方人謂整船向岸曰儀　○游南方之人——。

索　服應孟晉各以意解爾　○慶中統彭凌游殿「服應孟晉」四字作「諸家」二字。爾，耿中統游索耳。

索　鄒誕生作漾船　○生，耿慶彭凌索殿本。漾，慶中統凌游樣。

〔我何渡爲〕　瀧七二・四，慶三四右四，殿三一左九，凌三四左九。○英房我奈何渡爲。

〔我何面目見之〕　瀧七二・五，慶三四右五，殿三二右一，凌三四左一〇。○之，蜀江。

〔乃令騎皆下馬步行〕　瀧七二・八，慶三四右八，殿三二右三，凌三五右三。○英房楓三狩中韓乃令騎皆去下馬步行。

〔馬童面之〕　瀧七二・一〇，慶三四右一〇，殿三二右五，凌三五右五。

集　難視斫之　○札記「視」，漢書注作「親」，御覽引同。

〔指王翳曰〕　瀧七三・二，慶三四左二，殿三三右六，凌三五右七。○翳，紹醫。

集　指示王翳　○示，中統游視。

〔吾爲若德〕　瀧七三・三，慶三四左三，殿三三右八，凌三五右八。○吾，景吕。若，英房慶彭韓汝。札記王、柯「若」作「汝」，御覽引同。

〔乃自刎而死〕　瀧七三・五，慶三四左四，殿三三右九，凌三五右九。○英房乃引劍自刎而死。

〔故分其地爲五〕　瀧七三・八，慶三四左七，殿三三左二，凌三五左二。○慶彭凌殿無「故」字。札記志疑云，班馬異同無。

〔封吕馬童爲中水侯〕　瀧七三・九，慶三四左八，殿三三左二，凌三五左三。

正　在易滱二水之中　○滱，慶彭凌渡。札記殿本「滱」，各本訛「渡」。

〔封王翳爲杜衍侯〕　瀧七三・一〇，慶三四左九，殿三三左三，凌三五左四。

索　作王翥也　○王，彭生，謙校記「王」。

正　括地志云　○括，彭韓嵯按。

〔封楊喜爲赤泉侯〕　瀧七四・一，慶三五右一，殿三三左五，凌三五左六。

索　作憙　○作，耿索改。憙，游熹。

〔封楊武爲吳防侯〕　瀧七四・二，慶三五右二，殿三二左六，凌三五左七。

正　吳王闔廬弟夫概奔楚　○概，慶彭南北溉，凌慨。

正　爲堂谿氏　○札記「棠」原誤「唐」，考證據吳、楚世家及正義改。

〔封呂勝爲涅陽侯〕　瀧七四・三，慶三五右三，殿三二左八，凌三五左九。

正　涅陽故城　○慶彭凌殿涅陽故地城。殿考「涅陽故地城」，「地」字衍文。札記「故」下各本有「地」字，殿本云衍。

〔項王已死〕　瀧七四・四，慶三五右五，殿三二左九，凌三六右一。

集　死時年三十一　○彭韓嵯死時年三十一矣。

〔乃持項王頭視魯〕　瀧七四・六，慶三五右八，殿三三右一，凌三六右三。○中統彭游金陵同，各本「視」字作「示」。

〔故以魯公禮葬項王穀城〕　瀧七四・七，慶三五右九，殿三三右三，凌三六右五。

集　皇覽曰　○耿殿駰案皇覽曰。

正　在濟州東阿縣東二十七里穀城西三里　○州，彭韓嵯洲。凌「縣」、「東」互倒。

正　半許毀壞　○壞，嵯壞。

〔漢王爲發哀〕　瀧七四・一〇，慶三五左一，殿三三右五，凌三六右七。○爲，紹謂。哀，桃古楓三野中韓喪。

〔泣之而去〕　瀧七四・一〇，慶三五左一，殿三三右五，凌三六右七。○泣，桃古中韓哭。

〔乃封項伯爲射陽侯〕　瀧七五・三，慶三五左二，殿三三右六，凌三六右八。

集　徐廣曰項伯名纏字伯　○慶彭凌金陵無此注。

正　故曰射陽　○彭韓嵯故名曰射陽。

〔桃侯〕　瀧七五・四，慶三五左三，殿三三右七，凌三六右九。

集　其子舍爲丞相　○舍，紹含。

正　封劉襄爲桃侯也　○彭韓嵯封劉襄以爲桃侯也。

〔平皋侯〕　瀧七五・六，慶三五左四，殿三三右八，凌三六左一。○皋，紹高。

正　平皋故城　○彭韓嵯無「故」字。

〔皆項氏〕　瀧七五・六，慶三五左六，殿三三右一〇，凌三六左三。○札記中統、游本無「氏」字。按：中統、游本有「氏」字，札記誤。

〔賜姓劉〕　瀧七五・六，慶三五左六，殿三三右一〇，凌三六左三。○中統游金陵同，各本「劉」下有「氏」字。

〔吾聞之周生〕　瀧七五・七，慶三五左七，殿三三左一，凌三六左四。○桃一本「生」上有「先」字。

〔舜目蓋重瞳子〕　瀧七五・八，慶三五左八，殿三三左二，凌三六左五。○英房桃古無「目」字。

集　尸子曰　○耿殿騆案尸子曰。

〔羽豈其苗裔邪〕　瀧七五・九，慶三五左九，殿三三左三，凌三六左六。○邪，耿殿耶。

〔何興之暴也〕　瀧七五・一〇，慶三五左一〇，殿三三左三，凌三六左七。○景井蜀紹毛詳節何興其之暴也。

〔三年遂將五諸侯滅秦〕　瀧七六・三，慶三六右二，殿三三左五，凌三六左九。○桃古同，三桃中統五。

集　而齊趙韓魏燕五國並起　○韓，紹詳節衛。

〔難矣〕　瀧七六・七，慶三六右六，殿三三左九，凌三七右三。○矣，游以。

〔謂霸王之業〕　瀧七六・七，慶三六右七，殿三三左一〇，凌三七右四。○謂，桃古楓三中韓狩尾始，景蜀爲。

〔而不自責過矣〕　瀧七六・九，慶三六右九，殿三四右二，凌三七右六。○矣，梅尾矢，謙失。

〔乃引天亡我非用兵之罪也〕　瀧七六・一〇，慶三六右一〇，殿三四右二，凌三七右七。○毛無「也」字。

〔豈不謬哉〕　瀧七六・一〇，慶三六右一〇，殿三四右三，凌三七右七。○桃古「謬」字作「過失」二字。

索「述贊亡秦鹿走僞楚狐鳴」至「天實不與嗟彼蓋代卒爲凶竪」八十二字　○耿無此注。

索雲鬱沛谷　○谷，慶中統彭凌游殿父。

索動開魯甸　○動，凌動。

史記會注考證校補卷八

高祖本紀第八

〔高祖〕 瀧二・三，慶一右二，殿一右七，凌一右三。

集 漢書音義曰 ○耿 中統 游 殿 駰案漢書音義曰。

集 故特起名焉 ○故，秘閣以。

〔姓劉氏〕 瀧二・七，慶一右三，殿一右八，凌一右四。

索 士會之裔 ○士，凌土。

索 故注以沛爲小沛也 ○索無「注」字。

考 戰國氏族之學廢 ○按：瀧本「學」，「興」訛。

〔父曰太公〕 瀧三・七，慶一右六，殿一左六，凌一左三。

索 太上皇名煓 ○煓，慶 中統 索 凌 游 燸，彭 南 北 韓 嵯 嬬，南化 楓 三 壖。札記 各本作「燸」，字書、韻書無「燸」字。後漢書章帝紀注作「煓」，它官反，與湍音合。新唐書宰相世系表同，今依改。

〔母曰劉媼〕 瀧三・八，慶一左一，殿一左七，凌一左四。○索無「曰劉」二字。曰，游由。

札記 索隱本作「母媼」，與漢書合，疑「曰劉」二字衍。

索 又據春秋握成圖以爲執嘉妻含始 ○索——含始。

索 貞時打得班固泗水亭長古石碑文 ○索金陵同，各本無「石」字。

索 貞與賈膺復徐彦伯魏奉古等執對反覆 ○索貞時與——。

索 沈歎古人未聞 ○沈，索深。

索 禮樂志云 ○索按禮樂志云。

索 張晏曰 ○索金陵同，各本「曰」字作「云」。

索 是也 ○索金陵同，各本無「是」字。

正 炫日后吞之生高祖 ○炫，彭凌刻。后，彭凌英。

正 詩含神霧亦云 ○詩，高時。

正 含始即昭靈后也 ○始，彭凌媼。

正 自瀧躍入梓宮 ○瀧，慶彭殿韓洒。躍，慶濯。

正 蓋無取焉 ○取，楓三狩彭凌韓及，楓三「及」傍有「取」字。

正 史遷肯不詳載 ○肯，凌皆。

〔其先劉媼〕 瀧四・六，慶一左一○，殿二右七，凌二右五。○札記四字漢書無，疑衍。

〔已而有身〕 瀧四・九，慶二右三，殿二右九，凌二右七。

*正 身娠同 南化謙楓三岩。

〔高祖爲人隆準而龍顏〕 瀧四・一〇，慶二右三，殿二右九，凌二右八。

集 服虔曰準音拙 ○準，景隹，井蜀淮。

集 頰權準也 ○準，景井蜀淮，紹維。

集 額顙也 ○凌同，各本「額」字作「頟」。按：保孝曰「額」，宋、元、毛本作「頟」。

索 李斐云準鼻也 ○耿慶中統彭凌游殿無此注。準，秘閣淮。索應劭曰隆高也李斐云準鼻也。

索 爾雅顏額也 ○索金陵同，各本無此注。

索 文穎曰 ○曰，中統索游金陵說。中統彭游文穎說曰作「說」。是。

〔左股有七十二黑子〕 瀧五・二，慶二右六，殿二左二，凌二右一〇。

正 合誠圖云 ○殿「合誠」二字作「握成」。誠，慶彭成。

正 許北人呼爲黶子 ○彭韓嵯「黶子」二字作「魘而」。

〔仁而愛人〕 瀧五・五，慶二右九，殿二左五，凌二左四。○札記類聚引作「寬仁愛人」，與漢書、漢紀合。

正 尸豉反 ○尸，北居。豉，北殿跂。

〔爲泗水亭長〕 瀧五・七，慶二左一，殿二左七，凌二左七。○水，通志上。

正　國語有寓室　○札記案，周語作「疊有寓望」，此脱誤。

正　在徐州沛東百步　○各本「沛」下有「縣」字，「百」下有「一」字。按：瀧本誤脱「縣」字、「一」字。

〔廷中吏無所不狎侮〕　瀧五・九，慶二左三，殿二左一〇，凌二左九。

＊**正**　廷中吏泗水及沛縣之廷也狎輕俳南化、謙、岩本「俳」作「狎」。也侮慢也府縣之吏高祖皆輕慢也廷音停　瀧川本無上三字。南化　幻　謙　岩　瀧。

〔常從王媼武負貰酒〕　瀧五・一〇，慶二左四，殿二左一〇，凌二左一〇。○王，游主。

索　鄒誕生貰音世與字林聲韵並同　○中統　游　金陵同。凌無此注。各本無「生」字。

索　與字林聲韵並同　○金陵同，各本「韵」字作「韻」。

索　「又音時夜反」至「則貰亦射也」四十四字　○凌此注誤爲集解。

索　又音時夜反　○慶又音音時夜反。

索　貰陽侯劉纏　○侯，耿縣。

＊**正**　王媼者王家母武負者魏大夫如耳之母也　南化　謙　岩　幻。

〔醉卧〕　瀧六・三，慶二左六，殿三右二，凌三右二。○桃一本「飲醉卧」。

〔見其上常有龍怪之〕　瀧六・三，慶二左六，殿三右二，凌三右二。○秘閣　桃古　南化　楓　三　狩　野——怪之屬。

〔酒讎數倍〕　瀧六・四，慶二左七，殿三右三，凌三右三。

集　讎亦售　○札記舊刻本末有「也」字，與漢書注合。

索　樂彥云　○彥，[南化][索][金陵]産。

****正**　彥作産　[南化][謙][岩][幻][瀧]。

索　今亦依字讀　○[耿][中統][游]今以讎亦依字讀。

索　且讎其數倍價也　○[中統][游]故且讎其數倍之價也。[耿]——倍之價也。

〔歲竟此兩家常折券弃責〕　瀧六・八，慶二左八，殿三右五，凌三右四。

索　周禮小宰　○各本「宰」字作「司寇」二字。按：瀧本以意改。保孝曰，「小司寇」恐「小宰」之誤。

索　聽稱責以傅別　○聽，[中統][游]制。傅，[耿][游]傳。

索　鄭玄云　○[索][金陵]「鄭玄」二字作「康成」。[殿]「鄭玄」二字作「鄭元」。[耿][慶][彭][凌][游]「鄭玄」二字作「蓋子」。按：保孝曰「蓋子云」原文無。

索　謂大手書於札中而別之也　○[殿][金陵]同，各本「手」字作「字」。[札記]「手」原誤「字」，依小宰注改。

〔高祖常繇咸陽〕　瀧六・九，慶二左一〇，殿三右六，凌三右六。○常，[南化]嘗。

集　徭役也　○[秘閣]徭者役也。

〔觀秦皇帝〕　瀧七・一，慶三右二，殿三右七，凌三右九。○[桃古]無「觀」字。

正　包愷云　○愷，[彭][凌][王][柯]慢。

〔喟然太息曰〕　瀧七・二，慶三右三，殿三右八，凌三右九。○太，[景][井][紹][彭]大。

〔善沛令〕　瀧七・三，慶三右五，殿三左二，凌三左二。

集　漢書音義曰　○耿游殿駰案漢書音義曰。義，秘閣議。

索　又按漢書舊儀云　○殿無「書」字。

〔沛中豪桀吏〕　瀧七・五，慶三右六，殿三左二，凌三左三。○桀，紹中統游南殿韓嵯傑。

〔主進〕　瀧七・六，慶三右七，殿三左三，凌三左四。

集　主賦斂禮進爲之帥　○斂，慶中統彭凌游殿歛。

索　字本作贐　○各本「贐」字作「盡」。按：瀧本「贐」，「盡」訛。

〔實不持一錢〕　瀧八・一，慶三左二，殿三左六，凌三左九。

索　紿欺負也　○欺，耿者

索　乃詐爲謁　○游乃詐爲謁者。

索　而兼載錢穀也　○穀，索數。

〔引入坐〕　瀧八・三，慶三左三，殿三左九，凌四右一。○秘閣引入上坐坐。桃古南化楓三謙狩野高中韓引入坐上坐。

〔遂坐上坐〕　瀧八・四，慶三左五，殿三左一〇，凌四右二。○梅無「上坐」二字。

〔無所詘〕　瀧八・五，慶三左五，殿四右一，凌四右二。

*正　詘謂不屈於人下（謙本「下」作「事」）。南化謙楓三岩。

〔固留高祖〕　瀧八・五，慶三左六，殿四右二，凌四右三。

集 謂飲酒者半罷半在謂之闌 ○彭無此注。

〔願爲季箕帚妾〕 瀧九・二，慶三左九，殿四右五，凌四右六。○帚，紹游通志箒。

〔呂媼怒呂公曰〕 瀧九・二，慶三左一〇，殿四右五，凌四右七。○怒，桃古怨。

〔沛令善公〕 瀧九・六，慶四右一，殿四右六，凌四右八。○令，彭公，楓三狩校記「令」。善，狩或。

〔生孝惠帝魯元公主〕 瀧九・七，慶四右三，殿四右八，凌四右一〇。○中統游金陵同。各本無「帝」字。秘閣無「公主」二字。桃古「帝」字、「公主」二字並無。

正 漢制帝女曰公主 ○金陵同，各本「制」、「帝」互倒。殿考推尋文義，宜云漢制，句，帝女曰公主。

〔時常告歸之田〕 瀧九・一〇，慶四右四，殿四右九，凌四左二。○常，秘閣嘗。

集 告又音嚳 ○秘閣「嚳」字作「大學之學」四字。

集 有予告賜告 ○予，紹中統游子。秘閣景井紹毛有予告賜告者。

集 予告者 ○予，秘閣号。秘閣景井蜀紹毛無「者」字。

集 任官有功最 ○各本「任」字作「在」。按：瀧本「任」，「在」訛。

集 天子優賜復其告 ○秘閣無「優」字。

集 使得帶印紱 ○札記漢書注，「紱」作「綬」，義同。

集 將官屬歸家治疾也 ○疾，秘閣病。

索　音告語之告　○語，井論。

索　故戰國策曰　○索金陵同，各本無「故」字。

索　並音古篤反　○慶中統凌游無「反」字。

索　非號嚳兩音也　○索金陵同，各本無此注，而有「服音如嗥呼之嗥」七字。

索　尋號與嗥同　○中統游「號與嗥」三字作「嗥與號」。

索　故服氏云如號呼之號音豪　○索金陵同，各本無此注。

索　今以服虔雖據田邑號歸　○索金陵同，各本無「以」字。

索　然此告字當音誥　○誥，彭語，三狩校記「誥」。

索　誥號聲相近　○號，中統游嗥。

索　故後告歸號歸　○告，索誥。

索　遂變耳　○索金陵同，各本「耳」字作「也」。

〔呂后與兩子居田中耨〕　瀧一〇・三，慶四右一〇，殿四左五，凌四左八。○耨，秘閣槈。

〔呂后因餔之〕　瀧一〇・四，慶四左一，殿四左六，凌四左九。

正　國中童子無不餔　○殿金陵同，各本「國」字作「圍」。按：保孝曰，「國」，宋、元本作「圍」、誤，語在越語上。

〔夫人天下貴人〕　瀧一〇・五，慶四左二，殿四左七，凌四左一〇。○札記類聚引有「也」字，與漢書合。

〔見孝惠曰〕　瀧一〇・六，慶四左二，殿四左八，凌五右一。○札記類聚引有「帝」字，與漢書合。

〔相魯元〕　瀧一〇・六，慶四左三，殿四左八，凌五右一。○札記類聚引有「公主」字，與漢書合。

〔鄉者夫人嬰兒皆似君〕　瀧一〇・八，慶四左六，殿五右一，凌五右四。○札記漢書似作「以」，師古曰，不當作「似」。志疑云，宋書符瑞志亦作「以」。

〔時時冠之〕　瀧一一・三，慶五右二，殿五右七，凌五左一。

集　舊時亭有兩卒　○秘閣「舊時亭有」四字作「亭卒舊時」。

集　故往治之　○秘閣無「往」字。

索　一名長冠　○名，耿中統游云。

索　楚制也　○制，耿慶彭凌殿製。

索　高祖以竹皮爲之　○中統游高祖以竹削皮爲之。

〔所謂劉氏冠乃是也〕　瀧一一・六，慶五右三，殿五右八，凌五左二。

正　爵非公乘以上　○彭韓嵯無「乘」字。

〔高祖以亭長爲縣送徒酈山〕　瀧一一・七，慶五右四，殿五右八，凌五左三。○以，中統游爲。酈，秘閣麗。

〔夜乃解縱所送徒曰〕　瀧一一・一〇，慶五右五，殿五右一〇，凌五左四。○中統游「夜」、

「乃」互倒。札記類聚、御覽引「乃」作「皆」，與漢書合，舊刻「夜」、「乃」倒。

〔高祖被酒夜徑澤中〕　瀧一二・一，慶五右七，殿五左一，凌五左六。

索　徑小道也　○索金陵經斜過也字林云徑小道也。

索　且從小徑而求疾也　○索金陵無「小徑」二字。耿慶中統彭凌游殿無「而求疾也」四字。

〔令一人行前〕　瀧一二・二，慶五右八，殿五左二，凌五左七。○南化令一人行紀家平士已前。

〔願還〕　瀧一二・三，慶五右一〇，殿五左四，凌五左九。

索　音逕　○索金陵同，各本無「音逕」二字。

索　鄭玄曰　○曰，慶中統彭凌殿云。

〔拔劍擊斬蛇〕　瀧一二・四，慶五右一〇，殿五左四，凌五左九。

索　當高祖爲亭長　○索無「當」字。

索　故舊儀因言之　○索金陵同，各本無「舊」字。

正　常佩之劍　○殿金陵同，各本無「劍」字。札記殿本有「劍」字。

正　至縣西十五里入泡水也　○殿金陵同，各本「十」、「五」互倒。

〔醉因卧〕　瀧一二・七，慶五左四，殿五左八，凌六右四。○彭醉因卧高祖。

〔人問何哭〕　瀧一二・八，慶五左五，殿五左九，凌六右四。○秘閣人問嫗何哭。

〔嫗曰人殺吾子〕　瀧一二・九，慶五左六，殿五左一〇，凌六右六。○梅 蜀無「嫗」字。

〔嫗曰吾子白帝子也〕　瀧一二・九，慶五左五，殿五左一〇，凌六右六。○蜀「曰」字、「也」字並無。

〔今爲赤帝子斬之〕　瀧一二・九，慶五左七，殿五左一〇，凌六右六。○爲，秘閣 桃古者。

〔故哭〕　瀧一二・一〇，慶六右二，殿六右六，凌六左二。

集　應劭曰　○秘閣應劭韋昭曰。

集　秦襄公自以居西戎　○秘閣無「戎」字。

集　秦自謂水漢初自謂土皆失之至光武乃改定

＊**正**　秦以周爲火滅火者水故自號水漢初自謂土　岩。

＊**正**　張蒼以漢十月始至霸上故因秦十月爲歲首推五德之運以爲當水爲之時也當理如故魯人公孫臣上書言漢土德之時又爲土德光武乃改定　岩。

＊**正**　後漢光武推五德之運周是木德木生火是故光武改爲火秦稱火不入五行之列以爲閏位　岩。

集　至光武乃改定　○秘閣無「定」字。

索　其時如畦　○如，耿 慶 中統 彭 凌 游 殿若。時，游畦。

索　應注云秦自謂水者　○索「應」字、「云」字、「者」字並無。

索　命河爲德水　○索無「河」字。

索　又按春秋合誠圖云　○索無「又」字。誠，索城。

索　宋均以爲高祖斬白蛇　○索無「爲」字。

索　此皆謬説　○索無「此」字而「謬説」二字作「非也」。

索　又注云至光武乃改者　○索「又」字、「云」字、「者」字並無。

索　秦爲金德　○索無「爲」字。

索　與雨金及赤帝子之理合也　○金陵同，各本「合」下有「者」字。

〔人乃以嫗爲不誠〕　瀧一三・三，慶六右二，殿六右六，凌六左二。　○南化楓三謙狩中韓人乃以嫗言爲不誠。

〔欲告之〕　瀧一三・三，慶六右二，殿六右六，凌六左二。　○金陵同。告，桃古苦。各本「告」字作「笞」。札記索隱本作「告」，蓋所見舊本如此，今本作「笞」，並依注改。

索　一本或作笞　○索金陵同，各本無此注。

〔高祖覺〕　瀧一三・五，慶六右三，殿六右七，凌六左四。

索　包愷劉伯莊　○索金陵同，各本無「劉」字。殿考「伯莊」上宜有「劉」字。

〔高祖乃心獨喜自負〕　瀧一三・五，慶六右四，殿六右八，凌六左五。

集　負恃也　○恃，毛彭韓嵯持。

〔於是因東游以厭之〕　瀧一三・八，慶六右六，殿六右一〇，凌六左六。　○桃古彭於是因東游以厭當之。厭，景紹猒。札記御覽八十七引「厭」下有「當」字，與漢書合，漢紀無。

索　厭音一涉反　○索無「音」字。涉，索苶。

〔亡匿隱於芒碭山澤巖石之閒〕　瀧一三·九，慶六右八，殿六左一，凌六左八。○碭，蜀游碭。

集　碭縣在梁　○碭，蜀碭。

集　故隱於其閒也　○秘閣「故隱於其閒也」六字作「隱其故問也」五字。

正　本漢碭縣也　○金陵同，各本「碭」下有「陽」字。札記「碭」下原衍「陽」，今删。殿考「陽」字疑衍。

〔季所居〕　瀧一四·二，慶六右一〇，殿六左三，凌七右一。○秘閣劉季所居。

〔高祖心喜〕　瀧一四·三，慶六左二，殿六左五，凌七右三。○札記御覽引作「又喜」，與漢書合。

正　京房易兆候云　○候，凌攸。殿顏師古曰京房易兆候云。殿考隋書經籍志作「易飛候」。札記案，隋書經籍志周易飛候九卷，又六卷，並京房撰。類聚一、御覽八並引「易飛候」，云視四方常有大雲，五色俱，其下賢人隱，正與此文合。「兆」當爲「飛」之誤，然天官書正義引此文亦作「易兆冷」，姑仍之。

〔沛中子弟或聞之〕　瀧一四·四，慶六左二，殿六左六，凌七右三。○蜀無「或」字。

正　顏師古曰　○札記水經睢水注作「師曰」，此衍。

〔陳勝等起蘄〕　瀧一四·五，慶六左五，殿六左八，凌七右六。○起，秘閣越。

〔號爲張楚〕　瀧一四·五，慶六左五，殿六左九，凌七右六。

索　而立爲王　○殿同，各本「爲」字作「今」。

索　又音旂　○索金陵同，各本「旂」字作「祈」。

〔以應陳涉〕　瀧一四・八，慶六左七，殿六左九，凌七右七。○梅無「陳」字。

〔欲以沛應涉〕　瀧一四・八，慶六左七，殿六左一〇，凌七右八。○秘閣欲以沛應陳涉。

〔今欲背之〕　瀧一四・九，慶六左八，殿七右一，凌七右九。○背，秘閣梅倍。

〔率沛子弟〕瀧一四・一〇，慶六左八，殿七右一，凌七右九。○秘閣重「子弟」二字。

〔願君召諸亡在外者〕　瀧一四・一〇，慶六左八，殿七右一，凌七右九。○秘閣「召」、「諸」互倒而無「者」字。

〔因劫衆〕　瀧一四・一〇，慶六左一〇，殿七右二，凌七右一〇。○劫，秘閣刧。

〔衆不敢不聽〕　瀧一五・一，慶六左一〇，殿七右三，凌七左一。

索　以力脅之云劫也　○索金陵同，各本無「云劫」二字。

〔已數十百人矣〕　瀧一五・二，慶七右一，殿七右三，凌七左二。

索　劉伯莊曰　○各本「曰」字作「云」。索金陵劉伯莊云「曰」字作「云」。言。

索　則是百人已下也　○也，南矣。中統游則是百人已下也故云數十百人。

〔蕭曹恐〕　瀧一五・四，慶七右三，殿七右五，凌七左四。○蕭，梅何。

〔劉季乃書帛射城上〕　瀧一五・五，慶七右四，殿七右六，凌七左五。○射，秘閣䠶。

〔今厝沛〕　瀧一五・七，慶七右六，殿七右八，凌七左六。

索　按范曄云　○耿慶中統彭凌游無「按」字。曄，凌華。云，耿慶中統彭凌游謂。

〔擇子弟可立者立之〕　瀧一五・七，慶七右六，殿七右八，凌七左七。○秘閣無「者」字。

〔天下方擾〕　瀧一五・一〇，慶九右九，殿七左一，凌七左一〇。○楓三天下方擾亂。

〔壹敗塗地〕　瀧一五・一〇，慶七右一〇，殿七左一，凌八右一。○札記舊刻「一敗」。

〔此大事〕　瀧一六・二，慶七左二，殿七左四，凌八右三。

正　材能薄劣　○材，南北殿才，凌林。

〔秦種族其家〕　瀧一六・四，慶七左三，殿七左五，凌八右四。○紹無「秦」字。

〔平生所聞劉季諸珍怪當貴〕　瀧一六・五，慶七左五，殿七左六，凌八右六。○南化楓三狩無「珍」字。

〔乃立季爲沛公〕　瀧一六・六，慶七左六，殿七左七，凌八右七。

集　駰案漢書音義曰　○義，秘閣議。

集　舊楚僭稱王　○楚，毛是。

集　沛公起應涉　○涉，秘閣沙。

〔祭蚩尤於沛庭〕　瀧一六・八，慶七左八，殿七左八，凌八右九。

集　左傳曰　○曰，秘閣云。

集　「瓚曰管仲云」至「以作劒戟」二十四字

*正 管仲子曰葛盧之山發而出金蚩尤愛之以作劒謙、幻本「劒」作「劍」。戟然者岩本無「者」。交者發也 南化 幻 謙 岩。

集 割盧山交而出水 ○金陵同，各本「割」字作「葛」。

集 金從之出 ○秘閣金從之白出。

隱 蚩尤受之 ○秘閣無「受」字。

索 今注引發作交及割皆誤也 ○引，凌云。索 金陵同，各本無「及割皆」三字。

〔而釁鼓〕 瀧一六・九，慶七左九，殿七左一〇，凌八左一。

集 釁祭也 ○釁，秘閣舋。

集 殺牲以血塗鼓曰釁 ○秘閣「曰釁」二字作「舋呼是爲舋」五字。

集 案禮記及大戴禮 ○秘閣「禮」字誤作「神」，而無下「禮」字。

索 説文云 ○索應劭曰釁祭也説文云。

索 血于鼙鼓者 ○者，北有。

索 凡殺牲以血祭者 ○索 金陵同，各本無「凡」字。

索 又古人新成鐘鼎亦必釁之 ○鐘，耿 慶 殿鍾。索此注十一字作「又以釁爲塗釁而」七字。

索 應劭云 ○云，殿曰。

索 釁呼爲亹 ○各本「亹」字作「舋」。按：瀧本訛。

索 馬融注周禮灼龜之兆云謂其象似玉瓦原之釁塼 ○索「云謂」至「之釁」十字，作「與玉之釁塼相似」七字。㙤，韓鏬。

索　是用名之　○索無此注。

索　此説皆非　○索「此説皆非」四字作「皆非也」三字。

索　㙤音火稼反　○㙤，索鏬。稼，索故。

〔旗幟皆赤〕　瀧一七・一，慶八右二，殿八右四，凌八左四。

索　字林云　○索金陵同，各本「林」下有「又」字。

索　謂與士卒爲期於其下　○謂，索爲。

索　蕭該音熾　○熾，耿幟。

〔故上赤〕　瀧一七・三，慶八右四，殿八右六，凌八左七。○上，游尚。

〔還守豐〕　瀧一七・四，慶八右七，殿八左八，凌八左九。

索　胡陵縣名　○索金陵無「胡陵」二字。

索　鄭玄曰方與屬山陽也　○索金陵同，各本無此注。

〔西至戲而還〕　瀧一七・六，慶八右八，殿八右九，凌八左一〇。

索　文穎云戲　○索金陵無「戲」字。

索　按今其水東惟有戲驛存　○索金陵「惟有」二字作「爲」字。存，索金陵也。

索　章爲章邯所破而還　○索金陵無上「章」字。耿慶中統彭凌游殿上「章」字作「還謂」二字。

〔燕趙齊魏皆自立爲王〕　瀧一七·八，慶八右九，殿八左一，凌九右一。

索　按漢書高紀　○殿金陵同，各本無「漢書」二字。

〔出與戰破之〕　瀧一八·一，慶八左三，殿八左四，凌九右六。

集　若今刺史　○金陵同，各本「刺」字作「剌」。

索　秦并天下爲三十六郡　○郡，索都。

索　故此有監平　○索無「有」字。

〔走至戚〕　瀧一八·四，慶八左四，殿八左五，凌九右七。

索　晉灼云　○云，索曰。

〔沛公左司馬得泗川守壯殺之〕　瀧一八·六，慶八左六，殿八左七，凌九右九。○札記志疑云「川」乃「水」誤。

索　按後云左司馬曹無傷　○索「按」字作「今以」二字。

索　自此已下　○已，索以。

索　蓋是左司馬無傷　○索無「左」字。

索　得泗川守壯而殺之耳　○索金陵同，各本無「耳」字。

〔至方與〕　瀧一八·一〇，慶八左九，殿八左一〇，凌九左三。

解　亢音人相亢荅　○荅，凌殿答。

索　並同　○殿無「同」字。

〔周市來攻方與〕　瀧一九・一，慶八左一〇，殿八左一〇，凌九左三。○札記六字疑衍。

〔雍齒雅不欲屬沛公〕　瀧一九・六，慶九右三，殿九右四，凌九左六。○蜀無「雅」字。

〔沛公怨雍齒與豐子弟叛之〕　瀧一九・八，慶九右六，殿九右六，凌九左九。○叛，秘閣畔。

〔欲請兵以攻豐〕　瀧一九・九，慶九右一〇，殿九右一〇，凌一〇右四。

集　號曰大司馬　○秘閣無「曰」字。

集　東陽甯君自一人　○蜀東陽甯縣君自一人。

索　臣瓚以爲二人　○索同，各本無此注。

索　明臣瓚之説爲得　○明，南北殿則，游名。

索　時人號曰君耳　○索金陵同，各本「曰君耳」三字作「之」字。

〔將兵北定楚地〕　瀧二〇・三，慶九左三，殿九左四，凌一〇右八。

集　其將相別在他許　○相，南北有。他，蜀地。

索　謂章邯從陳別將　○章，索鄣。

索　將兵向他處　○索無「將」字。

索　故如淳云杘章邯司馬也　○索金陵同，各本無此注。

索　孔文祥亦曰　○索金陵同，各本無「亦」字。

〔屠相至碭〕　瀧二〇・六，慶九左四，殿九左四，凌一〇右八。

索　碭屬梁國　○索金陵同，各本無「屬」字。

正　故相城　○城，彭凌地。札記「城」，各本訛「地」。

〔攻下邑拔之〕　瀧二〇・九，慶九左七，殿九左七，凌一〇左二。

索　韋昭云下邑　○索金陵無「下邑」二字。

索　按范曄云　○金陵同，各本無「按」字。

索　得城爲拔是也　○索金陵同，各本無「是也」二字。

〔還軍豐〕　瀧二〇・一〇，慶九左八，殿九左七，凌一〇左三。○秘閣桃古南化楓三狩野中韓嵯還軍攻豐。

〔項梁益沛公卒五千人大夫將十人〕　瀧二一・一，慶九左九，殿九左一〇，凌一〇左五。

集　第九爵也　○秘閣第九爵名也。

〔治盱台〕　瀧二一・六，慶一〇右四，殿一〇右三，凌一〇左八。○楓三治盱與頊羽就音異台。

索　音于夷　○耿彭凌同，各本「于」字作「吁」。

〔破之〕　瀧二一・一〇，慶一〇右八，殿一〇右七，凌一一右三。

索　韋昭云東郡之縣名　○凌殿慶無此注。耿中統游「之」字、「名」字並無。

〔守濮陽環水〕　瀧二二・二，慶一〇右九，殿一〇右八，凌一一右四。

集　振整也　○整，秘閣勑。

集　收敗卒自振迅而復起也　○秘閣「收」字、「迅」字並無。迅，中統毛退。復，秘閣信。

〔定陶未下〕　瀧二三・三，慶一〇左一，殿一〇左一，淩一一右七。

索　按地理志濟陰之縣也　○索金陵同。中統游「按」字、「之」字並無，而「志」下有「云」字。各本「按地理志」四字作「地理志曰」。

〔斬李由〕　瀧二三・五，慶一〇左三，殿一〇左二，淩一一右八。

索　今陳留之縣　○索金陵同，各本無「之」字。

〔外黃未下〕　瀧二三・六，慶一〇左四，殿一〇左三，淩一一右九。

索　上陳留縣　○殿考「上」字衍。外黃縣屬陳留郡，蓋云陳留之縣耳，或「上」字係「在」字之訛，下「縣」字衍。

〔項梁死〕　瀧二三・八，慶一〇左七，殿一〇左六，淩一一左二。

集　周禮有銜枚氏　○耿中統游殿騆案周禮有銜枚氏。氏，秘閣心。

集　鄭玄曰銜枚止言語囂讙也　○秘閣無「鄭玄曰銜枚止」六字。

集　枚狀如箸　○箸，秘閣北毛殿著。

集　繣結於項者繣音獲　○秘閣上「繣」字作「𨮁」而無「者繣音獲」四字。

〔沛公與項羽方攻陳留〕　瀧二三・八，慶一〇左七，殿一〇左六，淩一一左二。○秘閣無「與」字。

〔此所謂河北之軍也〕　瀧二三・二，慶一一右二，殿一〇左一〇，淩一一左七。

索　歇蘇林音如字　○索金陵無「歇」字。彭韓嵯無「林」字。楓三歇蘇抹林音如字。

索　鄭德音遏絶之遏　○彭韓嵯無「德」字，楓三校補「德」。

索　今依字讀之也　○索金陵同，各本無「之也」二字。

〔秦二世三年〕　瀧二三・三，慶一一右三，殿一一右一，凌一一左八。○年，秘閣季。

〔恐從盱台都彭城〕　瀧二三・四，慶一一右三，殿一一右一，凌一一左八。○從，狩中韓從。

〔其父呂青爲令尹〕　瀧二三・七，慶一一右七，殿一一右四，凌一二右二。

正　時去六國近　○楓三狩時去六國尚近。

正　瓚曰　○各本「瓚曰」二字作「臣瓚曰」三字。按：瀧本誤脱「臣」字。

正　其餘國不稱　○楓三「不稱」二字作「稱相」。

〔先入定關中者王之〕　瀧二四・一，慶一一左一，殿一一右八，凌一二右六。

索　韋昭云　○昭，嵯劭，尾校記「昭」。

索　西以散關爲界　○索金陵同，各本「界」字作「限」。

〔獨項羽怨秦破項梁軍〕　瀧二四・二，慶一一左三，殿一一右一〇，凌一二右九。○秘閣無「軍」字。

〔奮願與沛公西入關〕　瀧二四・三，慶一一左三，殿一一右一〇，凌一二右九。○南化謙狩高中韓奮怒願與沛公西入關。

索　奮憤激也　○南同，各本無「奮」字。

〔項羽爲人僄悍猾賊〕　瀧二四・四，慶一一左五，殿一一左一，凌一二右一〇。〇僄，秘閣對。

索　一云　〇南北殿同。一，耿慶中統彭凌游亦。索金陵「一」作「方言」二字。

索　僄音匹妙反　〇索金陵僄劉音匹妙反。中統彭游無「僄」字。

索　猾賊　〇金陵同。猾，彭禍。各本無「猾賊」二字。

〔襄城無遺類〕　瀧二四・六，慶一一左六，殿一一左三，凌一二左一。

***正**　言項羽曾攻襄城襄城之人無問幻本作「間」。大小盡殺之無復遺餘種類皆坑之漢書噍類即依古義　南化幻岩瀧。

〔諸所過無不殘滅〕　瀧二四・六，慶一一左七，殿一一左四，凌一二左三。

集　噍食也　〇噍，秘閣亦。

集　青州俗言無孑遺爲無噍類　〇秘閣無「言」字。

〔且楚數進取〕　瀧二四・八，慶一一左八，殿一一左四，凌一二左三。

集　數進　〇各本「進」下有「取」字。按：瀧本「進」下誤脱「取」字。

〔告諭秦父兄矣〕　瀧二四・一〇，慶一一左一〇，殿一一左六，凌一二左五。〇各本無「矣」字。按：瀧本以意補「矣」字。

集　漢書音義曰　〇耿中統游殿駰案漢書音義曰。義，秘閣議。

***正**　父兄猶長少也　南化謙岩。

〔今項羽僄悍〕　瀧二五・二，慶一二右一，殿一一左八，凌一二左七。○僄，秘閣剽。

〔今不可遺〕　瀧二五・二，慶一二右一，殿一一左八，凌一二左七。○南化 謙 中韓無「今」字。

集　一無今字　○蜀 游 殿無「一」。

〔乃道碭至成陽〕　瀧二五・三，慶一二右四，殿一一左一〇，凌一二左九。

集　漢書音義曰　○蜀 耿 中統 游 殿駰案漢書音義曰。義，秘閣議。

〔與杠里秦軍夾壁〕　瀧二五・四，慶一二右五，殿一二右一，凌一三右一。○夾，景 井 紹 慶 中統 彭 毛 游 韓 嵯來。札記南宋本、舊刻、王本「夾」作「來」，疑誤。

〔破魏二軍〕　瀧二五・四，慶一二右五，殿一二右二，凌一三右一。

集　成陽杠里二縣名　○凌 殿同，各本無「成陽杠里」四字。

索　在潁川非也　○川，殿州。非，南北。

索　秦軍所別屯地名也　○索 金陵同，蜀無此注。各本無「別」字。

〔擊王離大破之〕　瀧二五・七，慶一二右六，殿一二右二，凌一三右一。

集　攻破東郡尉及王離軍於成武南　○中統 游「成」、「武」互倒。成，秘閣城。

〔沛公引兵〕　瀧二五・八，慶一二右七，殿一二右三，凌一三右二。○札記御覽作「引軍」，與漢書合。

〔西遇彭越昌邑〕　瀧二五・八，慶一二右七，殿一二右三，凌一三右三。○越，紹 北城。

按：「城」、「越」訛。

正 昌邑縣屬山陽　○[殿]無「縣」字。

〔還至栗〕　瀧二五・一〇，慶一二右八，殿一二右五，淩一三右四。

索 縣名　○名，[北]也。

〔奪其軍可四千餘人并之〕　瀧二六・一，慶一二左二，殿一二右八，淩一三右八。

集 功臣表云　○[秘閣]無「云」字。

集 棘蒲剛侯陳武　○[秘閣]棘蒲剛侯則陳武。

集 剛武侯宜爲剛侯武魏將也　○[秘閣]「宜」字作「立」而無「魏將也」三字。

集 柴武以將軍起薛　○武，[秘閣]氏。

集 例未稱謚　○[殿]例未有稱謚。

〔與魏將皇欣魏申徒武蒲之軍〕　瀧二六・三，慶一二左三，殿一二右九，淩一三右九。○[中韓]與魏將皇欣魏將申徒武蒲之軍。蒲，[秘閣][梅]滿。

〔昌邑未拔〕　瀧二六・五，慶一二左四，殿一二右一〇，淩一三右一〇。

考 沛兵引兵至栗　○按：瀧本上「兵」字，「公」訛。

〔西過高陽〕　瀧二六・九，慶一二左四，殿一二右一〇，淩一三左一。

集 屬陳留圉縣　○[秘閣]「圉縣」二字作「國」字。

〔酈食其謂監門曰〕　瀧二六・一〇，慶一二左五，殿一二左一，淩一三左二。○[南化][楓]

三狩中韓無「謂監門」三字。梅無「監門」二字。

集 酈食其音歷異基 ○基，韓嵯篹，彭箕。

〔吾視沛公大人長者〕 瀧二七・一，慶一二左六，殿一二左二，凌一三左三。○人，秘閣夫。

〔沛公方踞牀〕 瀧二七・二，慶一二左七，殿一二左三，凌一三左三。○楓三狩無「沛公」二字。牀，蜀床。

〔使兩女子洗足〕 瀧二七・二，慶一二左七，殿一二左三，凌一三左三。○南化楓三中韓無「兩」字。秘閣桃古無「足」字。

〔足下必欲誅無道秦〕 瀧二七・三，慶一二左八，殿一二左三，凌一三左四。○楓三無「足」字。必，秘閣桃古梅楓三狩方。

〔食其說沛公襲陳留〕 瀧二七・四，慶一二左九，殿一二左五，凌一三左五。○秘閣無「沛公」二字。

〔得秦積粟〕 瀧二七・四，慶一二左一〇，殿一二左六，凌一三左六。

集 漢書音義曰 ○耿中統殿駰案漢書音義曰。

集 春秋傳曰 ○蜀耿無「曰」字。

集 輕行無鐘鼓曰襲 ○襲，秘閣龍。

〔西與秦將楊熊戰白馬〕 瀧二七・七，慶一三右二，殿一二左八，凌一三左九。

正　白馬城故衛之漕邑　○[殿]「城」、「故」互倒。

〔大破之〕　瀧二七・八，慶一三右四，殿一二左九，凌一三左一〇。

索　曲逆在中牟　○[索][金陵]無「曲逆」二字。各本「逆」字作「遇」。按：瀧本「逆」，「遇」訛。

〔二世使使者斬以徇〕　瀧二七・一〇，慶一三右五，殿一三右一，凌一四右二。○[紹]無「者」字。

〔因張良遂略韓地轘轅〕　瀧二八・一，慶一三右七，殿一三右二，凌一四右三。

集　徐廣曰四月　○月，[秘閣]曰。

集　河南新鄭南至潁川南北　○[秘閣]河南至新鄭南——。

集　以良累世相韓　○累，[紹]人。韓，[紹]朝。

集　在緱氏東南　緱，[秘閣]維。

索　凡九十二曲　○[索][金陵]同，各本「凡」字作「爲」。

〔趙別將司馬卬〕　瀧二八・三，慶一三右八，殿一三右四，凌一四右五。○[殿]無「別」字。

〔沛公乃北攻平陰〕　瀧二八・三，慶一三右九，殿一三右四，凌一四右六。

集　地理志　○[耿][殿]駰案地理志。

〔與南陽守齮〕　瀧二八・六，慶一三左一，殿一三右六，凌一四右八。○[秘閣]無「齮」字。

索　音檥　○[索][金陵]同，各本「檥」字作「蟻」。

〔戰犨東破之〕　瀧二八・七，慶一三左一，殿一三右六，凌一四右八。

集　地理志　○耿殿騆案地理志。

〔略南陽郡〕　瀧二八・八，慶一三左二，殿一三右七，凌一四右一〇。○秘閣略南陽之郡。井破略南陽之郡。

〔走保城守宛〕　瀧二八・八，慶一三左三，殿一三右八，凌一四右一〇。

正　南陽縣故城　○札記殿本「城」，各本訛「地」。

〔於是沛公乃夜引兵從他道還〕　瀧二九・一，慶一三左六，殿一三左一，凌一四左三。○中統游無「夜」字。兵，秘閣梅軍。

〔黎明〕　瀧二九・二，慶一三左七，殿一三左一，凌一四左四。

索　謂待天明。○索金陵同，各本「明」下有「時」字。

考　犂孝惠還　○按：瀧本「犂」下誤脱「明」字。

〔圍宛城三帀〕　瀧二九・六，慶一三左七，殿一三左一，凌一四左四。

索　按楚漢春秋曰　○索金陵同，各本無「按」字。

索　鷄未鳴　○鳴，彭明。

索　圍宛城三帀也　○索金陵同，各本「圍」上有「已」字。也，中統游矣。

〔南陽守欲自剄〕　瀧二九・七，慶一三左九，殿一三左三，凌一四左六。○剄，秘閣刑。

〔今足下留守宛〕　瀧二九・九，慶一三左九，殿一三左五，凌一四左六。○宛，紹死。

〔積蓄多〕　瀧二九・九，慶一四右一，殿一三左六，凌一四左八。○蓄，秘閣穡。

〔吏人自以爲降必死〕　瀧二九・一〇，慶一四右二，殿一三左六，凌一四左八。○人，秘閣民。

〔今足下盡日止攻〕　瀧二九・一〇，慶一四右三，殿一三左七，凌一四左九。○秘閣今足下下盡日止攻。

〔引其甲卒與之西〕　瀧三〇・三，慶一四右六，殿一三左七，凌一五右三。○與，景紹後。

〔沛公曰善〕　瀧三〇・四，慶一四右七，殿一四右一，凌一五右四。

集　七月也　○月，秘閣日。

〔至丹水〕　瀧三〇・六，慶一四右九，殿一四右二，凌一五右六。

正　汲冢紀年云　○紀，嵯絶，高校記「紀」。

正　先夏至十日　○日，高月。

正　割其血以塗足　○足，凌是。

〔高武侯鰓〕　瀧三〇・八，慶一四左二，殿一四右五，凌一五右九。

集　音魚鰓之鰓　○殿無「之」字。秘閣無「之鰓」二字。

〔襄侯王陵降西陵〕　瀧三〇・九，慶一四左二，殿一四右六，凌一五右一〇。

集　時韓成封穰侯　○中統游無「穰侯」二字。

集　是陵所封　○金陵同，各本無「陵」字。

〔與皆降析酈〕　瀧三一・五，慶一四左五，殿一四右八，凌一五左三。○皆，南化楓三梅謙狩野高中韓偕。

索 鄒誕生音錫　○索無「生」字。耿鄒誕生析音錫。

索 酈音歷　○索金陵同，各本無「酈音」二字。

索 顏師古云　○索金陵同，各本無「顏師古云」四字。

〔遣魏人甯昌使秦〕　瀧三一・六，慶一四左七，殿一四左一，凌一五左五。○遣，紹過。

〔及趙高已殺二世〕　瀧三二・四，慶一四左一〇，殿一四左四，凌一五左八。○及，紹毛又。

〔因襲攻武關破之〕　瀧三二・七，慶一五右三，殿一四左六，凌一六右一。

索 將通於少習　○通，中統游近。

索 在武關西也　○索金陵同，各本「西」上有「之」字。

〔又與秦軍戰於藍田南〕　瀧三二・八，慶一五右三，殿一四左七，凌一六右二。○又，紹人。

〔秦人憙〕　瀧三三・二，慶一五右六，殿一四左七，凌一六右四。○憙，梅景紹喜。人，梅民。

〔漢元年十月〕　瀧三三・四，慶一五右八，殿一四左一〇，凌一六右六。○年，秘閣季。

集 張蒼傳云　○云，秘閣曰。

集 以高祖十月至霸上　○祖，蜀相。

正 沛公已未年十月至霸上　○金陵同，各本「十」作「七」。札記原訛「七月」，今改。

正 沛公封漢王　○慶彭凌無「封」字。

正 故郤書初至霸上戰之月　○金陵無「戰」字。慶彭凌無「月」字。札記殿本有「月」字，各本脫。又「之」上衍「戰」字，今删。

〔封皇帝璽符節〕　瀧三三・八，慶一五左三，殿一五右五，凌一六左一。

索 又獨以玉符發兵符也。○符，慶彭凌殿將。

索 又漢官儀云　○索金陵同，各本「云」字作「曰」。

索 代代傳受　○受，游授。

索 號曰漢傳國璽也　○曰，中統彭索游金陵云。耿井號曰漢傳國璽者也。

正 凡事皆用之璽令施行　○札記「璽」字上下當有脫文。

正 天子之璽　○彭金陵同，慶凌殿無「天子」二字。殿考據唐書禮志「之璽」上有「天子」二字。札記「天子」二字吴增。

正 青囊白素裹　○金陵同，各本此注五字作「青布索白素」。札記原誤作「青布索白素」，考證據續漢輿服志改。

正 紫泥水在今成州　○在，凌有。

〔降軹道旁〕　瀧三四・三，慶一五左七，殿一五右一〇，凌一六左九。○軹，索枳，紹軌。

索 枳音只　○索金陵同，各本「枳」字作「軹」。

索 漢宫殿疏云　○金陵同，各本「漢」下有「書」字。索案漢宫殿疏云。

索　枳道亭　○枳，中統彭游韓嵯軹。

索　東去霸水百步　○霸，索灞。

索　在長安東十三里也　○三，索二。南北「十」、「三」互倒。

〔召諸縣父老豪桀曰〕　瀧三四・八，慶一六右三，殿一五左五，淩一七右三。○秘閣召秦諸縣老父豪桀曰。桀，彭淩游殿傑。

〔偶語者弃市〕　瀧三四・九，慶一六右五，殿一五左七，淩一七右五。

集　秦禁民聚語偶對也　○楓三秦法禁民聚語偶對也。

索　故今律謂絞刑爲弃市是也　○索金陵同，游無「是」字。各本無「市是」二字。

〔與父老約法三章耳〕　瀧三五・一，慶一六右七，殿一五左九，淩一七右七。

*正　約省也減也省減秦之煩法唯三章謂殺人傷人及盜　南化謙岩幻瀧。

〔抵罪〕　瀧三五・三，慶一六右八，殿一五左九，淩一七右八。

集　又當也　○秘閣無「又當也」三字。

集　除秦酷政　○除，秘閣强。

集　李斐曰　○斐，南化楓三奇。

集　盜臧有多少　○金陵同，各本「臧」字作「賊」。楓三盜賊臧有多少。

集　罪名不可豫定　○豫，紹項，彭預。

索　以言省刑也　○也，索耳。

〔諸吏人皆案堵如故〕　瀧三五・八，慶一六左二，殿一六右四，凌一七左二。○人，[楓][三]民。[彭]「案」字作「按注」二字。

集　案案次第　○[金陵]同，各本無下「案」字。次，[紹]文。第，[秘閣]弟。[札記]下「案」字吴增，與漢書注合。

〔秦人大喜〕　瀧三六・二，慶一六左五，殿一六右七，凌一七左六。○人，[南化][楓][三][謙][狩][岩][中韓]民。

〔不欲費人人又益喜〕　瀧三六・三，慶一六左七，殿一六右八，凌一七左七。○[南化][楓][三][謙][中韓][狩][岩]「人人」二字作「民民」。喜，[秘閣]嘉。

〔或説沛公曰〕　瀧三六・五，慶一六左七，殿一六右八，凌一七左八。

索　按楚漢春秋云。○[索][金陵]同，各本無「按」字。

索　而張良系家云　○[索][金陵]同，各本「系」字作「世」。

索　則鯫生是小生　○[索][金陵]同，各本「則鯫生是」四字作「言鯫小也」。

〔可急使兵守函谷關〕　瀧三六・八，慶一七右一，殿一六左二，凌一八右一。

正　有洪溜澗　○溜，[慶][彭][凌]留。

〔項羽果率諸侯兵西〕　瀧三七・一，慶一七右四，殿一六左五，凌一八右四。○西，[蜀]四。

〔亞父勸項羽擊沛公〕　瀧三七・八，慶一七右九，殿一六左九，凌一八右九。

索　項羽得范增號曰亞父　○[南]無「曰」字。

索 猶管仲齊謂仲父 ○索無「齊」字。

〔號二十萬〕 瀧三七・一〇，慶一七左一，殿一七右一，凌一八左二。○二，蜀一。

〔夜往見良〕 瀧三七・一〇，慶一七左二，殿一七右二，凌一八左二。○井南紹毛無「往」字。往，秘閣行。

〔驅之鴻門〕 瀧三八・二，慶一七左四，殿一七右三，凌一八左四。

索 按姚察云 ○索金陵同，各本無「按」字。

〔不然籍何以至此〕 瀧三八・四，慶一七左六，殿一七右五，凌一八左六。○至，景井紹耿慶中統彭毛金陵韓嵯生。札記「生」字，南宋、中統、毛本同，與漢書合，王本作「玉」，亦「生」之訛，凌作「至」。案，疑「生」與「至」皆「出」之誤。

〔立誅曹無傷〕 瀧三八・六，慶一七左六，殿一七右六，凌一八左七。○秘閣無「立」字。

〔秦人大失望〕 瀧三八・七，慶一七左八，殿一七右七，凌一八左八。○人，秘閣民。

〔後天下約〕 瀧三八・九，慶一七左一〇，殿一七右九，凌一九右一。

正 令羽北救趙 ○令，凌今。

〔吾家項梁所立耳〕 瀧三八・九，慶一八右一，殿一七右九，凌一九右二。○耳，南北爾。

〔乃佯尊懷王爲義帝〕 瀧三九・一，慶一八右三，殿一七左一，凌一九右三。○佯，秘閣金陵詳。

〔正月〕　瀧三九・二，慶一八右三，殿一七左二，凌一九右四。

正　當時謂之四月也　○金陵韓同，各本「時」字作「是」。札記「時」誤「是」，考證據漢書注改。

〔司馬欣爲塞王〕　瀧三九・八，慶一八右九，殿一七左七，凌一九右一〇。

正　取河華之固爲阸塞耳　○阸，殿扼。

〔都櫟陽〕　瀧三九・九，慶一八右一〇，殿一七左九，凌一九左一。

索　因葬太上皇改曰萬年　○金陵同，各本「曰」上有「名」字。

〔都朝歌〕　瀧四〇・一，慶一八左四，殿一八右二，凌一九左五。○歌，秘閣謌。

〔趙王歇徙王代〕　瀧四〇・二，慶一八左四，殿一八右三，凌一九左六。○桃古「徙王代」三字作「爲王代」。

〔都六〕　瀧四〇・三，慶一八左六，殿一八右四，凌一九左七。

索　韋昭云當陽南郡縣名　○索金陵無「當陽」二字。

〔番君吳芮爲衡山王〕　瀧四〇・五，慶一八左七，殿一八右五，凌一九左九。○南化楓三狩「番君」二字作「六婆」。

〔都邾〕　瀧四〇・五，慶一八左八，殿一八右六，凌一九左九。○南化楓三狩都六抹又言朱邾。

〔都薊〕　瀧四〇・六，慶一八左九，殿一八右七，凌一九左一〇。○南化楓三狩都六計薊。

〔漢王之國〕　瀧四〇・九，慶一九右二，殿一八右九，凌二〇右二。○楓三狩漢王之時國。

〔項王使卒三萬人從〕　瀧四〇・九，慶一九右二，殿一八右一〇，凌二〇右四。○項，秘閣羽。

〔楚與諸侯之慕從者數萬人〕　瀧四〇・一〇，慶一九右三，殿一八右一〇，凌二〇右四。○南無「數」字。

〔從杜南〕　瀧四〇・一〇，慶一九右三，殿一八右一〇，凌二〇右五。

正　故杜伯國　○國，凌也。

考　陜西西安府咸寧縣東南　○按：瀧本「陜」，「陝」訛。

〔入蝕中〕　瀧四一・一，慶一九右五，殿一八左二，凌二〇右五。

索　李奇音力　○索金陵同，各本無此注。

索　王劭按説文作⿰金蚤　○⿰金蚤，中統南北殿鍾，凌鐘。札記案，説文無「⿰金蚤」字，集韵六豪云「⿰金蚤鉡銅器」，類篇同。中統、凌本作「鐘」，柯本「鍾」，皆誤。

索　故名之音力也　○索金陵同，各本無「音力也」三字。

〔去輒燒絶棧道〕　瀧四一・四，慶一九右六，殿一八左三，凌二〇右八。

索　包愷音士版反　○版，索板。耿中統索游無「反」字。

索 而施版梁爲閣　○版，索板。索無「爲閣」二字。

〔韓信説漢王曰〕　瀧四一・七，慶一九右九，殿一八左六，凌二〇左一。

集 韓王信　○秘閣無「王」字。

集 非淮陰侯信也　○秘閣無「信」字。

〔是遷也〕　瀧四二・二，慶一九右一〇，殿一八左七，凌二〇左二。

集 若有罪見遷徙　○秘閣無「遷」字。

〔可以有大功〕　瀧四二・三，慶一九左三，殿一八左九，凌二〇左四。○札記御覽二百八三引「有」作「成」。

〔人皆自寧〕　瀧四二・四，慶一九左三，殿一八左一〇，凌二〇左五。○人，秘閣民。

〔乃使使徙義帝長沙彬縣〕　瀧四二・六，慶一九左六，殿一九右二，凌二〇左七。○各本「彬」字作「郴」。瀧本「彬」，「郴」訛。

〔令夏説説田榮〕　瀧四三・一，慶二〇右一，殿一九右七，凌二一右二。○彭韓嵯令夏説音悦説田榮。

正 上音悦下音税　○凌無兩「音」字。

〔迎趙王歇於代〕　瀧四三・二，慶二〇右三，殿一九右八，凌二一右四。○秘閣無「於」字。

〔襄雍王章邯〕　瀧四三・七，慶二〇右五，殿一九右一〇，凌二一右六。

集　地理志　○耿中統游殿駰案地理志。

〔引兵圍雍王廢丘〕　瀧四三・一○，慶二○右八，殿一九左三，凌二一右九。○引，南化三謙狩岩中韓慶別。

〔令將軍薛歐王吸出武關〕　瀧四四・二，慶二○右九，殿一九左四，凌二一右一○。

集　歐音惡后反　○秘閣無此注。

〔塞王欣翟王翳河南王申陽〕　瀧四四・七，慶二○左五，殿一九左一○，凌二一左七。○秘閣無「申」字。

〔諸將以萬人〕　瀧四五・三，慶二○左九，殿二○右三，凌二二右一。○彭韓嵯無「以萬人」三字，楓三狩野高校補「以萬人」。秘閣「諸」、「將」互倒。

〔繕治河上塞〕　瀧四五・三，慶二○左一○，殿二○右四，凌二二右一。

集　晁錯傳　○晁，秘閣景井蜀紹朝，毛鼂。

〔皆令人得田之〕　瀧四五・六，慶二○左一○，殿二○右五，凌二二右二。○人，秘閣民。

〔正月〕　瀧四五・六，慶二一右一，殿二○右五，凌二二右三。○楓三本正月。

〔至陝撫關外父老還〕　瀧四五・六，慶二一右一，殿二○右五，凌二二右三。○陝，凌金陵陝。

〔新城〕　瀧四六・二，慶二一右五，殿二○右九，凌二二右七。○城，秘閣成。

〔遮説漢王〕　瀧四六・三，慶二一右七，殿二〇右一〇，凌二三右七。

〔袒而大哭〕　瀧四六・七，慶二一右八，殿二〇左二，凌二三右一〇。

正　董公八十二　〇八，凌公。

集　亦如禮袒踊　〇亦，秘閣久。

〔臨三日〕　瀧四六・八，慶二一右九，殿二〇左三，凌二三左一。〇秘閣哀臨三日。

〔今項羽放殺義帝於江南〕　瀧四六・九，慶二一左一，殿二〇左四，凌二三左三。〇秘閣無「於」字。

〔以下〕　瀧四六・一〇，慶二一左二，殿二〇左六，凌二三左四。

正　從是東行至徐州擊楚　〇是，慶凌務。札記殿本「是」，各本誤「務」。

〔平原民殺之〕　瀧四七・四，慶二一左五，殿二〇左九，凌二三左七。〇紹無「民」字。

〔係虜其子女〕　瀧四七・五，慶二一左六，殿二〇左九，凌二三左八。〇係，凌繫。

〔齊人叛之〕　瀧四七・五，慶二一左七，殿二〇左一〇，凌二三左九。〇叛，秘閣畔。

〔齊王反楚城陽〕　瀧四七・五，慶二一左七，殿二〇左一〇，凌二三左九。〇秘閣無「齊王」二字。

〔睢水上大破漢軍〕　瀧四八・一，慶二三右二，殿二一右五，凌二三右五。

*＊***正**　睢音雖睢水故瀆首起汴州陳留縣南合通齊渠入泗　南化幻謙岩。

〔睢水爲之不流〕 瀧四八・一，慶二三右二，殿二一右五，凌二三右五。○秘閣無「之」字。

〔下邑〕 瀧四八・一〇，慶二三右六，殿二一右七，凌二三右七。

集 在梁 ○梁，秘閣漢。

〔公能令布舉兵叛楚〕 瀧四九・二，慶二三右八，殿二一右一〇，凌二三右一〇。○叛，秘閣畔。

〔布果背楚〕 瀧四九・三，慶二三右九，殿二一左一，凌二三左一。○背，秘閣陪。

〔漢王之敗彭城而西行〕 瀧四九・四，慶二三右一〇，殿二一左一，凌二三左二。○秘閣漢王走敗之「之」、「敗」互倒。 彭城而西行。

〔立爲太子〕 瀧四九・六，慶二三左二，殿二一左三，凌二三左三。○太，耿大。

〔諸侯子在關中者〕 瀧四九・七，慶二三左三，殿二一左四，凌二三左四。○秘閣無「者」字。

〔與諸將及關中卒益出〕 瀧五〇・二，慶二三左七，殿二一左八，凌二三左八。○秘閣與諸侯將及關中卒益出。

〔視親疾〕 瀧五〇・四，慶二三左九，殿二一左一〇，凌二三左一〇。○秘閣無「疾」字。

〔至即絶河津反爲楚〕 瀧五〇・四，慶二三左九，殿二一左一〇，凌二三左一〇。

*__正__ 絶斷也河津幻本作「漢」。 即蒲州滿州南化、幻、謙本無「滿州」二字。 蒲津關也蒲津橋即此處也旆瀧川、幻本

無上三字。豹從同州由橋至南化、謙本無「至」，岩本「至」作「過」。河東即斷之而叛漢也　[南化][謙][岩]
[幻][瀧]。

〔擊大破之〕瀧五〇・六，慶二三右一，殿二二右一，凌二四右一。〇[秘閣]無「之」字。

〔虜豹〕瀧五〇・六，慶二三右一，殿二二右一，凌二四右二。〇[秘閣]虜魏豹。

〔遂定魏地〕瀧五〇・六，慶二三右一，殿二二右二，凌二四右二。〇[秘閣]無「地」字。

〔築甬道〕瀧五一・一，慶二三右四，殿二二右四，凌二四右五。〇築，[耿]集。

〔項羽數侵奪漢甬通〕瀧五一・三，慶二三右七，殿二二右七，凌二四右八。〇[秘閣]項羽數侵奪漢軍甬道。

正「甬音勇」至「如街巷」二十九字　〇[殿]此注誤爲集解。

〔乃用陳平之計〕瀧五一・五，慶二三右九，殿二二右九，凌二四右一〇。〇[游]無「之」字。

〔漢軍絶食〕瀧五一・七，慶二三左二，殿二二左一，凌二四左三。〇絶，[游]乏。

〔二千餘人被甲〕瀧五一・八，慶二三左三，殿二二左二，凌二四左三。〇[秘閣][桃古]無「被甲」二字。

〔楚因四面擊之〕瀧五一・八，慶二三左三，殿二二左二，凌二四左四。〇四，[秘閣]西。

〔乃乘王駕〕瀧五一・八，慶二三左三，殿二二左三，凌二四左四。〇王，[毛]玉。

〔令御史大夫周苛魏豹樅公守滎陽〕瀧五二・一，慶二三左七，殿二二左四，凌二四左六。

○樅，景井蜀毛摐。

〔因殺魏豹〕　瀧五二・三，慶二三左七，殿二二左六，凌二四左八。

集　案月表三年七月　○月，秘閣年。

集　四年三月　○蜀無「四」字。

集　四月魏豹死　○秘閣無「月」字。

集　二者不同　○二，蜀一。

集　項羽殺紀信周苛樅公　○秘閣無「信」字而「殺」、「紀」互倒。

＊**正**　史記項羽及高祖紀漢書及史記月表皆言三年殺魏豹而月表又言周苛魏豹死在四年夏四月表誤　南化謙岩幻瀧。

〔漢常困〕　瀧五二・六，慶二三左一〇，殿二二左九，凌二五右一。○札記御覽引「困」上有「中」字。

〔項羽必引兵南走〕　瀧五二・六，慶二四右一，殿二二左九，凌二五右一。○羽，秘閣王。

〔使韓信等輯河北趙地連燕齊〕　瀧五二・八，慶二四右二，殿二二左一〇，凌二五右二。

＊**正**　輯與集同集瀧川、幻本無「集」字。謂和合也　南化謙岩幻瀧。

〔漢得休復與之戰〕　瀧五二・一〇，慶二四右四，殿二三右二，凌二五右四。○札記御覽引「休」下有「息」字，蓋亦依漢書。

〔漢王堅壁不與戰〕　瀧五三・二，慶二四右七，殿二三右五，凌二五右七。○井耿慶彭毛凌游無「王」字。堅，秘閣深。札記舊刻有「王」字，凌引一本及御覽引同。

〔是時彭越渡睢水〕　瀧五三・三，慶二四右七，殿二三右五，凌二五右八。○秘閣無「水」字。

〔項羽已破走彭越〕　瀧五三・五，慶二四右九，殿二三右七，凌二五右一〇。○越，耿城。

〔乃復引兵西拔滎陽〕　瀧五三・六，慶二四右九，殿二三右八，凌二五右一〇。○拔，凌投。

〔漢王跳〕　瀧五三・七，慶二四左一，殿二三右八，凌二五左一。

索　跳驅至長安　○驅，索駈。

索　音徒調反　○音，索云。

〔出成皋玉門〕　瀧五三・八，慶二四左三，殿二三右一〇，凌二五左三。

集　徐廣曰　○札記警云，「曰」，當作「注」。案，如錢說，疑此是後人旁注，非集解文。

集　北門名玉門　○秘閣北門北門名玉門。

索　故曰滕公也　○索金陵同，各本此注五字作「故呼爲滕公」。

〔南饗軍小脩武南〕　瀧五四・一，慶二四左六，殿二三左三，凌二五左七。○饗，秘閣鄕。

〔使盧綰劉賈將卒二萬人騎數百〕　瀧五四・三，慶二四左八，殿二三左五，凌二五左八。○秘閣漢使盧綰劉賈——。

〔遂復下梁地十餘地〕　瀧五四・六，慶二五右一，殿二三左七，凌二六右一。

考 漢軍方圍鍾離昧于滎陽東 ○按：瀧本「昧」，「眛」訛。

〔淮陰已受命東〕 瀧五五・二，慶二五右一，殿二三左八，凌二六右二。○楓淮陰侯已受命東。

〔廣叛楚與漢和〕 瀧五五・四，慶二五右三，殿二三左九，凌二六右三。○叛，秘閣畔。

〔韓信用蒯通計〕 瀧五五・四，慶二五右三，殿二三左九，凌二六右三。○計，耿討。

〔度兵汜水〕 瀧五六・四，慶二五左三，殿二四右八，凌二六左三。○度，南北殿渡。

〔項羽至睢陽〕 瀧五六・七，慶二五左五，殿二四右一○，凌二六左五。○秘閣項羽至睢陽則。

〔乃遣張良〕 瀧五六・一○，慶二五左九，殿二四左四，凌二六左九。○桃古「張良」二字作「張子房」三字。

〔操印綬〕 瀧五六・一○，慶二五左一○，殿二四左四，凌二六左九。○操，蜀橾。

〔立韓信爲齊王〕 瀧五六・一○，慶二五左一○，殿二四左四，凌二六左一○。

集 三月 ○三，彭韓二。

〔楚漢久相持〕 瀧五七・二，慶二六右二，殿二四左六，凌三七右一。○持，南化楓三謙岩中韓枝。札記「楚」、「漢」，毛本倒。

〔始與項羽俱受命懷王〕 瀧五七・五，慶二六右四，殿二四左八，凌二七右四。○羽，游王。

〔罪二〕　瀧五七・七，慶二六右七，殿二四左一〇，凌二七右六。

索　卿者大夫之尊　○索金陵同，各本「大」上有「卿」字。

索　子者子男之爵　○索無「子者」二字。

索　冠軍人之首也　○索金陵同，各本「軍」字作「者」。

〔掘始皇帝冢〕　瀧五七・一〇，慶二六右一〇，殿二五右三，凌二七右九。○冢，景井耿毛金陵凌和冢。

〔私收其財物〕　瀧五七・一〇，慶二六右一〇，殿二五右三，凌二七右九。○南化楓三謙岩中韓「私」、「收」互倒。

〔詐阬秦子弟新安二十萬〕　瀧五八・一，慶二六左一，殿二五右四，凌二七右一〇。○阬，秘閣坑。

〔而徙逐故主〕　瀧五八・三，慶二六左二，殿二五右五，凌二七左一。○主，游王。

索　謂田市　○市，慶彭凌南殿氏。

〔項羽使人陰弑義帝江南〕　瀧五八・五，慶二六左四，殿二五右七，凌二七左五。○弑，秘閣殺。

〔夫爲人臣而弑其主〕　瀧五八・六，慶二六左五，殿二五右八，凌二七左五。○秘閣無「而」字。

〔大逆無道〕　瀧五八・六，慶二六左六，殿二五右九，凌二七左六。○秘閣無「大」字。

〔罪十也〕　瀧五八・七，慶二六左七，殿二五右一〇，凌二七左六。○秘閣無「十」字。

〔何苦乃與公挑戰〕　瀧五八・九，慶二六左八，殿二五左一，凌二七左七。○札記「乃」、「與」疑當乙。

〔虜中吾指〕　瀧五八・一〇，慶二六左九，殿二五左二，凌二七左九。

索　捫摸也　○捫，游謂。

索　或者中匈而捫足　○索金陵同，各本此注七字作「或云胷而捫足」六字。

*__正__　恐士南化、謙、岩本「士」作「事」，謙本「士」下有「卒」。　壞散故言幻本「言」下有「山」。　中吾足指　南化謙岩狩幻高瀧。

〔病甚〕　瀧五九・三，慶二七右二，殿二五左四，凌二八右一。

索　按三輔故事曰　○索金陵同，各本無「按」字。

索　言漢王病創也　○索無此注。

〔梟故塞王欣頭櫟陽市〕　瀧五九・四，慶二七右五，殿二五左六，凌二八右四。

索　梟縣首於木也　○殿金陵同，各本「縣」字作「懸」。

索　令梟之於櫟陽者　○令，殿今。

〔齊王信又進擊楚〕　瀧五九・八，慶二七右八，殿二五左九，凌二八右七。○秘閣齊王韓信又進擊楚。

〔鴻溝而東者爲楚〕 瀧六〇・二，慶二七右九，殿二五左一〇，凌二八右八。

索 在滎陽東南三十里 ○索 金陵 同，各本「三」作「二」。

索 一渠東南流經浚儀 ○索 金陵 同，各本無「南」字。

索 謂之鴻溝 ○鴻，索 洪。

索 一渠東經陽武南爲官渡水 ○索 金陵 同，各本「經」字作「至」。

索 北征記云 ○索「北征記云」四字作「經云」二字。札記 單本作「水經云」今水經無此文，合刻本作「北征記」。案，後漢書獻帝紀注引裴松之北征記，正與此注合，今從之。

索 中牟臺下臨汴水 ○汴，索 淮。

〔軍中皆呼萬歲〕 瀧六〇・四，慶二七左二，殿二六右三，凌二八左二。○秘閣 無「中」字。

〔建成侯彭越〕 瀧六〇・六，慶二七左四，殿二六右五，凌二八左四。○成，秘閣 城。

〔用張良計〕 瀧六〇・八，慶二七左六，殿二六右七，凌二八左六。○秘閣「良」字作「子房」二字。

〔擧九江兵而迎之〕 瀧六一・二，慶二七左九，殿二六右九，凌二八左八。

*正 漢書云漢亦遣人誘楚大司馬周殷殷叛楚以舒南化、謙本無「舒」。 屠六擧九江兵迎黥布 南化 謙 岩 幻 瀧。

〔隨何劉賈〕 瀧六一・五，慶二七左一〇，殿二六右一〇，凌二八左九。○札記 志疑云「何」字衍，漢書無。案，項羽紀亦作「隨劉賈」。

〔淮陰侯將三十萬自當之〕　瀧六一・九，慶二一八右三，殿二一六左三，凌二一九右二。○桃古
南化 楓 三 謙 狩 中韓 淮陰侯將三十萬自前當之。

〔絳侯柴將軍在皇帝後〕　瀧六一・一〇，慶二一八右四，殿二一六左三，凌二一九右三。○柴，岩
紫。札記 御覽引「皇帝」作「漢王」與漢書合。

〔不利卻〕　瀧六二・一，慶二一八右五，殿二一六左五，凌二一九右四。○金陵同，各本「卻」字作
「却」。

〔孔將軍費將軍縱〕　瀧六二・一，慶二一八右五，殿二一六左五，凌二一九右四。○南化 三 謙
野 岩 中韓 孔將軍費將軍縱兵。

正　縱兵擊項羽也　○南 北 殿 縱縱兵擊項羽也。

〔楚兵不利〕　瀧六二・二，慶二一八右六，殿二一六左六，凌二一九右五。○札記 御覽引作「楚
兵退」。

〔淮陰侯復乘之〕　瀧六二・二，慶二一八右六，殿二一六左六，凌二一九右五。

正　復扶富反　○扶，慶 彭 殿 侯。

〔項羽卒聞漢軍楚歌〕　瀧六二・七，慶二一八右八，殿二一六左七，凌二一九右七。○軍，紹 之。
井 慶 彭 凌 游 項羽卒聞漢軍之楚歌。凌 一本無「之」字。志疑 案，「之」字當衍。按：
瀧本、凌本傍注刪「之」字。

索　今鷄鳴歌也　○殿楚歌今鷄鳴歌也。

索　是楚人之歌聲也　○索「是」字、「人」字、「聲」字並無。

〈是以兵大敗〉　瀧六二一・九，慶二一八右一〇，殿二一六左九，凌二一九右九。○敗，秘閣破。

〈遂略定楚地〉　瀧六二一・一〇，慶二一八左一，殿二一六左一〇，凌二一九右一〇。○地，嵯兵。嵯無「楚」字，高校補「楚」。

〈皆疑不信〉　瀧六三・七，慶二一八左八，殿二一七右六，凌二一九左七。○信，秘閣桃古南化楓三謙宜。

〈諸君必以爲便便國家〉　瀧六三・八，慶二一八左九，殿二一七右七，凌二一九左七。○秘閣無「必」字。南化楓三謙狩野中韓不重「便」字。岩下「便」字作「略」。

〈甲午〉　瀧六三・九，慶二一八左九，殿二一七右七，凌二一九左八。○桃古二月甲午。

集　二月甲午　○金陵同，凌無「甲午」二字。景蜀紹耿慶彭游南北殿韓無「二」，楓三謙中韓校補「二」。

〈乃即皇帝位氾水之陽〉　瀧六三・九，慶二一八左九，殿二一七右七，凌二一九左八。

集　上古天子稱皇　○紹無「子」字。

集　其次稱帝　○秘閣無此注。

〈淮南王布燕王臧荼趙王敖〉　瀧六四・九，慶二一九右八，殿二一七左六，凌三〇右八。○秘閣

南化 楓 三 謙 狩 高 中韓 淮南王布燕王臧荼趙王共敖。
〔天下大定〕 瀧六四・一〇，慶二九右九，殿二七左六，凌三〇右八。○札記 舊刻「大」作「悉」。
〔爲項羽叛漢〕 瀧六五・一，慶二九右一〇，殿二七左七，凌三〇右九。○叛，楓 三 破。
〔列侯諸將〕 瀧六五・六，慶二九左四，殿二八右一，凌三〇左四。○紹 列侯諸侯將。
〔高起王陵對曰〕 瀧六五・八，慶二九左六，殿二八右三，凌三〇左五。
集 孟康曰 ○康，秘閣 善。
〔項羽仁而愛人〕 瀧六五・一〇，慶二九左八，殿二八右四，凌三〇左七。○羽，毛 王。
〔項羽妒賢嫉能〕 瀧六六・二，慶二九左九，殿二八右六，凌三〇左九。○妒，紹 耿 慶 中統 彭 毛 凌 游 殿 金陵 妬。
〔戰勝而不予人功〕 瀧六六・二，慶三〇右一，殿二八右七，凌三〇左九。○予，中統 游 與。
〔此三者皆人傑也〕 瀧六六・八，慶三〇右五，殿二八左一，凌三一右四。○南化 彭 韓 嵯 此三人者皆人傑也。者，北 殿 人。
〔而不能用〕 瀧六六・九，慶三〇右六，殿二八左一，凌三一右四。○能，三 説。
〔此其所以爲我擒也〕 瀧六六・九，慶三〇右七，殿二八左二，凌三一右六。○南化 楓

〔三〕謙 狩 此其所以爲我所擒。擒，秘閣禽。

〔齊人婁敬說〕　瀧六六·一〇，慶三〇右七，殿二八左三，凌三一右六。○各本「婁」字作「劉」。札記 敬未賜姓，宜如漢書稱「婁敬」，或史公以下文不書賜姓事，故省文稱之。御覽此處引皆同漢書，劉亦作「婁」，蓋參班文，不足據校。按：瀧本據札記，一說「劉」改作「婁」。

〔大赦天下〕　瀧六七·三，慶三〇右九，殿二八左四，凌三一右七。○秘閣無「天下」二字。

〔十月燕王臧荼反〕　瀧六七·一〇，慶三〇右九，殿二八左四，凌三一右八。○札記 志疑云「十」乃「七」之誤。

〔高祖自將擊之〕　瀧六八·二，慶三〇右一〇，殿二八左五，凌三一右八。○秘閣無「之」字。

〔得燕王臧荼〕　瀧六八·二，慶三〇右一〇，殿二八左五，凌三一右九。○秘閣此五字作「燕王得臧荼」。

〔如家人父子禮〕　瀧六八·九，慶三〇左六，殿二九右一，凌三一左五。○秘閣以如家人父子禮。

〔太公雖父人臣也〕　瀧六九·二，慶三〇左八，殿二九右三，凌三一左七。○紹無「也」字。

〔太公擁篲迎門卻行〕　瀧六九·三，慶三〇左九，殿二九右四，凌三一左八。

*正 崔浩曰擁抱也篲長箒卒寺之所執也按擁篲曲腰持箒太公曲腰若岩本無「若」。擁箒瀧本無「太公」至「擁

箒」七字。 南化 幻 謙 岩 野 高。

集 如今卒持帚者也 ○帚，秘閣箒。 秘閣無「者也」二字。

〔高祖乃尊太公爲太上皇〕 瀧六九・五，慶三一右二，殿二一九右六，凌三一左一〇。

索 欲尊其父 ○索 金陵同，各本「欲」字作「故」。

索 故號曰太上皇也 ○索 金陵同，各本「故」字、「曰」字並無。

〔賜金五百斤〕 瀧六九・八，慶三一右四，殿二一九右八，凌三一右二。

索 顏氏按荀悅云 ○索 金陵同，各本「顏」字作「顧」。

索 因得尊崇父號也 ○謙 因得尊崇父號也故得賜金非善其令父敬己也。

〔乃僞遊雲夢〕 瀧七〇・一，慶三一右六，殿二一九左一，凌三一右六。

集 在南郡華容縣 ○縣，秘閣也。

〔大赦天下〕 瀧七〇・二，慶三一右八，殿二一九左二，凌三一右七。 ○井 紹 甚善大赦天下。

〔因説高祖曰〕 瀧七〇・三，慶三一右九，殿二一九左三，凌三一右八。 ○桃 古 景 蜀 南 北 殿 因説高祖曰甚善。

〔秦形勝之國〕 瀧七〇・五，慶三一右一〇，殿二一九左四，凌三一右九。 ○秘閣 秦形勝之國也。

〔帶河山之險〕 瀧七〇・五，慶三一左一，殿二一九左五，凌三一右一〇。 ○南 北 金陵 「河」、「山」互倒。 秘閣無「之」字。

〔秦得百二焉〕　瀧七〇・六，慶三一左一，殿二九左五，凌三三右一〇。

集　河山之險　〇【殿】【金陵】同，各本「河」、「山」互倒。【秘閣】言河山之險。

集　與諸侯相縣　〇【毛】【金陵】同，各本「縣」字作「懸」。

集　隔絶千里也　〇【蜀】【凌】同，各本「隔」下有「地」字。

集　得天下之利百二也　〇百，【毛】用。

集　由地勢高　〇【耿】【中統】【游】【殿】【金陵】同，各本「由」字作「内」。

集　順流而下易　〇順，【毛】項。

索　按文以河山險固形勝　〇文，【南】【北】又。勝，【中統】【游】勢。

索　其勢如隔千里也　〇勢，【中統】游勝。

索　蘇林曰百二百中之二二十萬人也　〇【索】【金陵】同，各本無此注。

索　言諸侯持戟百萬　〇戟，【嵯】載。

索　一倍於天下　〇【索】【金陵】同，各本「一」作「百」。

索　齊得十二　〇得，【游】有。

索　齊地形勝　〇【殿】【金陵】同，各本「勝」字作「號」。

索　當二十萬人也　〇二，【中統】【游】五。

〔譬猶居高屋之上建瓴水也〕　瀧七一・二，慶三一左七，殿三〇右一，凌三三左七。

集　——而幡瓴水——　〇幡，【南】【北】【殿】翻。

＊正　幡寫也應李貞意岩本作心。齊之縣隔也言齊境闊不啻千里故云外蘇劉秦之縣隔也秦之外齊次之應李蘇劉同百萬十分之二廿萬唯應南化、幻本無「應」。李秦齊相敵獲到秦强而齊次之者與上說封素今引虞喜爲異義猶與上同　南化幻謙岩。

集　建音蹇　○蹇，秘閣謇。

集　瓴甕似瓶者　○秘閣「瓴」字、「似」字並無。

〔南有泰山之固〕　瀧七一・四，慶三一左九，殿三〇右四，凌三二左一〇。○泰，景紹毛太。

〔西有濁河之限〕　瀧七一・四，慶三一左九，殿三〇右四，凌三二左一〇。

集　孟津號濁河　○中統彭游「濁河」二字作「黃河」。

集　故曰濁河　○河，秘閣也。

〔北有勃海之利〕　瀧七一・五，慶三一左一〇，殿三〇右五，凌三三右一。

索　海旁出爲勃　○索無「出」字。爲，索云。

索　名曰勃海郡　○索無此注。

〔縣隔千里之外〕　瀧七一・六，慶三二右二，殿三〇右六，凌三三右二。○縣，秘閣懸。

索　以言齊境闊　○南北殿無「以」字。闊，殿濶。

索　故云之外也　○索金陵同，各本「之」上有「千里」二字。云，中統游曰。

〔齊得十二焉〕　瀧七一・七，慶三二右三，殿三〇右七，凌三三右三。

集　齊得十之二　〇南化、楓、三齊得十之二耳。

集　故齊湣王稱東帝　〇金陵同，各本「湣」字作「愍」。秘閣無「齊」字。

集　李斐曰　〇秘閣無「李」字。

集　齊有山河之限　〇秘閣「齊有山」三字作「音」字。

集　地方二千里　〇秘閣「地方」二字作「有」字。

集　是與天下縣隔也　〇各本除南、北殿、金陵各本。「與」字作「爲」。各本除金陵本。「縣」字作「懸」。

集　設有持戟百萬之衆　〇萬，蜀里。

集　但文相避耳　〇相，秘閣齊。耳，殿爾。

集　故言東西秦　〇秘閣無「西」字。

集　其勢亦敵也　〇秘閣無「亦」字。

〔王淮東〕　瀧七二・五，慶三二右一〇，殿三〇左四，凌三三左一。

索　乃王吴地　〇耿、中統、游「王」、「吴」互倒。

索　姚察按虞喜云　〇按，耿濟。喜，游善。

索　今西南有荆山　〇山，嵯出，高校記「山」。

〔民能齊言者皆屬齊〕　瀧七二・七，慶三二左二，殿三〇左五，凌三三左三。

集　漢書音義曰　〇耿、中統、游、殿駰案漢書音義曰。

集　此言時民流移　〇秘閣「言」字、「民」字並無。

正　按言齊國形勝次於秦中　○金陵同，各本此注十字作「齊之遠國次秦」六字。札記謷依通鑑注校正。

正　故封子肥七十餘城　○高「七」、「十」互倒。

正　近齊城邑能齊言者　○齊，彭凌濟。

〔乃論功〕　瀧七二·九，慶三二左三，殿三〇左七，凌三三左四。○乃，耿及。

〔與諸列侯剖符行封〕　瀧七二·九，慶三二左三，殿三〇左七，凌三三左五。○秘閣無「與」字。

〔徙韓王信太原〕　瀧七二·一〇，慶三二左三，殿三〇左八，凌三三左五。○太，秘閣大。

〔信因與謀反太原〕　瀧七三·三，慶三二左七，殿三一右一，凌三三左九。○景井蜀毛凌南殿信因與同謀反太原。

〔立故趙將趙利爲王〕　瀧七三·四，慶三二左八，殿三一右二，凌三三左一〇。○札記志疑云信本傳云趙苗裔，漢紀云趙後，則「將」乃「後」字之訛。

※正　漢書云韓王信之將曼丘臣王黃共立故趙後趙南化、謙、岩本無「趙」。利爲王按故趙六國時趙也南化幻謙岩瀧。

〔會天寒〕　瀧七三·六，慶三二左八，殿三一右二，凌三四右一。○天，秘閣大。

〔遂至平城〕　瀧七三·七，慶三二左九，殿三一右三，凌三四右一。

正　冒頭圍高帝於白登七日　○冒，慶彭凌金陵蹋，謙校記「冒」。頭，彭頓，校記。

〔丞相已下徙治長安〕　瀧七四・二，慶三三右三，殿三一右七，凌三四右六。

索　按漢儀注　○索金陵同，各本無「按」字。

索　扶風渭城　○慶彭索凌殿無「扶風」二字。

索　本咸陽地　○地，索也。

索　高帝爲新城　○帝，彭游韓嵯祖。

〔高祖東擊韓王信餘反寇於東垣〕　瀧七四・三，慶三三右六，殿三一右一〇，凌三四右九。

集　地理志　○金陵同，各本「志」下有「云」字。游駟案地理志。

集　高帝更名曰真定　○秘閣無「曰」字。真，紹寘。

〔蕭丞相營作未央宮〕　瀧七四・四，慶三三右七，殿三一左一，凌三四右一〇。

正　公車司馬亦在北焉　○彭無「馬」字，謙校補「馬」。慶彭殿韓嵯無「焉」字，高校補「焉」。

正　至於西南兩面　○慶彭韓嵯無「面」字，謙高校補「面」。

〔立東闕北闕〕　瀧七四・六，慶三三右一〇，殿三一左四，凌三四左四。

集　關中記曰　○耿中統游殿駟案關中記曰。

集　東有蒼龍闕　○景同，各本「闕」字作「闕」。秘閣無「有」字。

集　玄武所謂北闕　○彭韓嵯無「玄武」二字。秘閣玄武所謂北闕者也。

索　高三十丈　○索金陵同，各本無此注。

索　秦家舊處　○索金陵同，各本「處」字作「宮」。

索　而立東闕北闕　○索無「而」字。游「立東闕」三字作「不立」二字。

〔前殿武庫太倉〕　瀧七四・八，慶三三左二，殿三一左六，凌三四左六。○太，彭大。

〔謂蕭何曰〕　瀧七四・九，慶三三左三，殿三一左七，凌三四左七。○秘閣無「謂」字。

〔苦戰數歲〕　瀧七四・九，慶三三左三，殿三一左七，凌三四左七。○秘閣無「戰」字。

〔非壯麗無以重威〕　瀧七五・一，慶三三左五，殿三一左九，凌三四左九。○南化楓三謙高岩中韓非全楓、三本，各本「全」字作「令」。壯麗無以重威。按：蓋「全」、「令」訛。

〔高祖之東垣過柏人〕　瀧七五・三，慶三三左七，殿三一左一〇，凌三四左一〇。○垣，秘閣原。柏，耿慶中統彭凌游殿栢。

〔謀弒高祖〕　瀧七五・四，慶三三左八，殿三二右一，凌三五右二。○弒，秘閣殺。

〔廢以爲合陽侯〕　瀧七五・五，慶三三左九，殿三二右二，凌三五右二。

正　在同州河西縣三里　○三，南北殿二。

〔是歲徙貴族楚昭屈景懷〕　瀧七五・一〇，慶三四右二，殿三二右六，凌三五右六。○族，耿戚。

〔始大人常以臣無賴〕　瀧七六・三，慶三四右五，殿三二右八，凌三五右八。

集　許慎曰　○曰，凌云。

集 江淮之閒　○[金陵]同。淮，[秘閣]朝，各本「淮」字作「湖」。

集 謂小兒多詐狡猾爲無賴　○猾，[秘閣]獊，[景]獪。[秘閣]謂小兒多詐狡猾爲無賴爲之。

＊**正** 通俗文云狡獪小兒戲也　[南化][謙][岩]。

〔孰與仲多〕　瀧七六・六，慶三四右六，殿三二右一〇，凌三五右一〇。○[札記]御覽引作「與仲力孰多」。

〔皆呼萬歲〕　瀧七六・六，慶三四右六，殿三二右一〇，凌三五左一。○[札記]御覽引「皆呼」作「稱」。

〔皆來朝長樂宮〕　瀧七六・八，慶三四右一〇，殿三二左三，凌三五左三。

正 高祖都長安　○都，[彭][嵯]居。

〔皆來送葬〕　瀧七六・九，慶三四左二，殿三二左五，凌三五左六。

集 漢書云　○[耿][中統][游][殿]駰案漢書云。

＊**正** 括地志云（南化、幻、謙、岩本「云」字作「曰」。）漢太上皇陵在雍州櫟陽縣北二十五里漢書云高帝十年太上皇崩葬萬年陵（幻、瀧本無「陵」字。）縣（謙、岩本作「陵」。）也　[南化][幻][謙][岩][瀧]。

〔更命酈邑曰新豐〕　瀧七七・一，慶三四左三，殿三二左六，凌三五左七。○新，[嵯]所，[高]校記「新」。

正 酈邑　○酈，[慶][彭][金陵][韓][嵯]麗。下同。　[殿]無「酈邑」二字。

正 高祖竊因左右問故　○竊，[慶][彭][凌]切。

正　酤酒賣餅鬭鷄蹴踘　○慶彭凌無「餅鬭」二字。

〔趙相國陳豨反代地〕　瀧七七・五，慶三四左六，殿三二左一〇，凌三五左一〇。

集　東海人名豬曰豨　○豬，秘閣特，游緒。豨，秘閣狶。

〔今乃與王黄等劫掠代地〕　瀧七七・八，慶三四左八，殿三三右二，凌三六右二。○秘閣無「乃」字。

〔其赦代吏民〕　瀧七七・九，慶三四左九，殿三三右二，凌三六右三。○秘閣無「其」字。

〔上自東往擊之〕　瀧七七・九，慶三四左九，殿三三右三，凌三六右四。○耿中統游「東」、「往」互倒。

〔聞豨將皆故賈人也〕　瀧七八・一，慶三五右一，殿三三右四，凌三六右五。○聞，秘閣問，楓三梅向。豨，秘閣狶。

〔張春渡河〕　瀧七八・五，慶三五右四，殿三三右七，凌三六右九。

正　今濁河西北也　○濁，彭凌滴。

〔漢使將軍郭蒙與齊將擊大破之大尉周勃〕　瀧七八・八，慶三五右七，殿三三左三，凌三六左三。○紹無此十七字。

集　「漢書百官表」至「以爲稱」二十五字　○紹無此注。

集　漢書百官表曰　○蜀耿中統游殿駰案漢書百官表曰。

集　武官悉以爲稱　○秘閣武官悉以爲稱也之。

〔都晉陽〕　瀧七九・五，慶三五左三，殿三三左五，凌三六左八。

集　似還都於中都也　○似，蜀殿以。

〔高祖已擊布軍會甀〕　瀧八〇・二，慶三五左一〇，殿三四右二，凌三七右五。

集　音直僞反　○秘閣無此注。反，蜀切。

索　上音鱠下音丈僞反地名也　○索金陵同，各本無此注。

索　漢書作缶　○索金陵同，各本「書」下有「甀」字。

索　音作保非也　○索金陵同，各本無「作」字。

〔酒酣〕　瀧八〇・六，慶三六右三，殿三四右四，凌三七右八。

集　酣洽也　○酣，蜀酒。

〔高祖擊筑〕　瀧八〇・七，慶三六右三，殿三四右五，凌三七右九。

集　有弦擊之　○弦，蜀毛絃。

正　應劭云　○云，彭北韓嵯曰。

〔其以沛爲朕湯沐邑〕　瀧八一・三，慶三六右九，殿三四右一〇，凌三七左四。○秘閣桃古其以沛爲也朕湯沐邑。

〔世世無有所與〕　瀧八一・四，慶三六左一，殿三四左二，凌三七左六。○紹無「有」字。

集　風俗通義曰　○耿中統游殿駰案風俗通義曰。秘閣「通」、「義」互倒。

集　漢書注　○書，井紹耿游毛舊。

集　皆言其其者楚言也　○景無「言」字。言，紹有。者，紹都。慶彭凌不重「其」字。

集　高祖始登帝位教令言其　○秘閣無「帝位教」三字。

集　後以爲常耳　○耳，南北殿爾。

〔道舊故爲笑樂十餘日〕　瀧八一・七，慶三六左二，殿三四左三，凌三七左七。○笑，秘閣咲。

〔極不忘耳〕　瀧八二・二，慶三六左七，殿三四左七，凌三八右二。○耳，南北殿爾。

〔吾特爲其以雍齒故反我爲魏〕　瀧八二・二，慶三六左七，殿三四左七，凌三八右二。○特，中統時。

〔漢將別擊布軍洮水南北〕　瀧八二・四，慶三六左九，殿三四左九，凌三八右四。○札記全氏經史問答云，九江左右無洮水，蓋沘水也，沘水見水經。

〔皆大破之〕　瀧八二・五，慶三六左一〇，殿三四左九，凌三八右五。○紹無「之」字。

〔追得斬布鄱陽〕　瀧八二・五，慶三六左一〇，殿三四左一〇，凌三八右五。○鄱，秘閣番。

集　音帔　○帔，嵯帳，凌披。

〔秦始皇帝楚隱王〕　瀧八二・一〇，慶三七右三，殿三五右三，凌三八右八。

索　系家作幽王　○索金陵同，各本「系」字作「世」。

〔陳涉〕　瀧八三・一，慶三七右三，殿三五右三，凌三八右九。○札記案，楚隱王即陳涉也，此二字蓋讀者旁注誤入正文。志疑云，漢書詔詞無，蓋諸帝王皆不稱名也。索隱以隱王爲楚幽王，大謬。

〔吏民爲陳豨趙利所劫掠者〕　瀧八三・五，慶三七右六，殿三五右六，凌三八左二。○桃古同，桃「利」字作「地」而無「趙」字。

〔辟陽侯歸〕　瀧八三・七，慶三七右一〇，殿三五右九，凌三八左五。○秘閣無「歸」字。

〔具言縮反有端矣〕　瀧八三・八，慶三七右一〇，殿三五右一〇，凌三八左五。

＊正　方言云端緒也　南化幻謙岩瀧。

〔醫入見〕　瀧八四・一，慶三七左三，殿三五左二，凌三八左八。○彭韓嵯醫者入見。

〔吾以布衣提三尺劍取天下〕　瀧八四・二，慶三七左四，殿三五左三，凌三八左九。○提，慶彭凌嵯持，謙校記「提」。

〔雖扁鵲何益〕　瀧八四・三，慶三七左五，殿三五左四，凌三八左一〇。○札記御覽引作「亦何益」。

〔已而呂后問〕　瀧八四・四，慶三七左六，殿三五左五，凌三九右一。○秘閣無「已而」二字。南化楓三謙狩中韓蜀南北殿已而呂后問曰。高已而呂后問曰又令。

〔令誰代之〕　瀧八四・四，慶三七左七，殿三五左五，凌三九右二。○嵯「令」、「誰」互倒。

〔王陵可〕 瀧八四・六，慶三七左八，殿三五左六，淩三九右三。○楓三王陵可也。

〔然陵少戇〕 瀧八四・六，慶三七左八，殿三五左六，淩三九右三。○秘閣無「陵」字。

〔此後亦非而所知也〕 瀧八四・九，慶三八右一，殿三五左九，淩三九右五。○南化楓三「而所」二字作「汝」字。

〔高祖崩長樂宮〕 瀧八四・一〇，慶三八右三，殿三六右一，淩三九右八。

集 高祖以秦昭王五十一年生 ○祖，秘閣帝。一，中統游二。

集 年六十二 ○金陵同，各本「二」作「三」。殿考高祖生年乙巳，至是年丙午，當是六十二。

〔人或聞之〕 瀧八五・六，慶三八右五，殿三六右三，淩三九右一〇。○秘閣無「人」字。

〔語酈將軍〕 瀧八五・七，慶三八右六，殿三六右三，淩三九右一〇。

集 漢書曰 ○蜀耿中統游殿駰案漢書曰。

〔此聞帝崩〕 瀧八五・九，慶三八右九，殿三六右六，淩三九左三。○此，南比。

〔諸將皆誅〕 瀧八五・九，慶三八右九，殿三六右六，淩三九左三。○將，楓三侯。

〔諸侯外反〕 瀧八五・一〇，慶三八右一〇，殿三六右七，淩三九左四。○侯，南化楓三謙野高岩中韓將。

〔己巳立太子〕 瀧八六・五，慶三八左二，殿三六右九，淩三九左七。

正 至已巳即立太子爲帝 ○按：瀧本「已」，「己」訛。

正　有本脱已字者　○按：瀧本「已」，「巳」訛。札記案，此謂太子即帝位也，將相表於孝文元年書立太子，後七年又書太子立，疑此文「立」字亦當在「太子」下。

〔至太上皇廟〕　瀧八六・七，慶三八左三，殿三六右一〇，凌三九左八。○秘閣無「皇」字。

〔爲漢太祖〕　瀧八六・九，慶三八左五，殿三六左三，凌四〇右一。○太，景蜀大。

〔太子襲號爲皇帝〕　瀧八七・一，慶三八左七，殿三六左三，凌四〇右一。○襲，秘閣龍。

〔孝惠帝也〕　瀧八七・一，慶三八左七，殿三六左四，凌四〇右二。○南化楓三謙野高中韓孝惠帝是也。

〔以沛宮爲高祖原廟〕　瀧八七・三，慶三八左九，殿三六左五，凌四〇右四。

集　光武紀云　○凌金陵同，各本「云」字作「曰」。

集　祠高祖於原廟　○祠，秘閣祀。無「原」字。

集　駰案謂原者再也　○秘閣無「案」字。

集　故謂之原廟　○秘閣無「廟」字。

〔皆令爲吹樂〕　瀧八七・四，慶三九右一，殿三六左七，凌四〇右五。

＊正　上尺瑞反下音岳以前但有歌兒今加吹樂　南化幻謙岩瀧。

〔後有缺〕　瀧八七・五，慶三九右一，殿三六左七，凌四〇右六。○後，紹復。

〔高帝八男〕　瀧八七・五，慶三九右一，殿三六左七，凌四〇右六。○帝，彭韓嵯祖，謙岩中韓校記「帝」。

〔孝惠〕　瀧八七・六，慶三九右二，殿三六左八，凌四〇右七。〇南化 楓 三 謙 高 中韓 孝惠帝。

〔次代王恒〕　瀧八七・六，慶三九右三，殿三六左九，凌四〇右七。〇秘閣無「恒」字。

〔次淮陽王友〕　瀧八七・八，慶三九右四，殿三六左一〇，凌四〇右九。〇陽，秘閣南。

〔呂太后時徙爲趙幽王〕　瀧八七・八，慶三九右四，殿三六左一〇，凌四〇右九。〇景 紹 無「徙」字。

〔小人以野〕　瀧八七・一〇，慶三九右六，殿三七右二，凌四〇左一。

集　質厚也　〇厚，秘閣原。

〔故殷人承之以敬〕　瀧八七・一〇，慶三九右七，殿三七右三，凌四〇左二。〇蜀無「故」字。

〔小人以鬼〕　瀧八八・一，慶三九右八，殿三七右四，凌四〇左三。

集　如事鬼神　〇如，南化 楓 野 高 中韓 而，彭 卯，謙 校記「而」。

〔小人以僿〕　瀧八八・二，慶三九右八，殿三七右四，凌四〇左三。

集　徐廣曰　〇廣，蜀 庶。

集　駰案史記音隱曰僿音西志反

*＊***正**　注僿音西志反裴駰引史記音隱此音宜音肆亦小細貌也南人呼物小者爲肆四猶細也　謙 岩。

索　本一作僿　○[索]無「本」字。

索　「然此語本」至「薄之義也」六十字　○[索][金陵]同，各本此注作「然此語本出中統、游本無「出」字。禮表記作其民之敝利而巧文而不慙賊而敝也裴又引音隱云僿音先志者蔽僿聲相近故以蔽爲僿耳」四十六字。

索　尊卑之差也　○差，[秘閣]老。

索　裴又引音隱云　○[秘閣]「裴」字作「徐」而無「引」字。

索　僿音先志反　○[楓][三][索][金陵]同，各本「反」字作「者」。先，[殿]西。

索　僿塞聲相近故也。○[索][金陵]同，各本「僿塞」二字作「蔽僿」。

＊**正**　僿先代反又音四僿猶碎也言周末世文細碎鄙陋薄惡小人之甚　[南化][幻][謙][岩][瀧]。

〔秦政不改〕　瀧八八・八，慶三九左三，殿三七右八，凌四〇左八。○[秘閣]「不」字作「弗」而無「改」字。

〔豈不繆乎〕　瀧八八・八，慶三九左三，殿三七右九，凌四〇左九。○繆，[蜀][毛]謬。

〔使人不倦得天統矣〕　瀧八八・九，慶三九左四，殿三七右九，凌四〇左九。○人，[南化][楓][三][謙]民。

＊**正**　夏之政忠忠之敝其末世敗壞多威儀若事鬼神周人承殷爲文其末碎薄陋文法無有悃誠故幻、瀧川本無「故」。秦人承周不改其幻、瀧川本無「其」。敝反成酷法嚴刑故漢人承秦苛法約法幻、岩本無「法」。三章反幻、岩本作「及」。其忠岩本作「患」。政使岩本無「使」。民不倦得天統矣故太史公引禮文爲此贊者美

高祖能變易秦敝使百岩本「百」訛「方」。姓安寧　南化幻謙岩瀧。

〔車服黄屋左纛〕　瀧八九・一　慶三九左四，殿三七右一〇。〇左，北志。殿考「左」，監本訛作「志」，今改正。

〔葬長陵〕　瀧八九・二，慶三九左五，殿三七右一〇，凌四〇左一〇。〇札記志疑云，錯簡，當在「丙寅」句下。

集　東西廣百二十步　〇西，紹高。秘閣無「西廣」二字。步，北殿丈。

集　高十三丈　〇丈，彭文，謙校記「丈」。

集　去長安城二十五里　〇各本二作「三」。按：瀧本「二」，「三」訛。

索　「述贊高祖初起」至「還歌大風」八十二字　〇耿無此注八十二字。

史記會注考證校補卷九

呂后本紀第九

〔呂后本紀〕 瀧一·八，慶一右一，殿一右六，凌一右二。

索 「呂太后本以女主臨朝」至「分爲二紀焉」六十字 ○[索][金陵]無此注。

考 惠之早霄 ○按：瀧本「霄」，「賈」譌。

〔高祖微時妃也〕 瀧二·三，慶一右四，殿一右九，凌一右六。

集 漢書音義曰 ○[耿][中統][凌][游][殿]駰案漢書——。義，[毛][利]議。

索 諱雉 ○[耿][中統][游]無「諱雉」二字。

〔得定陶戚姬〕 瀧二·五，慶一右六，殿一左一，凌一右七。

集 漢官儀曰 ○[金陵]同，各本無「儀」字。

集 蘇林曰 ○蘇，[毛][利]崔。

集 位次倢伃下 ○[中統][彭][凌][游][殿]「倢伃」二字作「婕妤」。倢，[景]捷。

集 在七子八子之上 ○毛利「七子」二字、「之」字並無。

索 茂陵書曰 ○慶無「曰」字。

索 姬是内官是矣 ○索無上「是」字。

索 姬周之姓 ○索無「姬」字。姬，中統游姓。

索 不弃顦顇是也 ○索金陵同，各本「顇」字作「悴」。

〔呂后年長〕 瀧三・二，慶一左三，殿一左七，凌一左四。○長，景辰。

〔後幾代太子者數矣〕 瀧三・三，慶一左四，殿一左九，凌一左五。○毛利無「矣」字。

索 幾音其紀反 ○金陵無「幾音」二字，而「其」上有「上」字。

〔賴大臣争之〕 瀧三・三，慶一左四，殿一左九，凌一左六。○毛利賴父大臣——。

〔及留侯策〕 瀧三・四，慶一左五，殿一左九，凌一左六。○謙及留侯之策。札記御覽八十七引「及」下有「用」字。

〔太子得毋廢〕 瀧三・四，慶一左五，殿一左一〇，凌一左七。

〔呂后爲人剛毅〕 瀧三・四，慶一左六，殿一左一〇，凌一左七。○景無「人」字。

索 大臣張良叔孫通等 ○叔，索説。游「大臣」二字作「謂」字。

〔多呂后力〕 瀧三・五，慶一左六，殿二右一，凌一左八。○毛利楓三謙野中韓無「呂后力」三字。

〔長兄周呂侯死事〕 瀧三・六，慶一左六，殿二右二，凌一左九。

集　高祖八年卒　○祖，景祀。

集　謚令武侯　○毛利無「侯」字。

〔封其子呂台爲酈侯〕　瀧三・七，慶一左八，殿二右三，凌二右一。

索　鄭氏鄒誕並音怡　○索金陵同，各本無「氏」字而「誕」字作「台」。

〔次兄呂釋之爲建成侯〕　瀧三・九，慶一左九，殿二右四，凌二右一。

集　惠帝二年卒　○二，景一。

集　謚康王　○毛利無「王」字。

〔迺令永巷囚戚夫人〕　瀧四・七，慶二右七，殿二右一〇，凌二右九。○迺，南北殿乃。

集　周宣王姜后　○景耿慶中統凌游毛無「王」字。殿無「姜」字。

索　後改爲掖庭　○慶凌索殿無「後改爲掖庭」五字。改，游故。

索　按韋昭云　○索金陵同，各本無「按」字。

〔王且亦病〕　瀧五・一，慶二左一，殿二左四，凌二左三。○游「且」、「亦」互倒。

〔呂后大怒〕　瀧五・二，慶二左二，殿二左五，凌二左三。○毛利太呂后大怒。

〔迺使人召趙相〕　瀧五・二，慶二左二，殿二左五，凌二左四。○迺，毛利中統游乃。

〔王來未到〕　瀧五・三，慶二左三，殿二左六，凌二左五。○毛利趙王來未到。

〔帝晨出射〕　瀧五・五，慶二左六，殿二左八，凌二左七。○札記御覽引有「雉」字。

〔趙王少〕　瀧五・五，慶二左六，殿二左八，凌二左七。○紹無「趙」字。

〔不能蚤起〕　瀧五・五，慶二左六，殿二左八，淩二左七。○蚤，毛早。

〔使人持酖飲之〕　瀧五・六，慶二左七，殿二左九，淩二左九。○札記御覽引作「而飲之」。

集　以其羽畫酒中　○畫，毛利書。

***正**　酖亦名運日又食野葛畫酒中飲立死　南化岩幻瀧。

〔犂明孝惠還〕　瀧五・六，慶二左七，殿二左一〇，淩二左九。

集　諸言犂明者　○毛利無「者」字。

考　而趙王已死也　○按：瀧本「巳」，「已」訛。

〔於是迺徙淮陽王友爲趙王〕　瀧五・八，慶二左八，殿三右一，淩二左一〇。○迺，彭南殿乃。

〔迺召孝惠帝〕　瀧六・一，慶三右一，殿三右三，淩三右三。○紹無「帝」字。札記御覽下有「來」字。

〔迺知其戚夫人〕　瀧六・二，慶三右二，殿三右四，淩三右三。○蜀北殿無「迺」字。迺，游乃。札記御覽「其」作「是」。

〔臣爲太后子〕　瀧六・三，慶三右三，殿三右五，淩三右四。○通志臣不堪爲太后子。

〔故有病也〕　瀧六・五，慶三右五，殿三右六，淩三右六。○也，毛利疾。

〔孝惠以爲齊王兄〕　瀧六・七，慶三右六，殿三右七，淩三右七。○毛利南化楓三桃謙孝惠以爲齊王爲兄。

〔迺令酌兩巵〕　瀧六·八，慶三右七，殿三右八，凌三右八。○慶彭凌無「令」字。

〔酖置前〕　瀧六·八，慶三右七，殿三右八，凌三右八。○酖，北酌。殿考「酖」，監本訛作「酌」，今改正。

〔自起泛孝惠巵〕　瀧六·九，慶三右九，殿三右一〇，凌三右一〇。

索　泛音捧汎也　○殿同，各本「汎」字作「泛」。○札記「泛」不當仍訓「泛」，疑「郎」之誤，漢書武帝紀「夫泛駕之馬」，師古曰，泛，覆也，字本作「覂」，後通用耳。案，食貨志「大命將泛」，玉篇襾部引作「覂」云，謂覆也。

〔詳醉去〕　瀧七·一，慶三右一〇，殿三右一〇，凌三左一。○詳，游佯。下同。

〔太后獨有孝惠與魯元公主〕　瀧七·三，慶三左二，殿三左二，凌三左三。○毛利無「魯元」二字。

集　同姓者主之　○主，耿王。

集　諸侯王女曰公主　○毛利無「侯」字。公，毛利景蜀紹翁。毛利——曰公主王。

集　蘇林曰　○毛利無「林」字。

集　有主盉陷我之比　○毛利「盉陷」二字作「盖陷」。

集　不君其民　○毛利不君其民者也。

索　此即婦人稱主之意耳　○此，耿紹中統索北凌比。

〔王必無憂〕 瀧七・八，慶三左七，殿三左八，凌三左九。○無，毛利毋。

〔尊公主爲王太后〕 瀧七・九，慶三左八，殿三左九，凌三左九。

＊正 公主此時爲宣平侯夫人正（岩本「正」作「王」。） 以公主先是趙王敖后其子偃當爲王今齊王未敢言偃爲王（南化、岩本「王」作「主」。） 故先謂（南化、瀧本「謂」作「請」。） 其母既未知偃之封號但言爲王太后下云賜謚魯太后後（瀧、幻本無「後」。） 以偃後封魯故也 南化 岩 幻 瀧。

〔城就〕 瀧八・五，慶四右一，殿四右一，凌四右二。○城，凌成。

索 按漢宮闕疏 ○索 金陵同，各本無「按」字。

〔諸侯來會十月朝賀〕 瀧八・七，慶四右二，殿四右二，凌四右四。○毛利 諸侯來朝會——。

〔孝惠帝崩〕 瀧八・七，慶四右三，殿四右三，凌四右四。○毛利 無「帝」字。

集 崩時年二十三 ○三，紹 毛二。

〔如此則太后心安〕 瀧九・五，慶四右九，殿四右九，凌四左一。○桃古同。心，桃 中統 游 必。

〔九月辛丑葬〕 瀧九・九，慶四左一，殿四左一，凌四左三。

集 漢書云 ○耿 中統 游 殿 騆案漢書云。

集 廣袤百二十步 ○袤，毛利 長。

集 在長安北三十五里 ○金陵 同，各本「在」字作「去」。毛利 無「北」字。中統 游——三十五里云云。毛利——三十五里者。

〔非約也〕　瀧一〇・六，慶四左六，殿四左五，凌四左七。○毛利 謙 桃 非爲約也。

〔始與高帝啑血盟諸君不在邪〕　瀧一〇・九，慶四左九，殿四左七，凌四左一〇。

索　啑鄒音使接反又云或作喢　○耿 中統 凌 游——鄒氏音使中統、游本作「史」。接反——。

索　音丁牒反　○音，索作。

〔諸君縱欲阿意背約〕　瀧一〇・一〇，慶五右一，殿四左九，凌五右一。○札記 南宋本「從」，各本作「縱」。

〔於今面折廷爭〕　瀧一一・一，慶五右二，殿四右一〇，凌五右三。○廷，中統 游 庭。

〔乃拜爲帝太傅〕　瀧一一・三，慶五右四，殿五右二，凌五右五。

＊**正**　孚富反　南化 高。

〔奪之相權〕　瀧一一・三，慶五右五，殿五右三，凌五右六。○奪，毛利 奮。

集　大戴禮云　○禮，毛利 記。

〔王陵遂病免歸〕　瀧一一・三，慶五右五，殿五右三，凌五右六。○南化 楓 三 謙 高 岩 中韓 王陵遂稱病免歸。

〔以辟陽侯審食其爲左丞相〕　瀧一一・六，慶五右六，殿五右四，凌五右七。

索　按韋昭云　○索 金陵 同，各本無「按」字。

〈迺先封高祖之功臣郎中令無擇爲博城侯〉 瀧一二・九，慶五右一〇，殿五右七，凌五左一。○功，蜀攻。城，秘閣成。

〈「魯元公主薨」至「張敖也」〉 瀧一二・一〇，慶五左一，殿五右八，凌五左三。○札記志疑云，廿六字當在「南宮侯」句下。

〈封齊悼惠王子章爲朱虛侯以吕禄女妻之〉 瀧一三・二，慶五左三，殿五右一〇，凌五左四。○札記志疑云，十七字當在「二年吕王嘉代立」下，蓋吕嘉以二年十一月嗣，章以五月封也。

正 在青州臨朐縣東六十里漢朱虛也 ○凌南無「漢朱虛也」四字。

〈齊丞相壽爲平定侯〉 瀧一三・四，慶五左五，殿五左二，凌五左七。○齊，毛利賈。殿考功臣表作「齊受」，此作「壽」。

〈少府延爲梧侯〉 瀧一三・六，瀧五左六，殿五左三，凌五左七。

集 作宮築城也 ○毛利作宮築城者也。

〈吕平爲扶柳侯〉 瀧一三・七，慶五左八，殿五左四，凌五左九。

集 徐廣曰吕后姊子也 ○蜀無「吕」字。

集 母字長姁 ○姁，彭韓嵯朐。

*** 正** 長姁上張丈反下況羽反又呼附反 南化謙幻岩。

正　在冀州信都縣西三十里漢扶柳縣也有澤澤中多柳　○凌南殿無「漢扶柳縣也有澤」七字。○中統游殿金陵同。各本「城」字作「成」。下同。

〔子山爲襄城侯〕　瀧一四・三，慶六右二，殿五左八，凌六右三。

〔子朝爲軹侯〕　瀧一四・四，慶六右三，殿五左九，凌六右四。

索　按韋昭云　○索金陵同，各本無「按」字。

正　在懷州濟源縣東南十三里　○札記各本誤「終原」，考證據秦本紀正義改。

〔子武爲壺關侯〕　瀧一四・五，慶六右四，殿五左一〇，凌六右六。

*正　壺關上幻本無「關上」二字。音胡潞州城本漢壺關縣　南化謙幻岩。

〔太后風大臣〕　瀧一四・六，慶六右四，殿六右一，凌六右六。○風，毛封。按：誤。

〔立其弟呂祿爲胡陵侯〕　瀧一四・七，慶六右七，殿六右二，凌六右八。

集　徐廣曰呂祿　○毛利南殿無「呂」字。

集　釋之少子　○少，蜀小。

〔無事〕　瀧一五・一，慶六右一〇，殿六右六，凌六左一。

集　漢書云　○耿游殿駰案漢書云。

〔呂他爲俞侯〕　龍一五・二，慶六左一，殿六右六，凌六左二。

索　俞音輸　○輸，嵯輪。

正　故鄃城　○殿金陵同，各本「鄃」字作「鄃」。下同。

〔呂更始爲贅其侯〕　瀧一五・三，慶六左二，殿六右七，凌六左四。

集　徐廣曰表云　○毛利徐廣曰月表云。

集　呂后昆弟子淮陽丞相呂勝爲贅其侯　○蜀紹中統彭游無「昆」字。

索　作臨淮　○索金陵同，各本「作」字作「贅其在」三字。

考　然贅其不入侯相之例　○按：瀧本「例」，「列」訛。

〔呂忿爲呂城侯〕　瀧一五・五，慶六左三，殿六右九，凌六左五。

正　在鄧州南陽西三十里　○慶彭韓嵯在鄧州南南陽西——。

〔及侯諸侯丞相五人〕　瀧一五・六，慶六左四，殿六右九，凌六左六。○南化三桃謙狩中韓同，各本無上「侯」字。

集　山都侯王恬開　○恬，高拓。

集　松茲侯徐厲　○厲，毛利廣，蜀𩀱。

集　滕侯呂更始　○滕，毛利勝。

〔詳爲有身〕　瀧一五・九，慶六左六，殿六左一，凌六左七。○詳，游北殿佯。札記御覽引「身」作「娠」。

〔太子立爲帝〕　瀧一六・三，慶六左七，殿六左三，凌六左九。

***正**　即淮陽王彊也此却述前事也（瀧本無「即淮陽王彊也」六字，幻本「陽」作「南」，南化幻瀧本無「却」字。）　南化謙幻岩瀧。

〔或聞其母死〕　瀧一六・三，慶六左八，殿六左三，凌六左一〇。○毛利或以聞其母死。

〔后安能殺吾母而名我〕　瀧一六・四，慶六左八，殿六左四，凌六左一〇。○楓三桃太后安能殺——。

〔壯即爲變〕　瀧一六・四，慶六左九，殿六左四，凌七右一。○札記吳云，元板「即」作「則」。按：中統、彭本並不作「則」。

〔恐其爲亂〕　瀧一六・五，慶六左一〇，殿六左五，凌七右二。○亂，毛患。

〔迺幽之永巷中〕　瀧一六・五，慶六左一〇，殿六左五，凌七右二。○札記御覽作「於永巷中」。

〔上有歡心以安百姓〕　瀧一六・八，慶七右二，殿六左七，凌七右四。○凌金陵同，各本「歡」字作「懽」。下同。安，毛利使。

〔而天下治〕　瀧一六・九，慶七右三，殿六左八，凌七右五。○毛利桃而天下平治。

〔皇太后爲天下齊民計〕　瀧一七・一，慶七右五，殿六左一〇，凌七右七。○齊，毛利濟。

〔羣臣頓首奉詔〕　瀧一七・一，慶七右六，殿六左一〇，凌七右八。○南化楓三謙狩岩中韓羣臣皆頓首奉詔。

〔以太后制天下事也〕　瀧一七・三，慶七右八，殿七右二，凌七右一〇。○制，慶彭韓嵯稱，謙校記「制」。

〔五年八月淮陽王薨〕瀧一七・七，慶七右一〇，殿七右四，淩七左二。〇毛利——淮陽懷王薨。桃古「淮陽」二字作「懷」字。

〔諸呂女妒〕瀧一八・一，慶七左五，殿七右七，淩七左六。〇金陵同，各本「妒」字作「妬」。下同。妒，毛利嫉。

〔怒去讒之於太后〕瀧一八・一，慶七左五，殿七右八，淩七左六。〇怒，紹忌。毛利桃無「於」字。

〔太后怒〕瀧一八・二，慶七左六，殿七右九，淩七左七。〇太，景大。

〔乃歌曰〕瀧一八・三，慶七左八，殿七左一，淩七左九。〇乃，毛利迺。

〔寧蚤自財〕瀧一八・七，慶八右二，殿七左四，淩八右三。〇蚤，毛早。

〔託天報仇〕瀧一八・八，慶八右三，殿七左五，淩八右四。〇仇，毛讎。

〔乃謂左右曰〕瀧一九・一，慶八右五，殿七左六，淩八右五。〇毛利無「曰」字。

〔爲營陵侯劉澤妻〕瀧一九・五，慶八右八，殿七左九，淩八右九。

索　呂嬃樊噲妻　〇索呂嬃呂后女弟樊噲妻。游無「呂」字。

索　封林光侯　〇林，紹索淩北殿臨。

〔恐即崩後劉將軍爲害〕瀧一九・六，慶八右一〇，殿八右一，淩八右一〇。〇害，毛利虐。

〔迺以劉澤爲琅邪王〕瀧一九・七，慶八右一〇，殿八右一，淩八右一〇。〇迺，毛利游乃。

〔王乃爲歌詩四章〕　瀧一九・九，慶八左三，殿八右四，凌八左四。○乃，毛利迺。

〔以爲王用婦人弃宗廟禮〕　瀧二〇・一，慶八左五，殿八右五，凌八左五。○禮，毛利祀。

〔武信侯呂禄〕　瀧二〇・五，慶八左八，殿八右八，凌八左八。○蜀無「武信」二字。

集　前封胡陵侯　○毛利無「前」字。

集　蓋號曰武信　○蓋，耿毛益。

〔見物如蒼犬據高后掖〕　瀧二一・四，慶九右四，殿八左三，凌九右四。○后，北氏。殿考后，監本訛作「氏」，今改正。札記「高后」二字疑後人所增。

〔高后爲外孫魯元王偃年少蚤失父母孤弱〕　瀧二一・六，慶九右六，殿八左五，凌九右六。○中統游「年」、「少」互倒。札記志疑云，下文「廢魯王偃」句不誤。案，通鑑作「魯王偃」。

〔以輔魯元王偃〕　瀧二一・九，慶九右七，殿八左五，凌九右七。

考　元者趙敖夫妻之謚　○按：瀧本「趙」，「張」訛。

集　樂昌侯食細陽之池陽鄉　○食，慶中統彭凌游南殿今。殿考年表「新都」作「信都」，「壽」作「受」。張耳陳餘傳云，壽爲樂昌侯，與此同。侈爲信都侯，與年表同。三處互異。

〔及封中大謁者張釋爲建陵侯〕　瀧二一・一〇，慶九右八，殿八左七，凌九右八。

集　灌嬰爲中謁者　○耿無「灌嬰爲」三字。

集　諸官加中者　○諸，毛利者。

〔食邑五百户〕　瀧二二・三，慶九左一，殿八左一〇，凌九左一。

集　關内侯但爵其身　○毛利「其」、「身」互倒。謙關内侯但爵耳其身。

集　與關内之邑　○毛利與之關内之邑。

集　將帥皆家關中　○帥，中統、游相。

集　故稱關内侯　○紹、彭無「故」字。

〔高帝已定天下〕　瀧二三・六，慶九左四，殿九右三，凌九左四。○已，紹以。

〔遺詔賜諸侯王各千金〕　瀧二三・一〇，慶九左七，殿九右五，凌九左七。

集　皇子封爲王者　○王，紹正。

集　王子弟封爲侯者　○金陵同，各本無「弟」字。札記「弟」字吴增。

〔欲爲亂〕　瀧二五・七，慶一〇右三，殿九左一，凌一〇右三。○亂，紹辭。

〔迺陰令人告其兄齊王〕　瀧二五・九，慶一〇右五，殿九左二，凌一〇右五。○迺，游、南、殿乃。

〔欲從中與大臣爲應〕　瀧二五・一〇，慶一〇右六，殿九左三，凌一〇右六。○紹無「欲」字。

〔相召平迺反〕　瀧二六・一，慶一〇右八，殿九左五，凌一〇右八。○迺，游、南、殿乃。

〔舉兵欲圍王〕　瀧二六・一，慶一〇右八，殿九左五，凌一〇右八。〇舉，楓三興。毛利舉兵欲圍殺王。

〔齊王迺遺諸侯王書曰〕　瀧二六・二，慶一〇右一〇，殿九左六，凌一〇右九。〇耿中統游無下「王」字。迺，游乃。

〔王諸子弟〕　瀧二六・三，慶一〇左一，殿九左七，凌一〇右一〇。〇子，彭二，楓棭謙校記「子」。

〔又比殺三趙王〕　瀧二六・五，慶一〇左三，殿九左九，凌一〇左三。

索　比猶頻也　〇頻，慶彭南北韓嵯類。

〔而帝春秋富〕　瀧二六・七，慶一〇左五，殿一〇右一，凌一〇左五。〇毛利無「而」字。

〔相國呂產等迺遺潁陰侯灌嬰〕　瀧二七・一，慶一〇左八，殿一〇右四，凌一〇左八。〇迺，中統游南殿乃。

〔灌嬰至滎陽〕　瀧二七・二，慶一〇左九，殿一〇右五，凌一〇左九。〇至，毛利主。滎，毛利熒。下同。

〔諸呂權兵關中〕　瀧二七・二，慶一〇左一〇，殿一〇右五，凌一〇左九。〇權，毛利桃古南化楓三謙岩狩中韓擁。

〔以待呂氏變共誅之〕　瀧二七・四，慶一一右二，殿一〇右七，凌一一右一。〇毛利以待呂氏之變而共誅之。

〔齊王聞之〕　瀧二七·五，慶一一右三，殿一〇右八，凌一一右二。〇王，中統游人。

〔內憚絳侯朱虛等〕　瀧二七·六，慶一一右四，殿一〇右九，凌一一右三。〇中統游——朱虛侯等。

〔猶豫未決〕　瀧二七·七，慶一一右四，殿一〇右一〇，凌一一右四。〇豫，桃古南北索殿與。

索　以獸反　〇獸，桃謙猷。

索　猶蝯類也　〇金陵同，各本「蝯」字作「猿」。索無「類」字。

索　度冰而聽水聲　〇謙殿金陵同，各本「冰」字作「水」。度，耿中統凌游渡。

索　今解者又引老子與兮若冬涉川　〇索金陵同，各本「兮」字作「猶」，又「若」字作「予」。

索　猶兮若畏四鄰　〇索金陵同，各本「兮」字作「予」。

索　故以爲猶與是常語　〇金陵同，各本無「是常語」三字。索無「故」字。

索　且按狐聽冰　〇金陵同。按，索猿。索無「冰」字。各本「冰」字作「水」。

索　而此云若冬涉川　〇索金陵同，各本「若」字作「猶予」二字。中統彭游「若」字作「猶豫」二字。

索　則與是狐類不疑　〇索金陵同，各本「與」上有「猶」字。是，中統彭猿。

索　猶兮若畏四鄰　〇索金陵同，各本無「猶兮」二字。

索　故云畏四鄰也　○【中統】【游】——四鄰者也。

＊**正**　與音預又作豫爾雅云南化、謙、瀧川本無「云」。猶如麢南化、謙本作「麃」。善登木說文云猶多疑南化、謙本「疑」作「預」。師古云猶獸名也性多疑慮常幻本無「常」。居山中忽聞有聲則恐有人且來害之每豫上木幻本「木」作「樹」。久之無人南化、謙本無「無人」。然後敢下須臾又上如此非一故不果決者幻本無「者」。稱猶豫一曰隴西俗謂犬南化、謙本「犬」作「太」。子爲猶犬幻本「犬」作「太」。子隨人行每豫在前待人不得還來迎候故曰猶豫又曰猶豫二獸並與狐疑或有疑事故曰猶豫顧野王南化、謙本無「王」。曰幻本作「云」。猿南化、謙本訛「從」。類矣瀧川、幻本無「矣」。【南化】【謙】【幻】【瀧】。

〔皆呂氏之人〕　瀧二八・五，慶一一左一，殿一〇左五，凌一一右一〇。○【毛利】無「之」字。

〔曲周侯酈商老病〕　瀧二八・六，慶一一左二，殿一〇左七，凌一一左二。○【桃古】同，【桃】【中統】【游】無「病」字。

〔其子寄與呂祿善〕　瀧二八・七，慶一一左三，殿一〇左七，凌一一左二。○【中統】【游】有其子寄——。

〔令其子寄往紿說呂祿曰〕　瀧二八・七，慶一一左四，殿一〇左八，凌一一左三。○紿，【紹】給。

〔高帝與呂后共定天下〕　瀧二八・八，慶一一左六，殿一〇左九，凌一一左四。○定，【紹】時。

〔劉氏所立九王〕　瀧二八・八，慶一一左五，殿一〇左九，凌一一左四。

索　吳楚齊淮南　○【索】吳楚濟「齊」作「濟」。北淮南。

索 濟川王太 ○濟，慶游齊。太，索凌大。

〔呂氏所立三王〕 瀧二八・九，慶一一左六，殿一○左一○，凌一一左五。○南化謙高同，各本無「所」字。

索 燕王通也 ○燕，慶彭嵯趙，謙高校記「燕」。

〔皆大臣之議〕 瀧二八・一○，慶一一左六，殿一○左一○，凌一一左六。○謙皆大臣之議也。

〔事已布告諸侯〕 瀧二八・一○，慶一一左七，殿一一右一，凌一一左六。○三謙無「告」字。

〔諸侯皆以爲宜〕 瀧二八・一○，慶一一左七，殿一一右一，凌一一左七。○皆，紹外。

〔迺爲上將〕 瀧二九・一，慶一一左九，殿一一右二，凌一一左八。○迺，游南北殿乃。

〔足下高枕而王千里〕 瀧二九・四，慶一二右一，殿一一右四，凌一二右一。○王，毛利主。

〔時與出游獵〕 瀧二九・六，慶一二右五，殿一一右七，凌一二右四。○獵，毛利獦。

〔毋爲他人守也〕 瀧二九・八，慶一二右七，殿一一右九，凌一二右六。○毋，北殿無。

〔平陽侯窋行御史大夫事〕 瀧三○・一，慶一二右八，殿一一右一○，凌一二右七。

***正** 窋竹律反幻本作「切」。 曹參子也 南化桃謙幻瀧。

〔郎中令賈壽使從齊來〕 瀧三○・二，慶一二右九，殿一一左一，凌一二右八。○來，蜀夾。

〔具以灌嬰與齊楚合從〕 瀧三〇・三，慶一二右一〇，殿一一左二，凌一二右九。○具，游且。

〔襄平侯通尚符節〕 瀧三〇・五，慶一二左三，殿一一左四，凌一二左一。

索 信被楚燒死 ○索金陵同，各本「楚燒」二字作「焚」字。

索 父成以將軍定三秦死事 ○父，索文。

索 張説誤矣 ○索金陵同，各本「誤矣」二字作「謬誤」。

〔迺令持節矯内太尉北軍〕 瀧三〇・九，慶一二左五，殿一一左六，凌一二左四。○迺，游南乃。令，彭游合，謙校記「令」。矯，毛利橋。

〔太尉復令酈寄與典客劉揭先説呂禄曰〕 瀧三〇・一〇，慶一二左六，殿一一左八，凌一二左五。

集 漢書百官表曰 ○耿中統毛凌游殿駰案漢書百官表曰。百，毛利曰。

〔軍中皆左襢爲劉氏〕 瀧三一・四，慶一二左一〇，殿一二右一，凌一二左九。○襢，毛利韓袒。

*****正** 繵幻本作「襢」。 音但與袒同 南化謙幻瀧。

〔亦已解上將印去〕 瀧三一・八，慶一三右一，殿一二右二，凌一二左九。○桃謙——上將軍印去。

〔丞相平迺召朱虛侯佐太尉〕　瀧三一・一〇，慶一三右三，殿一二右四，凌一三右二。〇迺，中統游毛乃。

〔呂產不知呂祿已去北軍〕　瀧三二・一，慶一三右二，殿一二右五，凌一三右三。〇札記吴云，元板下有「之趙」二字。

〔迺入未央宮欲爲亂〕　瀧三二・二，慶一三右五，殿一二右六，凌一三右四。〇迺，紹游乃。

〔殿門弗得入裴回往來〕　瀧三二・二，慶一三右六，殿一二右六，凌一三右五。〇毛利桃古無「得」字。毛利紹蜀「裴回」二字作「俳佪」。景耿慶中統彭毛凌游南殿作「徘徊」。

〔未敢訟言誅之〕　瀧三二・四，慶一三右七，殿一二右八，凌一三右六。

集　訟猶公也　〇也，毛利者。

索　按韋昭以訟爲公　〇耿中統彭游南殿無「按」字。索韋昭云以——。慶凌韋昭曰以——。

索　徐廣又云一作公　〇又，耿慶中統彭凌游南殿亦。耿慶中統彭凌游南殿「一作公」三字作「然」字。

索　蓋公爲得然公言　〇然，中統彭游南殿之。

索　又解者云訟誦說也　〇索無「云訟」二字。

〔入未央宮門〕　瀧三二・七，慶一三右一〇，殿一二右一〇，凌一三右九。〇[毛利][桃古][謙]入未央宮掖門。

〔日餔時遂擊産〕　瀧三二・七，慶一三左一，殿一二左一，凌一三右九。〇餔，[中韓][毛]晡。

〔逐産殺之郎中府吏廁中〕　瀧三二・八，慶一三左二，殿一二左二，凌一三左一。〇[蜀]「之郎」二字作「殺之」。

集　郎中令　〇[中統][游]無「令」字。

集　後轉爲光禄勳也　〇[中統][游]後轉爲光禄勳者也。

〔朱虚侯已殺産〕　瀧三二・九，慶一三左三，殿一二左三，凌一三左二。〇[札記]吳云，元板「已殺呂産」。

〔帝命謁者〕　瀧三二・九，慶一三左三，殿一二左三，凌一三左二。〇命，[南化][三][謙]令。

〔朱虚侯欲奪節信〕　瀧三二・一〇，慶一三左四，殿一二左四，凌一三左三。〇[毛利][楓][三][謙]無「信」字。

〔太尉起拜賀朱虚侯曰〕　瀧三三・二，慶一三左六，殿一二左五，凌一三左五。〇朱，[紹]宋。

〔今已誅〕　瀧三三・二，慶一三左七，殿一二左六，凌一三左五。〇[札記]吳云，元板「今」上重「産」字。

〔悉捕諸呂男女〕　瀧三三・三，慶一三左八，殿一二左七，凌一三左六。〇[毛利]「男」、「女」

互倒。

〔壬戌以帝太傅食其復爲左丞相〕　瀧三三・六，慶一三左九，殿一二左八，凌一三左八。○札記案，七月辛巳晦，食其免相爲帝太傅，即高后崩之日也，九月壬戌復爲相，後九月復免。壬戌，庚申後二日，將相表作「丙戌」，誤也，通鑑考異以「壬戌」爲誤，非。

〔以誅諸呂氏事〕　瀧三三・七，慶一四右一，殿一二左一〇，凌一三左一〇。○謙無「諸」字。

〔以彊呂氏今皆已夷滅諸呂〕　瀧三四・八，慶一四右五，殿一三右四，凌一四右三。○紹無「以」字。

〔即長用事吾屬無類矣〕　瀧三四・九，慶一四右六，殿一三右五，凌一四右四。

*正　長丁丈反言少帝年少即長用事誅害吾輩（南化、謙本「輩」作「等」）。　羣屬無種類　南化　謙　幻　瀧。

〔推本言之〕　瀧三五・四，慶一四右八，殿一三右六，凌一四右六。○毛利　謙　無「之」字。

〔今齊王母家駟鈞〕　瀧三五・五，慶一四右一〇，殿一三右七，凌一四右八。○蜀　井　紹　耿　慶　中統　無「鈞」字。

〔欲立淮南王〕　瀧三五・六，慶一四左一，殿一三右八，凌一四右九。○札記吳云，元板南作「陽」。

〔迺相與共陰使人召代王〕　瀧三五・九，慶一四左四，殿一三左一，凌一四左一。○迺，游乃。

〔晦日己酉〕　瀧三六・一，慶一四左七，殿一三左三，凌一四左三。

集　時律歷廢　〇歷，金陵麻，各本「歷」字作「曆」。

集　以十月爲歲首　〇十，毛利下。毛利以十月爲爲歲首。

〔代王數讓〕　瀧三六・三，慶一四左八，殿一三左五，凌一四左六。〇毛利謙代王數讓謝。

〔然後聽〕　瀧三六・四，慶一四左八，殿一三左五，凌一四左六。〇毛利然後后聽。

〔迺與太僕汝陰侯〕　瀧三六・五，慶一四左一〇，殿一三左六，凌一四左七。〇太，彭大。

毛利「太僕」二字作「大僕」。

〔乃顧麾左右執戟者〕　瀧三六・七，慶一五右一，殿一三左七，凌一四左八。〇乃，毛利迺。

〔掊兵罷去〕　瀧三六・七，慶一五右一，殿一三左七，凌一四左八。〇毛利桃謙皆掊兵罷去。

集　掊音仆　〇仆，紹扑。

*
正　又白北反又李附反徐廣曰音仆南化、謙本「仆」作「朴」。南化謙幻瀧。

〔載少帝出〕　瀧三六・九，慶一五右三，殿一三左九，凌一五右一。

集　不敢渫瀆言之　〇渫，毛利泄。

集　故託於乘輿也　〇託，南托，蜀訖。

集　輿猶車也　〇輿，蜀與。

集 則當乘車輿以行天下 ○中統游「車」、「輿」互倒。

集 故或謂之車駕 ○毛利「或」字、「之」字並無。中統游無「之」字。

〔迺奉天子法駕〕 瀧三七・二，慶一五右六，殿一四右二，凌一五右四。

集 天子有大駕小駕法駕 ○毛利「小駕法駕」四字作「法駕小駕」。

集 法駕上所乘曰金根車 ○毛利蜀「所」字、「曰」字並無。景井耿慶中統彭凌游南殿「法駕」二字、「所」字、「曰」字並無。根，游銀。札記「所」字、「曰」字，考證據獨斷增。

集 皆駕四馬 ○金陵同，各本無「皆」字。札記「皆」字考證據獨斷增。

〔迎代王於邸〕 瀧三七・三，慶一五右七，殿一四右三，凌一五右四。○毛利無「於」字。

〔足下何爲者而入〕 瀧三七・四，慶一五右九，殿一四右五，凌一五右七。○毛利——而得入。

〔黎民得離戰國之苦〕 瀧三七・九，慶一五左四，殿一四右九，凌一五左一。

*正 力智反 南化謙幻。

〔君臣俱欲休息乎無爲〕 瀧三七・一〇，慶一五左五，殿一四右一〇，凌一五左二。○休，毛利耿井休。

〔政不出房户〕 瀧三七・一〇，慶一五左六，殿一四左一，凌一五左三。○札記「房户」，御覽引作「闈房」。

〔刑罰罕用〕 瀧三八・一，慶一五左六，殿一四左一，凌一五左三。○罕，景井耿金陵罕。

〔衣食滋殖〕　瀧三八・一，慶一五左七，殿一四左一，淩一五左四。

索　「述贊高祖」至「蒼狗爲菑」六十六字　○耿無此注。

索　潛用福威　○用，中統游作。慶彭南北索殿韓嵯「潛用福威」四字作「尚私食其」。

索　性挾猜疑　○慶殿金陵同，各本「挾」字作「狹」。性，淩惟，索情。

史記會注考證校補卷十

孝文本紀第十

〔太后薄氏子即位十七年〕　瀧二・四，慶一右四，殿一右九，凌一右五。○延久謙無「子」字。

〔皆故高帝時大將〕　瀧二・九，慶一右九，殿一左三，凌一右一〇。○時，蜀臣。

〔非止此也〕　瀧二・九，慶一右九，殿一左四，凌一右一〇。○桃特非止此也。

〔特畏高帝呂太后威耳〕　瀧二・一〇，慶一右一〇，殿一左四，凌一右一〇。○耳，北殿爾。

〔新啑血京師〕　瀧二・一〇，慶一左三，殿一左四，凌一左一。

索　啑漢書作喋音跕丁牒反　○喋，彭凌南北牒，高校記「喋」。

索　無盟歃事　○札記字類引史文云，「啑」，古「歃」字，疑是集解文，索隱以此與呂后紀啑血盟異義，故辨之，而今集解本佚矣。

*正　啑血上音歃漢書作喋（南化本作「蝶」，下同。）廣雅云喋（謙本作「蹀」，下同。）履也顏師古云字當（謙本作「常」）。作喋（幻本亦作「蝶」，下同。）喋謂履涉之耳　[南化][幻][謙][瀧]。

〔諸侯豪桀並起〕　瀧三・四，慶一左五，殿一左九，凌一左六。○桀，[蜀][中統][游]傑。

〔地犬牙相制〕　瀧三・六，慶一左七，殿二右一，凌一左八。

索　若犬之牙不正相當　○[索]有若犬之牙——。

〔此所謂盤石之宗也〕　瀧三・七，慶一左八，殿二右二，凌一左九。○盤，[延久]般，[桃][景][慶][中統][彭][凌][游][殿]磐。

索　此語見太公六韜也　○太，[凌]大。

〔然而太尉以一節入北軍〕　瀧三・九，慶二右一，殿二右五，凌二右二。○北，[衲]比。

〔此乃天授非人力也〕　瀧四・一，慶二右三，殿二右六，凌二右四。○乃，[延久]迺。

〔方今內有朱虛東牟之親〕　瀧四・三，慶二右五，殿二右七，凌二右五。○朱，[延久]未。

按：誤。

〔大橫庚庚〕　瀧四・七，慶二右九，殿二左一，凌二右一〇。○橫，[景][衲]撗。[延久]「庚庚」作「康康」。

〔夏啓以光〕　瀧四・八，慶二右一〇，殿二左二，凌二右一〇。

集　庚庚橫貌也　[金陵]同，各本不重「庚」字。[札記]兩「庚庚」，北宋本與漢書注合，各本皆不重。

集　言去諸侯而即帝位也　○延久乙言去諸侯——。

集　至啓始傳父爵　○金陵同。至，紹三。各本「至」字作「王」。札記各本「至」訛「王」，考證據漢書注改。

集　乃能光治先君之基業　○延久無「乃」字。治，殿洽。

集　文帝亦襲父迹　○亦，延久互。

集　言似夏啓者也　○延久——啓者也矣也。

索　按庚庚猶更更　○索金陵同，各本不重「庚」字，又不重「更」字。

索　音胄也按漢書蓋寬饒云　○索金陵同，各本無「也按」二字。

索　三王家天下官以傳賢人　○索——天下官者以傳賢人。

〔寡人固已爲王矣〕　瀧五・一，慶二左三，殿二左六，凌二左五。○寡，延久㝡。

〔乃天子〕　瀧五・二，慶二左六，殿二左七，凌二左六。○延久迺延久本「乃」作「迺」。天子也。札記御覽引下有「也」字，與漢書合。

〔代王乃笑謂宋昌曰〕　瀧五・四，慶二左七，殿二左九，凌二左八。○笑，延久笶。

〔乘傳詣長安〕　瀧五・五，慶二左八，殿二左一〇，凌二左八。○延久桃乘六乘傳詣——。

〔至高陵休止〕　瀧五・六，慶二左一〇，殿二左一〇，凌二左一〇。

正　秦於渭南有興樂宮　○興，慶彭凌南輿。彭無「樂」字。札記各本誤作「輿宮」二字，依下索隱引改補。案，今本三輔黃圖及水經渭水注、宋敏求長安志引並作「長樂宮」。

正 造橫橋長三百八十步　○[殿]「橫橋長」三字作「長橫橋」。[慶][彭][凌][南]作「橫長橋」。

正 橋北京石水中　○[札記]渭水注引作「橋之北首壘石水中」，長安志亦作「壘」，疑本作「絫」，因訛爲「京」。

正 舊有忖留神象　○[慶][彭][凌][南]無「忖」字。象，[殿]像。[札記]殿本有「忖」字，與渭水注、長安志引合。

正 唯有腰以上　○[札記]「腰」，渭水注、長安志並作「背」，疑彼文誤。

〔昌至渭橋〕　瀧五・九，慶三右三，殿三右四，凌三右四。

索 三輔故事　○[彭][南][韓][嵯]三輔故事云。

〔太尉勃進曰願請閒言〕　瀧六・二，慶三右六，殿三右八，凌三右八。

索 言欲向空閒處語　○閒，[彭][南][索]閑。

索 閒容也　○[索]閒猶容也。

*__正__ 上記閑反閒隙南化、謙本「隙」作「隟」，下同。　也隙之間私語也　[南化][幻][謙][瀧]。

〔太尉乃跪上天子璽符〕　瀧六・四，慶三右九，殿三右一〇，凌三右一〇。

*__正__ 上時掌反　○胡注曰：上，時掌翻，瀧川本以爲正義非。

〔御史大夫張蒼宗正劉郢〕　瀧六・八，慶三左一，殿三左二，凌三左三。○宗，[延久]宋。

〔不當奉宗廟〕　瀧七・一，慶三左三，殿三左四，凌三左五。○當，[慶][彭]審，[南化][楓][三][謙]校記「當」。

〔臣謹請與陰安侯〕　瀧七・一，慶三左五　殿三左五，凌三左六。

集　羹頡侯信母丘嫂也　○金陵同，各本「信」字作「終」。札記各本誤「終」，考證改。延久「羹」、字「信」字並無。延久——丘嫂者也。嫂，景衲井紹嫂。

＊**正**　頡紀八反頃奇傾反謙本無「奇傾反」三字而有「音傾」二字。南化幻謙瀧。

〔列侯頃王后〕　瀧七・三，慶三左四，殿三左六，凌三左六。

集　時呂嬃爲林光侯　○嬃，延久頃。林，殿凌臨。札記與漢書注合，呂后紀、樊噲傳作「臨光」，宜各仍之。

索　而樂産引如淳　○索金陵同，各本「産」字作「彦」。下同。各本無「引」字。

索　是代王后　○索金陵同，各本「王」上有「頃」字。

索　代王隆爲郚陽侯　○各本「隆」字作「降」。按：瀧本「隆」，「降」訛。郚，游郚。

〔與琅邪王宗室大臣列侯吏二千石議曰〕　瀧七・六，慶三左八，殿三左九，凌四右一。○邪，延久耶。

考　燕王噲讓國子之　○按：瀧本「子」，「予」訛。

〔寡人不佞〕　瀧八・七，慶四右一，殿四右一，凌四右三。○佞，延久仁。

〔計宜者〕　瀧八・八，慶四右一，殿四右二，凌四右四。

集　楚王名交　○毛金陵楚王名楚王交。

索　楚王交　○索金陵同，各本無「楚王」二字。

〔南鄉讓者再〕　瀧八・一〇，慶四右三，殿四右四，凌四右六。

集　或曰賓主位東西面　○面，耿而。

集　故西向坐三讓不受　○凌金陵同，各本「向」字作「鄉」。

集　羣臣猶稱宜乃更迴坐示變　○紹無「稱」字。迴，延久目。迴，桃中統游回。

集　即君位之漸也　○延久——漸者也。

考　則南鄉非王之得已也　○按：瀧本「已」，「己」訛。

〔丞相平等皆曰〕　瀧九・三，慶四右五，殿四右五，凌四右七。○延久無「曰」字。

〔雖天下諸侯萬民以爲宜〕　瀧九・四，慶四右六，殿四右七，凌四右九。○延久桃——諸萬民皆以爲宜。

〔宗室將相王列侯以爲莫宜寡人〕　瀧九・六，慶四右八，殿四右八，凌四右一〇。○謙無「王」字。

〔羣臣以禮次侍〕　瀧九・七，慶四右九，殿四右九，凌四左二。○侍，北待。殿考「侍」，監本訛作「待」，今改正。

〔乃使太僕嬰與東牟侯興居清宮〕　瀧九・八，慶四右一〇，殿四右一〇，凌四左二。○延久楓三狩乃使太僕夏侯嬰——。

集　所至必遣靜宮令先案行清靜殿中　○令，紹今。延久「宮令」二字作「室命」。

集　以虞非常　○延久以虞非常者。

索　按漢儀云　○[桃]「按漢儀云」四字作「漢官儀」三字。

〔奉天子法駕〕　瀧九・九，慶四左二，殿四左二，淩四左四。

索　有大駕法駕　○[索][金陵]同，各本「法駕」下有「小駕」二字。

〔迎于代邸〕　瀧一〇・一，慶四左二，殿四左二，淩四左四。○于，[毛]於。下同。

〔其赦天下〕　瀧一〇・五，慶四左八，殿四左七，淩四左一〇。○[紹]無「其」字。[南化][謙][狩]其大赦天下。

〔女子百户牛酒〕　瀧一〇・五，慶四左八，殿四左八，淩五右一。

索　故賜之也　○賜，[桃]爲。

〔酺五日〕　瀧一〇・八，慶四左一〇，殿四左九，淩五右二。

集　漢律三人已上無故羣飲　○律，[耿]得。

集　罰金四兩　○[延久]食爵罰金四兩。

索　是其所起也　○[索][金陵]同，各本「起」下有「遠」字。

*正　横胡孟反　[南化][幻][謙][瀧]。

〔辛亥皇帝即阼〕　瀧一〇・一〇，慶五右三，殿五右二，淩五右六。○阼，[桃古]祚。

〔右丞相平徒爲左丞相〕　瀧一一・一，慶五右三，殿五右二，淩五右六。○各本「徒」字作「徙」。按：瀧本「徒」，「徒」訛。

〔太尉勃爲右丞相〕　瀧一一・二，慶五右四，殿五右四，淩五右七。○[延久]太尉周勃爲——。桃太尉周勃徙爲——。

〔壬子〕　瀧一一·七，慶五右八，殿五右五，凌五右八。○子，桃中統午。按：誤。

〔太尉身率襄平侯通〕　瀧一二·二，慶五左一，殿五右九，凌五左三。○延久太尉勃身率——。率，中統游奪。按：涉下而誤。

〔益封太尉勃萬户〕　瀧一二·三，慶五左二，殿五左一，凌五左五。○南化楓三高益封太尉勃邑萬户。

〔封典客揭爲陽信侯賜金千斤〕　瀧一二·六，慶五左五，殿五左四，凌五左八。○桃封典客劉揭。

正　在滄州無棣縣東南三十里漢陽信縣　○凌無「漢陽信縣」四字。

〔及爲收帑〕　瀧一三·四，慶五左九，殿五左七，凌六右一。○帑，桃蜀北殿韓孥。

〔是反害於民爲暴者也〕　瀧一三·九，慶六右三，殿六右一，凌六右六。○延久南化桃謙狩高是法反害——。

〔其孰計之〕　瀧一三·一〇，慶六右四，殿六右一，凌六右六。○殿金陵同，各本「孰」字作「熟」。

〔除收帑諸相坐律令〕　瀧一四·一，慶六右六，殿六右三，凌六右八。○帑，蜀殿孥。

集　帑子也　○帑凌殿孥。

集 今除此律 ○今，耿合。

〔正月有司言曰〕 瀧一四・四，慶六右七，殿六右四，凌六右九。○正，北五。延久無「曰」字。

〔上帝神明弗歆享〕 瀧一四・五，慶六右八，殿六右五，凌六右一○。○彭韓嵯同，各本「弗」字作「未」。札記吴校宋板「弗」，各本作「未」。

〔天下人民未有嗛志〕 瀧一四・五，慶六右九，殿六右五，凌六左一。

索 按嗛者 ○索金陵同，各本無「按」字。

索 漢書作慝 ○慝，索金陵愜。

索 志安也 ○索金陵同，各本無「志安也」三字，而有「音篋」二字。

＊**正** 恨也未有恩惠之志民也又謙牒南化本無「牒」。反言未有慊洽之志於民 南化謙幻。

〔其安之〕 瀧一四・九，慶六左二，殿六右八，凌六左四。○安，謙妥。

索 言徐徐且待也 ○且，南北殿以。

〔明於國家之大體〕 瀧一五・二，慶六左五，殿六左一，凌六左六。○體，耿禮。

〔秉德以陪朕〕 瀧一五・三，慶六左六，殿六左二，凌六左八。○秉，紹乘。陪，嵯掊，高校記「陪」。

〔若舉有德以陪朕之不能終〕 瀧一五・五，慶六左八，殿六左三，凌六左九。○桃若各舉有德以陪朕之不能終。

〔治安皆千餘歲〕　瀧一五・八，慶七右一，殿六左六，凌七右三。○桃——千有餘歲。

〔莫長焉〕　瀧一五・九，慶七右二，殿六左七，凌七右四。○楓三高狩金陵同，各本「長」上有「不」字。札記各本「莫」下衍「不」字，索隱本無，與漢書合，考證據删，志疑説同。

〔用此道也〕　瀧一五・九，慶七右二，殿六左七，凌七右四。

索　故安治千有餘歲也　○千，耿于。

〔高帝親率士大夫始平天下〕　瀧一六・二，慶七右四，殿六左九，凌七右六。○平，桃定。

〔皆亦爲其國祖〕　瀧一六・三，慶七右六，殿六左一〇，凌七右七。○延久桃「皆」、「亦」互倒。

〔而更選於諸侯及宗室〕　瀧一六・四，慶七右七，殿七右二，凌七右九。○選，耿還。

〔子某最長〕　瀧一六・五，慶七右九，殿七右三，凌七右一〇。○某，桃謙其。

〔薄太后曰〕　瀧一六・九，慶七左二，殿七右六，凌七左四。○紹無「曰」字。

〔立太子母爲皇后〕　瀧一六・一〇，慶七左三，殿七右七，凌七左四。

索　謂帝之子爲諸侯王　○桃無「王」字。

索　故立太子母也　○耿游——太子母爲皇后也。

〔賜天下鰥寡孤獨窮困〕　瀧一七・二，慶七左四，殿七右八，凌七左六。○延久「孤」、「獨」

互倒。

〔及年八十已上〕　瀧一七・三，慶七左五，殿七右八，凌七左六。○已，延久以。下同。

〔孤兒九歲已下〕　瀧一七・三，慶七左五，殿七右八，凌七左六。○已，桃以。　桃孤兒年九歲——。

〔布帛米肉〕　瀧一七・三，慶七左五，殿七右九，凌七左七。○米，紹未。肉，延久完。

〔填撫諸侯〕　瀧一七・四，慶七左六，殿七右一〇，凌七左八。○填，桃中統游北鎮。

〔四夷皆洽驩〕　瀧一七・四，慶七左七，殿七右一〇，凌七左八。○桃古同。洽，桃中統治。

〔乃脩從代來功臣〕　瀧一七・五，慶七左七，殿七右一〇，凌七左八。○延久桃古南化楓三謙同，各本「脩」字作「循」。札記何氏讀書記云，漢書「循」作「脩」，是，志疑説同。

〔已尊昌爲衛將軍〕　瀧一七・七，慶七左九，殿七左二，凌七左一〇。○已，游以。

〔其封昌爲壯武侯〕　瀧一七・七，慶七左九，殿七左三，凌七左一〇。

集　景帝中四年奪侯　○延久景帝中元四年——。四，中統游元。

正　古萊夷國有漢壯武縣故城　○凌無「有漢壯武縣故城」七字。

〔列侯從高帝入蜀漢中者六十八人〕　瀧一七・一〇，慶八右三，殿七左六，凌八右四。○從，嵯徒，高校記「從」。下同。

〔皆益封各三百户〕　瀧一八・一，慶八右四，殿七左七，凌八右五。○三，衲二。札記漢書同，北宋本、舊刻「三」作「二」，誤。

〔淮陽守申徒嘉等十人〕　瀧一八・二，慶八右六，殿七左八，凌八右七。○徒，井蜀紹慶凌殿屠。札記北宋、中統、游、毛本並同，王本剜改「屠」，它本作「屠」。案，元和姓纂「申徒」，引風俗通云，本「申屠氏，隨音改爲『申徒』」。尸子云，狄，夏賢也，莊子申徒嘉兀者，漢有申徒建」。襍志云，酷吏傳有勝屠公，索隱引風俗通義曰，即申徒。

〔封淮南王舅父趙兼爲周陽侯〕　瀧一八・四，慶八右七，殿七左九，凌八右八。

正　在絳州聞喜縣東三十九里　○各本「三」作「二」。札記「二十九里」，與外戚傳正義合。按：瀧川本據札記改。

〔齊王舅父駟鈞爲清郭侯〕　瀧一八・四，慶八右八，殿七左一〇，凌八右九。

索　駟鈞封鄔侯　○駟，嵯駰，高校記「駟」。

索　鄔屬鉅鹿郡　○索金陵同，各本無「郡」字。

〔封故常山丞相蔡兼爲樊侯〕　瀧一八・六，慶八右一〇，殿八右二，凌八左一。

索　樊東平之縣　○索金陵同，各本無「之」字而「縣」下有「名」字。

〔人或説右丞相曰〕　瀧一八・七，慶八左一，殿八右三，凌八左三。○延久「人」、「或」互倒。

〔右丞相勃乃謝病免罷〕　瀧一八・九，慶八左三，殿八右五，凌八左四。○乃，桃中統迺。

〔其令列侯之國〕　瀧一九・五，慶八左九，殿八右一〇，淩八左一〇。〇其，桃　中統有。
桃古無「有」字。
〔遣太子〕　瀧一九・五，慶八左一〇，殿八左一，淩八左一〇。〇太，延久大。
〔日有食之〕　瀧一九・七，慶八左一〇，殿八左二，淩九右一。
正　而云晦日食之　〇殿　金陵同。食，延久　慶　彭　南　淩蝕。
正　恐曆錯誤　〇曆，金陵厤。
〔十二月望日又食〕　瀧一九・八，慶九右一，殿八左三，淩九右二。〇食，延久　桃古蝕。
集　按漢書及五行志無此日食文也　〇札記案，下文帝詔亦祇言十一月晦，不及十二月，漢書一同，疑誤衍，説具志疑。
集　然史書不紀月食　〇不，耿下。
〔適見于天〕　瀧二〇・四，慶九右五，殿八左六，淩九右六。〇適，南化　三　謙　高讁。
延久「天」下有「集解適音徒厄反也」八字。
〔菑孰大焉〕　瀧二〇・五，慶九右五，殿八左六，淩九右六。〇孰，紹熟。
〔匄以告朕〕　瀧二〇・一〇，慶九右九，殿八左一〇，淩九右一〇。〇金陵同，各本「匄」字作「白」。札記「匄」，各本作「白」，字形相近而訛，考證據漢書改。
〔以匡朕之不逮〕　瀧二一・一，慶九右一〇，殿八左一〇，淩九左一。〇延久無「之」字。

〔因各飭其任職〕　瀧二一・二，慶九右一〇，殿九右一，淩九左一。〇飭，中統飾。按：訛。

〔故惘然念外人之有非〕　瀧二一・三，慶九左二，殿九右二，淩九左二。

索　餘說皆疏惘音下板反　〇金陵同，各本「疏」字作「疎」。板，殿故。

〔其罷衛將軍軍〕　瀧二一・五，慶九左四，殿九右四，淩九左五。〇紹無「其罷衛」三字。

〔太僕見馬遺財足〕　瀧二一・五，慶九左五，殿九右五，淩九左五。

索　充事而已也　〇索金陵同。充，淩克。桃慶中統彭淩游南殿無「而已」二字。耿無「已」字。

〔餘皆以給傳置〕　瀧二一・六，慶九左六，殿九右五，淩九左七。〇耿索金陵同，各本「傳」、「置」互倒。

索　如置急者乘一馬曰乘也　〇索金陵同。桃中統游「如置」二字、「者」字並無。各本「如」字、「者」字並無。

〔天下之本其開籍田〕　瀧二一・八，慶九左八，殿九右八，淩九左九。〇本，耿卒。

集　后親桑爲天下先　〇延久無「親」字。先，紹元。

集　籍蹈籍也　〇延久籍謂蹈籍耕也。籍，景衲中統紹毛藉。下同。

*****正**　上音導謂踐籍之義　南化謙。

〔以給宗廟粢盛〕　瀧二二・一，慶一〇右一，殿九左一，淩一〇右二。〇粢，延久粢，三資。

集　黍稷曰粢在器中曰盛　〇粢，耿菜。

〔遂弟辟彊〕　瀧二三・四，慶一〇右三，殿九左三，凌一〇右四。〇辟，三壁。

〔立朱虛侯爲城陽王〕　瀧二三・五，慶一〇右五，殿九左五，凌一〇右五。〇延久桃立朱虛侯章爲——。

〔古之治天下朝有進善之旌〕　瀧二三・七，慶一〇右七，殿九左六，凌一〇右九。〇延久古之治天下者朝有——。

集　旌幡也　〇幡，中統游北殿旛。

集　欲有進善者　〇延久無「善」字。

〔誹謗之木〕　瀧二三・八，慶一〇右八，殿九左八，凌一〇右一〇。

集　服虔曰堯作之橋梁交午柱頭應劭曰橋梁邊板所以書政治之愆失也至秦去之今乃復施也　〇井無此注二十七字。延久上「橋」、「梁」互倒。柱，耿在。延久「梁」、「邊」互倒。

索　亦音沸　〇沸，桃中統游佛。

索　使書於木　〇索無「木」字。

索　今宮外橋梁頭四植木是也　〇中統索金陵同，各本「植」字作「柱」。

索　謂以木貫表柱四出　〇索無「謂」字。

索　崔浩以爲木貫表柱四出名桓　〇索金陵同，各本無「表」字。

索　則華與和又相訛耳　〇索金陵同，各本「耳」字作「也」。

〔將何以來遠方之賢良〕　瀧二三・四，慶一〇左四，殿一〇右三，凌一〇左六。〇南化三桃中統游將何以來游遠方之——。

〔以相約結〕　瀧二三・五，慶一〇左五，殿一〇右四，凌一〇左七。○延久「約」、「結」互倒。

〔而後相謾〕　瀧二三・五，慶一〇左五，殿一〇右四，凌一〇左七。○謙而後復相謾。

集　不畢祝詛也　○畢，桃衲中統游必。札記南宋、中統本並作「必」，古通。

索　謾相抵讕也　○索金陵同，桃中統彭「抵讕」二字作「祇闌」，游作「低闌」，各本「讕」字作「闌」。桃無「相」字。

索　謂初相約共行祝　○共，凌其。

索　後相欺誑　○誑，桃謾。

〔其有他言吏又以爲誹謗〕　瀧二三・七，慶一〇左七，殿一〇右六，凌一〇左九。○各本「吏」上有「而」字。按：瀧本「吏」上誤脱「而」字。

〔此細民之愚無知抵死〕　瀧二三・八，慶一〇左七，殿一〇右六，凌一〇左九。○抵，耿拒。

〔初與郡國守相爲銅虎符竹使符〕　瀧二三・九，慶一〇左九，殿一〇右八，凌一一右一。

集　皆以竹箭五枚長五寸　○皆，北乃。

集　鐫刻篆書　○延久「鐫刻」二字作「錐剋」。鐫，桃傍。

集　第一至第五　○桃第一第二至——。

集　符以代古之珪璋　○古，紹台。珪，桃圭。

索　漢舊儀　○索無「舊」字。舊，中統游書。桃「漢舊儀」三字作「漢書音議」四字。

索 分符而合之 ○中統、索、金陵同，各本「分」、「符」互倒。

索 左與之 ○桃左以與之。

索 古今注云銅虎符 ○銅，索金。

〔絳侯勃免丞相就國〕 瀧二四・四，慶一一右五，殿一〇左四，凌一一右八。○桃無「勃」字。

〔淮南王長與從者魏敬殺辟陽侯審食其〕 瀧二四・七，慶一一右七，殿一〇左五，凌一一右一〇。○敬，井舒。延久——魏敬賊殺辟陽侯——。殺，延久飲。

〔帝初幸甘泉〕 瀧二四・八，慶一一右八，殿一〇左六，凌一一左一。

集 蔡邕曰 ○邕，延久雍。

集 民臣以爲僥倖 ○僥，桃傲。

集 至見令長三老官屬 ○三，蜀二。

集 賜食帛越巾刀佩帶 ○南化、楓、三、謙「帛」字作「白」，或作「葛」。延久賜食帛白葛越巾——。

集 民爵有級數 ○桃「級」、「數」互倒。

索 宮名在雲陽 ○慶、中統、游、凌、殿甘泉宮——。名，桃、中統、游門。

索 又顧氏按邢承宗西征賦注云 ○索無「宗」字。

索 今按蓋因地有甘泉以名山 ○索、金陵同，各本無「蓋」字。

索 宮名謬爾　○桃 中統 游 金陵同，各本無「宮名謬爾」四字。

*　**正** 越謂江東細綜布爲手巾也　南化。

〔陵轢邊吏〕　瀧二五・五，慶一一左五，殿一一右二，淩一一左八。○轢，三歷。

〔其發邊吏騎八萬五千詣高奴〕　瀧二五・六，慶一一左六，殿一一右三，淩一一左九。○高，延久匈。

〔遣丞相潁陰侯灌嬰擊匈奴〕　瀧二五・七，慶一一左六，殿一一右四，淩一一左九。○桃遣擊匈奴遣丞相——。

〔復晉陽中都民三歲〕　瀧二五・九，慶一一左九，殿一一右七，淩一二右二。

正 晉陽故城　○殿同，各本無「晉陽」二字。

正 在汾州平遥縣西南十三里　○北無「十三里」三字。

〔聞帝之代欲往擊胡〕　瀧二六・一，慶一二右一，殿一一右八，淩一二右四。○紹無「往」字。

〔將十萬往擊之〕　瀧二六・三，慶一二右三，殿一一右一〇，淩一二右五。○延久將十萬衆往擊之。

〔祁侯賀〕　瀧二六・三，慶一二右三，殿一一右一〇，淩一二右六。

集 姓繒　○北 殿賀姓繒。

集 謚曰敬 ○延久無「曰」字。

〔迺詔有司曰〕 瀧二六・五，慶一二右五，殿一一左二，凌一二右八。○迺，北殿乃。

〔與王興居去來亦赦之〕 瀧二六・七，慶一二右七，殿一一左四，凌一二右一○。○桃無「居」字。

〔赦濟北諸吏民與王反者〕 瀧二六・九，慶一二右九，殿一一左六，凌一二左二。○景衲井紹赦齊北諸侯吏民——。

〔居處毋度出入擬於天子〕 瀧二六・一○，慶一二左一，殿一一左七，凌一二左四。○毋，桃紹無。擬，楓儗。

〔欲以危宗廟社稷〕 瀧二七・二，慶一二左二，殿一一左九，凌一二左五。○以，中統游謀。

〔羣臣請處王蜀嚴道邛都〕 瀧二七・三，慶一二左五，殿一二右一，凌一二左七。

集 漢書或作郵字 ○凌金陵同，各本「或」上有「本」字。郵，景衲蜀耿慶中統游彭毛凌却。

集 或直云邛僰邛都乃本是西南夷 ○僰，延久來。僰，中統游南僰。

集 爾時未通 ○凌無「爾」字。

集 嚴道有邛僰山 ○延久——邛僰山有也。

正 邛都縣本邛都國 ○札記「邛」字考證增。

正　本秦嚴道地　○札記「道」字考證增。案，疑「道」下當有「縣」字。

〔宜由朕躬〕　瀧二八・一，慶一三右四，殿一二右一〇，凌一三右八。○由，中統游在。

〔以彰吾之不德〕　瀧二八・三，慶一三右五，殿一二左一，凌一三右九。○彰，桃章。延久無「之」字。

〔詔獄逮徙繫長安〕　瀧二八・四，慶一三右七，殿一二左三，凌一三左一。

索　故謂之倉公也　○之，南北殿太。

*__正__　逮徙上音代謂追捕幻本作「輔」。徙禁長安詔獄　南化幻謙瀧。

〔太倉公將行會逮〕　瀧二八・五，慶一三右八，殿一二左三，凌一三左二。○延久桃太倉公還將行會逮。

〔其少女緹縈自傷泣〕　瀧二八・七，慶一三右九，殿一二左五，凌一三左三。

索　音啼鄒氏音體非　○金陵同，各本「非」字作「也」。啼，游帝。中統彭游「音」上有「緹」字。

〔齊中皆稱其廉平〕　瀧二八・八，慶一三右一〇，殿一二左五，凌一三左四。○桃中統無「皆」字。

〔蓋聞有虞氏之時〕　瀧二九・一，慶一三左四，殿一二左九，凌一三左八。○氏，北殿帝。

〔畫衣冠異章服以爲僇〕　瀧二九・一，慶一三左五，殿一二左九，凌一三左八。○僇，桃戮。

〔何則至治也〕　瀧二九・二，慶一三左七，殿一三右一，凌一四右一。

正 布其衣裾而無領緣　○領，南凌顏。

〔而姦不止〕　瀧二九・五，慶一三左九，殿一三右二，凌一四右一。

索 張斐注云　○張，桃李。

索 以淫亂人族序　○索金陵同。序，桃慶中統彭凌游南殿類。

索 故不易之也　○索無「之」字。

〔非乃朕德薄〕　瀧二九・八，慶一三左一〇，殿一三右四，凌一四右四。○延久非乃朕之德薄。

〔故夫馴道不純〕　瀧二九・九，慶一三左一〇，殿一三右四，凌一四右四。○馴，楓訓。

〔而道毋由也〕　瀧三〇・一，慶一四右二，殿一三右六，凌一四右七。○毋，延久北殿無。

〔殺北地都尉卬〕　瀧三〇・八，慶一四右九，殿一三左二，凌一四左三。○卬，桃中統卯。

集 匈奴所殺　○札記案，此四字疑當在「其子」上。

***正** 塞先代反括地志云朝那故城在原州百泉縣西七十里漢朝那縣是南化、謙本作「城」。也塞即蕭關今名隴山關漢文帝十四年匈奴入朝那塞者也按百泉亭即謙、瀧川本無上十字。朝那縣之地鉼白刑反地理志云鉼屬琅邪郡　南化幻謙瀧。

〔郎中令張武〕　瀧三一・一，慶一四左一，殿一三左四，凌一四左五。○楓親郎中令——。

〔成侯赤爲内史〕　瀧三一・五，慶一四左五，殿一三左八，凌一四左九。○蜀無「爲」字。

延久建成侯赤爲内史。

〔欒布爲將軍擊匈奴〕　瀧三一·五，慶一四左六，殿一三左八，凌一四左九。

＊**正**　赤音赫呼格反（高、瀧川本無上三字。）　南化幻謙高瀧。

〔十四年于今歷日縣長以不敏不明〕　瀧三一·八，慶一四左七，殿一三左九，凌一五右一。○歷，紹曆。延久楓三下「不」字作「無」。

〔朕甚自愧〕　瀧三一·九，慶一四左九，殿一三左一〇，凌一五右二。○愧，景衲蜀中統媿。

〔其廣增諸祀墠場珪幣〕　瀧三一·九，慶一四左九，殿一四右一，凌一五右三。○墠，蜀毛壇，延久禪。

〔右賢左戚〕　瀧三二·一，慶一四左一〇，殿一四右二，凌一五右四。

索　先賢後親　○親，桃戚。

〔今吾聞祠官祝釐〕　瀧三二·二，慶一五右一，殿一四右三，凌一五右五。

索　音禧福也　○禧，索僖。

〔方明律歷〕　瀧三二·五，慶一五右五，殿一四右六，凌一五右九。○歷，游曆，金陵厤。

〔陳終始傳五德事〕　瀧三二·六，慶一五右六，殿一四右七，凌一五右九。

索　五德之事　○索無「之」字。

〔黃龍見成紀〕　瀧三三・四，慶一五左一，殿一四左一，淩一五左四。

*正　見音胡練反韋昭云謙本作「曰」。聽聰知正則黃龍見文帝尊孝弟南化、謙本作「悌」。力田又除祕祝肉刑故黃龍爲幻、謙、瀧川本無「爲」。之見成紀在秦州縣本漢縣至今瀧本作「悌」。在州北二里　南化　幻　謙　瀧。

〔毋諱以勞朕〕　瀧三三・八，慶一五左四，殿一四左四，淩一五左七。

集　漢書音義曰　○耿　中統　淩　殿　駰案漢書音義曰。

〔因說上設立渭陽五廟〕　瀧三四・二，慶一五左八，殿一四左七，淩一五左一〇。

*正　漢書郊祀志云漢南化、謙本作「謂」。五帝廟同宇帝一殿陽面五帝南化、謙本作「門」。各如其帝色括地志云在渭城北幻、謙、瀧川本無「北」字。　南化　幻　謙　瀧。

〔當有玉英見〕　瀧三四・四，慶一五左九，殿一四左八，淩一六右一。

集　五常並修則見　○常，桃　耿　中統　毛　游　帝。

〔亦以夏荅禮而尚赤〕　瀧三四・五，慶一五左一〇，殿一四左九，淩一六右三。　○桃古「尚赤」二字作「禮上赤」三字。　桃　一本「尚」作「上」。

〔十七年得玉杯〕　瀧三四・五，慶一六右二，殿一四左一〇，淩一六右五。　○桃　中統　游　金陵　同，各本「杯」字作「柸」。

〔令天下大酺〕　瀧三四・七，慶一六右四，殿一五右二，淩一六右七。

*正　古者祭酺聚錢飲酒故後世聽民聚飲皆謂之酺漢書每有嘉慶全南化本作「令」。民大酺是其事也彼

注云因祭酺而與幻、瀧川本無「與」。其民長幼相酬鄭注所謂祭酺合醵也酺音蒲 南化 幻 瀧。

〔新垣平事覺夷三族〕 瀧三四・八，慶一六右四，殿一五右二，凌一六右八。

考 然文帝于盜高祖玉環之之罪 ○按：瀧本「之」字誤重。

〔夫四荒之外不安其生〕 瀧三五・三，慶一六右六，殿一五右四，凌一六右一〇。

索 孤竹北戶西王母日下 ○桃 中統 彭 凌 游 南無「日」字，謙校補「日」。

〔今朕夙興夜寐〕 瀧三五・七，慶一六左一，殿一五右八，凌一六右五。○夙，延久宿。

〔故遣使者冠蓋相望結軼於道〕 瀧三五・九，慶一六左三，殿一五右一〇，凌一六左六。○景 衲 井 紹 慶 北 殿「軼」下有「音轍」二字注。札記 各本「軼」下並注「音轍」二字，疑校者所增。

集 故轍如結也 ○轍，游軼。

集 相如曰結軌還轍 ○凌無此注。

索 軼音逸又音轍 ○游 索 金陵同。逸，桃撤。各本無「又音轍」三字。

索 謂車轍回旋錯結之也 ○索 金陵同，各本無「之」字。

〔以全天下元元之民〕 瀧三六・二，慶一六左七，殿一五左三，凌一六左一〇。

索 戰國策云制海內 ○桃 中統 戰國策云安制海內。

索 古者謂人云善言善人也 ○桃 中統 游 金陵同，各本無「善言」二字。

索 顧野王又云 ○慶 中統 彭 凌 游 南 殿無「又」字。

索 可憐愛貌未安其説聊記異也　○憐，彭韓嵯足。凌無「未安其説聊記異也」八字。

〔以中大夫令勉〕　瀧三六・六，慶一六左一〇，殿一五左七，凌一七右四。

索 裴駰按表景帝改衛尉爲中大夫令　○索同，各本無「裴駰按表景帝改衛尉爲」十字。

〔故楚相蘇意爲將軍軍句注〕　瀧三六・九，慶一七右四，殿一五左一〇，凌一七右七。

集 在鴈門陰館　○金陵同，各本無「在」字。景衲無「館」字。札記各本脱「在」字，北宋本、舊刻脱「館」字，並依漢書注補。

*****正** 上古侯反幻本作「切」。下之具反括地志曰句注山一名西陘山在代州雁門縣西北三十里句漢書音義南化、謙本無「義」。　章句之句　南化幻謙瀧。

〔河内守周亞夫爲將軍居細柳〕　瀧三七・一，慶一七右五，殿一六右二，凌一七右九。

集 在長安西　○桃「長安」二字作「渭城」。

集 細柳倉在渭北近石徼　○札記各本同。漢書注、通鑑注、今本三輔黄圖並同，毛本訛「右徼」。

索 在直城門外阿房宮西北維　○游——阿房按宮西北維。房，慶游旁。維，桃縫。

索 長安西細柳則如淳云在渭北　○索金陵同，各本「長」上有「細柳在」三字，而「西」下無「細柳則」三字。

〔祝茲侯〕　瀧三七・四，慶一七右八，殿一六右四，凌一七左二。

集 表作松茲侯　○延久無「侯」字。

集 姓徐名悍　○悍，中統游程。悍，桃程。

〔軍棘門〕　瀧三七・七，慶一七右八，殿一六右五，凌一七左二。

集　棘門在橫門外　○延久——橫門外也矣。

＊正　橫上幻、謙、瀧川本無「上」。　音光秦興樂宮北門對橫橋今渭南化、謙本作「謂」。　橋　南化幻謙瀧。

〔天下旱蝗〕　瀧三七・九，慶一七右一〇，殿一六右六，凌一七左四。○旱，凌早。

〔發倉庾以振貧民〕　瀧三七・九，慶一七左三，殿一六右九，凌一七左六。○振，桃古賑。

索　郭璞注三蒼云　○索無「三蒼」二字。　蒼，中統倉。

索　作漢官解詁也　○官，桃書。

＊正　胡公名廣後漢太尉百官箴者廣所著書名應劭南化、謙本作「邵」。　著幻本作「箸」。　官儀次比　南化幻謙瀧。

〔民得賣爵〕　瀧三八・二，慶一七左三，殿一六右九，凌一七左七。

索　故聽買賣也　○索「買」、「賣」互倒。

〔嘗欲作露臺〕　瀧三八・五，慶一七左五，殿一六左二，凌一七左一〇。

索　猶有臺之舊址也　○金陵同，各本「址」字作「趾」。

〔召匠計之直百金〕　瀧三八・七，慶一七左六，殿一六左二，凌一八右一。

＊正　漢法一斤爲一金一金直萬錢也百金直千貫　南化幻謙高瀧。

〔中民十家之産〕　瀧三八・八，慶一七左七，殿一六左三，凌一八右一。○延久南化中民十家之生産。

〔上常衣綈衣〕　瀧三八・九，慶一七左八，殿一六左四，凌一八右二。

＊正　綈厚繒也　南化 桃 幻 謙 瀧。

〔令衣不得曳地〕　瀧三八・一〇，慶一七左九，殿一六左五，凌一八右四。○曳，延久 拙。

〔南越王尉佗〕　瀧三九・三，慶一八右一，殿一六左七，凌一八右六。○桃 無「王」字。

〔然上召貴尉佗兄弟〕　瀧三九・四，慶一八右二，殿一六左七，凌一八右六。○貴，北 責。

延久 謙 無「貴」字。

〔就賜几杖〕　瀧三九・六，慶一八右五，殿一六左一〇，凌一八右九。○几，延久 机。

〔常假借用之〕　瀧三九・七，慶一八右五，殿一六左一〇，凌一八右九。

集　音以物借人　○音，殿 者。

〔上乃發御府金錢賜之〕　瀧三九・一〇，慶一八右七，殿一七右二，凌一八左一。○乃，

延久 桃 常。

〔以愧其心弗下吏〕　瀧三九・一〇，慶一八右七，殿一七右二，凌一八左一。○延久 桃古

謙 以愧其心弗刑下吏。

〔帝崩於未央宮〕　瀧四〇・二，慶一八右九，殿一七右三，凌一八左三。

集　年四十七　○四，桃 三。

〔物之自然者〕　瀧四〇・四，慶一八右一〇，殿一七右五，凌一八左五。○延久 南化 楓

三謙萬物之自然者。

〔賴天地之靈〕 瀧四〇・一〇，慶一八左七，殿一七右一〇，凌一九右一。〇楓無「地」字。

〔方内安寧〕 瀧四〇・一〇，慶一八左七，殿一七左一，凌一九右一。

集 内中也 〇中，景外。

〔靡有兵革〕 瀧四一・一，慶一八左八，殿一七左一，凌一九右二。

集 方内安兵革息 〇延久方内安兵革息息也。

〔其奚哀悲之有〕 瀧四一・三，慶一九右一，殿一七左四，凌一九右五。〇悲，桃古三念，延久桃古志。

〔自當給喪事服臨者皆無踐〕 瀧四一・六，慶一九右三，殿一七左七，凌一九右七。

集 伏儼曰踐翦也 〇延久同，各本「伏儼」二字作「服虔」。

集 漢語作跣 〇作，耿在。

〔毋布車及兵器〕 瀧四一・一〇，慶一九右五，殿一七左八，凌一九右九。

集 服虔曰不施輕車介士也 〇金陵同，各本無「服虔曰」三字。札記考證據漢書注增。

〔毋發民男女哭臨宮殿〕 瀧四二・一，慶一九右六，殿一七左九，凌一九右一〇。〇延久桃中統彭游金陵同，各本「民」字作「人」。延久南化楓三謙桃——哭臨宮殿中。札記舊刻「民」，御覽引同，與漢書合，它本作「人」，唐諱改。

〔纖七日釋服〕　瀧四二・五，慶一九右八，殿一八右一，淩一九左二。

集　細布衣也　○衣，毛服。

索　紅亦功也　○索金陵同，各本無「亦」字。

索　故以工力爲字　○工，索功。

索　而女工唯在於絲　○工，南功。

索　以日易月故也　○索金陵同，各本無「故」字。

＊正　顏師古云此喪制者文帝自率己意創而爲之非有取於周禮也何爲南化、謙本作「謂」。以日易月南化、謙本作「年」。乎三年之喪其實二十七月豈有三十六月之文禫又無七月也應氏既失之於前而近代學者因循謬南化、謙本無上二字。說而備誦瀧本無上三字。未之思也南化、謙本作「耳」。按文帝權制百官而已輕重之服不當併言三十六日　南化幻謙瀧。

〔因其故毋有所改〕　瀧四三・一，慶一九左二，殿一八右四，淩一九左六。

索　水徑於山　○徑，索經。

索　亦曰霸山　○曰，南名。

索　即芷陽地也　○北「也」下有「皇甫謐曰霸陵去長安七十里。」十二字。

＊正　括地志云霸陵漢文帝陵在雍州萬年縣東二十五瀧川本無「五」。里霸陵故芷幻本作「苙」。陽也漢晉春秋云愍帝建興三年秦人發霸杜二陵珠玉南化、謙本無「二」字。獲珍寶瀧本無上三字。綵帛以千萬計帝問索琳曰漢陵中物何乃多耶對曰天子即位一年而爲陵天下貢賦三分之一供宗廟一供客一充山

陵武帝享年既久比崩茂陵不復容物赤眉賊不能減幻本作「滅」。半今猶有朽帛委積珠玉未幻、謙本無「未」。盡此二陵是儉者也　[南化][幻][謙][瀧]。

〔歸夫人以下至少使〕　瀧四三・四，慶一九左四，殿一八右六，凌一九左八。

集　有美人良人八子七子長使少使凡七輩　○[延久]「使」、「凡」互倒。

集　重絶人類也　○[中統][游][毛]——人類者也。

〔令中尉亞夫爲車騎將軍屬國悍〕　瀧四三・五，慶一九左五，殿一八右八，凌一九左九。

集　徐廣曰姓徐　○[殿]徐廣曰悍姓徐。

集　騆按漢書百官表　○[延久]騆按漢書百官表曰。

集　掌蠻夷降者　○者，[延久]也。

〔爲將屯將軍〕　瀧四三・六，慶一九左六，殿一八右八，凌一九左九。

集　馮奉世爲右將軍　○右，[金陵]石。

集　以將屯將軍爲名　○[延久]無「將軍」二字。

集　此監主諸屯也　○諸，[景]者。

〔郎中令武爲復土將軍〕　瀧四三・七，慶一九左七，殿一八右一〇，凌二〇右一。

*__正__　張武也　[南化][幻][謙][瀧]。

〔發内史卒萬五千人〕　瀧四三・九，慶一九左九，殿一八左一，凌二〇右三。

索　景帝更名京兆尹也　○尹，[桃]若。

〔屬將軍武乙巳〕　瀧四三・一〇，慶一九左一〇，殿一八左二，凌二〇右五。

集　漢書云　○桃中統游騆案漢書云。

集　乙巳葬霸陵　○金陵同，各本無「霸陵」二字。札記志疑云，二字衍，乙巳先乙卯十日，不應賜爵在前，亦不應相隔多日。案，漢書「四月赦天下，賜民爵一級」。不書日。

集　皇甫謐曰霸陵去長安七十里　○北無此注。七，游五。

〔舞者所以明功也〕　瀧四四・六，慶二〇右五，殿一八左七，凌二〇右一〇。○功，延久德。

〔高廟酎〕　瀧四四・七，慶二〇右五，殿一八左七，凌二〇左一。

集　張晏曰　○晏，凌宴。

集　所謂酎金也　○延久所謂酎金者也矣。

〔奏武德文始五行之舞〕　瀧四四・八，慶二〇右七，殿一八左九，凌二〇左七。

集　舜舞也　○延久「舜」、「舞」互倒。

集　冠冕衣服　○紹慶彭凌南殿韓嵯無「衣」字。

索　以羽籥衣文繡　○以，游有。

索　次即奏五行　○即，游節。

索　五行即武舞　○索無「即」字。

〔通關梁不異遠方〕　瀧四五・三，慶二〇左一，殿一九右四，凌二〇左八。

集　張晏曰　○紹「張晏」二字作「服虔」。

〔除誹謗去肉刑〕　瀧四五・四，慶二〇左二，殿一九右五，凌二〇左九。○去，南化謙不。

〔減嗜欲不受獻〕　瀧四五・五，慶二〇左三，殿一九右五，凌二〇左九。○延久無「嗜」字。

〔罪人不帑〕　瀧四五・七，慶二〇左四，殿一九右六，凌二〇左一〇。○帑，桃古景衲游毛韓嵯孥。

〔而孝文皇帝親行之〕　瀧四五・九，慶二〇左六，殿一九右八，凌二一右二。○桃無「之」字。

〔德厚侔天地〕　瀧四五・一〇，慶二〇左六，殿一九右八，凌二一右三。

集　李奇曰侔齊等　○侔，紹仲。

〔丞相臣嘉等言〕　瀧四六・四，慶二一右二，殿一九左三，凌二一右八。○臣，桃中統呂。

〔臣謹議曰〕　瀧四六・六，慶二一右四，殿一九左五，凌二一右一〇。○南凌同，各本「曰」字作「世」。札記「世」字各本皆同，漢書亦作「世」，惟凌本作「曰」，蓋校者所改。

〔高皇廟〕　瀧四六・七，慶二一右五，殿一九左五，凌二一右一〇。○桃高皇帝廟。

〔天子歲獻祖宗之廟〕　瀧四六・九，慶二一右八，殿一九左七，凌二一左一。

集　張晏曰　○紹「張晏」二字作「服虔」。晏，韓嵯凌宴。

集　皆爲侍祭　○延久皆爲侍祭也矣。

〔廩廩鄉改正服封禪矣〕　瀧四七・六，慶二一左四，殿二〇右五，凌二二右一。○鄉，楓

[三]饗。服，[楓][三]朔，[南化][謙]昨。[延久]——改正朔服封禪矣。[謙]一本無「服」字。

〔豈不仁哉〕 瀧四七·九，慶二一左五，殿二〇右六，凌二三右二。

索 「述贊孝文在代」至「千年頌聲」六十六字 ○[耿]無此注。

索 兆遇大横 ○横，[索]擴。

索 宋昌建册 ○册，[桃][中統][彭][游]策。

索 綈衣率俗 ○衣，[桃]弋。率，[桃]成。

索 露臺罷營 ○[金陵]同，各本「罷」字作「不」。露，[桃][中統][游]靈。營，[游]营。

史記會注考證校補卷十一

孝景本紀第十一

〔孝景皇帝者〕 瀧二・五，慶一右二，殿一右七，凌一右三。

*正 荀悅諱啓之字曰開 南化 謙。

〔孝文在代時〕 瀧二・六，慶一右三，殿一右八，凌一右四。○延久 大治 桃 南化 楓 棭 三 謙 無「時」字。札記 御覽八十八引作「初在代」。

〔及竇太后得幸〕 瀧二・六，慶一右三，殿一右八，凌一右四。○延久 大治 桃 南化 楓 棭 三 謙 高 無「得」字，而「幸」字作「行」。

〔元年四月乙卯赦天下〕 瀧二・七，慶一右五，殿一右一〇，凌一右六。○延久「赦」傍注有「敢」字。

〔封故相國蕭何孫係爲武陵侯〕 瀧三・一，慶一右八，殿一左三，凌一右九。○延久 大治

南化 椵 三 謙 狩——蕭何孫蕭係——。

集 「徐廣曰漢書亦作係鄒誕生本作傒」至「疑其人有二名」 ○延久 大治 無此注。 衲 井 蜀 紹「誕生」二字作「説」字。 誕，景 説，無「生」字。 札記 案，鄒誕生，南齊人，裴氏無由引，且其文全同索隱，此俗本兼采二注而誤入者。 北宋本「誕生」二字作「説」，亦非。

索 漢書亦作係鄒誕生本作傒又按漢書功臣表及蕭何傳皆云封何孫嘉疑其人有二名也 ○耿 殿 無此注。 索 無「生」字，而「傒」字作「徯」。 慶 彭 南 凌 游——作傒音奚又按漢書——。 無「封何」二字。

*****正** 蕭何傳云以武陽南化、謙本作「陵」。縣二千户封何孫嘉爲列侯漢書及史記功臣表皆云孝景二南化、謙本作「三」。年封係爲列侯恐有二名也 南化 謙 幻 瀧。

〔男子二十而得傅〕 瀧三・五，慶一右九，殿一左四，凌一左一。 ○南化 楓 椵 三 謙 狩 野 高 男子年二十而得傅。

索 舊法二十三而傅 ○法，中統 游 注。 二，索 三。

考 至二十歲始傅著於版籍也 ○按：瀧本「傳」，「傅」訛。

〔孝文太后崩〕 瀧三・七，慶一左一，殿一左五，凌一左二。

索 薄太后也 ○索 金陵 同，各本無「太」字。

索 亦葬芷陽西 ○索 金陵 同，各本無「亦」字。

〔丞相申屠嘉卒〕 瀧三・九，慶一左二，殿一左七，凌一左三。 ○丞，延久 大治 烝。

〔以御史大夫開封侯陶青爲丞相〕　瀧三・一〇，慶一左二，殿一左七，凌一左四。○延久「陶青」傍注有「唐生」二字。

〔熒惑逆行守北辰〕　瀧四・二，慶一左五，殿一左九，凌一左六。○熒，延久營，傍注有「熒歟」二字。

〔歲星逆行天廷中〕　瀧四・四，慶一左五，殿一左九，凌一左七。○廷，延久大治迋。下同。

〔置南陵及内史祋祤爲縣〕　瀧四・四，慶一左五，殿一左一〇，凌一左七。○延久無「爲縣」二字。大治「爲縣」傍注有「異本也」三字。

集　徐廣曰　○延久無「曰」字。

索　鄒誕生祋音都會反　○祋，耿役。

索　又音丁活反　○活，索括。耿無「又」字。

索　祤音羽又音詡　○索無「音羽又」三字。

*__正__　漢書百官表云内史周官秦因之掌治幻、瀧川本無「治」。京師景帝二年分置左内史右内史武帝太初元年右内史更名京兆左内史更名幻、瀧川本無「名」。左馮翊主爵中尉更名右扶風是爲三輔地理志云祋祤故城在雍州同官縣界漢祋祤縣城幻、瀧川本無上五字。　南化幻謙瀧。

〔長星出西方天火〕　瀧四・八，慶一左八，殿二右三，凌一左九。

集　徐廣曰漢志無　○北殿無此注。志，蜀書。延久——漢志無主也。

〔燔雒陽東宮大殿城室〕　瀧四・九，慶一左九，殿二右三，凌二右一。

集　雒一作淮　○延久無「雒」字。大治「雒」、「一」互倒。

索　漢書作淮陽王宫災　○索金陵無「王宫」二字。札記單本如此，下云災，故徙王於魯也，文義本明，各本誤以「災」字上屬，遂於「淮陽」下加「王宫」二字，而删去「雒陽」字，大失小司馬意。

〔吴王濞〕　瀧四・一〇，慶一左一〇，殿二右四，凌二右二。

正　音匹備反　○凌金陵同，各本「匹」字作「披」。

正　故漢高祖十二年封　○二，彭南韓嵯三。

〔楚王戊〕　瀧四・一〇，慶二右一，殿二右五，凌二右三。○戊，延久大治弋，中統游成。

正　二十一年反　○彭南王柯凌秦藩無「反」字。

〔膠西王卬〕　瀧五・二，慶二右二，殿二右七，凌二右四。○卬，中統游西。

正　高祖孫齊悼惠王子　○慶彭南凌重「悼惠王」三字。

正　故平昌侯　○金陵同，各本無「平」字。札記「平」字考證據年表增。

〔濟南王辟光〕　瀧五・三，慶二右三，殿二右七，凌二右五。

正　在淄川長山縣西北三十里　○川，慶彭凌州。

〔菑川王賢〕　瀧五・四，慶二右四，殿二右八，凌二右六。

正　故武城侯　○城，殿成。

〔膠東王雄渠反發兵西鄉〕　瀧五・五，慶二右五，殿二右一〇，凌二右八。○鄉，延久大治南化楓棭三謙向。

正　故白石侯立十一年反　○白，[彭][南][凌]自，[謙]校記「白」。立，[彭][南][凌]五。

〔天子爲誅晁錯〕　瀧五・六，慶二右七，殿二左一，凌二右一〇。○晁，[景][衲][井][蜀][紹][毛]鼂。

〔遣袁盎諭告〕　瀧五・六，慶二右七，殿二左二，凌二右一〇。○遣，[中統][游]遺。

〔及楚元王子蓺等〕　瀧五・九，慶二右九，殿二左三，凌二左二。○蓺，[延久][大治]藝。

〔立楚元王子平陸侯禮爲楚王〕　瀧六・一，慶二左一，殿二左五，凌二左四。○[索][金陵]同，各本「禮」上有「劉」字。

考　禮上各本衍禮字　○按：瀧本下「禮」，「劉」訛。下同。

〔齊王將廬〕　瀧六・六，慶二左六，殿二左九，凌二左九。○廬，[楓][三]閭。

索　悼惠王之孫　○[索][金陵]同，各本「悼」上有「廬」字而無「之」字。

索　齊王襄之子　○[索]無「王」字。

索　廬漢書作閭　○[索][金陵]同，各本無「廬」字。

考　古鈔本楓山本廬作閭　○按：延久本、大治本並不作「閭」，瀧川考證誤。

〔燕王嘉〕　瀧六・八，慶二左七，殿二左一〇，凌二左一〇。

索　劉澤之子　○[索][金陵]同，各本「劉」上有「嘉」字。

〔復置津關用傳出八〕　瀧六・一〇，慶三右一，殿三右四，凌三右四。○各本「八」作「入」。

按：瀧本「八」，「入」訛。

集　至此復置傳　○延久無此注。大治「復置」二字作「後用」。

集　張晏曰傳信也　○延久無「傳」字。

集　如淳曰　○淳，淩浮。

集　音檄傳之傳　○南　北　殿　金陵同，延久　大治無「之傳」二字。各本「之」字作「而」。札記「之」原作「而」，依明南雍本改。檄，紹繳，延久撽。

索　音丁戀反如今之過所　○索　金陵同，各本無「如今之過所」五字。

〔以趙國爲邯鄲郡〕　瀧七・二，慶三右三，殿三右六，淩三右七。

集　地理志　○理，耿里。

集　趙國景帝以爲邯鄲郡　○延久趙國景帝無「以」字。爲邯鄲郡之也。

〔作陽陵渭橋〕　瀧七・四，慶三右五，殿三右七，淩三右八。

索　後代遂因之也　○索　金陵同，各本無「遂」字。因，耿囚。

〔予錢二十萬〕　瀧七・六，慶三右六，殿三右九，淩三右九　○予，大治　衲　紹　中統子。

〔封長公主子蟜爲隆慮侯〕　瀧七・七，慶三右七，殿三右一〇，淩三右一〇。○景　衲　紹　毛無「主」字。札記　北宋本脱「主」字。

〔封中尉趙綰爲建陵侯〕　瀧七・九，慶三右九，殿三左二，淩三左二。○殿考　余有丁曰：綰即前六年用中尉封者，此複出。

〔隴西太守渾邪爲平曲侯〕　瀧八・一，慶三左一，殿三左三，淩三左四。○邪，延久大治耶。

〔趙丞相嘉爲江陵侯〕　瀧八・二，慶三左一，殿三左四，凌三左五。○嘉，南化楓三高喜。延久「嘉」傍注有「喜」字。

*正　嘉作喜　南化謙高。

〔梁楚二王皆薨〕　瀧八・三，慶三左二，殿三左五，凌三左五。○二，延久大治南化楓梜三謙之。

〔後九月伐馳道樹〕　瀧八・四，慶三左三，殿三左五，凌三左六。

正　「按馳道」至「故堰塡」七十八字　○殿無此注。

正　天子道秦始皇作之三丈而樹　○金陵同，各本「道」字、「三」字並無。札記「道」字、「三」字，依始皇紀集解補。

〔殖蘭池〕　瀧八・四，慶三左三，殿三左六，凌三左六。○殖，延久大治塡。

*正　樹下有南化、謙、瀧川本無上三字。　括地志云瀧川本無「云」字。　蘭池陵即秦之蘭池也在雍州咸陽縣界三秦記云始皇都長安引渭水爲長池築爲蓬萊山刻石爲鯨長二百丈劉伯莊云此時蘭池毀溢故堰塡南化幻謙瀧。

〔廢栗太子爲臨江王〕　瀧八・六，慶三左五，殿三左七，凌三左八。○廢，大治癈。延久廢栗栗太子——。

〔十二月晦日有食之〕　瀧八・七，慶三左六，殿三左八，凌三左八。○南化楓梜三謙狩無「有」字。延久大治「食」字作「蝕」而無「之」字。

〔丞相青免〕　瀧八・九，慶三左六，殿三左八，凌三左九。○免，延久死，傍注有「免他本」三字。

〔立膠東王太后爲皇后〕　瀧九・一，慶三左八，殿三左一〇，凌四右一。

索　按系家　○索無「按」字。

〔立膠東王爲太子名徹〕　瀧九・三，慶三左九，殿四右一，凌四右一。○延久大治南化楓棭三謙狩野高無「名徹」二字。札記二字疑後人傍注誤入。

〔封故御史大夫周苛孫平爲繩侯〕　瀧九・四，慶四右二，殿四右二，凌四右四。

集　平一作應　○北殿同，各本無「平」字。

索　周苛周昌之兄　○慶中統彭凌游南殿無「周」字。

*__正__　繩侯未詳　南化幻謙瀧。

〔故御史大夫周昌子左車爲安陽侯〕　瀧九・六，慶四右二，殿四右三，凌四右五。○大治南化楓棭三謙封故御史大夫——。車，北殿軍。札記「子」當作「孫」。

〔賜爵一級〕　瀧九・七，慶四右三，殿四右四，凌四右六。○延久大治南化楓棭三謙野高賜民爵一級。延久「民」傍注有「異本」二字。大治「民」傍注有「異本也」三字。

〔原都雨雹〕　瀧九・八，慶四右四，殿四右四，凌四右六。○延久原都雨電雹。

〔大者尺八寸〕　瀧九・八，慶四右四，殿四右四，凌四右七。○桃古同。尺，桃 中統 柯 游 赤。

〔立皇子越爲廣川王〕　瀧九・一〇，慶四右六，殿四右七，凌四右九。○延久 大治 立皇太子越——。

〔封四侯〕　瀧九・一〇，慶四右七，殿四右七，凌四右一〇。

集　楚相張尚　○延久 大治 無「張」字。

集　此四人各諫其王　○延久 無「四」。

集　無使反不聽皆殺之　○殺，延久 敬。按：「敬」，「煞」訛。

集　故封其子　○延久——其子之矣。大治——其子也之。

索　王悍子弃也　○悍，彭 韓 捍，謙 校記「悍」。

〔九月甲戌日食〕　瀧一〇・二，慶四右一〇，殿四右一〇，凌四左三。○食，延久 蝕。

〔罷諸侯御史中丞〕　瀧一〇・二，慶四右一〇，殿四右一〇，凌四左三。○延久 大治 重「御史」二字。丞，延久 烝。

〔皆封爲列侯〕　瀧一〇・五，慶四左一，殿四左一，凌四左四。

正　安陵侯子軍桓侯賜　○桓，慶 南 凌 殿 金陵 韓 嵯 垣。

正　容城侯徐盧　○金陵 同，各本「盧」字作「慮」。札記 考證據年表改。

正　易侯僕黚　○金陵 同，各本「黚」字作「日」。札記 考證據年表改。

正　范陽侯代　〇侯，彭南韓嵯范。

〔立皇子方乘爲清河王〕　瀧一〇・七，慶四左三，殿四左二，凌四左六。〇延久大治南化楓棭三謙無「方」字。

〔丞相周亞夫死〕　瀧一〇・九，慶四左三，殿四左二，凌四左六。〇札記「死」當作「免」，志疑云將相表「免」。

〔九月戊戌晦日食〕　瀧一〇・一〇，慶四左五，殿四左五，凌四左八。〇延久「戊戌」二字作「甲午」。延久傍有「戊戌」二字朱注，大治「戊戌」二字作「甲戌」。食，延久蝕。

〔軍東都門外〕　瀧一一・一，慶四左五，殿四左五，凌四左八。〇延久大治楓三無「外」字。

集　「按三輔黄圖東出北頭」至「東都門」二十一字。〇金陵同，延久無此注。各本無「頭」字。中統游駰按三輔黄游本作「皇」。圖——。

索　「按三輔黄圖云」至「東都門」二十一字　〇中統殿無此注。

〔置德陽宫〕　瀧一一・三，慶四左七，殿四左六，凌四左一〇。

集　是景帝廟也　〇延久無「景」字。

集　景帝廟爲德陽宫　〇大治無「宫」字。延久「宫」字作「者也」二字。

〔封十侯〕　瀧一一・五，慶四左九，殿四左八，凌五右二。

正　亞谷侯盧他之　〇札記「亞」原訛「王」，考證據年表改。

正　隆盧侯陳𫊸　○札記「隆」原作「龍」，考證據年表改。「盧」字年表作「慮」，索隱本亦作「盧」。「陳」下原衍「留」，考證據年表删。

〔賜爵一級〕　瀧一一·八，慶五右二，殿五右一，凌五右五。○南化 楓 棭 三 野 賜民爵一級。

〔子不識爲濟陰王〕　瀧一二·六，慶五右八，殿五右六，凌五左一。

正　屬兖州　○兖，彭 嵯 渷。

〔封四侯〕　瀧一二·六，慶五右九，殿五右六，凌五左三。

*正　四侯未詳　南化 幻 謙 瀧。

〔長信詹事〕　瀧一二·九，慶五左一，殿五右八，凌五左五。

集　秩二千石　○延久 秩二千石之也。

〔爲長信少府〕　瀧一二·一〇，慶五左二，殿五右九，凌五左五。

集　長樂少府　○延久 大治 長樂少府者也。大治本無「也」字。

〔將行爲大長秋〕　瀧一三·一，慶五左三，殿五左一，凌五左七。

集　長秋皇后卿　○延久 無此注五字而有「袟行秦官應劭曰袟」八字。

〔大行爲行人〕　瀧一三·一，慶五左四，殿五左一，凌五左八。

集　禮有大行小行　○有，紹 言。

集　故以此名之　○延久 無「以」字。

集　不反之辭也　○延久傍有「亂也」二字朱注。

集　大行是官名　○延久大行小行是官名。

集　以賓諸侯　○延久以賓諸侯者也。

索　按鄭玄曰　○索金陵同，各本無「按」字，而「曰」字作「云」。

〔奉常爲太常〕　瀧一三・三，慶五左六，殿五左三，凌五左一○。○太，延久大治大。

集　掌宗廟禮儀　○掌，延久常。

〔典客爲大行〕　瀧一三・四，慶五左七，殿五左三，凌六右一。

索　秦時云典客　○中統游無「時」字，而「云」字作「大」。

索　鴻聲也臚附皮　○索金陵同，各本無「鴻聲也」三字，而「皮」字作「也」。

索　若皮臚之在外附於身也　○臚，凌膚。

索　故諸侯薨　○索無「故」字。

索　按此大行令　○索金陵同，各本無「此」字。令，凌令。

〔治粟内史爲大農〕　瀧一三・六，慶五左九，殿五左七，凌六右四。

集　掌穀貨也　○掌，延久常。

〔屬大内〕　瀧一三・七，慶六右一，殿五左九，凌六右六。

索　主天子之私財曰小内小内即屬大内也　○索金陵主天子之私財物曰少「小」字作「少」，下同。内少内無「即」字。屬大内也。

〔七月辛亥日食〕　瀧一三・八，慶六右一，殿五左九，凌六右六。○七，延久十。食，延久大治蝕。下同。

〔更命中大夫令爲衛尉〕　瀧一三・九，慶六右三，殿六右一，凌六右八。○金陵同，各本無「令」字。札記「令」字考證據漢書百官表增。

正　景帝初更命中大夫令　○命，南彭殿名。令，慶彭凌分。南殿無「令」字。札記殿本「令」，各本訛「分」。

〔賜爵一級〕　瀧一四・一，慶六右四，殿六右二，凌六右九。○延久賜民爵一級。

〔五月丙戌地動〕　瀧一四・三，慶六右六，殿六右四，凌六左一。

集　徐廣曰丙一作甲　○延久大治無「丙」字。紹無「一」。甲，延久申。

〔以御史大夫綰爲丞相封爲建陵侯〕　瀧一四・五，慶六右八，殿六右五，凌六左三。○蜀無「封爲建陵侯」五字。

〔令徒隸衣七緵布〕　瀧一四・一〇，慶六左二，殿六右九，凌六左七。

索　七緵蓋今七升布言其粗故令衣之也　○慶彭凌南殿無此注。粗，中統索游麄，耿麤。

正　七升布用五百六十縷　○金陵同，各本「縷」字作「縫」。札記各本作「縫」，殿本云，「縷」字之訛。

〔止馬舂〕　瀧一五・一，慶六左三，殿六右一〇，凌六左八。

索　爲歲不登故也　○索 金陵 同，各本無「故」字。

*正　春成（瀧本作「或」）。龍切（南化、謙本作「反」）。馬碾磑之類（南化、謙本作「比」）。也先時用馬今止之　南化 幻 謙 瀧。

〔爲歲不登〕　瀧一五・二，慶六左三，殿六右一〇，凌六左八。○延久重「爲歲」二字。

〔禁天下食不造歲〕　瀧一五・二，慶六左四，殿六右一〇，凌六左九。

*正　造至也禁天下費米穀恐食不造（南化、謙本作「至」）。歲　南化 幻 謙 瀧。

〔省列侯遣之國〕　瀧一五・四，慶六左四，殿六左一，凌六左九。

集　晉灼曰　○灼，紹 約。

集　文紀遣列侯之國　○延久重「侯」字。

集　今又省之　○延久 大治 無「又」字。

〔民疫〕　瀧一五・八，慶六左六，殿六左三，凌七右一。○南化 楓 三 謙 狩 嵯 民疾疫。

〔十二月晦雷〕　瀧一五・一〇，慶六左七，殿六左四，凌七右三。

集　一作雷字又作圖字　○雷，中統 游 殿 書。札記 北宋、中統、游本「雷」作「書」。案，「書」乃「雷」之訛，「圖」乃「雷」之訛也，作「書」、作「圖」則義不可通，故徐云未詳。

〔月貫天廷中〕　瀧一六・二，慶六左九，殿六左六，凌七右五。○索 金陵 同，各本「廷」字作「庭」。

索　龍在左角曰天田　○各本「日」字作「曰」。按：瀧本「日」，「曰」訛。 札記 「在」字「左」之訛，衍，天官書索隱引無。

〔孝景皇帝崩〕　瀧一六・三，慶六左一〇，殿六左七，凌七右六。

集　皇甫謐曰　○[延久][大治][南化][楓][三][謙]瓚曰帝年三十二即位大治、謙本重「即位」二字。　十六年壽四十八皇甫謐曰。

〔是爲孝武皇帝〕　瀧一六・八，慶七右三，殿六左九，凌七右九。

集　漢書云　○[延久]無「云」字。

集　山方百二十步　○步，[延久]里。

集　高十四丈去長安四十五里　○[延久]「丈」、「去」互倒。

〔封皇太后弟蚡〕　瀧一六・九，慶七右四，殿七右一，凌七右一〇。

集　音鼢　○[延久]音鼢鼠之。[中統][游]音鼢鼠。

索　皇太后母臧氏　○[索][金陵]同，各本「氏」字作「兒」。[高]重「臧」字。

〔而晁錯刻削諸侯〕　瀧一七・四，慶七右八，殿七右四，凌七左四。○晁，[景][衲][井]鼂。

〔合從而西鄉〕　瀧一七・四，慶七右九，殿七右四，凌七左五。○鄉，[南化][楓][三]向，[大治]嚮。

〔以諸侯太盛〕　瀧一七・四，慶七右九，殿七右五，凌七左五。○[延久][凌][金陵]同，各本「太」字作「大」。

〔及主父偃言之〕　瀧一七・五，慶七右一〇，殿七右五，凌七左五。○主，[中統]王。[延久]無

「之」字。

〔卒以安〕　瀧一七・六，慶七右一〇，殿七右六，淩七左六。

索　於是遂弱　○[中統][游]重「弱」字。

〔安危之機〕　瀧一七・七，慶七左一，殿七右七，淩七左六。　○[延久][大治]重「安」字。

〔豈不以謀哉〕　瀧一七・七，慶七左七，殿七右七，淩七左七。　○[慶][彭][王][柯]無「謀」字，[謙]校補「謀」。

索　「述贊景帝即位」至「斯功不録」八十二字　○[耿]無此注。

索　提局成釁　○釁，[中統][彭][索][游]舋。

索　坐見梟剋　○梟，[中統][彭][淩][游][南]島，[金陵]亭。剋，[慶][中統][彭][索][游][南][金陵]剋，[淩]刺，[殿]掠。

史記會注考證校補卷十二

孝武本紀第十二

〔孝武本紀第十二〕 瀧一·八，慶一右一，殿一右六，凌一右二。

集 太史公自序曰 ○中統游殿駰案太史公——。南化楓三謙高大史公自序傳曰。

集 又其述事皆云今上 ○北殿無「又」字。

集 或有言孝武帝者 ○北殿無「有」字。

索 又張晏云 ○北殿無「又」字。

索 韋稜云 ○稜，北陵。

索 宣帝代爲博士 ○索金陵同，各本「代」字作「時」。

索 寓居于沛 ○北殿無「于」字。

索 號爲先生 ○索金陵同，各本「號」上有「故」字。北殿無「爲」字。

索 阮孝緒亦以爲然也 ○殿金陵同，各本「孝」字作「季」。

〔孝武皇帝者〕 瀧二・五，慶一右六，殿一左二，凌一右八。

索 裴駰云太史公自序云作今上本紀又其序事皆云今上今天子今或言孝武皇帝者悉後人所定也 ○中統、索、金陵同，各本無此注。

〔孝景中子也〕 瀧二・六，慶一右六，殿一左三，凌一右九。

索 皆是武帝兄 ○索皆是武帝兄是。

索 則武帝第九也 ○金陵同，各本無「武」字。第，索弟。

〔太子即位爲孝武皇帝〕 瀧二・八，慶一右一○，殿一左六，凌一左三。○楓三又太子即位——。

集 爲太子十歲 ○紹無「爲太子」三字。

集 時年十六矣 ○彭南韓嵯時年十有六年矣。彭、韓本無「矣」字。凌時年一十六矣。

〔天下乂安〕 瀧三・三，慶一左二，殿一左八，凌一左四。○乂，南北楓三謙高艾。

〔薦紳之屬〕 瀧三・三，慶一左三，殿一左八，凌一左四。○薦，楓三紳，南化謙縉。

〔皆望天子封禪改正度也〕 瀧三・四，慶一左三，殿一左九，凌一左五。

索 薦紳上音搢 ○索金陵同，各本無「紳上」三字。

索 事出禮内則今作薦者 ○北無「事出禮内則」五字。

〔而上鄉儒術〕 瀧三・五，慶一左五，殿一左一○，凌一左六。○鄉，南北楓三謙高嚮。

〔草巡狩封禪改歷服色事〕　瀧三・六，慶一左七，殿二右二，凌一左八。○南北 楓 三 謙 狩 野 高 中韓 草巡狩創封禪——。

〔未就〕　瀧三・七，慶一左七，殿二右三，凌一左九。

索　「城南長安城南門外」至「杜門之西」三十五字　○北 無「城南長安城南門外」八字。

***正**　括地志云漢明堂在雍州長安縣西北七里長安故城南門外也關中記云明堂在長安城南門外杜（南化、謙本無「杜」。）門之西　南化 幻 謙 瀧。

〔使人微得趙綰等姦利事〕　瀧三・九，慶一左八，殿二右四，凌一左九。○南化 楓 三 謙 北 殿 使人微伺得趙綰等——。

〔綰臧自殺〕　瀧三・一〇，慶一左九，殿二右五，凌一左一〇。

正　非薄五經　○五，殿 六。

正　太后怒故令殺　○怒，彭 韓 嵯 怨，謙 校記「怒」。殿 太后怒故令自殺。

〔郊見五時〕　瀧四・三，慶二右三，殿二右八，凌二右二。

正　先是秦文公作鄜時　○慶 彭 南 金陵 無「秦」字。

〔舍之上林中蹏氏觀〕　瀧四・八，慶二右一〇，殿二左一，凌二右三。○南化 楓 三 謙 無「之」字。

集　徐廣曰蹏音蹄　○蹄，游 啼。札記 字類補遺引「蹏」作「磃」，與漢書郊祀志合，今本作「蹏」，蓋後人依封禪書改。

索　徐廣音蹄　○索金陵同，各本無此注。

〔以子死悲哀〕　瀧四・九，慶二右一〇，殿二左二，淩二右四。○蜀無「悲哀」二字。

〔故見神於先後宛若〕　瀧四・九，慶二左二，殿二左三，淩二右四。

索　先後鄒誕音二字並去聲　○金陵同，索無「先後」二字。耿慶中統彭游南殿鄒誕生音無「二字」。先後並中統本無「並」字。去聲。

索　先謂姒後謂娣也宛音冤　○索金陵同，各本無兩「謂」字。

*正　宛若爲先後之字也　南化幻謙。

〔其後子孫以尊顯〕　瀧五・二，慶二左五，殿二左六，淩二右五。

集　以恩澤封者曰君　○曰，毛爲。

索　案徐云　○索金陵同，各本無「案」字。

〔是時而李少君亦以祠竈穀道卻老方見上〕　瀧五・四，慶二左七，殿二左八，淩二右七。○而，中統柯凌游有。

〔上尊之〕　瀧五・五，慶二左七，殿三右一，淩二右七。

集　食穀道引　○道，彭南導。

索　死爲竈神　○索金陵同，各本「死」下有「今之」二字。

索　司馬彪注莊子云髻竈神也　○金陵同，各本「髻」字作「浩」。

索　李弘範音詰也　○殿金陵同，各本「詰」字作「浩」。札記原誤「浩」，依莊子音義改。弘，索江。中統彭游李弘範云音詰也。

＊正 周禮注南化、謙本無「注」。 曰南化、謙本「曰」作「云」。 顓頊氏有子曰黎爲祝融以爲竈神 南化幻謙瀧。

〔故深澤侯入以主方〕 瀧五・七，慶二左七，殿三右一，凌二右八。

＊正 功臣表曰南化、謙本「曰」作「云」。 深澤侯頭南化、謙本無上四字。 顯幻、瀧川本無「顯」字。 子脩景帝七南化、謙本「七」作「九」。 年有罪絶至中九南化、謙本「九」作「五」。 年頭南化、謙本「頭」作「顯」。 子夷胡南化、謙本「夷胡」作「明」。 復封至元朔五年國除 南化幻謙瀧。

〔能使物卻老〕 瀧五・一〇，慶三右二，殿三右三，凌二右九。○桃古能使物卻老也。

〔更饋遺之〕 瀧六・二，慶三右三，殿三右五，凌二右一〇。○饋，中統游餽。

〔常餘金錢帛衣食〕 瀧六・二，慶三右四，殿三右五，凌二右一〇。○景衲蜀無「帛」字。

札記舊刻無「帛」字，與封禪書及漢書郊祀志合。

〔齊桓公十年陳於柏寢〕 瀧六・七，慶三右一〇，殿三左一，凌二左六。○柏，景衲井慶中統彭游南殿栢。下同。

正 振窮乏 ○札記「振」，各本訛「服」，蓋俗作「賑」而訛也，今依韓非子改。

〔祠竈則致物致物而丹沙可化爲黃金〕 瀧七・二，慶三左五，殿三左六，凌二左八。○金陵同，紹不重「致物」二字。 各本「沙」字作「砂」。

〔臣嘗游海上見安期生〕 瀧七・四，慶三左一〇，殿三左九，凌三右一。○南化三謙

「見」下重「安期生」三字。

〔食臣棗大如瓜〕 瀧七・五，慶三左一〇，殿三左九，凌三右一。〇桃古同。臣，桃慶中統彭南凌游殿巨，校記「臣」。

正 以赤玉舃一重爲報曰 〇重，金陵量。札記殿本「量」，各本訛「重」。按：今所見殿本無此正義，不明張文虎所云官本。

*正 一作臣安期生食巨棗大如瓜 南化謙。

〔求蓬萊安期生之屬〕 瀧七・八，慶四右二，殿四右一，凌三右三。〇彭南韓嵯上求蓬萊――。三謙校記無「上」字。

〔而事化丹沙諸藥齊爲黃金矣〕 瀧七・八，慶四右三，殿四右二，凌三右四。

索 齊音劑 〇索金陵同，凌無此注三字。各本「劑」上有「分劑之」三字。

*正 劑南化本「劑」作「齊」。在西切南化、謙本「切」作「反」。劑南化、謙本「劑」作「齊」。皆也言同諸藥化丹沙南化、謙本「沙」作「砂」。皆爲黃金 南化幻謙瀧。

〔而使黃錘史寬舒受其方求蓬萊安期生莫能得〕 瀧八・一，慶四右六，殿四右三，凌三右五。

集 黃錘人姓名 〇各本無「姓名」二字。按：瀧本以意補。

集 駰案漢書音義曰 〇中統游殿同，各本無「駰案」二字。

*正 姓黃名錘也 南化謙。

〔更言神事矣〕　瀧八・四，慶四右八，殿四右五，凌三右六。

＊正　迂猶遠也言怪異遠處燕齊之方士多於相效更言神事謂謬（南化、謙本「謬」作「誘」。）忌少翁欒大翁（幻、瀧川本無「翁」。）之屬　南化 幻 謙 瀧。

〔亳人薄誘忌奏祠泰一方〕　瀧八・五，慶四右八，殿四右五，凌三右七。

索　此文則作薄字而謬　○索 金陵同，各本「作」字作「衍」。

索　又誤作誘矣　○索 金陵同，各本「矣」字作「也」。

〔天神貴者泰一〕　瀧八・七，慶四右一〇，殿四右七，凌三右八。○泰，索太。

索　「天神貴者大一案樂汁徵圖」至「天皇曜魄寶之所理也」四十八字　○大，金陵太。各本無「天神貴者大一」六字。按：（瀧本「大」，「太」訛。）

索　春秋緯　○金陵同，各本「緯」下有「云紫極之別名又云」八字。

〔泰一佐曰五帝〕　瀧八・八，慶四左一，殿四右九，凌三右九。○一，索其。

索　「其佐曰五帝」至「靈威仰之屬也」十八字　○慶 彭 南 凌 殿無此注。耿 中統 索 游無「其佐曰五帝」五字。

正　國語云　○殿國語注云。札記云此考證春秋文耀鉤文，見周禮春官疏，國語無。

正　帝赤熛怒　○熛，彭褾。

正　名神斗　○斗，彭汗。札記王本「汗」，凌本「汚」，或本作「協」，皆「汁」之訛，而「汁」又「斗」之訛也，今依五帝本紀索隱、正義及漢書注改，考證說同。

〔古者天子以春秋祭泰一東南郊〕 瀧九・一，慶四左四，殿四左二，凌三右一〇。〇泰，景衲井蜀紹太。

〔用太牢具七日〕 瀧九・一，慶四左四，殿四左二，凌三右一〇。

集 一云日一太牢 〇紹一作云無「日」字。一太牢。

集 具十日 〇十，耿慶彭南殿七。

〔祠之忌泰一壇上〕 瀧九・五，慶四左八，殿四左六，凌三左三。〇南北殿祠之於忌泰一壇上。

〔古者天子常以春秋解祠〕 瀧九・六，慶四左九，殿四左六，凌三左四。

***正** 解紀買反又紀賣反祭神曰解言黃帝欲絕其類梟破南化、謙本無「破」。鏡故使南化、謙本「使」作「令」。祭百物之祠後世每春秋祠黃帝用一梟鳥幻、瀧川本本無「鳥」。及一破鏡獸幻、瀧川本本無「獸」。以解黃帝絕惡之類故言解祠黃帝 南化幻謙瀧。

〔祠黃帝用一梟破鏡〕 瀧九・七，慶四左一〇，殿四左七，凌三左五。

集 五月五日 〇紹下「五」字作「三」。

〔冥羊用羊〕 瀧九・八，慶五右二，殿四左九，凌三左五。〇用，毛宜。

集 服虔曰冥羊神名也 〇景衲井蜀耿慶中統彭游南無「冥羊」二字。名，耿慶中統游明。

〔陰陽使者以一牛〕 瀧一〇・一，慶五右四，殿五右一，凌三左七。

集　漢書音義曰陰陽之神也　○中統游駰案漢書音義曰——。

〔以其皮爲幣〕　瀧一〇・二，慶五右六，殿五右三，凌三左八。○索「皮」、「爲」互倒。

集　「案食貨志皮幣以白鹿皮」至「直黄金一斤」　○中統游無上「皮」字。慶彭南上「皮」字、「直」下「黄」字並無。

〔造白金焉〕　瀧一〇・二，慶五右七，殿五右四，凌三左九。

索　案食貨志白金三品各有差也　○慶彭南凌殿無此注。耿中統游無「案」字。

正　雜鑄銀鉤馬白金也　○南化楓三謙慶殿「鉤馬」二字作「錫爲」。札記殿本與漢書食貨志注合，各本訛「鉤馬」。

正　隨之　○隨，殿撱。

〔若麃然〕　瀧一〇・六，慶五左一，殿五右九，凌三左九。

索　麃音步交反　○索無「麃」字。

索　是也　○是，索何。

〔蓋麟云〕　瀧一〇・九，慶五左四，殿五左二，凌四右三。

正　設武備而不爲害　○設，彭誤，楓三謙狩野高校記「設」。

〔以續先王祀〕　瀧一一・三，慶五左一〇，殿五左七，凌四右七。○札記「王」，舊刻「世」。

〔然后五嶽皆在天子之郡〕　瀧一一・四，慶六右一，殿五左八，凌四右八。○郡，南邦。

〔上有所幸王夫人〕　瀧一一・五，慶六右三，殿五左九，凌四右八。

集 齊懷王閎之母也 ○閎，景衲閔。

集 駰案桓譚新論云 ○桓，凌栢。

〔少翁以方術蓋夜致王夫人及竈鬼之貌云〕 瀧一一・六，慶六右四，殿六右一，凌四右九。○蓋，楓狩中韓畫。

〔以客禮禮之〕 瀧一一・八，慶六右四，殿六右三，凌四左二。○彭韓嵯下「禮」字作「待」。

〔文成言曰〕 瀧一一・八，慶六右六，殿六右三，凌四左二。○彭韓嵯「文成言」三字作「少翁曰」。

〔乃作畫雲氣車〕 瀧一一・九，慶六右七，殿六右四，凌四左三。○乃，楓三狩及。

〔及各以勝日駕車〕 瀧一一・九，慶六右七，殿六右五，凌四左四。○及，謙爲。

〔畫天地泰一諸神〕 瀧一二・一，慶六右九，殿六右六，凌四左五。○畫，紹畫。毛無「地」字。

〔詳弗知也〕 瀧一二・二，慶六左一，殿六右八，凌四左七。○詳，南化彭佯，謙校記「詳」。

〔書言甚怪〕 瀧一二・四，慶六左二，殿六右九，凌四左八。○蜀無「書」字。札記「葉校本及大本無「書」字。

〔有識其手書〕　瀧一二・四，慶六左二，殿六右九，凌四左八。○南化楓三謙狩野高無「有」字。

〔問之人果爲書〕　瀧一二・五，慶六左三，殿六右一〇，凌四左九。○爲，凌僞。札記北宋、中統、游、王、柯、毛並作「爲」，此亦古字之僅存者，凌本改「僞」，非。

＊**正**　上音于僞反或人果爲文成書帛飯牛　南化幻謙。

〔於是誅文成將軍而隱之〕　瀧一二・五，慶六左三，殿六右一〇，凌四左九。

正　有使者藉貨關東還　○有，慶彭南殿日。

〔則又作栢梁銅柱承露僊人掌之屬矣〕　瀧一二・七，慶六左五，殿六左二，凌四左一〇。○栢，景衲井蜀紹毛凌柏。銅，慶北凌桐。

集　仙人以手掌擎盤承甘露也　○擎，毛檠。

索　柏梁用梁百頭　○百，耿慶中統彭游南栢。

索　用香栢爲殿香聞十里又曰建章宮承露盤　○索金陵「又」字作「三輔故事」四字。耿慶中統彭游南殿用香栢爲殿梁香聞十里中無「又曰」二字。建章宮——。

索　大七圍　○大，慶中統彭游殿丈，謙校記「大」。

索　上有仙人掌承露　○北殿無「上」字。

〔天子病鼎湖甚〕　瀧一二・九，慶六左八，殿六左六，凌四左一〇。

＊**正**　郊祀志云黄帝采首山之銅鑄鼎荆山之下有龍垂下迎黄帝後人名其處曰鼎湖也　南化幻謙。

〔至不愈〕 瀧一二·九，慶六左八，殿六左六，凌五右一。○札記「至」字疑即上「致」字訛衍，封禪書、郊祀志並無。

索 案鼎湖 ○索金陵同，各本無「案鼎」二字。

索 韋昭云以爲近宜春 ○索金陵同，各本無「云」字。札記「云」字當衍，各本無。

〔上召置祠之甘泉〕 瀧一三·二，慶六左一〇，殿七右二，凌五右一。

集 縣名發根 ○根，紹相。

集 在臨淮淮浦也 ○金陵同，各本不重「淮」字。札記北宋本、舊刻並重「淮」字，與郊祀志、地理志合。

索 服虔亦曰發根人姓字 ○索金陵同，各本無此注。

索 發樹根者也 ○索金陵同，各本無「者」字。

〔於是病愈〕 瀧一三·五，慶七右四，殿七右二，凌五右四。○南化楓三謙高於是上病愈。

〔遂幸甘泉〕 瀧一三·五，慶七右五，殿七右二，凌五右四。○楓三遂起幸甘泉。

〔病良已〕 瀧一三·五，慶七右五，殿七右二，凌五右四。○良，南化楓三謙高善。

集 善已謂愈也 ○善，耿慶中統彭游南殿蓋。無「謂」字。

*正 良善也已止也病善止也 南化幻謙。

〔置壽宮神君〕 瀧一三·六，慶七右五，殿七右三，凌五右五。○札記疑當作「置神君壽宮」，故孟康曰更立此宮也，下云「又置壽宮北宮」，是其證。然郊祀志文與此紀同，封禪書正作「神君壽宮」，而其上又作「置酒壽宮」，疑「酒壽宮」三字，後人所增。

〔神君最貴者大夫〕　瀧一三・七，慶七右六，殿七右四，凌五右五。○南化 楓 三 謙 狩 野 高 神君最貴者曰大夫。楓、三本大夫作「太一」。殿考 封禪書言最貴者太一，此作「大夫」，疑傳寫之誤。札記 封禪書、郊祀志並作「太一」，疑此誤。

〔時去時來〕　瀧一三・九，慶七右八，殿七右五，凌五右七。○南化 楓 三 謙 狩 無「去」字。

〔來則風肅然也〕　瀧一三・一〇，慶七右八，殿七右五，凌五右七。○肅，北 蕭。

〔又置壽宮北宮〕　瀧一四・二，慶七左一，殿七右八，凌五右八。

正　武帝壽宮以處神君　○札記 舊刻「宮」作「闕」，誤。

〔命之曰畫法〕　瀧一四・四，慶七左三，殿七右一〇，凌五右一〇。○謙 金陵 同，各本「畫」字作「書」。

正　畫音獲　○獲，南 北 殿 畫。

〔世俗之所知也〕　瀧一四・四，慶七左四，殿七左一，凌五右一〇。○紹 無「也」字。

〔不宜以一二數〕　瀧一四・六，慶七左五，殿七左三，凌五左二。

集　得黃龍鳳皇諸瑞以名年　○蜀 毛 無「黃龍鳳皇」四字。

〔三元以郊得一角獸曰元狩云〕 瀧一四・八，慶七左九，殿七左六，凌五左三。○北「一角獸」三字作「角獸一」。

〔有司與太史公祠官寬舒等議〕 瀧一四・一〇，慶八右一，殿七左八，凌五左五。○南化 楓 三 謙 狩 高 無「等」字。

集 元朔後得元狩 ○狩，中統 游 符。

集 説者以談爲太史公 ○者，游 之。

索 「韋昭云」至「太史公者皆朔所加之者也」一百四十三字 ○耿 中統 彭 游 南 殿 無「韋昭云」至「遷外孫楊惲稱之也」三十六字。

索 談司馬遷之父也 ○慶 無此注。

索 太史公者皆朔所加之者也 ○索 金陵 同，各本「皆」下有「東方」二字，又「也」下有「楊惲繼此而稱耳」七字。

***正** 按二家之説皆非也如淳曰南化、謙本「曰」作「云」。 漢儀注太史公武帝置位在丞相上天下計書先幻本無「先」。 上太史公南化、謙本無「公」。 副上丞相序事如古春秋瓚曰百官表無書南化、謙本無「書」。 太史公茂陵中書司馬談以太史令幻、謙、瀧川本無「令」。 丞南化、謙本無「丞」字。 爲太史公謙本「公」作「令」，南化本無上四字。 自敘傳云生談爲太史公仕於建元元封之閒又云太史公既治南化、謙本「治」作「掌」。 天官不治民有子曰遷又云太史公遭李陵之禍又云余述黃帝以來至太初而訖凡百三十篇攷南化、謙本「攷」作「援」。 此四科明司馬遷父子皆幻、瀧川本無「皆」。 爲太史公太史公乃司馬遷自題 南北 幻

謙 瀧。

〔天地牲角繭栗〕　瀧一五・七，慶八右五，殿八右三，凌五左六。○栗，耿 東。

〔今陛下親祀后土〕　瀧一五・八，慶八右六，殿八右三，凌五左六。○祀，南化 楓 三 謙 狩祠。

〔已祠盡瘞〕　瀧一五・九，慶八右七，殿八右四，凌五左八。○南化 謙 三 已祠盡瘞之。

〔始立后土祠汾陰脽上〕　瀧一五・一〇，慶八右八，殿八右五，凌五左九。○上，南化 楓 三 謙 丘。

〔上親望拜如上帝禮〕　瀧一六・一，慶八左一，殿八右八，凌六右一。

集　河之東岸特堆堀　○南化 楓 三 脽河之東岸——。謙 脽者河之東岸——。

集　長四五里　○里，景 衲 紹 井 堂。

集　后土祠　○土，紹 王。

集　在縣西汾在脽之北　○謙 在縣西汾河在——。

集　西流與河合也　○河，中統 彭 和。

索　脽丘音誰漢舊儀　○索 金陵 同，耿 無「丘」字。各本無「脽丘音誰」四字，而「漢」下有「書」字。

索　作葵丘者　○索 金陵 同，各本「丘」字作「上」。

索　蓋河東人呼誰與葵同故耳　○索 無「東」字。

〔以奉先王祀焉〕　瀧一六・四，慶八左三，殿八右一〇，凌六右三。○札記 吳云，元板「祀」

上有「祠」字。

〔侵尋於泰山矣〕 瀧一六・五，慶八左四，殿八左一，凌六右四。

索 侵尋即浸淫也 ○浸，南侵。下同。

〔欒成侯上書言欒大〕 瀧一六・六，慶八左五，殿八左三，凌六右六。

索 姓丁名義未詳 ○耿 慶 中統 彭 游 南——未詳耳。殿——未詳爾。

〔與王不相中得相危以法〕 瀧一六・一〇，慶八左一〇，殿八左七，凌六左一。○攷異「得」字衍。札記不相中即不相得，蓋讀者旁注「得」字混入正文，封禪書、郊祀志並無，攷異云衍。

*正 中謂中政得姓也言與後不共居正義慈相待 南化 幻 謙。

〔言多方略〕 瀧一七・三，慶九右四，殿八左一〇，凌六左四。○南化 楓 三 謙「多」、「方」互倒。

〔臣嘗往來海中〕 瀧一七・四，慶九右四，殿九右一，凌六左五。○嘗，中統 游 常。

〔羨門之屬〕 瀧一七・五，慶九右五，殿九右一，凌六左五。

索 韋昭云仙人應劭云名子喬 ○索 金陵同，各本「仙」上有「羨門古」三字，而「喬」字作「高」。

〔又以爲康王諸侯耳〕 瀧一七・五，慶九右六，殿九右三，凌六左六。○游無「耳」字。耳，北 殿爾。下同。

〔不足予方〕　瀧一七・六，慶九右六，殿九右三，凌六左六。○足，紹定。

〔臣之師曰〕　瀧一七・六，慶九右七，殿九右四，凌六左七。○楓三無「之」字。之，謙又。

〔文成食馬肝死耳〕　瀧一七・九，慶九右一〇，殿九右六，凌六左九。

＊正　論衡言盛夏氣熱而毒故食馬肝而死　南化幻謙。

〔我何愛乎〕　瀧一七・九，慶九右一〇，殿九右六，凌六左一〇。○愛，中統柯游憂。

〔人者求之〕　瀧一七・一〇，慶九左一，殿九右七，凌六左一〇。○者，北殿主。札記吳云，元板「者」作「自」。

〔令有親屬〕　瀧一七・一〇，慶九左二，殿九右八，凌七右一。○有，南殿爲。

〔神人尚肯邪〕　瀧一八・一，慶九左三，殿九右九，凌七右二。○肯，景背。

〔不邪〕　瀧一八・二，慶九左三，殿九右九，凌七右三。○南化楓三謙不肯邪。邪，井肯。

〔旗自相觸擊〕　瀧一八・三，慶九左五，殿九右一〇，凌七右四。

正　文本或作綦　○文，三謙南殿又。綦，彭南韓嵯碁。

〔居月餘得四金印〕　瀧一八・六，慶九左八，殿九左三，凌七右七。○南化楓三謙無「金」字。

〔天道將軍印〕　瀧一八・七，慶九左九，殿九左四，凌七右八。○南化楓三景無「天道將軍」四字。殿考按：封禪書無「天道將軍」四字，此有之，疑「天道」即「大道」傳寫之誤，後人不知，妄加以此爲四金印耳，其實合五利將軍爲四也，下文云「天若遺朕士而天通馬」，即天士地士大通之解也。下天道將軍，則刻王印，立白茅，上受之。

〔隄繇不息〕 瀧一八·九，慶九左一〇，殿九左五，凌七右九。

正 而築作堤 ○楓三而築作堤郊。

〔天若遺朕士而大通焉〕 瀧一八·一〇，慶一〇右二，殿九左七，凌七右一〇。○桃一本「大」字作「名」。

索 「韋昭云」至「故封之欒通」十四字 ○索殿金陵同，各本無此注。

〔鴻漸于般〕 瀧一九·二，慶一〇右三，殿九左八，凌七右一〇。○般，南化盤。

集 得欒大如鴻進于般 ○于，景衲井慶彭南殿於。

＊正 般作盤 南化謙。

〔又以衛長公主妻之〕 瀧一九·七，慶一〇右八，殿一〇右三，凌七左三。

集 帝女曰公主儀比諸侯 ○金陵同，各本重「公主」二字。

＊正 劉伯莊云衛后女三人以最長嫁欒大也非天子姊妹也漢書外戚云衛子夫生三女元朔三年生男據此則是太子之姊 南化幻謙。

〔所給連屬於道〕 瀧一九·九，慶一〇左一，殿一〇右七，凌七左四。○南化楓三謙井中統游所給相連——。

〔自大主將相以下皆置酒其家獻遺之〕　瀧一九・一〇，慶一〇左一，殿一〇右七，凌七左五。○主，[景]王。

集　竇太后女也　○各本「后」下有「之」字。按：瀧本誤脱「之」字。

〔於是天子又刻玉印曰天道將軍〕　瀧二〇・一，慶一〇左二，殿一〇右八，凌七左六。○[南化][楓][三][謙]於是天子許又刻玉印曰——。

〔使使衣羽衣夜立白茅上〕　瀧二〇・二，慶一〇左三，殿一〇右九，凌七左六。

*__正__　白茅喻有潔白之德　[南化][幻][謙]。

〔於是五利常夜祠其家〕　瀧二〇・四，慶一〇左五，殿一〇左一，凌七左九。○祠，[北]示。[札記]「家」，舊刻「宮」。

〔其後治裝行〕　瀧二〇・五，慶一〇左七，殿一〇左二，凌七左一〇。○後，[北]夜。

〔莫不搤捥而自言有禁方能神僊矣〕　瀧二〇・六，慶一〇左九，殿一〇左四，凌八右二。○捥，[蜀][毛][殿]腕。

集　服虔曰滿手曰搤　○滿，[紹][游]蒲。

*__正__　搤捥猶執手也言海上燕齊之間方術之士見少君欒大貴振天下無不相執手皆自言有禁方服之能令人神仙矣冀武帝召之　[南化][幻][謙]。

〔掊視得鼎〕　瀧二〇・八，慶一一右一，殿一〇左七，凌八右三。

索　説文掊抱也音步溝切　○掊，北掊。抱，慶殿把。溝，彭交。切，慶彭游南殿反。

*正　掊音白侯反師古曰掊謂手抱土也　南化幻謙。

〈毋款識〉　瀧二〇・九，慶一一右二，殿一〇左七，凌八右四。○索金陵同，各本「毋」字作「無」。

索　韋昭云款刻也按識猶表識也　○索金陵同，各本無「韋昭云款刻也按」七字。

〈吏告河東太守勝〉　瀧二〇・一〇，慶一一右三，殿一〇左八，凌八右四。○南化楓三謙狩吏以告河東太守勝。

〈晏温〉　瀧二一・四，慶一一右七，殿一一右二，凌八右六。

集　如淳曰三輔謂日出清濟爲晏而温也　○濟，南化楓三謙霽。中統游——而温故曰晏温也。

索　「如淳云」至「故曰晏温」三十字　○索金陵同，各本無此注。

索　許慎注淮南子云　○索金陵同，各本無「子」字。

〈因以祭云〉　瀧二一・五，慶一一右八，殿一一右三，凌八右八。

集　徐廣曰上言從行薦之或曰祭鼎乎　○毛無「薦」字。札記封禪書集解作「或者祭鼎也」。

〈閒者河溢〉　瀧二一・六，慶一一右九，殿一一右五，凌八右九。○閒，紹聞。

〈今年豐廡未有報〉　瀧二一・七，慶一一右一〇，殿一一右六，凌八右一〇。○桃古楓三井無「廡」字。廡，紹庶。蜀無「有」字。

〔聞昔大帝興神鼎一〕　瀧二一·九，慶一一左一，殿一一右七，凌八左一。○索無「興」字。

索　顔師古以大帝即太昊伏犧氏以在黄帝之前故也　○索金陵同，各本無「顔」字，而「在」上有「文」字。

*正　漢書郊祀志云聞昔大仲興神鼎一者統天地萬物所繫象也黄帝作寶鼎三象天地人禹收九牧之金鑄鼎九皆嘗鬺上帝鬼神　南化幻謙。

〔皆嘗鬺烹、上帝鬼神〕　瀧二二·一，慶一一左四，殿一一右九，凌八左三。○楓三無「烹」字。

〔宋之社亡〕　瀧二二·五，慶一一左七，殿一一左三，凌八左四。

正　不使通天地陰陽之氣　○殿金陵同，各本無「不」字。札記「不」字考證增，與漢書五行志合。

正　國將危亡　○亡，彭民。札記「亡」字依漢書五行志補。

〔自堂徂基〕　瀧二二·七，慶一一左九，殿一一左五，凌八左五。

正　告充已　○慶彭南殿無「告」字。已，彭包。札記各本脱「告」字。「已」訛「包」，依鄭箋改補。

〔自羊徂牛〕　瀧二二·八，慶一二右一，殿一一左七，凌八左五。○三牲自羊徂牛。

〔不虞不驁〕　瀧二二·九，慶一二右三，殿一一左八，凌八左五。

索　毛傳云虞　○金陵同，各本「毛」下有「詩」字。虞，耿慶中統彭游南殿吴。

索　虞當爲吴　○吴，南虞。

索　又説文以吳一曰大言也　○金陵同，各本無「又」字，而「曰」字作「口」。札記各本訛「口」，依説文大徐本改。

索　故假借也　○故，彭放，三謙校記「故」。

＊**正**　驁五高反虞歡樂也驁遊也考壽也言祭祀豐潔兕觥其觩旨酒思柔不虞樂驁何盛考壽之休美詩不吳毛傳云虞漢也姚氏按何承天云虞當爲吳一口大言也驁音立到反今並不用此二音本作虞字是太史公變之也　南化幻謙。

〔今鼎至甘泉〕　瀧二三·一，慶一二右四，殿一一左一〇，凌八左六。

＊**正**　顔師古言鼎至甘泉之後光潤變見若龍之神能幽明小大乘此休福無窮竟也有黄白雲降與初至中山雲之瑞相合也　南化謙。

〔報祠大饗〕　瀧二三·五，慶一二右七，殿一二右三，凌八左七。

＊**正**　報得鼎祠祖禰天神又享祭之也　南化謙。

〔藏於帝廷〕　瀧二三·七，慶一二右九，殿一二右五，凌八左九。○廷，中統游庭。

〔制曰可〕　瀧二三·七，慶一二右一〇，殿一二右六，凌八左一〇。○制，中統游詔。

〔入海求蓬萊者〕　瀧二三·八，慶一二右一〇，殿一二右六，凌八左一〇。

正　瀛洲　○洲，北州。

〔上幸雍〕　瀧二三·九，慶一二左二，殿一二右八，凌九右二。○桃古同。幸，桃中統上。

索無「幸」字。札記索隱本無「幸」字，與郊祀志合。中統本作「上上雍」，疑後人以「上」字複而改之。封禪書與此同。漢書襍志云當作「上幸雍」。

索　上雍以雍地形高故云上　○[金陵]同，各本無「上雍」二字。

索　「鄭氏云」至「作鬼容區者也」三十字　○[索][金陵]同，各本「鄭氏云」三字作「鄭玄曰」而無「者」字。

〔黄帝得寶鼎神筴〕　瀧二四・四，慶一二左六，殿一二左一，凌九右五。○筴，[耿]策。[札記]此「黄」字似衍，封禪書、郊祀志並同。

〔後率二十歲〕　瀧二四・六，慶一二左九，殿一二左四，凌九右七。

正　「又所律反」至「後皆放此也」十三字　○[北]無此注。

〔黄帝僊登于天〕　瀧二四・七，慶一三右二，殿一二左七，凌九右一〇。○于，[毛]於。下同。

〔寶鼎事已決矣〕　瀧二四・八，慶一三右二，殿一二左七，凌九右一〇。

*__正__　所以謝公孫卿言寶鼎事已決知矣不須上此書　[南化][謙]。

〔上大説〕　瀧二四・九，慶一三右三，殿一二左八，凌九左一。○説，[游][北][殿]悦。

〔受此書申功〕　瀧二四・一〇，慶一三右三，殿一二左九，凌九左五。○功，[慶][游]公。

*__正__　漢書郊祀志云幻、瀧川本無「云」。及封禪書並瀧川本無「並」。作申公疑功錯誤　[南化][幻][謙][瀧]。

〔申功已死〕　瀧二五・一，慶一三右四，殿一二左九，凌九左一。○[桃古]同。功，[桃][中統]公。

〔而與神通封禪〕瀧二五・三，慶一三右七，殿一三右二，凌九左五。○南化楓三謙狩高——神通得封禪。

〔封禪七十二王〕瀧二五・四，慶一三右七，殿一三右二，凌九左五。

正 有七十二君也 ○二，南七。

〔申功曰〕瀧二五・五，慶一三右九，殿一三右三，凌九左五。○功，游公。

〔華山首山太室泰山東萊〕瀧二五・八，慶一三左二，殿一三右七，凌九左八。

***正** 首山一名雷首山亦名中條山名曆山亦名蒲山亦名襄山亦名甘棗山亦名獨頭山泰室嵩高。泰山岱宗。南化幻謙。

〔乃斷斬非鬼神者〕瀧二五・一〇，慶一三左四，殿一三右九，凌九左一〇。

***正** 以邪淫祀乃斷斬之 南化幻謙。

〔明廷者甘泉也〕瀧二六・三，慶一三左七，殿一三左一，凌一〇右二。○毛無「者」字。

〔所謂寒門者谷口也〕瀧二六・三，慶一三左七，殿一三左二，凌一〇右二。

集 黃帝仙於塞門也 ○塞，井慶中統彭游南殿寒。

索 黃帝所仙之處也 ○索金陵同，各本「黃」上有「寒門」二字。

索 小顏云谷中山之谷口 ○楓三小顏云谷口中山之谷口。小，彭山，謙校記「小」。

索 今呼爲治谷去甘泉八十里 ○楓三今呼之爲治谷是去甘泉——。

索 故曰寒門谷口也 ○索金陵同，各本無「谷口也」三字。曰，游謂。

〔下迎黃帝〕　瀧二六・六，慶一四右一，殿一三左五，凌一〇右四。

索　顏師古云胡謂項下垂肉也　○索金陵同，各本「項」字作「頷」。

〔羣臣後宮從上龍七十餘人〕　瀧二六・七，慶一四右二，殿一三左七，凌一〇右五。○十，耿慶彭南凌殿千，謙校記「十」。

〔墮黃帝之弓〕　瀧二六・八，慶一四右三，殿一三左八，凌一〇右六。

正　墮徒果反　○凌殿無此注。

〔乃抱其弓與龍胡髯號〕　瀧二六・九，慶一四右三，殿一三左九，凌一〇右七。

〔西登空桐〕　瀧二七・二，慶一四右九，殿一四右三，凌一〇右一〇。○紹無「西」字。○井游「空桐」二字作「崆峒」。札記北宋、游本「崆峒」。

正　户高反下同　○凌殿無此注。

〔壇放薄忌泰一壇〕　瀧二七・三，慶一四右一〇，殿一四右四，凌一〇左一。○放，南化楓三謙効。

〔壇三垓〕　瀧二七・四，慶一四左一，殿一四右四，凌一〇左二。

集　垓重也言爲三重壇也　○索金陵同，各本無此注。

索　言壇階三重　○階，索堦。

〔五帝壇〕　瀧二七・五，慶一四左一，殿一四右五，凌一〇左二。○景衲無「壇」字。札記北宋本無「壇」字。

〔而加醴棗脯之屬〕　瀧二七・六，慶一四左三，殿一四右七，凌一〇左三。○醴，[南化][楓][三][謙][高]禮。脯，[毛][游]酺。

[南化][楓][三][謙]狸。

〔殺一犛牛以爲俎豆牢具〕　瀧二七・七，慶一四左四，殿一四右七，凌一〇左四。○犛，

〔而五帝獨有俎豆醴進〕　瀧二七・八，慶一四左四，殿一四右八，凌一〇左四。

索　音進漢書作進顏師古云　○[索][金陵]同，各本無「音進漢書作進顏」七字。

〔爲餟食羣神從者及北斗云〕　瀧二七・九，慶一四左六，殿一四右一〇，凌一〇左五。

索　漢志作腏　○[殿]同。腏，[中統]掇。各本「腏」字作「䏿」

索　祭酹　○酹，[中統]酎，[殿]酻。

〔水而洎之〕　瀧二八・二，慶一四左九，殿一四左二，凌一〇左七。

集　肉汁也　○汁，[蜀]升。

*__正__　又以水合肉汁内鹿中也晉灼曰此說合牲燎也　[南化][謙]。

〔祭月以羊彘特〕　瀧二八・四，慶一四左一〇，殿一四左四，凌一〇左七。

索　特一牲也　○[中統][游]特止一牲也。

〔泰一祝〕　瀧二八・六，慶一五右一，殿一四左五，凌一〇左七。○祝，[南化][楓][三][謙]祀。

〔昧爽天子始郊〕　瀧二八・六，慶一五右三，殿一四左六，凌一〇左九。○始，[桃古][南化]

楓三謙狩野高如。

〔夕夕月則揖〕　瀧二八・六，慶一五右三，殿一四左七，凌一〇左九。○南化楓三謙無「則揖」二字。

集　郊泰一時　○蜀無「一」。時，慶彭毛南殿時。

集　皇帝平旦出竹宮　○竹，毛凌行。

〔而見泰一如雍禮〕　瀧二八・八，慶一五右五，殿一四左九，凌一〇左一〇。○南化楓三謙——如雍郊禮。

〔其祠列火滿壇旁〕　瀧二九・一，慶一五右七，殿一五右一，凌一一右二。○景衲蜀金陵無「旁」字。札記王、柯、毛多「旁」字，宋本、舊刻、凌本並無。

〔有司奉瑄玉〕　瀧二九・三，慶一五右一〇，殿一五右三，凌一一右三。○玉，景衲王。

集　璧大六寸謂之瑄　○六，景衲七。

索　音宣璧大六寸也　○索金陵同，各本無「璧大六寸也」五字。

〔及晝黃氣上屬天〕　瀧二九・五，慶一五左一，殿一五右五，凌一一右四。○晝，衲畫。

〔祐福兆祥〕　瀧二九・六，慶一五左二，殿一五右六，凌一一右五。○井耿紹中統游祐福也兆祥。札記中統、游本「祐福」下多「也」字，蓋即「兆」字譌衍。

〔宜因此地光域〕　瀧二九・六，慶一五左三，殿一五右六，凌一一右六。

集　地一作夜　○桃古同。夜，桃中統文。

〔立泰畤壇以明應〕　瀧二九・七，慶一五左三，殿一五右七，凌一一右六。

＊正　明應下於證反師古云明著神光及黄雲之祥應也　南化幻謙瀧。

〔其秋爲伐南越〕　瀧二九・九，慶一五左五，殿一五右八，凌一一右七。○越，北殿粤。

〔告禱泰一〕　瀧二九・九，慶一五左五，殿一五右八，凌一一右七。○禱，北殿祝。中統「告禱」二字作「以儔」。按：札記引中統本作「以疇」，誤。

〔以牡荆畫幡〕　瀧二九・九，慶一五左五，殿一五右八，凌一一右七。○牡，南化楓三謙壯。畫，景畫。幡，殿旛。

＊正　晉灼曰南化、謙本「曰」作「云」。牡荆節間不相當者月暈刻之爲券以畏病者萬畢術云以南山牡荆指病自癒南化、謙本「癒」作「愈」。也顔師古曰言以畏病南化、謙本無上二字。牡荆爲幡竿而畫瀧川、幻本無「畫」。幡爲日月龍及星也　南化幻謙瀧。

〔爲泰一鋒〕　瀧三〇・一，慶一五左七，殿一五右一〇，凌一一右八。

集　天極星明者泰一常居也　○極，景㰌。

集　斗口三星曰天一　○桃古同。曰，桃中統四。

〔爲兵禱〕　瀧三〇・三，慶一五左八，殿一五左二，凌一一右九。

正　爲于僞反　○凌殿無此注。

〔見僊人跡緱氏城上〕　瀧三〇・八，慶一六右四，殿一五左七，凌一一左二。○南化楓

[三][謙][狩][野][高]言見僊人跡——。

〔得毋效文成五利乎〕　瀧三〇・九，慶一六右五，殿一五左八，凌一一左三。○毋，[彭][殿]無，[謙]校記「毋」。

〔人主求之〕　瀧三〇・一〇，慶一六右六，殿一五左九，凌一一左四。○[南化][楓][三][謙][野][高]人主者求之。

〔其年既滅南越〕　瀧三一・三，慶一六右九，殿一六右二，凌一一左七。○年，[南化][楓][三][謙]春。

〔以好音見〕　瀧三一・四，慶一六右一〇，殿一六右二，凌一一左七。○好，[紹]子。

〔今郊祠而無樂〕　瀧三一・五，慶一六左一，殿一六右三，凌一一左九。○祠，[南化][楓][三][謙][野]祀。

〔泰帝使素女鼓五十弦瑟悲帝禁不止〕　瀧三一・七，慶一六左三，殿一六右五，凌一一左一〇。

索　泰帝亦謂太昊也　○昊，[彭][南]皞。

〔於是塞南越〕　瀧三一・八，慶一六左六，殿一六右八，凌一二右三。○塞，[桃古][南化][楓][三][謙][狩][野]賽。

〔及箜篌〕　瀧三一・九，慶一六左六，殿一六右八，凌一二右三。

集　應劭云　○應，紹志。

集　武帝令樂人侯調始造箜篌　○中統游無「造箜篌」三字，而「始」下有「作聲均均然命曰箜篌其姓也」十三字。

索　「應劭云」至「其姓也」二十四字　○索金陵同，各本無此注。

*正　釋名云箜篌（幻本無上二字。）師延所作靡樂後出於桑間濮上之地盍空國侯所出也　南化幻謙。

〔瑟自此起〕　瀧三二・一〇，慶一六左六，殿一六右八，凌一二右三。○南化楓三謙野高琴瑟自此起。札記「瑟」字疑當在「及」上，與二十五弦相屬。封禪書「瑟」上多「琴」字，疑衍，郊祀志與此紀同。

〔古者先振兵澤旅〕　瀧三二・一，慶一六左七，殿一六右九，凌一二右四。○澤，南化楓三謙釋。

〔勒兵十餘萬〕　瀧三二・二，慶一六左八，殿一六右一〇，凌一二右四。○勒，耿勤。

〔澤兵須如〕　瀧三二・三，慶一六左九，殿一六左一，凌一二右五。

*正　澤兵上音亦謂飲畢上酒也　南化幻謙。

〔先類祠泰一〕　瀧三二・五，慶一七右一，殿一六左三，凌一二右七。

正　爲于僞反將爲封禪也　○凌殿無「爲于僞反將爲封禪也」九字。慶彭下「爲」字作「僞」。

〔上與公卿諸生議封禪〕　瀧三二・七，慶一七右三，殿一六左四，凌一二右八。

正　禪梁父之趾廣厚也　○趾，殿址。

正　故增泰山之高以報天　○報，慶彭南放，殿効。

〔而羣儒采封禪尚書周官王制之望祀射牛事〕　瀧三二・九，慶一七右六，殿一六左八，凌一二右九。

集　示親殺也　○示，中統視。下同。札記中統本末有「事見國語」四字，蓋兼采索隱文，它本無。

按：今所見中統本無「事見國語」四字，蓋札記誤歟。

索　天子射牛示親祭也事見國語　○索金陵同，各本「祭」字作「殺」。示，南亦。

〔秦皇帝不得上封〕　瀧三三・一，慶一七右八，殿一六左一〇，凌一二左一。○南化楓三謙重「上」字。

〔上於是乃令諸儒習射牛〕　瀧三三・二，慶一七右九，殿一七右一，凌一二左二。○南化楓三謙狩「上」字、「乃」字並無。

〔草封禪儀數年〕　瀧三三・三，慶一七右一〇，殿一七右一，凌一二左二。

*正　伍緝之征記曰漢武封壇廣丈三尺高丈尺下有玉籙書以金銀爲鏤封以璽應劭曰漢官封禪儀云建武二年登泰山就武帝封處累其石發壇上方石置玉牒書封石此中復蓋封石檢以金爲繩以石爲泥南方北方二十三檢東方西方各二檢太常建武三十三年登封太山燎祭畢出更衣即皇帝於壇南北群臣從者以次陳後尚書令奉玉檢壇上西面立太常曰請封皇帝昇北面尚書令奉檢進南面跪太常曰請封皇帝親封畢退復位大行治跪禮發上石尚書令藏玉牒己禮覆壇尚書令封親檢畢太常跪曰請拜群臣皆稱萬歲太常跪曰事畢皇帝後下道　南化幻。

〔比悳於九皇〕 瀧三三・五，慶一七左三，殿一七右四，凌一二左五。○比，紹毛此。

集 張晏曰三皇之前 ○前，南時。

集 上古人皇九人也 ○南化楓三謙上古有人皇者——。

*正 按說同耳張言人皇九首如今人呼牛九頭以上古質故言九首也 南化幻瀧。

〔羣儒既以不能辯明封禪事〕 瀧三三・七，慶一七左四，殿一七右六，凌一二左五。○以，南化三謙狩已。

〔盡罷諸儒弗用〕 瀧三三・一〇，慶一七左八，殿一七右九，凌一二左九。○南化楓三謙而盡罷——。

〔禮登中嶽太室〕 瀧三四・三，慶一七左九，殿一七右一〇，凌一二左一〇。

集 崧高山也 ○崧，北嵩。

集 崧高山有太室少室之山 ○有，南自。

〔命曰崇高邑〕 瀧三四・六，慶一八右二，殿一七左三，凌一三右一。

*正 韋昭云高嵩有太室嵩高摠名也嵩高山記云山高二千八百丈周迴七十五里 南化幻。

〔山之草木〕 瀧三四・七，慶一八右三，殿一七左四，凌一三右三。○南化楓三桃謙狩泰山之草木。

〔乃令人上石立之泰山顛〕 瀧三四・八，慶一八右四，殿一七左五，凌一三右四。○顛，南化楓三桃謙北殿巔。

〔行禮祠八神〕　瀧三四・一〇，慶一八右四，殿一七左五，凌一三右四。

集　武帝登泰山祭太一　○泰，彭太。太，蜀大。

集　西南開除八通鬼道　○西，游東。

集　一曰八方之神　○景無「一」字。

索　用事八神　○索金陵同，各本無「用事八神」四字。

索　四時主之屬　○金陵同，各本無「主」字。

索　祠東萊山　○金陵同，各本「東」字作「之」。

索　祠盛山　○盛，南殿成。

索　四時主　○楓三四東右時主。

〔常先行候名山〕　瀧三五・五，慶一八右一〇，殿一八右一，凌一三右七。○楓三無「常」字。

〔則大以爲僊人也〕　瀧三五・八，慶一八左三，殿一八右四，凌一三右一〇。

*正　大謂崇大其事也　南化幻謙高。

〔宿留海上〕　瀧三五・八，慶一八左四，殿一八右五，凌一三右一〇。

索　「宿留」至「並通也」二十六字　○彭凌無此注。

*正　宿音秀　南化幻謙高。

〔及閒使求僊人以千數〕 瀧三五・九，慶一八左四，殿一八右五，凌一三左一。○楓三乃閒使求神僊人——。僊，景衲井紹中統毛仙。

〔令侍中儒者皮弁薦紳〕 瀧三六・一，慶一八左七，殿一八右七，凌一三左四。○薦，彭南韓嵯縉。

〔封廣丈二尺〕 瀧三六・三，慶一八左八，殿一八右九，凌一三左五。○楓三桃封廣長丈二尺。

〔天子獨與侍中奉車子侯上泰山〕 瀧三六・四，慶一八左一〇，殿一八右一〇，凌一三左六。

＊**正** 霍嬗子侯去病子也 南化幻謙。

〔明日下陰道〕 瀧三六・四，慶一九右一，殿一八左一，凌一三左七。

集 奉車都尉 ○車，蜀專。

〔禪泰山下阯東北肅然山〕 瀧三六・五，慶一九右一，殿一八左二，凌一三左七。

集 服虔曰肅然山名在梁父 ○金陵同，各本無此注。

〔一茅三脊爲神藉〕 瀧三六・七，慶一九右三，殿一八左三，凌一三左九。

集 孟康曰所謂靈茅也

＊**正** 括地志云辰州盧溪縣西南三百五十里有苞茅山武陵記云山際出苞茅有刺而三脊因名茅山是也

〈天子從封禪還〉　瀧三七・一，慶一九右七，殿一八左七，凌一四右一。○楓三無「從」字。南化幻謙。桃古無「封」字。

〈坐明堂〉　瀧三七・一，慶一九右七，殿一八左七，凌一四右二。

集　古時有明堂處　○時，紹待，游皆。

〈兢兢焉懼弗任〉　瀧三七・三，慶一九右九，殿一八左九，凌一四右三。○毛「兢兢」二字作「競競」。

〈脩祀泰一〉　瀧三七・三，慶一九右一〇，殿一八左一〇，凌一四右四。○泰，毛太。

〈景光屑如有望〉　瀧三七・四，慶一九右一〇，殿一八左一〇，凌一四右五。

集　聞呼萬歲者三　○聞，紹間。

〈依依震於怪物〉　瀧三七・五，慶一九左一，殿一八左一〇，凌一四右五。○楓三謙不重「依」字。於，游如。

〈自新〉　瀧三七・七，慶一九左二，殿一九右二，凌一四右六。○南化楓三謙狩中韓樂自新。

〈賜民百户牛一酒十石〉　瀧三七・八，慶一九左三，殿一九右三，凌一四右七。○楓三謙——牛一頭酒十石。

〔加年八十〕　瀧三七・八，慶一九左三，殿一九右三，凌一四右七。○南化 楓 三 謙 狩 野 高 加賜年八十。

〔孤寡布帛二匹〕　瀧三七・八，慶一九左四，殿一九右三，凌一四右七。○二，中統 游 三。

〔毋出今年租稅〕　瀧三七・九，慶一九左四，殿一九右四，凌一四右八。○毋，中統 游 無。

〔其赦天下〕　瀧三七・一○，慶一九左五，殿一九右四，凌一四右八。○其，毛 大。

〔毋有復作〕　瀧三八・一，慶一九左五，殿一九右五，凌一四右九。

＊**正**　毋音無復音伏孟康曰毋有謂弛刑徒也　南化 幻 謙 高。

〔用事泰山〕　瀧三八・二，慶一九左七，殿一九右六，凌一四右一○。○用，衲 行。

〔其令諸侯各治邸泰山下〕　瀧三八・五，慶一九左八，殿一九右七，凌一四左一。

正　准擬天子用事太山而居止　○准，彭 金陵 隹。札記「隹」疑「準」之訛。

〔天子既以封禪泰山〕　瀧三八・五，慶一九左九，殿一九右八，凌一四左二。○以，景 衲 井 紹 耿 慶 中統 彭 毛 凌 游 南 殿 金陵 已。

〔無風雨菑〕　瀧三八・六，慶一九左九，殿一九右八，凌一四左二。○金陵 同，各本「無」上有「既」字。

〔乃復東至海上望〕　瀧三八・八，慶二○右一，殿一九右一○，凌一四左五。○乃，南化 三 止。

〔北至碣石〕 瀧三八・九，慶二一〇右二，殿一九左一，凌一四左五。○碣，毛偈，慶中統彭凌游竭，謙校記「碣」。

〔巡自遼西〕 瀧三八・九，慶二一〇右二，殿一九左一，凌一四左五。○札記舊刻無「自」字。

〔至九原〕 瀧三八・九，慶二一〇右三，殿一九左二，凌一四左五。

*正 秦九原郡城在勝州榆林縣西界漢武帝元朔二年更名五原郡 南化幻謙。

〔返至甘泉〕 瀧三八・一〇，慶二一〇右三，殿一九左二，凌一四左六。

集 漢書音義曰 ○蜀無「音義」二字。

*正 姚察云三月幸緱氏五月乃至甘泉此則八旬中而周萬八千里其不然乎按武紀正月是 南化幻謙。

〔其秋有星茀于東井〕 瀧三九・一，慶二一〇右五，殿一九左三，凌一四左七。

集 茀音佩 ○景衲井蜀紹耿中統游無此注。

〔有星茀于三能〕 瀧三九・二，慶二一〇右六，殿一九左四，凌一四左八。

*正 土來反 南化謙。

〔候獨見其星出如瓠〕 瀧三九・三，慶二一〇右七，殿一九左五，凌一四左八。○其，衲填。索無「其」字。瓠，桃古南化楓三謙野瓜。

索 見星出如瓠案郊祀志云 ○慶南殿無「云」字。中統彭游無「見星出如瓠案」六字。

索 填星出如瓠 ○填，南鎮。

索 唯言德星 ○慶中統彭游南殿唯（南本、殿本作「惟」）。止言德星。

〔拜祠泰一〕 瀧三九・六，慶二〇右一〇，殿一九左八，凌一四左一〇。○祠，蜀祀。

札記舊刻「祀」。

＊**正** 壽星南極老人星爲人主之壽命延長之應當以秋候之南郊見則國家安樂所以長年故謂之壽星 南化幻謙。

〔壽星仍出〕 瀧三九・七，慶二〇右一〇，殿一九左九，凌一五右一。

〔信星昭見〕 瀧三九・八，慶二〇左一，殿一九左一〇，凌一五右一。

索 信星鎮星也信屬土土曰鎮星則漢志爲德星也 ○金陵同，索不重「土」字。各本無「則」字而「德星」二字作「得之」。

＊**正** 鎮星中主土爲信爲君之年爲天子福祿之精順時而見所見之分其下穀自登有不耕而食不蠶而衣故知和平遠近安樂之應 南化幻謙。

〔皇帝敬拜泰祝之饗〕 瀧三九・八，慶二〇左二，殿二〇右一，凌一五右二。○謙凌金陵同，各本「祝」字作「況」。南「饗」下有「封禪書況作祝」六字注。

＊**正** 漢書郊祀志況字作祝下云贊饗曰則祝辭也況字誤當音祝 南化幻謙。

〔若云見天子〕 瀧三九・九，慶二〇左三，殿二〇右二，凌一五右三。○三若云欲見天子。

〔乃禱萬里沙〕 瀧四〇・三，慶二〇左七，殿二〇右六，凌一五右六。

集 沙徑三百餘里 ○徑，游經。

〔過祠泰山〕　瀧四〇・四，慶二〇左八，殿二〇右七，凌一五右六。

集　自東復有小泰山　○南化楓三謙高蜀「自」、「東」互倒。井無「東」字。

〔還至瓠子〕　瀧四〇・四，慶二〇左九，殿二〇右七，凌一五右六。

集　在甄城以南濮陽以北　○甄，南鄄。

集　深五丈所　○所，南北殿許。

〔自臨塞決河〕　瀧四〇・七，慶二〇左一〇，殿二〇右八，凌一五右七。

索　皆負薪也　○索金陵同，各本「薪」下有「填之」二字，而無「也」字。

〔河徙二渠〕　瀧四〇・七，慶二一右二，殿二〇右一〇，凌一五右七。○徙，南化楓三謙野高從。

〔昔東甌王敬鬼〕　瀧四〇・一〇，慶二一右四，殿二〇左三，凌一五右九。

*正　東海王繇號爲東歐王　南化幻謙。

〔後世謾怠〕　瀧四〇・一〇，慶二一右五，殿二〇左三，凌一五右一〇。○札記封禪書「怠慢」，郊祀志「怠嫚」。

〔乃令越巫立越祝祠〕　瀧四一・一，慶二一右五，殿二〇左三，凌一五左一。○祝，南化楓三謙野高井祀。

〔亦祠天神上帝百鬼而以雞卜〕　瀧四一・一，慶二一右六，殿二〇左四，凌一五左一。○

上，南化 楓 三 謙神。

集 持雞骨卜 ○骨，景 衲 井 慶 中統 彭 游 南 殿用。札記 宋本、毛本「骨」，吳校元板同，它本訛「用」。

正 今嶺南猶此法也 ○慶 彭 南 殿——猶行此法也。

*正 鼠卜者左邊安吉門用竹蔑長四寸墨塗通黑並安齊等布粳米七粒置門右邊安凶門用粉塗通白（南化本「白」作「曰」）。安置如前亦米咒曰炙姑今十玄事若吉食門外米仍屎尿凶門下 南化 幻 謙。

〔越祠雞卜始用焉〕 瀧四一・四，慶二一右八，殿二〇左七，凌一五左二。○楓 三 謙無「焉」字。

〔今陛下可爲觀如緱氏城〕 瀧四一・六，慶二一右一〇，殿二〇左八，凌一五左三。

集 韋昭曰 ○韋，紹嘉。

〔於是上令長安則作蜚廉桂觀〕 瀧四一・七，慶二一左一，殿二〇左九，凌一五左五。

集 晉灼曰 ○灼，紹約。

集 有角而蛇尾 ○景 衲無「有」字。

〔乃作通天臺〕 瀧四二・二，慶二一左三，殿二一右一，凌一五左六。○南化 謙 狩 野 高乃作通天莖臺。

索 臺高三十丈 ○索 金陵同，各本「三」作「五」。

*正 漢書無莖字疑衍字括地志云通天臺在雍州雲陽西北八十里武帝以五月避暑八月乃還 南化

幻 謙。

〔始廣諸宮室〕　瀧四二・四，慶二一左五，殿二一右四，凌一五左七。

索　武帝增通天臺迎風宮　○耿 慶 中統 彭 游 南 殿 武帝復增通天高光無「臺」字。迎風宮外。

索　近則有洪崖儲胥　○耿 慶 中統 彭 游 南 殿 近則有洪游本作「共」。厓「崖」字作「厓」。旁皇儲彭本作「諸」，謙本校記「儲」。胥弩阹。

索　遠則石關封巒鳷鵲露寒棠棃等觀　○耿 慶 中統 彭 游 南 殿 遠則石關封巒枝「鳷」字作「枝」，謙本校記「鳷」。鵲露寒堂棃無「等」字。師得遊觀屈奇瑰偉。

索　又有高華溫德觀曾成宮　○耿 慶 中統 彭 游 南 殿 又有高華溫德法相無「觀」字。曾成宮。

索　白虎走狗天梯瑤臺　○索 金陵 同，各本「狗」字作「拘」。

索　仙人弩法相思觀　○耿 慶 中統 彭 游 南 殿 仙人弩無「法相」二字。思觀皆壯麗也。

〔夏有芝生殿防內中〕　瀧四二・六，慶二一左八，殿二一右七，凌一五左八。○防，桃古 索房。

集　徐廣曰元封二年也　○桃古 同。封，桃 中統 豐。二，桃 一。

索　芝生殿房中　○索 金陵 同，各本無此注。

索　於是作芝房歌　○索 金陵 同，各本無「於是」二字。

〔若有光云〕　瀧四二・八，慶二一左九，殿二一右八，凌一五左八。○毛 空格「若」字。

〔甘泉防生芝九莖〕　瀧四二・九，慶二一左一〇，殿二一右九，凌一五左九。

集　不失舊故　○失，衲大。

〔赦天下〕　瀧四二・一○，慶二三右一，殿二一右一○，凌一五左九。○南化、三、謙、狩高其赦天下。

〔封則天旱乾封〕　瀧四三・二，慶二三右二，殿二一左一，凌一五左一○。○則，紹乎。

集　蘇林曰天旱　○旱，紹辜。

正　「蘇林云」至「欲使封土乾燥也」十二字　○南、殿無此注。

〔三年上乃下詔曰天旱意乾封乎〕　瀧四三・三，慶二三右三，殿二一左一，凌一六右一。○紹無此十三字。

〔通回中道巡之〕　瀧四三・五，慶二三右六，殿二一左四，凌一六右二。

＊**正**　括地志云回中宮在岐州雍縣西三十里按武帝雍五畤遂通西日回中道往巡回中宮也　南化、幻、謙。

〔從西河歸〕　瀧四三・六，慶二三右七，殿二一左五，凌一六右三。○凌「西」、「河」互倒。

〔祀其名山川〕　瀧四三・一○，慶二三右一○，殿二一左九，凌一六右五。○祀，蜀禮。

〔濟南人公玉帶〕　瀧四四・四，慶二三左三，殿二二右一，凌一六右八。

索　玉或作肅　○索、金陵同，各本「作」字作「音」。

索　音語録反　○三音女語録反。札記「語」疑「許」誤。

索　後漢司徒玉況是其後也　○況，中統、彭、游、南祝，謙校記「況」。

〔通水圜宮垣〕　瀧四四・七，慶二二左七，殿二二右五，凌一六右九。〇垣，北室。

〔命曰昆侖〕　瀧四四・七，慶二二左八，殿二二右六，凌一六右一〇。〇中統游索「昆侖」二字作「崑崙」。

〔以二十太牢〕　瀧四五・四，慶二三右二，殿二二右一〇，凌一六左三。〇太，井紹毛大。

〔天子從昆侖道入〕　瀧四五・五，慶二三右三，殿二二右一〇，凌一六左三。〇金陵同，各本「昆侖」二字作「崑崙」。

〔其後二歲十一月甲子朔旦冬至〕　瀧四五・八，慶二三右六，殿二二左三，凌一六左六。〇二，南化三謙三。

〔推歷者以本統〕　瀧四五・九，慶二三右六，殿二二左四，凌一六左七。〇統，南化楓三謙狩野紀。

〔祠上帝明堂〕　瀧四五・一〇，慶二三右八，殿二二左五，凌一六左八。

集　徐廣曰常五年一脩耳　〇彭南無「耳」字。

〔每脩封禪〕　瀧四六・一，慶二三右八，殿二二左五，凌一六左九。〇每，蜀母。

〔天增授皇帝泰元神筴〕　瀧四六・二，慶二三右九，殿二二左六，凌一六左九。

*__正__　筴數也言得十一月甲子朔旦冬到日祀上帝明堂是天授古昔上皇創曆泰元神筴之數爲首故周而

復始　【南化】【幻】【謙】。

〔周而復始〕　瀧四六・二，慶二三右九，殿二二左六，凌一六左九。

索　案薦饗之辭　○【索】【金陵】同，各本「薦」字作「贊」。

索　又案上　○【索】【金陵】同，各本無「上」字。

索　則太古上皇創歷之號　○太，【南】【殿】泰。【耿】【慶】【中統】【彭】【游】【南】【殿】則太彭本作「泰」。元者古昔上皇——。

索　故此云太元神筴周而復始也　○【慶】【中統】【游】【北】【殿】——神筴者周——。

〔親禪高里〕　瀧四六・七，慶二三左三，殿二二左一〇，凌一七右二。

集　伏儼曰　○儼，【南化】【三】【謙】嚴。

〔冀至殊庭焉〕　瀧四六・八，慶二三左四，殿二三右一，凌一七右三。

索　亦通　○【索】【金陵】同，各本「亦」字作「並」。

〔朝受計甘泉〕　瀧四六・九，慶二三左六，殿二三右三，凌一七右四。

正　故受計獻之物於甘泉也　○【金陵】「計獻」二字作「記故」。計，【慶】記。

〔十二日燒〕　瀧四六・一〇，慶二三左七，殿二三右四，凌一七右四。○【景】【紹】無「燒」字。

〔必以大〕　瀧四七・四，慶二四右一，殿二三右七，凌一七右七。○以，【南化】【楓】【三】【謙】已。

〔度爲千門萬户〕　瀧四七・五，慶二四右二，殿二三右九，凌一七右八。○【中統】【游】度爲作千門萬户。

〔高二十餘丈〕　瀧四七・六，慶二四右三，殿二三右一〇，凌一七右九。

索　起鳳闕。○闕，金陵闕。

索　高三十五丈　○三，耿慶彭南殿二。

索　言別四方之風　○索金陵同，各本「言」上有「闕以」二字。

索　閶闔之內　○閶，索閭。

索　上有銅鳳皇　○索金陵同，各本「皇」字作「凰」。

〔其西則唐中〕　瀧四七・八，慶二四右五，殿二三左二，凌一七右九。○札記北宋本「唐」作「商」。案，郊祀志亦作「商中」，注云「如淳曰商中，商庭也。師古曰，商，金也，於序在秋，故謂西方之庭爲商庭」。蓋別一本，然與索隱皆引如淳而不同，不可解。

索　詩云中唐有甓　○唐，彭游南殿堂。

索　彌望廣象是也　○廣，耿慶中統彭游南曠。耿中統彭游南無「象」字。象，殿潒。慶殿無「是」字。

〔數十里虎圈〕　瀧四七・九，慶二四右五，殿二三左二，凌一七右九。

正　今在長安城中西偏也　○慶金陵同，各本「今」字作「天」。

〔其北治大池漸臺〕　瀧四七・一〇，慶二四右五，殿二三左二，凌二七右九。

正　故曰漸臺　○慶南殿無「臺」字。札記各本脱「漸」字，殿本脱「臺」字，今補。

〔池中有蓬萊方丈瀛洲壺梁〕　瀧四八・一，慶二四右九，慶二三左六，凌一七左一。○南化

[楓][三][謙]——瀛洲方壺梁。

〔其南有玉堂璧門大鳥之屬〕 瀧四八・三，慶二一四左一，殿二一三左八，凌一七左二。

*正 漢武故事云玉堂内殿十二門階陛咸以玉爲之門門三層臺高十餘丈椽首欂以璧爲之回南化本作「因」。名璧門 [南化][謙]。

索 其南則玉堂 ○[索][金陵]同，各本無此注。

〔乃立神明臺〕 瀧四八・五，慶二一四左二，殿二一三左九，凌一七左二。

索 上有九宮 ○[索][金陵]同，各本「宮」字作「室」。

〔井幹樓〕 瀧四八・五，慶二一四左二，殿二一三左九，凌一七左二。

索 司馬彪注莊子云 ○彪，[耿]虎。

索 一本作榦音 ○[札記]疑「音」下有脱字，不然則衍。

索 幹井橋 ○幹，[耿][慶][彭][南][殿]榦，[殿]榦。

〔輦道相屬焉〕 瀧四八・七，慶二一四左三，殿二一三左一〇，凌一七左三。

*正 輦道門道也屬音燭續也 [南化][幻][謙]。

〔漢改歷〕 瀧四八・七，慶二一四左五，殿二一四右二，凌一七左三。○各本「歷」字作「曆」。

按：瀧本「歷」，「曆」訛。

〔更印章以五字〕 瀧四八・一〇，慶二一四左六，殿二一四右三，凌一七左四。

集 以之足也 ○[楓][三]以之足之也。

〔五色食所勝〕　瀧四九・五，慶二五右一，殿二四右八，凌一七左七。

集　若火勝金則祠赤帝以白牡　○殿金陵同，各本「牡」字作「牲」。勝，彭南乘，三校記「勝」。

〔而以木禺馬代駒焉〕　瀧四九・六，慶二五右一，殿二四右八，凌一七左七。○索金陵同，各本「禺」字作「耦」。札記　北宋本「禺」，與封禪書合，各本作「耦」。索隱本作「耦」，而注引孟云「寓寄龍形」，及姚氏云「寓也，叚」，則所據本作「寓」，與郊祀志合，後人改「耦」耳。

索　寓叚也　○索金陵同，各本「叚」字作「假」。

〔獨五帝用駒〕　瀧四九・八，慶二五右三，殿二四右一〇，凌一七左八。○桃古南化楓三謙高「帝用」二字作「月嘗」。

〔行親郊用駒〕　瀧四九・九，慶二五右三，殿二四右一〇，凌一七左八。○中統游無「親」字。

〔黃帝時爲五城十二樓〕　瀧五〇・一，慶二五右六，殿二四左三，凌一八右一。

集　崑崙玄圃五城十二樓　○衲金陵同，各本「玄」字作「縣」。

集　此仙人之所常居也　○井蜀紹慶中統彭毛游南殿無「此」字。仙，慶彭南僊。

札記　北宋本有「此」字。

〔命曰明年〕　瀧五〇・三，慶二五右八，殿二四左四，凌一八右一。○景井蜀慶中統彭毛凌游南殿無「命曰」二字，謙校補「命曰」。命，衲金陵名。

〔衣上黃焉〕　瀧五〇・四，慶二五右八，殿二四左五，凌一八右二。○楓三無「黃」字。

〔然風后封鉅岐伯〕　瀧五〇・五，慶二五右九，殿二四左六，凌一八右三。

正　張揖云　○揖，慶彭南北楫。

〔令黃帝封東泰山〕　瀧五〇・六，慶二五右一〇，殿二四左七，凌一八右三。

集　汶水所出　○汶，彭文，謙校記「汶」。

〔禪凡山〕　瀧五〇・六，慶二五右一〇，殿二四左七，凌一八右四。

集　徐廣曰凡山亦在朱虛也　○凡，蜀足。桃一本「凡」字作「丸」。

〔合符然後不死焉〕　瀧五〇・八，慶二五左一，殿二四左八，凌一八右四。○焉，中統游然。

〔天子既令設祠具〕　瀧五〇・九，慶二五左二，殿二四左八，凌一八右五。○桃古同。具，桃紹慶中統彭凌游南北殿其，南化楓三謙狩野高校記「具」。

〔遂還泰山〕　瀧五〇・一〇，慶二五左四，殿二四左一〇，凌一八右七。○南化楓三謙狩野高遂還登泰山。

〔脩五年之禮如前〕　瀧五〇・一〇，慶二五左四，殿二四左一〇，凌一八右七。○年，楓帝。

〔而加禪祠石閭〕　瀧五一・一，慶二五左四，殿二五右一，凌一八右七。○楓而加禪帝祠石閭。

〔石閭者在泰山下阯南方〕　瀧五一・一，慶二二五左四，殿二二五右一，凌一八右七。

*正　石閭山在兗州博城縣西南二十五里應劭曰石閭山在太山正南　南化 幻 謙。

〔方士多言此僊人之閭也〕　瀧五一・二，慶二二五左五，殿二二五右二，凌一八右八。○僊，毛 游仙。

〔復至泰山脩封〕　瀧五一・三，慶二二五左六，殿二二五右三，凌一八右九。

集　李陵以天漢二年敗也　○二，南三。

〔還過祭常山〕　瀧五一・三，慶二二五左七，殿二二五右三，凌一八右九。

*正　即恒州幻、瀧川本無「州」。山也括地志云在定州恒陽西北百四十里爾雅云恒山爲北岳道書橧地記日恒山高三千三百丈上方二十里有太玄之泉神華種可度瀧川本「度」作空格。俗　南化 幻 謙 瀧。

〔泰一后土〕　瀧五一・五，慶二二五左七，殿二二五右四，凌一八右一〇。○桃古同。泰，楓 修。一，桃 中統 游山。

〔赤星五寬舒之祠〕　瀧五一・六，慶二二五左九，殿二二五右五，凌一八左一。○衲赤星五牀寬舒之祠。札記北宋本「五」下嵌補「牀」字，舊刻亦有，疑依郊祀志增，索隱本與今本同，如小司馬注，則所見史本無「牀」字。

索 龍左角其色赤 ○慶 彭 游 南 殿無「其色」二字，南化 謙校補「色」。

索 並祠官寬舒領之 ○索 金陵同，各本「並」下有「令」字。

〔凡六祠〕 瀧五一・九，慶二六右一，殿二五右七，凌一八左二。

索 五者之外 ○索 金陵謂五者之外。

索 故六也 ○索 金陵同，各本「故」下有「云」字。

***正** 謂后土兼上五爲（瀧川本「爲」作「凡」。）六祠也后土在（謙本重「在」字，衍歟？）汾陰（瀧川本「陰」作「陽」。）非寬舒領祠故別言凡六祠 南化 謙 瀧。

〔至如八神諸神明年凡山他名祠〕 瀧五一・一〇，慶二六右二，殿二五右八，凌一八左二。○桃古無下「神」字。

〔行過則祀〕 瀧五二・一，慶二六右三，殿二五右九，凌一八左四。○祀，南化 楓 三 謙 殿 金陵祠。

〔方士所興祠〕 瀧五二・一，慶二六右三，殿二五右九，凌一八左四。○興，游與。

〔祠官弗主〕 瀧五二・二，慶二六右四，殿二五右一〇，凌一八左五。○南化 楓 三 謙 狩祠官弗主也。

〔天子益怠厭方士之怪迂語矣〕 瀧五二・五，慶二六右七，殿二五左三，凌一八左八。○益，北亦。

〔然其效可睹矣〕　瀧五二・七，慶二六右九，殿二五左五，凌一八左一〇。○桃一古本「可」上有「不」字。

集　猶今人云其事已可知矣　○已，衲中，景耿中統彭游也，楓三校記「已」。

集　皆不信之耳　○楓三皆不信之言耳。之，中統游知。

集　又數本皆無可字　○殿無此注。

〔祭天地諸神名山川而封禪焉〕　瀧五二・八，慶二六左一，殿二五左六，凌一九右一。○詳節——山大川而封禪焉。

〔入壽宮侍祠神語〕　瀧五二・八，慶二六左二，殿二五左七，凌一九右二。○南化楓三謙無「祠」字。

〔則有司存焉〕　瀧五三・一，慶二六左五，殿二五左九，凌一九右四。

索　「述贊」至「幾欲齊衡」八十二字　○耿無此注。